现代职场风水

风水

职场

Xiandai
zhichang
fengshui

崔江/主编

U0591195

序言

文/崔江

汉字的每个字都有其明确的意义。"风水"是十分容易理解的表意文字，字如其意。"风"代表的就是空气，空气对人类来说不可或缺，在广大的宇宙中，目前知道确有空气存在的只有地球。另一方面，"水"代表水分，地球也被称为"水的行星"。风与水滋养着地球上的万事万物，即是说，风水是万事万物的根本。从理论上来说，风水就是借由控制风和水来改善地球环境（也就是人们居住的环境），进而改善运气的法则。

从历史来看，风水是古代中国盛行的学问，它被广泛运用于都市、寺院、村落、居家建设等各方面。人们在建造建筑物之前，必须调查周围土地的地形、地势，选择出比较好的环境。中国传世的建筑，全部都是严格遵循风水的原理来设计和营造的，其优美的空间形式和生态环境，流传千年盛而不衰，吸引了全世界无数关注的目光。

人类文明的发展史上，一直存在着双重关系。除了人与社会的关系外，还有人与自然的关系。伴随着现代科学技术日新月异的发展，人类获得了前所未有的物质文明。然而，在工业社会中，人们往往没有认识到人与自然应该和谐地共生共荣，而是在享受高度物质文明理念

的驱动下，一味地向自然宣战，不惜以破坏生态环境作为代价。于是，自然资源日渐枯竭，生态环境急剧恶化，这些都极大地威胁着人类的生存与发展。人类社会的发展不应该以经济增长为单一目标，而是应该建立一个和谐的生活环境。在饱尝生态环境恶化的苦果后，人类才觉得有必要改弦更张、自我反省，发出回归自然的呼声。因此，在不断反省、重新认识人与自然关系的思潮中，源远流长的中国风水理论引起了人们的高度重视。

现代风水学的兴盛是又一次回归自然思潮的体现。人类赖以居住、生活的空间脱离不开天地的承载，人类与生俱来寻求安全的本能受到磁场、经度、纬度、方位、天气、气候等多方面因素的影响，而在现代风水学的指导下，人们可以通过对最佳空间和时间的选择，因地制宜、依形就势、扬长避短，使人与自然和谐相处，更可让人类获得最大的助益，进而取得工作的进步，享受健康、安宁的生活。

本书除了介绍风水的基本知识外，还详尽地阐述了职场环境与选址风水、外局与内局风水、色彩与照明等内容，全方位地介绍了娱乐场所、商业场所、办公场所等不同场所的风水知识。此外，书中还介绍了各种常用的风水吉祥物。希望此书能够为追求和谐生活环境、健康工作生活的读者提供有益的帮助，使读者朋友从中获得启迪。

目录

现代职场风水

目录

现代职场风水

目录

现代职场风水

第三部分
商业风水 >>

第一章 商业风水概述

第二章 商业环境与选址风水

一、大环境的考察 126

二、商业店铺的选址 134

三、不同地域的商业风水 137

四、正确选择开店的地段 138

现代职场风水

目录

现代职场风水

■■ 第四部分
办公室风水 >>

第一章 办公室风水概述

第二章 办公室外部风水

目录

现代职场风水

目录

现代职场风水

目录

現代職場風水

目录

现代职场风水

目录

现代职场风水

目录

现代职场风水

第一部分

风水基础知 识

　　风水学的核心就是运用气场和能量来判断吉凶祸福，而阴阳二气是否平衡则是吉凶祸福判断的重要依据。

　　在宇宙中，太阳、地球、大气吐纳的能量赋予了世间万物生命力。由于能量有不同的密度，人们有可能看到它，也许看不到它，但它是始终存在的。

一、风水的基本构成要素

风水学包罗万象、博大精深，其最主要的构成要素为阴阳、八卦和五行学说。阴阳是指宇宙中的万事万物由阴阳两种相反的气相辅而成；八卦由阴阳派生而来，分别为乾、坤、震、离、坎、艮、兑、巽；五行是指金、木、水、火、土五种物质，五行之间存在着相生相克的规律。

1.阴阳

阴阳是一个远古的哲学命题，它是古人观察天地自然与人文世界的起点，也是古人推演万物产生与变化的基点。这个古老概念的形成来自古人对日月天象的观察与认识。

大家都知道天与地、日与夜、光与暗、正与负、阴与阳等，它们看似相反，但又相互联系。《易经》云："天地交感，而万物化生。"即指阴阳二气掌管着万物的不断发展变化。因此，宇宙是由阴阳两种相反的气相辅而成，由阴阳的共同作用而产生所有的生命。这种阴阳法则可适用于自然界所有的现象。

人求精神气爽，职场也必须取得阴阳调和。在职场风水学中，有许多改善人与环境之关系的做法，其实质就是要调整整个职场环境的阴阳平衡，也就是使职场内外环境阴阳调和。具体来说，职场环境阴阳调和较为理想的分配比例应以阴四阳六为合（阳为十分之六，而阴为十分之四），阳比阴多为宜。

人要适从于阴阳，不得违背阴阳。南为阳，北为阴，故商铺朝南为阳、为吉。在商业风水学中，将商业建筑定为阴，将经营商业的人定为阳。这样，长时期工作在职场里的人便会在不知不觉中与职场形成阴阳平衡的关系。

2.八卦

八卦是神秘的符号，古人用以演绎万物、预测吉凶和未来。八卦的内容博大精深，它演绎启示了天地万物生存与发展的变化原理。

八卦是由阴阳派生出来的。《易·系辞》："易有太极，是生两仪，两仪生四象，四象生八卦。"

四象即太阳、太阴、少阴、少阳。八卦分别是乾、坤、震、离、坎、艮、兑、巽。它们代表许多自然现象，如乾为天，坤为地，震为雷，巽为风，坎为水，离为火、艮为山，兑为泽。以之推演，乾又可以作为君、宗、门、首、德等；坤又可以作为臣、城邑、田、宅、陆等；震又可作为主、坦道、蕃、左；巽为女、风俗、床；坎为江河、大川、渊、井、寒泉；离为户、牢狱、灶；艮为石、庙、宫室、穴；兑为妹、右、西等。

3.五行

金、木、水、火、土五种物质揭示了万物的生与死。人们以五行为生活之源，也以五行作为一种信念的寄托。

风水学认为"奥妙尽在五行之中"。山川形势有直有曲，有方有圆，有阔有狭，各具五行。概其要，惟测其气、验其质而已。质以气成，气行质中。地理千变万化，关键在五行之气。

五行相生的规律中，"生"含有滋生、助长的意义。在五行之中，相互促进、相互依存的关系就称为"相生"。

五行相生的规律是：水生木，木生火、火生土，土生金，金生水，如此循环，生生不息，无有终时。它们彼此间的关系，也可以理解为一种相互推动的作用。

在五行相生中，任何一行都具有生我、我生两方面的联系，也就是母子关系。以水为例：生我者"金"，则金为水之母；我生者为木，则木为水之子。其余类推。

五行相克的规律中，"克"含有制、胜的意义。在五行之中，相互制约的关系就称为"相克"。

五行相克的规律是：木克土，土克水，水克火，火克金，金克木，如此相互制约，循环不已，无有终时。正常情况下的相克，也是一种维持平衡的力量。

在五行相克中，任何一行都具有克我、我克两方面的联系，也就是"所胜"和"所不胜"的关系。以木为例：克我者为金，我克者为土，那么土就是木之"所胜"，金就是木之"所不胜"。其余类推。

★五行相生

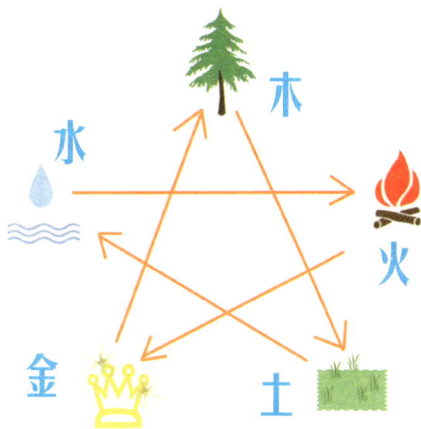

★五行相克

二、风水术中的气 ☯

同样的生活环境对每个人的影响却不尽相同，如居住在同一个住宅中，兄弟之间却会出现"同屋不同命"的情况，这是为什么呢？其中的原因与古风水术中最为神奇的事物——气有关。

1.气的含义

气，通常是指一种极细微的物质，它是构成世界万物的本源。职场风水学借用气作为全部理论的核心与活动的准则。

气在古代是一个很抽象的概念。唯心论者认为它是客观精神的派生物，唯物论者认为它是构成世界本源的元素。但二者普遍认为，气无处不存在，气构成万物，气不断运动变化。《老子》云："万物负阴而抱阳，冲气以为和。"宋张载在《正蒙·太和》中云："太虚无形，气之本体，其聚其散，变化之客形尔。"

气是职场风水学中一个很重要的概念，有阳气、阴气、土气、地气、生气、死气、气母、气脉、聚气、纳气、乘气等。气是万物之源，气变化无穷，气决定人的祸福。人要避死气、乘生气，就得请专业人士"理气"。"理气"十分复杂，要结合阴阳、五行，实地考得"旺象"，才能得到"生气"，有了"生气"才能富贵。

职场风水学以气为本源，它分化出阴阳（两仪），又分出金、木、水、火、土五种物质（五行），这些物质的盛衰消长都有一定的规律。掌握了这些规律，利用它们来选择职场的地址，改善职场的内外装修，并以之为经营参考，就能求得生意兴隆、财源广进。

2.气与风水的关系

如果说环境与人之间存在着一种奇特的对应，也许这种对应只是表面上的，但却是古风水术的源头所在。古人就是通过这种一次次环境与人的奇异对应才发现了真正的风水学。

那么，人与环境之间是通过哪一种方式才能达到这种奇妙的对应呢？

环境→?→人的命运

对古人来说，这确实是一个难以解开的疑团。正如他们种植柑树时，可能会发现凡是红色土壤的地方，柑树都生长得非常好，而其他颜色的土壤生长得就要差很多。事实上，这一现象几百年前的人就已经发现了，而直到现代，才知道这是由于红色土壤含有较多铁与钾的缘故。

风水同样也如此，在发现环境与人的命运之间所存在的这种奇特对应关系时，最重要往往也是最困难的问题就是去发现这种关联的内在途径。

后来，古人又通过反复地研究，终于发现在环境与人的命运之间所缺乏的重要一环——生气。

环境→生气→人的命运

如果用具体的图表来说明的话，那么这一复杂的关系如右图所示：

这也就是说，在环境中存在着一种奇特的生气。

那么，这种独特的生气又是什么呢？

在当代，许多专家和学者都曾研究过这个问题，并提出了"铁离子"、生物磁场等方面的假说。但直至目前为止，尚没有一种假说能够得到科学的验证。

事实上，世界上存在着两种认识生气的途径：其一，通过科学，使用各种先进的仪器来寻找并证实生气究竟是怎样一种物质；其二，通过长时间的感受，即用人体去探测生气的存在。总之，生气就是一种促使生命出生与成长，并存在于环境之中的无形的能量。

同理，可以认为：

环境中生气充足＝人体状态好＝身体健康＝命运好

环境中缺乏生气＝人体状态差＝身体多病＝命运差

所以，当人们知道如何改变自己和他人的命运时，就不需要花费脑力去研究命运的趋向，而只需要去研究环境中生气的状态即可。

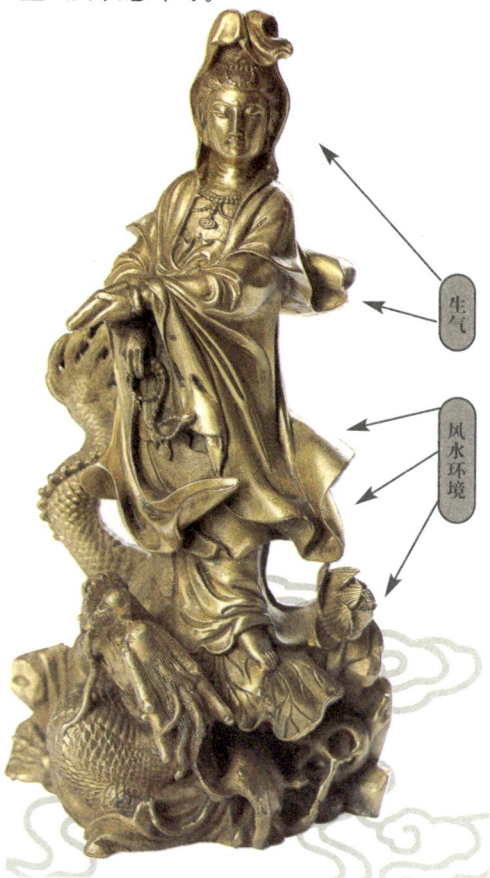

生气

风水环境

三、风水学的古籍史料

　　风水学说在我国有相当悠久的历史。古时的人们对天地万物进行探索研究，经过长时间的经验累积，总结出了一套符合自然规律的理论，并将些理论用图文的形式记录下来。这些尚存的史料中最为有名的当数《河图》、《洛书》和《周易》。

1.《河图》与《洛书》

　　风水的起源始于《河图》及《洛书》。传说《河图》的形成是这样的：伏羲时代，在黄河中出现了一头龙马，其背上有点点花纹，成一数目之图案，古人便把这种数字的排列画成了数字图形，其数为一六在下，二七在上，三八在左，四九在右，五十居中。《河图》之阴阳五行，以奇数为阳，即1、3、5、7、9（图中以白圈表示）；以偶数为阴，即2、4、6、8、10（图中以黑点表示），见下图。

　　从《河图》中可得到一些启示：每方均为一阴数一阳数所组成，这预示着世事万物均为阴阳两性所组成，即古语云："孤阳不生，独阴不长"。

　　再仔细观察《河图》，便可发觉相对皆为五行相克：北方一六水克南方二七火，西方四九金克东方三八木。而从中央起，顺时针方向为五行相生之局：中央土生西方四九金，金生北方一六水，水生东方三八木，木生南方二七火，火生中央五十土。（见下图）。

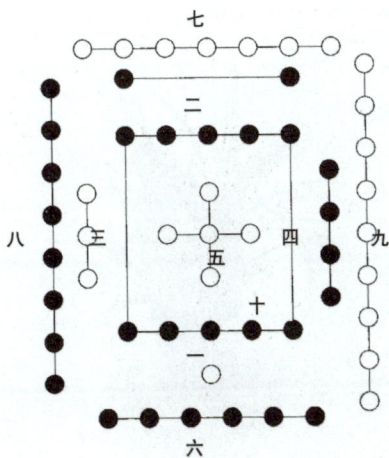

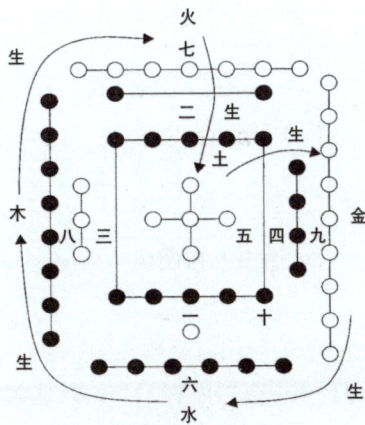

河图五行相生图

《洛书》的形成，相传是在洪荒时代。据说此时在出现了一只神龟，其背上有黑白点，大禹后来根据其数，便画成了《洛书》（见下图）。

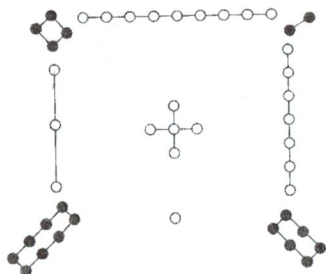

洛书图

洛书口诀：

戴九履一

左三右七

二四为肩

六八为足

将点数换成数字，便得出洛书九宫图（见下图）。

四	九	二
三	五	七
八	一	六

洛书九宫图盘

《洛书》的阴阳以奇数为阳，即1、3、5、7、9（图中以白圈表示）；以偶数为阴，即2、4、6、8、10（图中以黑点表示）。

《洛书》数之方位五行如下：

一白属水在北方，二黑属土在西方，三碧属木在东方，四绿属木在东南方，五黄属土居中，六白属金在西北方，七赤属金在西方，八白属土在东北方，九紫属火在南方。

研究《洛书》，其数相对则合十，而纵横、左右、左斜、右斜各自相加皆为十五。假若将《洛书》配上《河图》数五行，则从中宫起，逆时针方向转为五行相克之局，即中央土克一六水，水克二七火，火克四九金，金克三八木，木克中央土（见下图）。

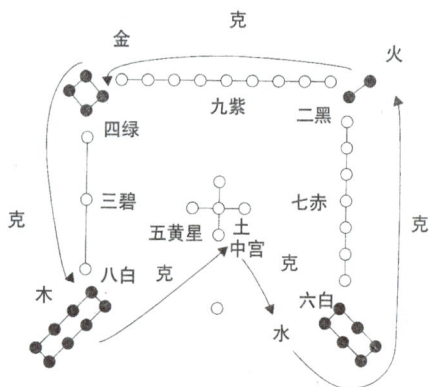

洛书五行相克图

2.《周易》

被称为"天书"的《周易》，由学问与术数两大部分组成，内容涉及到哲学、政治、历史、军事、医学与民俗等多个方面。其中术数的发展形成了四柱、八卦、六壬、奇门遁甲、太乙神数、梅花易数、紫微斗数、面相、手相与星相等百花齐放的局面。可以说，它是中国最早的一部百科全书。

在学术领域，《周易》把其核心内容"阴阳五行"的理论贯穿始终，其他一切思想可以说都是围绕它而构建的。而风水把山形水势归纳成环境的"气场"，由金、木、水、火、土五种属性构成，并分为阴和阳两大类，它认为宇宙间所有关于人的一切事物都可能成为影响我们自身发展的一种环境，而且所有的事物都可以分成五个行列，并隐藏着五种性质，所有无形的五种性质都是寄存在一切有形的事物中，并主宰着这一切有形之物，就像人的思想和灵魂主宰着人的肉体一样。从狭义上讲，相学从人的形象与气质归纳出人的命运特点；从广义上说，风水把宇宙间一切有形体分成形与气，而形与气之间既互相依存，又相互影响，最后回归到统一的自然环境中。如何处理好物质与人类的和谐关系，是《周易》地理风水学的重点，其核心思想就是"天人合一"，与现代建筑学提倡人与自然环境和谐的理念是一致的。

从人的长相来说，粗壮、轮廓分明、头圆、身圆、脸圆的人，在相学上称为金形人，五行的"金"具有金属的坚固、钢硬等特点。在日常生活中，能从"金形人"身上看到一种坚强、刚毅的气质。

地理风水学把一切自然物体都划分出五种形状，进而察看五行属性。风水有形势风水和理气风水两种。从山和水来看，圆属金，长属木，尖属火，方属土，S形属水，这是地理形势风水。理气风水重在看星，比如一白、二黑、三碧、四绿、五黄、六白、七赤、八白、九紫。将形势与理气结合，可以相出人们居住在各种环境下的喜怒哀乐、得失成败、祸福吉凶及整体命运。为何有的人终身享乐不尽，而有的人却终身贫困潦倒？作为长期研习风水与命运的我，走遍大江南北，发现人的居所无论是城市还是乡村，无论是摩天大楼或茅屋草舍，凡是宅运亨通，又积德行善者，则贫可转富，贱能转贵，而宅运凶险者，则富可致贫，贵亦招灾。

《周易》地理风水学是我国传统文化中不可或缺的一部分，是一种文化现象，一种广泛流传的民俗，一种趋吉避凶的术数，一种人与环境相和谐的学问，是人们长期实践经验的积淀。从科学角度看，地理风水研究的不仅仅是自然生物生存、生活规律的学问，还是一门涉及到地球物理学、水文地质学、环境景观学、生态建筑学、宇宙星体学、地球磁场方位学、气象学和人体信息学的综合性学科。

第二部分

娱乐场风水

"风水"一词没有随着时光推移、社会发展而被人忽视，相反，它越来越深刻地影响着人们的生活。

本部分针对娱乐场的选址、装潢、色彩运用等诸多方面的内容进行研究，详细介绍了娱乐场的风水知识和在装修设计的过程中应该注意的一些细节，以便让您作出相应的规划及调整，为您经营的生意场所带来积极的能量，带来更多的商机。

第一章

娱乐场风水概述

娱乐场是为广大消费者提供休闲、娱乐的地方，它包括休闲生活馆、酒吧、茶楼、咖啡厅、夜总会等等。消费者来这些场所主要是为了缓解压力、消除疲劳、寻求欢乐，所以娱乐场所的选址、内部环境及装饰会直接影响经营的好坏。

一、娱乐场的选址

娱乐场的风水选址，主要在于选择一个能招揽大批顾客，带来兴隆生意的好环境。其位置要能接纳八方生气，正前方要开阔，不要有什么遮挡物，比如围墙、电线杆、广告牌和高大的树木等等。此外，还应考虑"形格"与选址的关系。

1.理想的娱乐场布局

理想的娱乐场布局要注意左前方的建筑物应略高于右前方的建筑物，以符合"左青龙，右白虎"的原则。当然，如果右边是停车场或者绿化草地则更佳。

青龙的能量：青龙的能量与东面和木的元素相关联，青龙的气位于建筑物的左面，一座小山、大的房屋，或左边的一处大的空地都会产生青龙之气，这为自己提供了支持和保护。

白虎的能量：白虎之气在建筑物的右面。像青龙之气一样，白虎之气可以显现在建筑物的形态和地貌上（虽然比青龙之气小一些），白虎之气代表西面和金的元素。

朱雀的能量：朱雀之气在建筑物的前面可以见到。它的向上移动的能量与南面和它所代表火的元素相联系。

玄武的能量：玄武之气是在一栋建筑物、或一排树、一座小山或一堵比例良好的墙后面的能量。玄武象征北面和水的力量。

2.娱乐场的外观形格

所谓"形格"可以理解为形象与格调。观察娱乐场外观造型与所处的区域的自然景致是否相协调，最简单的办法就是早晚从不同的角度观察其外观是否美好。特别是在有朝霞的时候，看一看映在霞光中的外观是否美丽动人，是否有诗的韵味，是否与自然景致融成一幅优美的画卷，如果能够达到这样的效果，那么外观造型与区域景致就达到了最佳和谐状态。精明的生意人能借用天地之利，以达到财源茂盛的目的。

有些娱乐场让人感觉到神清气爽，如沐春风，而有的则给人压抑沉闷坐立不安的感觉。究其原因，"形格"的影响非常重要。场所周围环境选定后，其次就是看它的"形格"，再其次才是它的内部设计等等因素。四方宽敞、光线明亮、布局协调的格局才是上乘之选。除了注意"形格要方正、协调"的大原则外，还要谨记以下几种类型的场所应该要避忌：

走廊将空间切成两半。这样的格局不利于沟通协调，容易导致纠纷，使人感觉心烦意乱。

"回字形"、"井字形"的空间给人有一种走投无路，被困的感觉。

户型的南北及东西两方皆有缺角或凹入处不宜选择。

3.娱乐场的选址原则

(1)依山傍水原则

依山傍水是传统风水学最基本的原则之一。山体是大地的骨架，水域是万物之源泉，没有水，人就不能生存。依山傍水多吉地，不过在现代都市里受到客观环境的制约，山水已成了稀缺的资源，但可以用人工造景来代替自然的山水。

(2)坐北朝南原则

朝南的娱乐场便于采光，冬季时，南房比北房的温度高1～2℃，阳光中的紫外线不仅具有杀菌作用，而且可以提升能量。

(3)适中居中原则

适中居中就是恰到好处、不偏不倚、不大不小、不高不低、尽可能优化、接近至善至美。

(4)乘风顺气原则

把娱乐场选择在有生气的地方，这叫乘生气。俗话说"福地福人"。按照风水的说法，有人就有生气，人愈多生气愈旺，乘生气就会带来生意的兴隆。

从经济的角度来说，繁华地段，人们聚集而来，很大程度上都是为了消费。选择招财进宝之地会日进万金，如果选择了不太适合的地方，经营可能会出现不顺。选择在无冲射的地点，才能够确保经营顺利，赚大钱。

4.娱乐场的选址宜忌

娱乐场选择坐北朝南，即取南向，就可避免朝东西方向和朝北方向所带来的季节性的麻烦和不利，使生意更兴旺。如果是迫不得已，非要选朝东西方和西北方的地址不可，就要采取措拖来制止夏冬两季带来的煞气，比如安装空调设备，以创造一个能使人们进行正常经营活动的环境。这种方法在风水中叫做"阴阳相克"或"五行生克"。

选择娱乐场地址要考虑的因素还有很多，比如有人选择一个带吉祥意义的街名，有人选择一个认为能给自己带来好运的门牌号码等，这样的选择除了给经营者和顾客在心理上带来某种安慰之外，还有风水学上的意义。

在外局一切完美的情况下，内部的平面格局和动线设计也很重要。吉相的布局如下：

◎方正的形体，主一切运作平和、顺利。

◎前窄后宽的面积，主旺盛的格局，

这种场所可享天时地利的富贵机运。

◎地面前低后高，主后山有靠，也主步步高升，若前高后低则有节节败退的格局。

◎不宜对着一些不规则建筑物的尖角。

◎不宜面对两栋大楼之间狭窄的空间。

◎不宜正对停车场的入口。

◎要注意避开高架桥。

◎附近不宜有烟囱、电线杆、高压电塔。

◎不宜选正对着弧形立交桥的方位，这样好似迎着一把弯刀砍来；不宜选与立交桥同高处，这样好似拦腰一刀。

◎不宜选择与立交桥交叉正对处，这样好似迎面正对着剪刀口；不宜正对长廊，长廊越长越不好，此谓"一箭穿心格"，如果实在避不开，可以摆放屏风遮挡。

◎对于受遮挡或是狭窄的空间，一是努力拆除遮挡物；二是对狭窄面无法改变的场所另外悬挂招牌，使远处的人抬头就能看到。

二、娱乐场的大门

大门是娱乐场的门户，其风水的好坏直接影响娱乐场的经营状况，因此经营者应注意大门的设计，尽量地把门加大，并且应避免大门正对一些不吉祥的建筑。

1.大门的风水作用

娱乐场的大门是顾客出入的通道，每日迎送顾客的多少决定了生意的好坏，所以为了提高对顾客的接待量，大门不宜开得太小。利用门入口的光线，可以吸纳旺气，如果门开太小，按风水的说法就是缩小了气口，不利于纳气，使气的流入减少减慢，从而减少屋内的生气。不妨试着把门加大，也就是扩大风水所谓的气口，大气口就能接纳大财源，风水学上，谓之明堂开阔，主利升迁及财运。

设立迎客的门面门厅，这就如同伸出双手拥抱来者，表示一种热诚，如果有逼压的感觉，必须改为宽敞明亮的门厅空间，以此作为主体设计。

2.理想的大门设置

娱乐场的门向应避免正对一些被风水学称为不吉祥的建筑。风水所说的不吉祥建筑是指一些类如烟囱、厕所、医院、垃圾站等容易使人感到心理不适的建筑，这些建筑或是黑烟滚滚，或是臭气熏天，或是哭嚎，或是病吟。由不吉祥的建筑带来的这些气流，风水视之为凶气。而且常常处在这样的环境中也会造成精神不振，心气不顺，当然，娱乐场应该避免在有不吉祥建筑的区域开业，如因其他缘故要设店于有不吉祥之物的区域，开门时就一定要避免这些不祥之物选择朝上乘之气的方向开门，而且在大门的后面最好再安放一扇屏风，以阻挡煞气。

娱乐场所的门口不宜有大树，因为大树在门口会纳入过重的阴气，大门不可对着死胡同、防火巷或三角形的街道，这些都是衰气或废气重的地方。

风水强调阳宅开门避开不祥物，从另一个意义上讲，就是强调人的工作和生活需要有一个空气清新，视感良好的环境，在良好的环境中，人们精神愉快，自然做事的成功率也就最高。

此外，大门不要正对其他建筑物的墙角，以免无形中受到煞气的干扰，造成能量的流失。

Tips 小贴士

适宜放在"衰位"的植物

一般来说，适宜在室内风水中的"衰位"摆放有刺的植物，像"龙骨""玉麒麟"以及各式各样的仙人掌，或是"玫瑰"及"棘杜鹃"均属此类。倘若摆放这些仙人掌类的有刺植物在衰位或凶位，则在风水学方面有"化煞"的作用。

三、娱乐场的财位

财是人的养命之源，人们对钱财的追求是天经地义的。在经营娱乐场所时，在什么方位利于求财？在什么方不利求财？了解了这些信息，有利于经营的正确决策，以达到事半功倍的效果。因此，如果能尽量利用娱乐场中的财位，并且能在财位上运用些妥当调整，增强财星的活力，相信您的经营必定旺上加旺。

1.财位的最佳位置

财位的最佳位置是娱乐场进门的对角线方位，包含以下三种情形：

①如果娱乐场门开在左边时，财位就在右边对角线顶端上。

②如果娱乐场开在右边时，财位就在左边对角线顶端上。

③如果娱乐场开在中央时，财位就在左右对角线顶端上。

2.财位的八卦分布

风水是根据玄妙高深的典籍《易经》设计出来的，风水运用的主要参考符号称作"八卦"，它来自《易经》中的八个三角形，象征着天、地、雷、风、水、火、山、泽八种自然现象。

八卦图让我们能够以不可思议的简单方法把日常生活空间解释出来，而且

能够在每个人理解的基础上发挥作用。

八卦这一图形显示了八个三角形及其对应的元素、颜色。

当我们确定了空间的财位，应该准备一些风水物品对财位进行合理布置以增强财位力量。

在正确的方位摆设正确的旺财风水用品，必然达到意想不到的效果。

门位东北方——财位在东南方，旺方在东方。

门位正东方——财位在东北方，旺方在北方、西南方。

门位正北方——财位在东方、西南方，旺方在东北方、南方。

门位在西北方——财位在东方、南方，旺方在西南方。

门位在西南方——财位在西方，旺方在西北方。

门位正西方——财位在东南方、北方，旺方在东方。

3.财位的布置

财位是旺位，因此，它的布置有很多讲究，最好在看似不经意间作好布置，达到生财的目的。

在旺位不宜悬挂镜子，因为镜子有反射的作用，容易阻碍运势，使财运不济、机会流失。旺位的天花板和墙壁不

能脱落，在旺位处挂风景图可提升空间的气场，有利于财运；在旺位处摆马、麒麟和龙能提高娱乐场的贵气，更能够增加空间正面的磁场，有助于财运。

财位或旺方可以放置吉利的风水石壁，如大型的紫水晶石可以有效地招财开运。天然水晶的能量超强，旋转于生财鱼缸之中，有助于加快生财的速度，同时还有制煞的功效。

在生意场所最好不要把神位设置在对着门口的位置，若供奉的是财神爷，尤不可对着门口，否则经常会送财出门。

财位或旺方不可以空置，可以视空间大小摆放适合的生财鱼缸，只要是流动的活水，就可有效地招财进宝。

小贴士 Tips

华封三祝

《庄子·天地》载：尧巡游到华地（今陕西华县），华地封守者祝他长寿、富有、多子。尧对他说："多儿子则多惧，多富则多事，多寿则多辱，三者皆无助于德性的培养，所以我全不要。"当然这是传说中圣人的回答，而在民间这三种祝愿都是最美好的。因此，人们遂以"华封三祝"为祝颂多富多寿多子孙之辞。一般以佛手、桃和石榴组合"福寿三多"的吉祥纹图。

四、娱乐场的颜色

颜色是有能量的，并在风水学中起着十分重要的作用。那么在经营娱乐场所时，娱乐场的颜色又有哪些风水作用呢？娱乐场的颜色有着什么样的讲究呢？这些问题就是接下来要阐述的。

1.颜色的风水作用

现代的消费场所很注重内部的颜色，因为不同的颜色会对消费者的心理产生不同的刺激和影响，例如红色等比较明快的颜色会令人处于一种相对兴奋的状态，激起人们的消费欲望。从风水的角度来看，内部的颜色应该和老板的生辰，建筑朝向以及生意的五行结合考虑，将商品的属性纳入木、火、土、金、水五大类，然后根据投资人的命卦和宅卦，再具体确定商店内部的装潢色调。其方法极为复杂，必须请专业的宅相家定夺。

将颜色本身的特征与人们对颜色的传统认识观念相协调，选用适当的颜色作为装饰色彩，可以美化环境，烘托气氛。

2.娱乐场的装潢颜色

娱乐场装潢的颜色有很大的讲究，按照风水学的五行说，天地万物是金、木、水、火、土等五种元素构成，天地万物都以五行分配，颜色配五行就为五色，即青、赤、白、黄、黑等五种颜色。

青色相当于温和之春，为木叶萌芽之色；赤色，相当于炎热之夏，为火燃烧之色；黄色相当于土，为土之色；白色相当于清凉之秋，为金属光泽之色；黑色相当于寒冷之冬，为水及深渊之色。简单地说，木为青色，火为赤色，土为黄色，金为白色，水为黑色。

内部装修一般以浅色格调为主，因为浅色格调助财运。娱乐场所里应尽量使每个房间朝向都好，有阳光和好景观，这样才能使客人感到安逸和舒适。

色彩对人的心理、情感及健康都有直接的影响，因此空间的色彩搭配必须事先进行周密的考虑与规划，根据自己的喜好选出主色调，再确定其他辅色，色彩不可以过多，也不可以胡乱地搭配在一起。比较简单的搭配方案是同色调不同明度搭配同明度不同色调。对比色搭配，一般来说，地板的色调要深一些、暗一些；墙及天棚的色调要浅一些、亮一些。

每种颜色都从不同的侧面反映了不同的能量中心。大红色能提升财富和名望，深蓝色能强化知识的力量，黑色支持事业的进步，桃红色有利于爱情，而恢复精神的绿色能提升健康，不同的娱乐场应选择不同的颜色。

在中国风水学中，天花板代表天，地板代表地，墙脚代表着人。因此，墙壁的颜色应在天花板和地板之间，即要比天花板深，比地板浅，这样的天、地、人才能达到和谐的统一。所以天花板的颜色尽量使用最浅的颜色，同时地板的颜色也要比天花板的深，否则会本末倒置。最好不要用太多的红色或黑色做屋内的主色，因为太红或太黑都会使人做事冲动、极端。

背阴的空间忌用一些沉闷的色调。由于受空间的局限，异类的色块会破坏整体的柔和与温馨，适宜选用白桦饰面、枫木饰面或亚光油漆家具。墙面采用浅蓝色或米黄色调试一下，在不破坏氛围的情况下，能突破暖色的沉闷，较好地起到调节光线的作用。总之，空间色彩要使人感到舒适大方、热情亲切、温馨祥和。

五、娱乐场的空间

在划分娱乐场的空间时，应保持空间在整体上的特性，然后在此基础上把整个空间组群划分既各自独立、互有差别而又互相联系的多个局部空间，巧妙地对其中各种单体及局部细节进行艺术处理，这样空间组群便能一气呵成地显现出性格鲜明的有机体。

从风水的角度上来看，娱乐场不宜通道闭塞，阻碍重重，因为通道如同人的血脉一般，只宜畅通无阻。因此，尽可能创造条件保障适度的通风，以保持整个环境的整洁舒畅。

室内设备的处理有两种方法：一种是平面空间的处理，以地板为放置面；另一种是立体空间的处理，主要是以壁面利用为要点，因此也就有了位置和疏密之分。由于家具的隔离或相向以及功用的类似和异同，每一种设置都有了非常精确的空间意义，如缓冲、界限、包围、集中、疏导等，以及精确的功能意义，如坐、立、放置、照明等。处理室内设备就如同处理一张画一样，何处该聚、何处该散、何处该闭、何处改隔、何处该通、何处该明、何处该暗等，要尽可能达到完美，以发挥空间的最大功效。

室内空间的处理除了讲究实用及美感之外，还须注意整个空间的色彩和明暗，在空间或设计的同时考虑风水的因素，其目的主要是增强气场。娱乐场空间应该采用宁静及冷清的色彩，不宜太艳。

娱乐场所的任何局部设计及摆设都应与整体环境息息相关。

六、娱乐场的光源

照明除了实用性与文化性之外，还是营造气氛的重要元素之一。良好的布光设计可以促成空间的界定和分隔，还可以改变室内空间的能量布置。积极的室内能量不仅让人精神振奋，而且还能开阔思维、启迪新思想。

1.娱乐场的照明设计

由于娱乐场照明要营造一种特殊效果，因此娱乐场布置照明时应注意以下几个问题：

(1)灯具的选择

娱乐场灯具以圆形为最佳，取其圆满之意。灯光宜选择带暖色调的光，给人一种温馨怡人的感觉。一般设置一个主灯在天花的正中，然后设置一些辅助灯光，切记不要让灯光照亮整个空间，这样就没有光与影的变化，不能营造气氛。另外，过强的光线对人的身体健康也有害。

(2)补光的讲究

光源能在立体空间塑造耐人寻味的层次感，适当地增加一些辅助光源，尤其是日光灯的光源，影射在天花板和墙上能收到奇效。另外，还可选用射灯打在浅色画上，也可起到较好的效果。

照明一般可分为附在天花板上的及悬吊式的两种。另外，亦有埋设在天花板内的下吊灯、嵌于墙壁的壁灯作为预备照明灯。在娱乐场大厅中，照明是营造气氛不可或缺之物。若是为了节约能量，单在天花板上设悬吊灯，就不可能有很好的生意来源，此种情况最好立即更换为较有情趣能营造气氛的照明灯。

(3)照明物的气氛调节

照明物可以激发潜能，使人精神焕发，让人与空间更加和谐。灰暗的空间与光线明亮的空间对人的影响会截然不同，如果所处的空间光线不够，就会显得沉闷不和谐，此时不妨考虑利用一些照明物来调节空间的整体气氛，为顾客创造一个更舒适健康的环境。

(4)财位宜长明

财位宜亮不宜暗，因为财位明亮则生气勃勃，昏暗则暮气沉沉，所以财位倘若缺少阳光，那便应该多安装光管和电灯，借此来增加明度，这对财位大有益处。安装在财位的灯一般来说，数目应以一盏、三盏、四盏或九盏为宜，而光管亦是以这些数目为佳。

2.光线的风水作用

充足的光线能减少低矮的天花板所产生的压迫能量，还能够提高暗处的能量，在停滞的角落或遗失的能量中心制造能量。壁炉与香炉可以通过燃烧产生的光和热制造能量。点燃的蜡烛也可以在屋里制造能量，同时还能提供休闲的意趣。但是任何时候都应该避免用太强的光线，否则过强的紫外线辐射和蓝光会导致眼睛疲劳、头痛和心智衰弱。

七、娱乐场的绿化

消费者到娱乐场主要是为了休闲、娱乐，达到怡养身心的目的。因此，经营者除考虑提供一系列配套服务外，还应增加一些"额外服务"。娱乐场的绿化就是其"额外服务"之一。良好的绿化环境，可以进一步提高娱乐场的生态环境质量，美化娱乐场形象。

1. 盆景的风水作用

盆景除了美景养眼之外，在风水学中也有着生生不息之意。多放几株盆景能增加生气，在旺位上放盆景代表财运滚滚而来之意。最理想的盆景是用花瓶养植万年青，花瓶高度最好在房子高度的一半以上，若花瓶的高度不够，可用架子垫高。室内不宜摆放针叶状植物，尤其忌杜鹃和仙人掌。

2. 植物的风水摆法

要注意植物与空间的协调性，植物的色彩和形状必须与整体环境的风格保持一致，让人感觉温馨和谐，所有的空间都应该有一个视觉重点，即传统的"财位"。在财位上摆放一盆郁郁葱葱，生机盎然的花草，一方面可愉悦视觉感官，更重要的是，盆栽会在这个空间形成一个充满"生气"的场，这个场可以促进财运态势。在设计上，花卉应该呈现直上形，以营造出素雅朴实、生机勃勃的面貌。

作为风水之用的室内植物可分为两大类，一是用作生旺的常绿植物，一是用作化煞的仙人掌类植物。这两类植物必须分清楚，因为它们的功用各有不同，所以摆放的方位亦会有差异，倘若混淆不清那便很可能弄巧成拙。

在"旺位"放置大叶的常绿植物，在"衰位"放仙人掌等刺类植物，在当旺的方位摆放一些厚叶或大叶的常绿植物，可收"生旺"之效增加财运。举例来说，在大门旁摆放大叶植物可以聚财，摆置水种植物可以催财。其中铁树、橡树、喜树胶、黄金葛（又名万年青）这类常绿植物就甚为理想，其余如宽叶榕树、散尾葵、虎威蓝、富贵竹等，也有"生旺"之效。

摆放在吉气场的大叶植物是"寒暑表"和"监测器"，其枯荣可告知主人财位气场的变化和室内空气信息的变化。

八、娱乐场的稳定物

风水中提及的稳定物，事实上是指在流动的"气场"或者是"气流"不稳定、不均衡的场所摆放的具有平衡稳定作用的物体。

风水学认为，能量不稳定会影响将来的生意，这就需要一个厚重、坚固的物体来平衡和稳定能量。

1.稳定物的类型

稳定物包括石头、大陶器、岩石、大件家具、植物、钢琴、玻璃、石雕和塑像等。有些人很喜欢在财位摆上大盆茂盛植物及福、禄、寿三星瓷像，从心理学上讲，笑眯眯的彩陶艺术能令人高兴，是吉祥物。

2.稳定物影响能量的方式

稳定物可以吸收和阻挡强劲有力的能量，它以下面的方式影响快速运动的能量：

减速→平静→保护→稳定

小贴士 Tips

八仙庆寿

八仙的故事远自唐代起即在民间流传。《八仙庆寿图》所展示的就是众仙会集松柏台上仰望云间、口颂祝词的情景。此图常在寿庆场合使用，除明示寿星得八仙祝吉，可获无疆之寿外，图中的松柏寿石、仙禽蟠桃、祥云瑞霭等景物在传统民俗文化里亦有祝寿的含义。此外，民间又有将八仙各自的法宝予以特写，并组合为形式不同之装饰形图案的习俗，称"暗八仙图"，广受青睐。

九、娱乐场的装饰品 ☯

娱乐场装饰品的摆设有很多讲究。对于娱乐场的经营者来说，了解装饰品有何风水作用及类型，哪些装饰品对经营有利、哪些不利是有必要的。

1.装饰品的风水作用

装饰品除了能美化场所之外，还具有辟邪和旺财的作用。例如：牛角象征斗胜与避邪；佛像和十字架可使人心灵有所寄托；铜风铃可"制煞"。但是尖锐物品如刀剑、头器、奖牌、动物标本，都不应该挂在墙上。同样，也不宜摆设有棱角的装饰品。

象征物是能够影响生理、心理、思想或者精神的物品，风水教会您应用艺术品、照片、纪念品和装饰物来象征想要实现的目标，表达自己的美好愿望。

2.有利财运的装饰品

(1)财神

在中国传统民间观念中，财神是掌管天下财富的神祇。倘若得到他的保佑，便肯定可以财源广进。因此经商的老板应该摆放武财神，一是黑口黑面的赵公明；一是红面长须的关公。

值得注意的是威风凛凛的武财神应面向屋外，或是面向大门，这样一方面既可招财入屋，同时又可镇守门户，不让外邪入侵。

(2)龙

龙是中华民族所特有的文化图腾，在中华文化中占据着至高的地位。它聚结着中华几千年文化的精髓，具有吉祥、生旺、化煞等作用。

(3)元宝

生意人喜欢把金灿灿的元宝放在容易看得见的地方。将一对金元宝放在休闲空间最大的窗口或窗台上，左右各放一只，象征着把外界的财气吸纳进来，也可以放在大门进来的斜角落，此处藏气聚气，也是财气。

(4)麒麟

麒麟、龙神、凤神、龟神在古代被称为四灵兽。麒麟用途非常广泛，用来招财进宝尤其灵验。摆放时麒麟头向外即可，其势甚可，财运必佳。

(5)金蟾

据说金蟾是最佳的旺财吉祥物，在室内摆放金蟾，注意头向内，不宜向外。

(6)龙龟

龙龟主吉祥招财，放在财位可催财，而放在三煞位或水汽较重的地方则更有效。

(7)水体

"山主贵，水主财"，水有很强的催财作用，娱乐场附近若有水塘或泳池，清澈水溪，可营造舒适的氛围。若水池在旺位，能使运势随之而生。可是，现在不见得所有的场所外围都能有自然的水塘、泳池或者清澈的河流，所以最好的办法是在室内养风水鱼。

此外，水是风水的主要元素，与财富和健康密切相关，因为水本身能聚气，也能扰乱磁场。喷泉放在正确的位置时是非常有用的能量强化物，水泡能反映能量的产生并刺激能量的活跃与均衡，流动的水可以给平静的角落带来能量的刺激并补偿场所内丧失的能量从而促进财富的增加。

(8)鱼缸

鱼缸的摆置也可以弥补风水上的缺陷，不断游动的鱼可以激活气场的死角，使空间充满活力，增加财运。但是要注意鱼的种类和摆放的位置，并留意鱼缸的形状和鱼的数目和鱼的颜色。带煞气的鱼，如鲨鱼、食人鱼、斗鱼等最好不养。鱼缸不宜太大，适中即可。

鱼缸最吉利的形状有长方形，圆形和六角形。太大的鱼缸存储太多的水，水太多会有决堤泛滥之险。从风水学的角度来说，水固然重要，但太多太深则不宜，任何娱乐空间不可能十全十美，总有些外煞的存在，用鱼缸化煞是一个最巧妙的办法。风水学中有"拨水入零堂"的说法，所谓"零堂"是指失运的衰位，其意是指把水引入失运的方位，可以转祸为祥、逢凶化吉。因此，水体宜在凶位，而不宜在吉方。

第二章
咖啡室与风水

不同的咖啡室可以让您领略到不同的风情，或庄重典雅，或乡村风情，或西风雅致。然而，从风水的角度来看，要想营造一个宁静、舒适、雅致的休闲环境，咖啡室的装饰、空间设计、气氛营造等方面的风水要求，如果处理得当，定会赢得良好的经营效果。

一、咖啡室的风水要求

把风水学运用到咖啡室的布局中，只需稍稍调整就会收到很好的经营效果，在发财利市、广招客源上也具有广泛的应用性。

按照风水学原理来说，装修设计光洁舒适就是生气，反之，就是死气。所有咖啡室均需要一个舒适的经营环境，才能赢得顾客，也才可以赢得良好的经济效益。

风水的"纳气"与"气的流动"在某种程度上可以理解为通风透气。咖啡室的通风透气有益于货品的保管。所以使咖啡室通风透气也是咖啡室装饰时要考虑的重要因素之一。

对咖啡室进行必要的装饰，有助于营造温馨的感觉，使生意更兴隆。但咖啡室的装饰的应该以简约为主，不宜使用反光强的材料或者雕刻复杂的图形，否则会给人浮躁的感觉。

小贴士 Tips

郭璞选地如神

风水鼻祖、一代先贤名儒郭璞在东晋元帝时任著作郎，其母死后能葬在高朗之地，切勿择墓于低湿之处。母亲病故后，郭璞带着日晷、指南针等堪舆工具，很快选定长江南岸的一处沙地与江北岸的一个小山。这时一些对风水略知一二的人都纷纷说："你声名盖世，为何择墓于江水之边，岂不让人见而耻笑？你难道忘记你母亲要葬在高朗之地的遗嘱吗？"郭璞对这些责难解释其原因说："沧海桑田，自古而然，故世无永存不变之地。今据水流地脉，从此以后，江水将逐渐离墓远去，沙地将日长高起，如若不信，不用数年即可目睹变化。"果然，一年后江水即去墓数里，日后江水愈去愈远，其母之墓地势日高一日，终为干燥爽朗之地，而原岸北的山丘则已完全淹没在滔滔江水之下了。这时，人们无不佩服郭璞卜地之先见如神。

二、咖啡室的装饰

咖啡室是人放松的场所，人们可以在此抒发感情，尽情地享受朋友间聚会的快乐和咖啡散发出来的香气。人们往往希望去一些使他们感到舒服或觉得有趣的地方，因此咖啡室的装饰只有被顾客喜欢才是成功的装饰。

1.气氛的营造

一般来说，顾客进咖啡室是为了打发时光，是希望得到放松，享受片刻的惬意。对他们来说，咖啡室可以是朋友聚会的地方，意味着友谊的发源；可以是解开隔阂的地方，意味着敌意的化解……在这里，每个人都喜欢买一杯咖啡，自由地去思考和谈论。因此，咖啡室气氛的营造就显得尤为重要了。气氛营造的一个关键性因素就是音乐，应该选择轻松的音乐作为背景音乐，千万不要声音太大也不要太小，也就是要既能给人轻松的感觉，又不影响顾客谈话。另外，经营者应与设计者商量，尽可能把咖啡室设计成为雅俗共赏的地方，不但能使消费者有宾至如归的感觉，而且能使其他工作人员也有家的感觉。

2.灯饰的搭配

灯饰的颜色、形状与空间相搭配，可以营造出和谐氛围。吊灯选用引人注目的款式，可对整体环境产生很大的影响。同样房间的多种灯具应该保持色彩协调或款式接近，如木墙、木柜、木顶的咖啡室适合装长方形木制灯，配有铁质品的咖啡室适合装铁管材质的吊灯。赏心悦目的布置能增加整个空间的能量，提升经营者的运势。

3.挂画的禁忌

很多现代人都喜欢用挂画来布置空间，以求吉祥和美感，但是在挂画的时候要注意下列禁忌：

绘有凶猛野兽的图画不宜张挂，以免给人带来恐怖之感。

颜色过深或者黑色过多的图画不适宜张挂。因为此类图画看上去会令人有沉重之感，使人意志消沉，缺乏热情，容易产生悲观的情绪。夕阳西下的图画也不宜张挂。

要选择一些属性为阴的画面，要求画面色调朴实，给人沉稳、踏实的感觉，让消费者可以感受到宁静的气氛，在"旺位"除了可挂竹画外，同时亦可挂上牡丹画，因为牡丹素有富贵花之称，不单颜色艳丽，而且形状雍容华贵，故此一直被视为富贵的象征，所以在当旺的方位挂上富贵花，可以说是锦上添花。

图画最好不要悬挂，以免给人压迫感过重。

三、咖啡室的空间设计

咖啡室空间的大小要适宜，过大显得空荡、冷落、寂寞，过小则不利于空气对流，室内空气浑浊，也容易感觉沉闷。另外，空间不同的组成元素代表了商业财运的不同方面。天花板代表天，地板代表地，墙壁代表人。墙壁的颜色应该在天花和地板之间，这样才能达到和谐，造就好的环境。

1.空间的布局

空间内部的布局基本要求是：敞亮、整洁、美观、和谐、舒适，满足人的生理和心理需求，有利于身心健康。其主要采用"围""隔""挡"的组合变化灵活多样地区划空间，造就好的风水。

所谓"围"，就是利用帷幄、家具等在大的空间中围出另外的小空间，或者用象征的手法，在听觉、视觉方面形成独立的空间，使人在感觉上别有洞天，而实际上还是融合在大空间里。

所谓"隔"，就是用柜、台、屏风、绿化等手段，在大空间中划出不同功能的活动区域。

所谓"挡"，就是用家具、胶木、折页门帘等，分隔出功能特点差异较大的活动区，但整体空间依然是畅通的。

2.空间的净高

内观设计在咖啡室风水设计中也是十分重要的，其设计的风水好坏，直接影响到其形象和经营状况。从人的心理需求来看，净高6米使人感到过于空旷；净高2.5米以下，则使人感到压抑和沉闷；净高3米左右，则使人感到亲切、平易、适宜，这样的高度给人的感觉较好。应根据具体的层高设计出不同风格的娱乐空间，发挥空间能量的最大作用。

从科学的角度来考虑，在不同净高的空间，二氧化碳浓度也不同。净高2.4米，空气中的二氧化碳浓度大于0.1%，不符合室内空气中二氧化碳浓度的卫生标准；净高2.8米，空气中的二氧化碳浓度小于0.1%，符合卫生标准。

3.天花板和墙面

不要让天花板和墙面遭受损坏，否则会感到不安全，从而影响商机。至于使用的材料，则不胜枚举，有各种胶合板、石膏板、石棉板、玻璃绒以及贴面装饰，除了考虑经济和加工两个方面外，还要考虑光线、材料质地及风水等要素，使其与空间色彩、照明等相配合，形成优美的休闲空间。

4.地板的装饰设计

地板代表基础和稳定，地板如不结实则会让人担心前行的路是否稳固，最好是采用属阴的木地板，其特点是温馨自然、触感柔和、有弹性，能使空间平添清新活力，能让人充分享受放松、随意的休闲乐趣。地板在图形设计上有刚柔两种选择，以正方形、矩形、多角形等直线条组合为特征的图案，带有阳刚之气；以圆形、椭圆形、扇形和几何曲线组合为特征的图案，则带有阴柔之气。

地毯是布置地板的重要装饰品，选择一块地毯，从风水学角度来看其重要性有如屋前的一块青草地，亦如宅前可以纳气明堂，不可或缺。最好选择色彩缤纷地毯，色彩太暗淡单调会使空间黯然失色，就会很难发挥生旺的效应。地毯上的图案千百万化，但是务必记住选取寓意吉祥的图案，那些构图和谐、色彩鲜艳明快的地毯，显得喜气洋洋，令人赏心悦目，这样的地毯便是佳选。

地毯在风水也会产生一定的影响，其影响来自于地毯颜色的不同，按照风水的理解，不同的颜色可分为不同的属性。

门向与地毯配合得宜则旺上加旺，地毯的颜色应该按照以下的说明配合门向。

门口朝向东方、东北方——配合黑色地毯

门口朝向南方、东南方——配合绿色地毯

门口朝向西方、西南方——配合黄色地毯

门口朝向北方、西北方——配合乳白色地毯

第三章

休闲生活馆与风水

现代人用全新的方式与理念去诠释生活的意义，既有全情投入的工作，也要有彻底的休闲放松，既不会成为一味工作的机器，也不会是只享受生活的寄生虫。在此种情况下，各类休闲生活馆应运而生。有的经营者为了更好地赢得消费者，在设计时，往往会巧妙地运用一些风水手段，以此来创造一个更加舒适、休闲的环境。

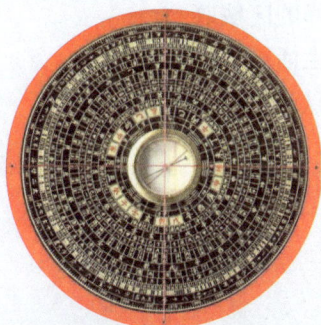

一、休闲生活馆的风水要求

休闲生活馆的设计及其风水要求均要有一个高雅清新的怡人环境，这样不仅会增添客人的情趣，而且也会给客人带来舒适休闲的感受，可以加大消费者光顾的指数。

从经营的角度来说，注重生活馆的造型可达到树立商业形象的目的。要做到这一点就必须要使它的造型具有鲜明的独特性，才能宣传自己，招徕顾客。

很多休闲生活馆都是离繁华街市有一定距离的地方，要想在这样的区域取得经营活动的成功，就要从生活馆的环境设计风水、外观设计风水以及室内设计风水等诸多方面着手，使之独树一帜，让消费者易于识别，并产生消费欲望。

小贴士 Tips

择吉避火

浙江诸暨店口镇陈家，花了一个月时间，从一姓夏的术士手中得到了建房子的吉日。房子盖好后不久，镇上突然起了场大火，前后左右的房屋都被烧成焦土，只有这座新房巍然独存，丝毫无损。此后，又经历了三十多次火灾，这座房子都幸免于难。直到光绪时代，陈家的后代依然守住在这座老屋里，而且后代子孙都生活得平安健康。

二、休闲生活馆的分类

休闲生活馆主要有三类：运动类项目主要有健身房、保龄球房、高尔夫球场、壁垒森严珠房、网珠房、游泳池（兼有室内、室外、室内外三种类型）等；美容健美类项目主要包括理发室、美容室、接摩室、桑拿室等；娱乐类项目主要有游戏室、棋牌室、舞厅、各类吧等。

健身房

小贴士 Tips

折臂三公

有个善相墓的人说羊祜的祖墓上有帝王之气，如果凿开墓就会断绝子孙，但可以"出折臂三公"。羊枯把墓凿开了，后来他骑马时跌断了手臂，但是他官至尚书，果真应验了相墓者的话。

三、休闲生活馆的环境设计 ☯

环境设计对休闲生活馆的风水非常关键。好的环境设计可以令休闲生活馆美观大方，从而吸引到大批的顾客。相反，不注重环境设计的休闲生活馆给人的感觉当然也不好，因此只能惨淡经营。

一般的休闲生活馆，总平面均由建筑小广场、停车场、雕塑、室内活动场所和室外活动场所组成。

休闲生活馆因基地面积有限，大多都在房顶平面设网球场、游泳池、屋顶花园等。环境设计应争取良好的景观效果，提高环境质量。良好的景观会给客人带来美好的身心享受，使之留连忘返，休闲生活馆的生意必然蒸蒸日上。

四、休闲生活馆的外观设计 ☯

休闲生活馆因规模大小的不同，整个外观设计也是不同的，不管如何，其外观本身就是一种宣传、标志、象征，所以在开始构筑休闲生活馆的硬体结构之前，应思考休闲生活馆的外观，让它能成为象征代表。

在外观设计中，休闲生活馆的大门入口是至关重要的。休闲生活馆的生意好坏，这个部分能起到三至五成的关键作用。因此，必须非常重视门庭的风水设计。

大门的设计形成应符合当地的气候条件、民俗习惯、磁向方位等要求。另外，不同经营特点的休闲生活馆大门的大小、位置、数量都是不同的，要点是进出通畅舒适，外观引人入胜，并且显示出休闲生活馆的独特标志或特色。

特殊的外观设计，对于其经营是有正面意义的，在外观设计上，还应注意以下两个方面。

1.造型

不管是高度还是广告，或特殊建筑风格，都可能是一个观光点，对商店经营应有正面的帮助。

2.颜色与装饰

外观的颜色能衬托出整个外观效果，尤其是装饰或是霓虹灯、盆栽、饰条，均具有高度强化的宣传效果。

五、休闲生活馆的室内设计 ☯

休闲生活馆的室内设计以"气"的"平衡原理"为依据，无论是装饰的形式与造型，还是色彩的组合以及材质的运用等，皆建立在"平衡原理"的基础之上。室内设计是一种创造美的艺术，同时设计师也是好环境好风水的创造者。

休闲生活馆内的动线设计要流畅，走道不可过多，最好是以大厅为中心，能四通八达到各单独房间，而不要绕来绕去，或穿过一间房再进入一间房，动线不流畅的格局属不吉。

室内不可以有回字形走廊，娱乐场更应避免这种设计。因此，室内走廊不可贯穿整个空间，如果走廊的设计将室内分为两半，属大凶之局。

门的位置设计应该避免门对门，这样会导致气流相对，"气场"会漏且相冲，令客人的情绪浮躁，而且在风水上有漏财之说。

以上两种室内格局的化解方法，在适当的地方放置大型落地屏风，让气流能回旋转折。

走廊太窄会让人有局促感，宽敞的走道让人感觉安静而温馨，这样的商业空间可以给人带来财运。

平衡又可称为均衡，平衡原是力学的名词是指地点两边的力相等，处于稳定状态的现象。在装饰工程中的各个面上，各种物体的布置关系上的平衡，主

要是指在视觉中所获得的平衡感。因为在视觉形式上，不同的造型、色彩和材质等要素，会引起不同的质量感觉。

平衡的处理方法有对称平衡和非对称平衡两种。所谓对称平衡，是指画面中心点两边或四周的形态和位置完全相同。比如说，在一张长台中间摆一台电视机，两边相对位置上摆放相同大小的花，即为平衡的形式。在墙面两边均悬挂一组图画，亦是一种对称平衡的处理方式，对称方式所形成的对称平衡给人以庄重和安定的感觉，但缺点是过于呆板。非对称平衡是指在一个平衡形式中，两个相对部分不同，但在数量、体积的量上给人的感觉相似而形成平衡现象。如在装饰时以多个圆有大有小形成的对比与统一关系，又如墙面上均有悬挂的一组图画，其中两边的图画不是一幅组成，而是由两幅或多幅所组成，但组成后的面积与一幅图画相同。又如一组沙发为中心的摆设，左边摆放边桌和台灯，右边摆设绿色植物盆栽，若两者的量感和体感相差不大，即可以形成非对称平衡的效果。非对称平衡比对称平衡的平衡效果更为生动。

小贴士 Tips

偶得吉壤

宋代的《挥尘后录》记载，范择善的父亲到上饶去，猝死于途中的一个寺庙。庙中主僧说寺后半山腰有一穴，风水很好，诚为吉壤，可以安葬。范择善听从了，后来范中了科举。范又要迁父亲遗骨回籍，主僧劝止，范不听。结果，范后来以飞语得罪了秦桧，被免官。

六、休闲生活馆的卫生间

卫生间风水是休闲生活馆风水的一个重要组成部分，它可以直接影响客人的健康。卫生间的基本功能是：满足客人盥洗、梳洗、入厕、沐浴等个人卫生要求，它要求方便、紧凑、高效、舒适、明快、清洁，装饰也应以浅色明快为好。此外，在卫生间里摆放小型绿色花草可以提高整个空间的风水效果。

娱乐场的中心部位不宜作卫生间，否则这便如人的心脏堆积废物，那自然是凶多吉少了。倘若卫生间并不是在中心位置，却位于后半部空间的中心，刚好与大门成一直线，也不宜选用，因为这样很可能导致破财。设置卫生间不宜之处，可归纳为下列几点：

①卫生间门不宜与大门相冲。

②卫生间地点宜隐蔽，不宜正对大门与大门成一直线。

③卫生间只宜设在走廊边上，而不可设在走廊尽头。

④卫生间应该保持清洁，光线充足，排气扇要常开。

⑤卫生间应该保持空气流通，让浊气更容易排出，保持空气新鲜。

⑥卫生间是个潮湿的地方，为了隐私，很多的设计只是开一个小窗，在此往往造成通风与采光不足，一个消费场所如果卫生间不清洁，也很难留住顾客。

⑦在用材上要讲究使用材料的质量，最起码应该避免使用一些有毒、有辐射的材料。

此外，卫生间与人的联系最直接，现代的卫生间必须强调功能的细化，室内外要有良好的沟通，采光通风都要照顾到，不能够认为是卫生间就忽略它的设计。墙面、顶面等做趣味变化，如局部用木材，用玻璃台盆来增加通透感，在墙上挂画，在化妆台放置观花植物和观叶、观茎植物，周围一片绿色，可以让客人有一种身处自然界的感觉。

七、休闲生活馆的大厅色彩

大厅要使人感到开朗明快、舒适、高雅，使客人有"宾至如归"的感觉，那么大厅的色彩基调就要用暖色，如米黄、橙黄、浅玫瑰红等，营造温暖舒适的氛围。讲究一点的话，可按大厅的方位所暗示的金白、木绿、火红、土黄来作为用色的标准。

设在北边的大厅，墙面可涂淡绿色或水蓝色，窗帘不宜太鲜艳。

设在东北边的大厅，墙面可涂淡黄，沙发可用咖啡色，窗帘布可用黄色为底色，并配上咖啡色或其他深色花纹。

设在西北边或西边的大厅，墙面可涂白色，或在白色背景中绘上一些浅色花纹，窗帘可用金黄色，并衬以白色透明的薄纱。

设在南边的大厅，墙面也可涂淡绿色，窗帘布可采用鲜艳一点的颜色。

设在西南边的大厅，墙面可用浅黄色，与东北边的大厅相似。

设在东南边的大厅，墙面可涂草绿色，窗帘可选用绘有花木或翠竹的图案。

设在东边的大厅，墙面可涂淡紫色或淡蓝色。

第四章

KTV、夜总会与风水

　　KTV、夜总会布局同样讲求有风有水。有水才有生命，有风才能播种。做生意的空间一定要让人感觉舒服，从善如流，和气生财。如果风水不适应整体空间，就应该最大程度地运用科学的化解方法进行综合调整。

　　KTV、夜总会都有它自己的环境命运，那就是风水对它的影响，不同的场所风水也不一样，盈亏结果也不相同，其风水状况直接影响到经营者的财运。

一、KTV、夜总会的选址原则

选择KTV、夜总会的地址时，除了考虑基本的地理环境，周围环境的影响也是不容忽视的。好的经营地址可以和气生财，不好的经营位置会令经营者的钱财散失，生意惨淡。

KTV、夜总会的选址应遵循以下几大原则：

◎取开阔，避低洼、狭窄之地。

◎宜背后有靠，避前高后低之地。

◎宜取南向、开旺山旺向之门。

◎取繁华之地，避路之尽头。

◎路口开店宜趋利避害。

二、KTV、夜总会的内部设计

利用色彩、灯光、造型把KTV、夜总会店面做得亮丽动人，这当然十分重要。但一个特色突出，有浓厚的"娱乐场所味儿"的KTV、夜总会，要想经济效益很好，其内部设计是必不可少的。KTV、夜总会内部设计主要包括大厅、包房、收银台、走廊、化妆室等各部分的设计。

1.大厅

大厅是迎送客人的礼仪场所，也是KTV、夜总会中最重要的交通枢纽，其装修设计风格会给消费者留下极为深刻的印象。

大厅应明亮宽敞，无论大门是朝哪个方向，其设计都要符合风水的要求，要对客人产生强烈的亲和力，让客人一进大厅就有一种舒适的感觉，这样生意才会兴隆。材质上，要选用耐脏、易清洁的饰面为材料，地面与墙面采用具有连续性的图案和花色，以加强空间立体感，同时，还要注意减少噪音的影响。

2.包房

KTV、夜总会包房内装修方面，地板的材质应选用桧木、松木等，颜色以深褐色为宜，若需要铺设地毯，则以浅灰褐色系为宜，墙壁涂装灰泥或粉刷。天花板使用具有吸音效果材质较好，板材地基用木材亦可。墙壁和天花板用茶色。总之，可说浅灰褐色系即表示吉。

3.收银台

收银台是钱财进出之地，风水上说收银台应设在虎边（人站在室内向大门方向望去的右边就是虎边），也就是在不动方，才能守住钱财，不可以设置在流动性强的龙边，否则不利财运。

收银台的高度也要适中，过高会有拒人于外的感觉，过低又有不安全感，适当的高度在110~120厘米之间，或取107、108、126厘米。收银台内不可有电炉、咖啡壶之类的电器，否则易生灾难及口舌。进门处的收银台旁，不可设有水龙头和冲洗槽，放钱的保险箱应该隐私，不可被人看到，但小额的收银机不受限制。

4.走廊

KTV、夜总会走廊太窄会让人有局促感，而宽敞的走道给人安静而温馨的感觉。

精心设计的走廊，可以使过道的沉闷一扫而空，成为一道亮丽的风景线。在走廊的地毯上另外铺设的地毯，摆成楼梯的格式，让每个步入者都有些错落的感觉。走廊若有栏杆并有数根支柱支撑，则无论在哪个方位均吉。倘若经营者十二地支星跟走廊的位置重叠，则吉相更为加强，自然有助于好运的提升、信用的增强，生意也会随之更兴隆。

5.化妆室

KTV、夜总会中化妆室的照明一定要明亮，昏暗的化妆室不仅显得不卫生，而且令人健康运下滑。使用光线昏暗的化妆室的夜总会，应尽快换照明设施，色调也应该是宜人的，让人居于其中，有一种精神上的享受，并有愉快的心情。总之，化妆室设计要达到这种目的，进化妆室感到非常舒适、放松，出化妆室时精神焕发，得到的是另外一种享受。

三、KTV、夜总会的附属区域

KTV、夜总会里除了一般的大厅、包房、走廊、化妆室之外，还有一些其他的附属区域，例如酒吧区、舞池区等等。这些区域的装饰同样不可忽视，可根据经营场所的整体风格来进行设计，力求做到美观且不失个性。

KTV、夜总会的装饰效果要和本地区客人的文化素质相结合。在现代化的大城市，可以设计成豪华的多功能KTV、夜总会，房间内可以增加工艺品的摆放区域和自由娱乐区域，如自助式酒吧区、小型舞池区、情侣品茶区、小型舞台表演区等。不要小看这些设计，它们可是高消费人群的首选。包间的设计和施工在装饰和灯光上也特别讲究，文化内涵特别丰富，可设计为欧式、日式、中式，或原始森林式、古堡式和奇幻式等。五花八门的装饰设计被运用到KTV、夜总会的各个场所。

小贴士 Tips

水流形格

环抱水格。流动的水就是钱财。水需要不断流动，才能创造财富。都市大楼都是临街而建，车水马龙的车流方向就等于是河水的流向。只有流动较为缓慢，才有利财运，但一定要在弯路的内侧，才能护卫办公大楼。办公大楼前有路或河水弧形包围着，俗称"玉带环腰"或"抱身水"，对财运大为有利。

之字路格。古云："九曲入明堂，当朝宰相。"即是指办公大楼前方有道路迂回曲折，有利财运。

漩堂水格。办公大楼前方为道路回旋处，为得明堂水，利财，吉论。

第五章

酒吧与风水

　　酒吧的原文为英文的"bar"，本意是"横木和棒"，是以高柜台为特点的酒馆。当酒吧从单纯聚会、饮酒的地方发展成为多元素融合的文化空间时，酒吧已成为一种艺术展示、个性宣泄的综合性休闲场所。

　　酒吧装饰艺术领域触及到的不只是艺术的发展学，也涉及到历史学、美学、心理学和社会学等诸多学科，其中包括风水学。本章将要阐述的是有关酒吧布局的风水知识。

一、酒吧的空间划分

一个较大的酒吧，其空间可利用天花板的升降、地坪的高低以及围栏、列柱等来进行分割。空间的划分使酒吧更具层次感，在视觉上呈现出一种流动性和趣味性，让人感觉到生动、丰富、活泼和雅致。

酒吧的空间划分有许多种方法，如实体隔断：用墙体、玻璃罩等垂直分割成私密性比较强的酒吧空间，既享受了大空间的共融性，又拥有了自我呵护的小空间；列柱隔断：可构成特殊的环境空间，似隔非隔，隔而不断；灯饰区隔空间：利用灯饰结合天棚的落差来划分空间，这种空间的组织手法使整体空间具有开放性，显得视野开阔，又能在人们心理上形成区域性的环境氛围；地坪差区隔空间：在平面布置上，利用改变局部地区的高低，呈现两个空间的区域，有时可以和天花板对应处理，使底界面、顶界面上下呼应共造空间，也可与低矮隔断或绿色植物相结合，构成综合性的空间区隔手法，借以丰富空间、连续空间。

酒吧空间设计成敞开型（通透型），则风格豪迈痛快，设计成隔断型则柳暗花明。无论哪一种布局都必须考虑到大众的审美感受，符合大众的口味又不失个性。

开敞空间是外向的，强调与周围环境交流，心理效果表现为开朗、活泼、接纳。开敞空间经常作为过渡空间，有一定的流动性和趣味性，是开放心理在

环境中的反映；封闭空间是内向的，具有很强的领域感、私密性。在不影响特定的封闭机能下，为了打破封闭的沉闷感，经常采用灯窗来扩大空间和增加空间的层次。

动态空间引导大众从动的角度看周围事物，把人带到一个和时空相结合的第四空间，比如光怪陆离的光影，美妙的背景音乐。在设计酒吧空间时，设计者要分析和解决复杂的空间矛盾，从而有条理地组织空间。酒吧空间应生动、丰富，给人以轻松雅致的感觉。

二、酒吧的装饰

酒吧多半有一个特定的主题，由此延伸出来的一些文化和风俗习惯构成了酒吧的灵魂，从酒吧氛围的营造，室内外空间的整体装饰，到细节处的点缀都围绕这个中心而展开。从风水的角度来看，我们应该注重酒吧的装饰色调，酒吧的格局以及酒吧的内部设计等因素。

酒吧文化除了给人带来审美上的愉悦和情感上的震撼，还传递着特定的历史、文化信息。酒吧内在的色彩、格局和装饰包括室内的布置、线形、色调、造型等方面。好的装饰自然带来好的风水，可以招徕更多的生意。

酒吧装饰时要注意阴阳调和、暗偏阴的空间，为了增加阳气，尽量少用玻璃台面的桌子，可以多用实木质地的材料，并通过布艺、鲜花、挂画、灯光等来装饰，也就是说，尽量让酒吧呈现出暖色调，因为冷冰冰的空间装饰会严重影响消费者的心情。

1.色彩

如果说彩光是美人的秋波，酒吧室内色彩就是她的衣裳。人们对色彩是非常敏感的，冷或暖、悲或喜，色彩本身就是一种无声的语言。最忌讳莫如看不清楚设计中的色彩倾向，表达太多反而概念模糊。室内色彩与采光方式相协调，才有可能成就理想的室内环境。构成室内的要素有形体、质感、色彩等，色彩是极为重要的一方面，颜色会使人产生各种情感，比如说红色是热情奔放、蓝色是忧郁安静、黑色是神秘凝重……

2.灯光

灯光是设计中不可忽视的问题，灯光是否具有美感是设计成败的因素之一。环境的优美能直接影响到人的心情，这就不能不在采光方式上下功夫了。采用何种灯型、光度、色系以及灯光的数量是多少，达到何种效果，都是很精细的问题。灯光往往有个渐变的过程，就像婀娜的身姿或波动的情绪，在亮处看暗处，在暗处看亮处，不同角度看吧台上同一只花瓶获得的感观效果都不尽相同。灯光设置的学问在于"横看成岭侧成峰"，让人感觉到变幻和难以捕捉的美。

酒吧的照明强度要适中，吧台后面的工作区和陈列部分要求有较高的局部照明，以吸引人们的注意力并便于操作（照度在0～320LX之间），吧台下可设光槽将周围地面照亮，给人以安定感，室内环境要暗，这样可以利用照明形成的特点来创造不同的个性。吧台部分作为整个酒吧的视觉中心，要求较高除了操作的照明外，还要充分展示各种酒类和酒器，以及调酒师优雅娴熟的配酒杯表演，从而使顾客在休息中得到视觉的满足，在轻松舒适的气氛中流连忘返。

酒吧间内主要突出餐桌照明，酒吧中央公共过道部分应有较好的照明，特别是在设在高差的部分，应加设地灯照明，以突出台阶。

3.材料

不同功能的建筑空间对吊顶材料的要求也不尽一致，吊顶装饰材料有纸面石膏板、纸面石膏装饰吸声板、石膏装饰吸声板、矿棉装饰吸声板、聚氯乙烯塑料天花板、金属微穿孔吸声板、贴塑矿棉装饰板、膨胀珍珠岩装饰吸音板等。

4.壁饰

酒吧壁饰是影响酒吧风格的重要元素，选择不同的壁饰来装点酒吧，可以打造出您想要的情调与氛围，大幅壁画装饰墙体，既可以凸显特殊的消费环境，又可以满足人们不同的艺术欣赏需求，从而进一步刺激消费。

5.绿化

利用室内绿化可以改变人们的视觉感，使室内各部分既保持各自的功能作用又不失整体空间的开敞性和完整性。现代建筑大多是由直线和板块形组成，感觉生硬冷漠，利用室内植物特有曲线，多姿的形态，柔软的质感，悦目的色彩，生动的影子，可以使人产生柔和情绪，减弱大

空间的空旷感。墙角是一个让人不太注意的地方，然而细节往往是最动人的，也是最细腻的。大多数设计者都会采用绿化消融墙角的生硬感，让空间显得生机盎然，室内绿化主要利用植物并结合园林设计常见的手法，完善、美化它在室内所占的空间，协调人与环境的关系。

小贴士 Tips

中庭里植树不利因素

在中庭种植大树，势必会影响到采光。高大的树木会遮挡住门窗，阻碍阳光进入室内，导致住宅内阴暗而潮湿，不利于居住者的健康。种植大树，还会影响通风的顺畅，阻碍新鲜空气在住宅与庭院之间流通，导致室内温气和浊气不能尽快排除，使得住宅环境变得阴湿，不利健康。大树的根生长力旺盛，吸水多，容易破坏地基而影响住宅的安全。高大的树木容易将树根伸到房子下面，影响房基的牢固。树根在房子下面生长或枯死，会给住房的安全带来潜在的危险。中庭里不适宜栽种大树，但是不等于说不可以种植其他植物。如果想种树，不如种些成长度有限的小树或盆栽，以增加环境的美观。

三、吧台区设计

吧台是酒吧一道亮丽的风景，是酒吧区别于其他休闲场所的一个重要标志，它令人感到亲切、温馨，潜意识里传达着平等的观念。吧台用料主要有大理石、花岗岩、木材等，由于空间设计不一样，吧台的风格也各有不同。

酒吧的格局要方正，不可有缺角或凸出的角落。如果有尖尖角角，那么坐起来会感觉不舒服，进而心情也受影响，而中国传统的居住哲学也认为，尖锐的屋角和梁柱会放射"煞气"，影响财运。如果有其他的原因不得不选择有尖角的房子，那么可以考虑设计仰角照明灯，使灯光直射屋梁，达到以圆化尖的目的。因此，吧台设计时应特别注意避免尖角。

1.吧台的划分

吧台分前吧和后吧两部分，前吧多为高低或柜台，由顾客用的餐饮台和配酒用的操作台组成；后吧由酒柜、装饰柜、冷藏柜等组成。

作为一套完善的吧台设备，前台应包括下列设备：酒瓶架、三格洗涤槽或自动洗杯机、水池、饰物配料盘、贮冰槽、啤酒配出器、饮料配出器、空瓶架及垃圾筒等。后吧应包括下列设备：收款机、瓶酒贮藏柜、瓶酒、饮料陈列柜、葡萄酒、啤酒冷藏柜、饮料、配料、水果饰物冷藏柜及制冰机、酒杯贮藏柜等。

前台和后吧间距离不应小于950毫米，但也不可过大，以两人能同时通过

为适。冷藏柜在安装时应适当向后退缩，以使这些设备的门打开后不影响服务员的走动。过道的地面应铺设塑料隔栅或条型木板架，局部铺设橡胶垫，以便防水防滑，这样也可减少服务员长时间站立而产生疲劳感。

2.吧台设计

(1)前台

酒吧一般有一套调制酒和饮料的吧台设计，为顾客提供以酒类为主的饮料及佐酒用的小吃。酒吧吧台的形式有直线形、"O"形、"U"形、"L"形等，比较常见的是直线形。吧台旁边顾客用

的餐椅通常是高脚凳，这是因为酒吧服务台有用水等要求，地下要走各种管道因而地面被垫高，此外服务员在内侧又是站立服务，为了使顾客坐时的视线高度与服务员的视线高度持平，顾客方面的座椅要比较高。为配合座椅的高度以使下肢受力合理，通常柜台下方设有脚凳杆。吧台台面高1000～1100厘米，坐凳面比台面低250～350厘米，踏脚又比坐凳面低450厘米。

(2)后吧

除了前述吧台即前吧外，后吧的设计也十分重要，由于后吧台是顾客视线集中之处，也是店内装饰的精华所在，因此更需要精心处理。首先应将后吧分为上下两个部分来考虑，上部不作实用上的安排，而是作为装饰和自由设计的场所；下部一般设柜，在顾客看不到的地方可以放置杯子和酒瓶等。下部柜最好宽400～600厘米，这样就能贮藏较多的物品，满足实用要求。

(3)吧凳

吧凳面与吧台面应保持0.25米左右的落差，吧台面较高时，相应的吧凳面亦要高一些。

吧凳与吧台下端落脚处，应设有支撑脚部的支杆物，如钢管、不锈钢管或台阶等。

较高的吧凳宜选择带有靠背的样式，坐起来会感觉更舒服些。

3.酒柜

现代生活中的家庭酒柜更多地把酒柜合入间厅柜、墙壁、橱柜、装饰柜中，由于考虑到空间面积、结构和原有家具设计的客观条件等因素，人们会更多地考虑酒柜的实用性。

中式、欧式酒柜各有特色。中式酒柜大多讲究侧面的装饰，喜欢把酒柜的各个部位细化、美化、复杂化。欧式酒柜面积大，但做得轻巧，多用不锈钢、玻璃等材质，木材用得少，追求简约的风格，多讲究外部线条的搭配和装饰。相对来说中式酒柜做得比较正式，一般适合较大面积的房子。

(1)壁炉式酒柜

这种酒柜的设计灵感来源于美式壁炉。在美式风格的家居里大都有壁炉，如今人们已经接受它作为装饰，成为大厅的一部分。考虑到开放的大厅、餐厅壁上安装出几块玻璃板用于摆放酒瓶及酒器，这样将空间向高处延伸，可以说算是别出心裁的创造。

(4)玄关的酒柜

这种酒柜的设计实在是出于功能性的考虑，由于原有房屋的整体格局不够合理，因此在设计师的巧妙设计下创造了这样一个酒柜。这种酒柜是将狭长的玄关处设计成一个酒柜，使原有的不被利用的空间得到了合理的利用，同时从外面看这里是一处玄关，但从居室里面看这里又是一处小酒吧，既实用又增添了情趣。

与门厅相连，没有分区，于是取了壁炉的造型，设计了一个大理石材质的固定酒柜，放在大厅与餐厅之间。它就像一个岛，让大厅和餐厅相互关联，却又明确地分区，同时它又具备酒柜的功能。

(2)原木酒柜

若您偏爱回归原始的感觉，那么不妨设计一个原木的酒柜。这种酒柜在设计上用原木材料，原木的质感让人有一种回归自然的感觉，月牙形的艺术壁灯又添加了浪漫的色彩。但切记，这种风格的酒柜设计一定要符合居室的整体设计风格。

(3)玻璃隔断的酒柜

如果空间不大，且房屋举架过低，那么这种酒柜最适合，因为它既实用又美观，由于实际空间的限制，我们不得不改变原有的酒柜概念，于是仅仅在墙

第六章

酒楼与风水

　　但凡经商者无不希望自己所销售的商品受到市场和大众的欢迎，事业蒸蒸日上，财源滚滚而来。越来越多的人意识到风水学对于酒楼经营的重要影响，并开始逐渐去了解、利用、改造和顺应它。许多知名的酒楼之所以能够生意兴旺，大多是因为它们的经营者重视风水，并在经营过程中始终关注对内外部环境的适应与调整。因此，选择一个人气旺、地段好的经营地址，打造出美观和谐的内外部环境是非常必要的。

一、环境与餐饮业风水的关系

风水学以自然科学的理论为依据，将各种自然信息能量利用起来，进行阳光、气流、地势、色彩等自然物理能量的调整，使之适合人们身心健康的需要。风水学满足了各类人群在避凶趋吉、招财进宝、升官晋爵、延年益寿、家业兴旺等方面的心理需求，在人们的心理和精神上产生了良好的安慰和激励作用。

有些时候，人们会很奇怪地发现，有些餐饮店装修得不错，价格便宜，地段又好，但就是没有什么生意；而有些看上去很不起眼的地方，却生意兴隆、人流不断。根据中国传统的观念来看，这与餐饮店的风水有很大关系。从科学的观点来看，这是因为在餐饮店的选址、外观设计和内部装修上没有根据地理环境、气候及消费者心理等因素来进行，这些都是风水学所研究的内容。因此，在事业经营中必须加以重视。这里的风水包括餐饮店的选址、餐饮店的外观设计、餐饮店的内部布局。

1.山

店址背后有山，属于坐实，在风水学上讲称为"坐后有靠"，是吉祥的象征。但是，在现代都市要找一个靠山的店址是很难的。如果店址后方没有山，可以从下面几点观察：

①店址后方若有一座楼宇是较本身高大广阔的，便属于"坐后有靠"了，也属于"坐实"的格局。

②店址后方有几座楼宇高度与本身店址相同，但因为几座楼宇群集在一起，力量便汇集起来，足够支撑本店址，亦属于"坐后有靠"之格局，即是"坐实"也。

③店址后方有一座小山丘，但高度却很低，店址比它高出了很多。由于此山是天然的，所以亦可以作为靠山，因为天然环境对风水的影响力很大，这座店址亦属于"坐后有靠"。

④店址后方虽然有楼宇，但却比自己的店址矮了一大截的话，则属于"靠山无力"之格了。

2.水

根据一般的原则，店前有水池或喷水池的比较好，风水学上称为"明堂聚水"。但有一点必须注意，水有秀水、恶水之分。

(1)秀水五相

①水质清澈（清静水）——主遵循正当手段赚取金钱，财运顺畅。

②气味清新（有些泉水带有甘香之味）——为上吉，主聚财。

③流水平静或声细有韵（鸣珂水）——主可以舒适地赚取金钱，财来自有方。

④状若有情（有情水）——流水呈圆形或半圆形地围绕于前方，主聚财。

⑤水要当运（零神水）——主财运立即好转。

(2)恶水五相

①水质污浊（污秽水）——主破财或是以不法手段赚取金钱。

②气味腥臭（腥臭水）——主身体不健康，财帛不聚。

③流水怒吼（怒啸水）——流水之声太响，除常常破财外，亦会使店主家宅不宁。

④状若无情（无情水）——流水反弓、三角形等，主财帛不聚。

⑤水忌失运（失运水）——主财运节节衰退。

3.车流

许多店面都面临大街，门前人流和车流来往不断，这样的店面一般说来是人气旺，有利于餐饮业发展的。但是，从风水学的角度来说，有吉凶之分。我们可依马路的车辆行走方向来判断店址的吉凶好

小贴士
Tips

著名商铺字号举例

我国的商铺字号名目繁多，多有以地名或者老板的姓名为标榜的字号。旧时，在一些中外的通商口岸地区，如上海、广州、天津、南京，还出现一些带洋化、欧化和半殖民地气息的商铺和厂家字号。除了取带有吉利意义的字号外，还有一些以怪取胜的字号，如天津的"狗不理"、上海的"天晓得"；南京的一家著名膏药店，字号为"高黏除"。这些怪字号的运用，当然也是为了吸引人们注意，招徕生意。

当然，光有字号还不够。好的字号还需要好的经营管理手段，才能取得人们的承认和信赖，才能拥有广泛的社会信誉，使商铺得到发展。在我国的许多老字号中，如中药店"同仁堂"，帽店"盛锡福"，鞋店"内金升""载人舟"，烤鸭店"全聚德"，涮羊肉馆"东来顺"，画店"荣宝斋"，以及我国三大笔庄——北京的"李福寿"、上海的"胡开文"、沈阳的"胡魁章"都是以其优异的经营管理方式，赢得了人们的世代传诵，字号不倒不败。

坏。要考虑到所处的街道环境是主干道还是分支道，人行道与街道是否有区分，以及道路的宽度、过往车辆的类型、停车设施的情况等，估算出通过的客流量和车流量。分析时，还应注意按照年龄和性别区分客流量，并按时间区分客流量与车流量的高峰值与低谷值。

入口在前方中央（朱雀门），可以不用理会汽车的行走方向，这种情况以吉论之。在入口的前方，有一处平地或水池、公园等，视为吉相，主旺财。在店的前方，车辆由右方向左方行驶（由白虎方向青龙方行驶），于前方靠左开门（青龙门），以吉论。

在店的前方，车辆由左方向右方行

驶（由青龙方向白虎方行驶），店址于前方靠右开门（白虎门），以吉论。

入口前方，并非马路，全是平台，则以开前方中门及前左方开门的店址为吉论。

若位于"丁"字路口，这就是俗称的"路冲煞"，大门对着一条笔直的马路，实质上来说，所有车辆行人都笔直地朝着自家的大门前来，到了门口才向左右转弯，造成潜意识中可能发生车祸的顾虑，对运道有不良影响。若是开店，由于店面位于路口，停车不便，对面来的行人横越马路也不方便，所以生意自然不会很好。此外，处在"路冲"屋宇中的人，也易形成急躁的性格。

4. 周边楼宇

餐饮业最理想的环境是店址的左方和右方都有大楼，但这些大楼应矮过店铺背后的大楼，小过背后的大楼，否则仍不是理想的风水。

店之左方称青龙方，右方称白虎方，

在风水学上，最喜是龙强过虎。龙强过虎，有以下四类：

龙昂虎伏——店址左方的楼宇较高，而右方之楼宇较低。

龙长虎短——店址左方的楼宇较为长阔，右方的楼宇较为短窄。

龙近虎远——店址左方的楼宇较为接近自己，而右方的楼宇距离较远。

龙盛虎衰——店址左方的楼宇特别多，而右方的楼宇却特别少。

小贴士 Tips

貔貅的功效催财

"貔貅"的读音是"皮休"，很多人把"貔貅"误写成"皮貅"。貔貅催财很快，特别有利一些从事外汇、股票、金融、赛马、期货等从事偏行的行业人。一般制造貔貅像的物质有金属、木材、瓷器、玉器等，其中玉器和金属制造的貔貅催财力最强。摆设时，貔貅的头要向门外或窗外，因为相传食四方财。

二、酒楼外观风水

从营销的角度来说，注重酒楼的外观造型可达到树立商业形象的目的，要做到这一点就必须使它的外观造型具有鲜明的独特性。关于酒楼外观风水设计的原则，就是要使人们在观看时感到舒服顺眼，达到良好的视觉效应，从而获得人们对酒楼的认同感。

1.外观造型

从风水上来讲，酒楼的外观造型最好是能围绕酒楼的营销特色展开设计和构想，主要原则是要使顾客看酒楼的外观就能体会到或猜测到酒楼经营的范围，起到宣传和招揽顾客的作用。

在追求外观造型的特色时，并不意味着要将建筑外观搞成奇特的形状，奇形怪状的外观造型很可能会弄巧成拙，惹来路人的非议。良好的建筑造型在于挖掘人们对造型结构的审美意识，这种审美意识对中国人来说，就是讲究结构的左右对称、前后高低均等、弧圈流畅、方正圈圆等。因此，在设计酒楼外观的独特造型时要注意造型结构的协调性。就是说，要考虑酒楼外观的独特造型是否符合人们对建筑结构的审美观念。具体来说，就是要看牌子左右两侧部分是否对称，前后高低是否相宜，四周留出的空间是否均等，该呈角形的是否呈角形等。

人们认识一个事物，往往都是从认识外观开始。因此，酒楼能从外观造型上赢得顾客的好感，就等于生意做成了一半。优美的外观与美丽的景致相结合

即是商家所看重的天时地利，精明的生意人能借用天地之利，以达到财源茂盛的目的。

2.外观色彩

从某种意义上来说，建筑是色彩的建筑，没有色彩的建筑如同没有了灵魂，会变得毫无生气。按照风水学的五行之说，天地万物是由水、火、土、金、木等五种元素组成。天地万物都以五行分配，颜色配五行就为五色，即青、赤、白、黄、黑。每种颜色都代表不同的意义。青色，为草木萌芽之色，代表温和之春；赤色，为金属光泽之色，代表炎热之夏；黑色为深渊之色，代表寒冷之冬。

色彩名称	特殊意义
青色	永远平和
赤色	幸福、喜
黄色	力、富、皇帝
白色	悲哀、平和、雅洁
黑色	破坏、沉稳

因此，古代建筑对颜色的选择十分谨慎，如果是为希望富贵而设计的建筑就用赤色；为和平、永久而设计的建筑就用青色；黄色为皇帝专用颜色，民间建筑不能滥用，只能用于建筑的某个小部分；白色不常用；黑色除了用于某些建筑的轮廓之外，也不多用。故而，中国古代的建筑以赤色为多，在给屋内的栋梁着色时，以青、绿、蓝三色用得较多，其他颜色很少用。

其实也可以这样理解，人们对色彩的感受已经不是一种简单的颜色欣赏，而是将之作为一种人类情感的寄托物，反映了一个民族的信仰。于是，在设计酒楼外观的颜色时，就要注意与人们对颜色的传统认识观念相协调，使人们接受建筑上的颜色。当然，随着现代文化的发展，人们对颜色的认识与需求也会有所变化。那么，作为经营者，就需要主动去满足人们对颜色的要求，以清新、活力、美感的色彩来吸引顾客，达到商品促销的目的。

要求酒楼外观造型的协调，当然也包括着色的协调，各种颜色搭配的协调等方面。外观造型颜色的不协调，主要是指建筑物涂了某种为人们所忌讳的颜色，或者是在着色、选择搭配的颜色上，给人们造成了不舒服的色彩感觉，出现这样的情况将会影响酒楼的外在形象。按风水学的理论，颜色不正、色彩不协调都带有煞气。酒楼外观颜色不协调，就会给店铺带上煞气。即使抛开风水不论，酒楼外观造型颜色的不协调，就好似一个人穿了一件不伦不类的外装，是应该加以避免的。借助颜色美化店铺，这是现代商家运筹经营的崭新意识。

3.大门

酒楼的大门就如同咽喉，是顾客出入的通道，每日迎送顾客的多少决定了生意的好坏，因此，必须非常重视酒楼大门的风水设计。大门的形式和设计应符合当地的气候条件、民俗习惯、宗教信仰、磁向方位，以及酒楼等级的要求等。

(1)门的分类与应用

风水学上将开门分为四类，分别是：朱雀门、青龙门、白虎门、玄武门。

所谓朱雀门，是指宅门开在建筑中间。比如建筑前方有一处水池或空地，即是有"明堂"。这样，门适宜开在建筑之前方中间。

所谓玄武门，是指大门开在建筑的后面，一般的独栋式建筑都要开设后门，一是对安全有利；二是因为住宅犹如人体，需要吐故纳新的渠道。没有门户，就如同只进不出，长此以往，对健康和事业运都极为不利。

所谓青龙门，是指大门开在建筑的左方。比如建筑前方有街道或走廊，右方路长（来水），左方路短（去水），住房宜开左方门以收地气。此法称为"青龙门收气"。

所谓白虎门，是指大门开在建筑右方。比如建筑前方有街道或走廊，左方路长（来水），右方路短（去水），住房宜开右方门来收截地气。此法称为"白虎门收气"。

(2)门的大小

酒楼大门的形式多种多样，但有一个总的原则就是门不宜设计得过小。从风水学的角度看，门为纳气口，餐厅生

意的好坏，三成左右由门决定。所以，大门的方位、大小、装饰等就显得至关重要。

对于经商活动来说，如果大门过小，会使顾客出入不便，视线受阻，自然会减少一部分客源，影响酒楼的经济效益。出入通道的门做得过小，会使顾客出入不便，还会造成人流拥挤，影响酒楼正常的营业秩序。因而，为了使酒楼提高对顾客的接待量，门不宜做得太小。

酒楼的门做得过小，按风水的说法就是缩小了建筑的气口，不利于纳气，令气不能通畅地流入室内，减少了屋内的生气，增加死气。改善的方法是把酒楼的门加宽，甚至可以把酒楼的门全部拆除。酒楼的门加大，也就是扩大了风水学所说的"气口"，大气口就能接纳大财源。保证酒楼有良好的营业秩序，使经营蒸蒸日上。

酒楼广开大门，还可以将内部面貌更好地展示于顾客面前。使精美的室内设计成为吸引路人和顾客的实物广告，作了宣传，又有了生意。换个角度考虑，广开了大门，酒楼大堂就成了橱窗，把商品和服务都展示给大家。而且这个"柜台橱窗"更灵活，既可看，又可进行交易买卖，从酒楼投资的效益来说，就可在不用扩建酒楼的基础上，扩大了酒楼的经营空间和营业面积。

设立迎客的门面门厅，这就如同伸出双手来拥抱来者，表现出一种热忱，如果有逼压的感觉，必须改为宽敞的门厅空间，以此作为主体设计。

(3)大门的朝向

设计门的朝向时，最好选择朝有上乘之气的方向开门，而且在大门之后，最好设置一架屏风，对煞气再做些阻隔。

酒楼的朝向是商家十分慎重的事情，他们往往会将之看成为经商成败的关键。大体来说，各类行业适宜的大门朝向如下表所示：

行业	适宜的正门朝向
律师事务所、医疗中心	北或东
船业公司、财务公司、保险公司	西北或东南
银行、建筑公司、进出口公司	北或东
批发店、酒楼	北或东南

这个表是按五行相生相克的原理编制的。实际上，酒楼的兴衰取决于顾客，顾客是酒楼的财源所在。顾客盈门，酒楼就会兴旺发达，所以酒楼门的朝向，应取决于顾客，应该是顾客在哪里，酒楼的门就开向哪里。

酒楼的门向还跟酒楼的选址有很大的关系，如果店址为坐南朝北，或是坐西朝东，而且顾客的聚集点就在房屋所坐朝的方向，那么酒楼的门就只有朝北、朝东无疑了。如果是这样，酒楼又犯了门不宜朝北、不宜朝东的忌讳，夏季酒楼就要受到烈日的直晒，冬季就又要受到北风的侵袭。在这种情况下，不妨运

MILLION LAND HOUSE

用阴阳五行相克的原理来处理。在夏季除了在门前搭遮阳篷外，还可以在大堂放置一个大的金鱼缸，摆上若干盆景。金鱼缸属水，盆景属木，都可以减弱室内的热气。而且，人在暑天里看到一缸清凉之水，其中又有生气勃勃的金鱼，就会获得清新、舒爽之感。

Tips 小贴士

大门气运

大门是家给人的第一印象，所以大门的设计应该要大大方方，整齐清洁。大门口的光线要明亮充足，门口不堆积过多的杂物垃圾，以免阻碍空气流通，进而影响气运。

4. 招牌

酒楼的招牌可以影响到整个酒楼的形象以及环境的和谐，从而影响到经营者的心态，这也直接关系到生意的兴隆与否。酒楼的外观和格局与店址的隆昌、营业的好坏有极大的联系。人们往往也会依照招牌的高低、色彩、大小尺寸等方面判断吉凶。尤其要注意具体场所、企业法人的名称和出生等信息。

招牌色彩的搭配很有讲究，要与酒楼的经营内容相配合，而且应该一目了然，赏心悦目。要符合负责人的内在命理。招牌色彩协调能够令人感到亲切可人，会引起人们的好奇心。这样的招牌既具有艺术性，又具有旺财的功能。招牌可选用薄片大理石、花岗石、金属不锈钢板、铝合金板等材料。一般来说，石材门面显得厚实、稳重、高贵、庄严，金属材料门面显得明亮、轻快、富有时代感。

(1)招牌的文字设计

除了店名招牌以外，一些以标识口号隶属关系和数目字组合而成的立体化和广告化的招牌不断涌现。在文字设计上，应注意：

首先，招牌的字形、大小、凹凸、色彩应统一协调，美观大方。悬挂的位置要适当，可视性强。

其次，文字内容必须与本酒楼经营的产品相符。

第三，文字要精简，内容立意要深，并且还需易于辨认和记忆。

第四，美术字和书写字要注意大众化，中文及外文美术字的变形不宜太过花哨。

(2)招牌的种类

招牌的种类很多，常见的有：

①悬挂式招牌

悬挂式招牌较为常见，通常悬挂在餐厅门口。除了印有餐馆的店名外，通常还印有图案标记。

②直立式招牌

直立式招牌是在餐馆门口或门前竖立的带有餐馆名字的招牌。一般这种招牌比挂在店门上方或挂在门前的招牌更具吸引力。直立式招牌可设计成各种形状，如竖立长方形、横列长方形、长圆形和四面体形等。一般招牌的正反两面或四面都印有餐馆名称和标志。直立式招牌因不像门上招牌那样受面幅限制，可以在招牌上设计一些美丽的图案更吸引顾客的注意。

③霓虹灯、灯箱招牌

在夜间，霓虹灯和灯箱招牌能使餐馆更为明亮醒目，制造出热闹和欢快的气氛。霓虹灯与灯箱设计要新颖独特，可采用多种形状及颜色。

④人物、动物造型招牌

这种招牌具有很强的趣味性，使餐馆更具有生气及人情味。人物及动物的造型要明显地反映出餐馆的经营风格，并且要生动有趣，具有亲和力。

⑤外挑式招牌

外挑式招牌距餐馆建筑表面有一定距离，突出醒目，易于识别。例如各种立体造型招牌、雨篷、灯箱、旗帜等。

⑥壁式招牌

壁式招牌因为贴在墙上，可见度不如其他类型招牌。所以，要设法使其从周围的墙面上突出出来。招牌的颜色既要与墙面形成鲜明对照，又要协调、美观；既要醒目，又要悦目。

三、酒楼内部装修风水

将中国风水学运用到酒楼的经营中已有一千多年的历史，众多古籍、秘本对此方面应用都有所介绍。酒楼的风水不但包括选址及外观装修，内部装修对风水的影响也很大。

1.酒楼的格局

(1)大堂

大堂是酒楼迎送客人的礼仪场所，散客的就餐之地。同时，大堂也是酒楼中最重要的交通枢纽。大堂的功能是综合性的，其风格、品质会给客人们留下极为深刻的印象。随着社会服务的不断发展，许多大中型酒楼的大堂还兼备了更多的服务功能。如，当大堂结合中厅或休息厅形成巨大的空间时，还可以在中间添加一些布置，成为各种公共活动、文化交流和社会交际的场所。

大堂的基本功能由入口大门区、总服务台、休息区、散客区和通道等部分组成，每一部分都有不同的使用功能。每部分的组合有机而生动，使大堂既是通向各功能空间的交通枢纽，又是多种功能兼备的过渡空间或中心空间。此外，大堂常需的功能内容还有客用卫生间、时钟、新闻报纸及杂志陈列架等。大中型酒楼可能还需要另设宴会大厅、团体大厅等。还要有靠近大门的行进通道，门外要有车道停车线，便于宴会客人出入等。

大堂比较大时，应设酒吧和咖啡厅，一来是客人会客休息之处，二来又可给酒楼增加收入。

大堂应以宽敞明亮为主格调，不论大门是朝哪个方向，宽阔明亮的大堂是事业发达的基本保证。应使顾客一进大堂，就有一种舒适的感觉。将装饰摆设与主格调相配，可以体现出酒楼的特色，如果大门前有冲煞信息，那就应该在大门口安放石狮子，大堂内摆放避煞招财

之物。一般是5个或8个金色石英钟，或是神佛，或是大象等，这要根据具体情况而定。

大堂的装饰灯光非常重要，有许多酒楼的大堂，如香港的香格里拉大酒楼、天津的喜来登大酒楼、海南的金海岸大酒楼、北京的京广中心大酒楼、马来西亚的云顶大酒楼等，他们的大堂设计都很符合风水的要求，对客人有很强的亲和力，生意很好。

大堂是接待客人时间最长、最集中的场所，在经营中不便维修，因为这将影响饭店的信誉和形象，所以设计时需要尽可能长久地保持良好外观。选用耐脏、耐磨、易清洁的饰面，地面与墙面采用具有连续性的图案和花色，以加强空间整体感。同时，还应减少噪声影响。

(2)财位及收银台

财位及收银台对事业的发展有锦上添花的效果，也是每一位经商人士最关心的风水基础。因此，风水学很讲究财位和收银台的风水效应。

①财位的摆设位置

一般而言，财位宜设置在进门的右前方对角线处，此处必须是很少走动之处，不能是通道，否则财运会守不住。如果右前方财位刚好是一个门，就要换找左前方的财位了。有些房子会因格局或设计的关系而找不到财位，或者是刚好在财位的角落有大柱子凹进来，都是风水不佳的铺子。改善的方法是运用走道隔间创造出一个财位，当然，最好还是请风水专家亲自来设计比较好。

按照风水术，一般是采用挨星法算出每年的当旺财位，然后在风水上进行处理，但最大麻烦就是每年、每月、每天的财位都不相同，这就给用户带来很多不便，显得无所适从。依照"八宅"法则，可相对简单地定出财位，位置就在进门对角线所指的角落。一般说来，财位宜亮不宜暗，在财位上放置一棵常绿植物可起到催财的作用。

②财位禁忌

财位上不可放置会发热的电器，如电视、电扇、电炉、电源线等。

财位不可胡乱堆放物品，或不加整理，布满灰尘。

财位上不可摆放人造花、干燥花等没有生气的物品。

财位上方的天花板不可有漏水，墙

壁或地板油漆不可脱落或瓷砖斑驳。

③财位的摆设

关于财位的摆设，有人说要摆盆景，不可放置有水流动之物，如有水的盆景或是鱼缸。但有人认为摆放鱼缸比较好，而且财位上摆鱼缸是最常见的。其实两者都可以，若是八字缺水的业主应该在财位上摆一个鱼缸，若是八字多水的人就不要摆鱼缸，改摆长青树类的盆景。所以，最好是以经营业主的八字来确定财位应摆什么。

财位上摆设长青盆景有助于财源滚滚，但必须选择高度超过室内一半的大花瓶。养植万年青、白铁树或秋海棠、发财树等盆景，而且要选叶片圆大的树种，不可选针叶树种。财位上要放盆景就一定要细心照顾，让它长得茂盛，一有叶子枯黄一定要尽快剪除，若不能细心照顾的话，宁可不放。如果在落地门窗前的一个阳台上摆放一排盆景，或是

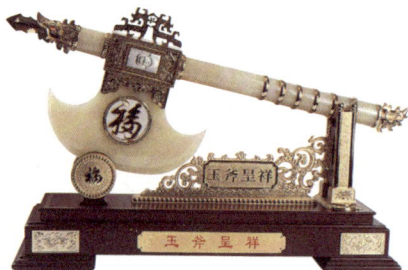

在窗台上做盆景花台可以接气，看起来满室生春，有助于健康和财运。

如果是摆设鱼缸则选择圆形的为最佳，或者是口小底大的鱼缸也较佳。鱼种也应选择色彩鲜艳，易饲养的，最忌有病或死亡，会有损风水财运。一般在酒楼的财位上不方便摆鱼缸的话，最好是设置收银台，象征进财能守。

④收银台设计

酒楼的效益，首先直接由收银台得到体现，故收银台必须设在聚财之位，宜静不宜动，更不宜受冲。收银台是钱财进出之地，风水上说，酒楼的收银台应设在虎边，也就是在不动方，人站在室内往大门方向看去的右边就是虎边。柜台设在虎边才能守住入库的钱财，而不能设在流动性大的龙边。其实，这是为了符合人们靠右行走的习惯。因为人

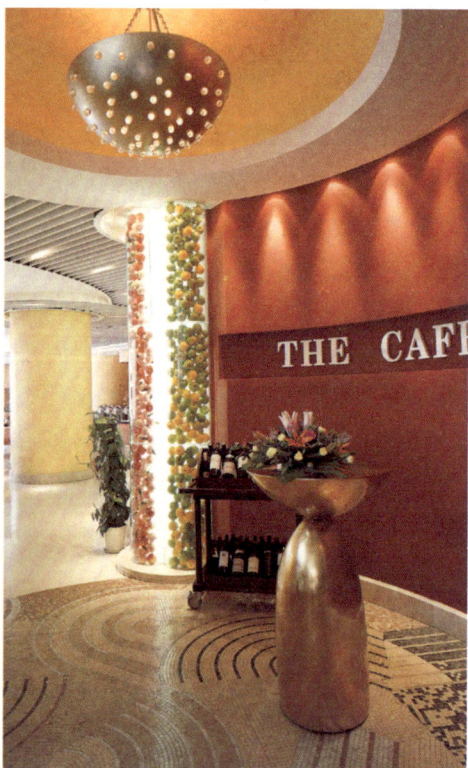

面向酒楼时习惯靠右走，因此，龙方设门符合一般的行走习惯。顾客从里面要出来时，也习惯右走，正好在虎边腹脏处。柜台的后方必须是墙壁，不可有让人走动的通道。若是玻璃幕墙的大楼，柜台在不动方却正是玻璃，则应该在这一面的玻璃加以遮盖，用窗帘或者是用装饰板遮起来。

收银台高度要适中，过高的收银台会有拒人于千里之外的感觉，过低又缺少安全感。适当的高度在110～120厘米之间，或是取107厘米、108厘米，或者是126厘米高。收银台内不能有电炉、咖啡壶之类的电器。因为，收银台处一定会有现金或账簿，万一发生火灾，首先被波及当然不好。放大额财物的保险柜应当隐密，不可在明显的地方摆放，以免漏财。但小额的收银机不受此限，因为当天打烊结账后就将当天的收入存入保险柜了。

(3)楼梯

楼梯也相当于大门，是通往楼上的门，故楼梯的位置、形状也会影响到酒楼的效益。一般来说，楼梯不能正对酒楼的大门，当楼梯迎大门而立时，为了避免店内的人气与财气在开门时会冲门

而出，可在梯级于大门对面之处，放一面凸镜，以把气能反射回店内。避免楼梯正对大门的方法主要有三种：一是把正对着大门的楼梯的方向反转设计，比如把楼梯的形状设计成弧形，使得梯口反转方向，背对大门；二是把楼梯隐藏起来，最好就隐藏在墙壁的后面，用两面墙把楼梯夹住，增强上下楼梯时的安全感；三是在大门和楼梯之间放置一个屏风，使"气"能顺着屏风进入店堂。楼梯的下方可以摆放植物或者做储物柜，但不能安排就餐席。

(4)厨房

厨房是酒楼的重要部位，除了直接影响饭菜的质量外，还有易学的内涵，故厨房的位置不可乱设。炉灶是厨房的关键，而炉灶的放置又是风水中的关键，依照中国传统"家相学"的说法，炉灶放置的基本法则是：坐凶向吉。也就是说，炉灶应放在凶方，而炉灶的开关应朝向吉方，这几乎是炉灶摆放的最佳法则。另外，厨房的用途及流程设计，在酒楼的内部格局中极为重要。

一个理想的设计方案，不但可以让厨师与相关部门工作人员井然有序、密切配合，顾客也因此得到更好的服务，

并可以不断提高顾客的回头率。反之，一个粗制滥造的设计，可能由于设备、器具安排不合理，造成厨师使用时不顺手，无法挥洒其烹饪技术而影响菜品质量。时间长了必然影响酒楼的声誉。

因此，酒楼进行厨房设计时，整个厨房设备的布局要根据现场情况和酒楼的功能要求进行合理安排和设计，并结合煤气公司、卫生防疫、环保、消防等部门的要求进行厨房设备方案的调整。

(5)海鲜池

海鲜池既是酒楼的食品库，又是水大旺之地，故位置的安排亦很重要，不

可随意。最好的方式是根据经营内容和经营业主的命理来确定其位置。

(6)卫生间

内部功能区中还有一个重要的内容就是卫生间的设计，因为卫生间也是酒楼风水的一个部分，它可以直接影响客人的健康。卫生间的基本功能是向客人提供盥洗、梳洗、入厕等个人卫生要求。卫生间要求方便、紧凑、高效、舒适、明快、清洁，装饰也应以浅色明快为主。

卫生间的门不可以正对就餐席，在卫生间摆放小型绿色花草可以提高整个餐厅的风水效果。

卫生间在风水上是污浊气场的所在，不可占据吉地，要求压在凶方。一般来说，卫生间的处理比较简单，但如果是多层的酒楼，就要注意切不可让楼上的卫生间压在楼下的收银台上，或压在办公室、厨房之上，不然会产生许多不良后果。

2.酒楼的装修要点

(1)宜光洁舒适有生气

按风水的说法，光洁舒适就是有生气，反之，就是死气。酒楼的光洁舒适感，主要来自于两个方面。

第一来自地面。可以说，地面是顾客踏入酒楼得到的第一感觉。要使酒楼的地面光洁，在装修时，要选择表面光洁方正、质量好的地板砖，以便做到铺设整齐、经久耐用、方便擦洗。

按风水的说法，对地面的装饰，就是对生气的凝聚。地面生气强弱，除决定于地板、地砖表面的光滑明亮外，还讲求地板、地砖的颜色。颜色对于风水来说，有象征性的意义。一般而言，红色代表富贵吉祥、绿色代表长寿、黄色代表权力、蓝色代表天赐福、白色代表纯洁。颜色的这种象征含义，也反映了普通大众对颜色的喜好。因此，可以将之作为选择地板颜色时的参考。

要使酒楼的地面光洁，还要经常地擦抹地面，使之不留任何污迹，不留任何纸屑和瓜果皮，永远保持光洁照人。

第二来自墙面。顾客进入酒楼，举目看到的就是酒楼的四周墙面。

要做到酒楼墙面光洁舒适，首先就是对墙面的修饰。对墙面进行修饰的材料很多，石灰、涂料、墙纸（清淡之色最佳）、墙砖、面板等都是常用的装饰材料。不论是哪一种材料的装饰，一定要保证墙面颜色的明亮，因为明亮的颜色，才会给人带来光洁舒适的感觉。风水学认为，明亮就是生气。

要做到酒楼墙面光洁，还要注意在

日常工作中，不得乱涂乱画，或者随意往墙面上洒泥水、墨汁等污迹，或者是贴一些不规整的标语和广告，这些不规整的污迹会使人感到不舒适。

有了一个光洁舒适的经营环境，就能赢得顾客，赢得良好的经营效益。

(2)宜通风顺畅广纳气

风水讲求房屋的纳气，讲求房屋内部气的流动。酒楼是一个人员密集的区域，也是一个商品堆积的区域。故而，酒楼也需要纳入新鲜的空气，也需要厅堂内的气体流动。气体流动可以驱走浊气，带来新气；气体流动也可以带走湿气，带来干爽之气。

风水的"纳气"与"气的流动"在一定的意义上，都可以理解为通风透气。酒楼的通风透气，对货品的保管和交易都是有好处的。所以，使酒楼通风透气是酒楼装饰时要考虑的重要原则之一。

要使酒楼纳气，即让大自然的新鲜空气进入酒楼，在装修时要注意留有空气的入口和出口。一般地说，酒楼要做买卖，都有一个敞开的大门，空气的进入不成问题。而有以下四种情况，也不必另辟空气的出口。

①两面开门的气流走动，不用另辟空气出孔。

②三面开门的气流走动不用另辟空气出孔。

③如果酒楼是开一面墙，而且为扁平形状，气体的进出很流畅，也不用另辟出气孔。

④平扁状单开门的气流走动不用另辟空气出孔。

但是，如果单开一门的酒楼呈长方形，而且除门以外，也没有另外的窗户，就要在与门对应的另一方开一个出气孔。因为，此时的空气流动只在房屋的前一部分，后一部分的空气仍静止不动。风水学认为，这静止不动的气就是死气。在与门对应的方位开一个空气通道，就可以让这死气变活，形成前后气的对流。

要使酒楼做到通风透气，还要注意酒楼功能区内用具的摆设。摆设整齐的用具，使气在流动时不受阻碍，使气流比较活跃。反之，零乱摆放的用具，或高、或低、或混乱拥挤、或掺杂叠放，都会扰乱室内的气流，造成一部分淤积不动的死气。因此，为了避免死气的产生，对用具的高矮搭配，摆置的方向、位置等，都要讲求整齐，尽量少用阻碍气体流动的横式摆放。

在酒楼存放的货物间也要留有空道，便于气的流动，便于排出湿气，便于货物的检验提存。按照风水的说法，这样留有空道地堆放物品，会使四周都有生气保养。

风水阳宅的纳气之说要求调整气流，保证室内空气流通，达到阴阳平衡，既有积极的意义，也符合客观实际，可以利用来指导改良酒楼内的空气，从而形成一个良好的经营空间。

(3)忌阴暗与潮湿

在考虑解决酒楼的潮湿问题时，有三个方面的问题要检查：

一是检查酒楼的通风透气是否良好。酒楼在通风情况不好时，停滞在酒楼内的静气就会变成湿气，湿气的凝聚就形成水珠，成为潮湿的水源。

二是检查酒楼的地面是否平整和洁净。酒楼的地面凹凸不平，就会藏污纳垢，这些污垢不清除，也会产生湿汽，成为潮湿水汽的又一来源。

三是在春夏之季，应检查酒楼的地面是否有回潮现象。这种季节产生的回潮现象、虽然持续的时间不长，但湿汽最重，因而对商品的损害也就最大。

要解决酒楼潮湿问题，可想方设法使酒楼的通风透气保持良好，或加开窗，或增加排气孔，或清除店中的多余杂物，或使物品与用具摆放整齐等，使店内的气流通畅，从而带走湿汽。另外，应设法保持酒楼地面的平整光洁，经常擦扫地面等，使地面永远保持干爽清洁状态。

避免酒楼阴暗和潮湿，保持酒楼明亮清爽，也是为了造就一个良好的经营环境，从而使酒楼获得良好的经营效果。

(4)消除声煞

许多店铺为了营造内部气氛，在室内播放震耳欲聋的音乐，这样对酒楼来说是要避免的，因为酒楼本身是一个雅致的空间，需要轻柔雅致的乐声，这样才可以使顾客留连忘返，增加顾客的回头率，从而增加顾客消费的可能性。震耳的音乐在风水中称之为声煞，属于凶煞的一种，会使得人们自然而然地产生出烦躁的情绪，对酒馆的经营只能起到负面影响。

3.酒楼的装修风格

(1)中式传统风格

传统风格的室内设计，是指在室内布置、线形、色调以及家具、陈设的造型等方面，吸取了传统装饰"形""神"的特征。例如，吸取我国传统木构架建筑室内的藻井天棚、挂落的构成和装饰，明、清家具造型和款式特征等。中式传

统风格常给人们以历史延续和地域文脉的感受，它使室内环境突出了民族文化渊源的形象特征。

(2)日式风格

日式风格推崇自然、结合自然，使人们能取得生理和心理的平衡，因此室内多用木料、织物、石材等天然材料，并显露出材料清新淡雅的纹理，也常注重体现天然木、石、藤、竹等材料和纹

理的质朴，日式风格巧于设置室内绿化，创造自然、简朴、高雅的氛围。空间造型极为简洁，家具陈设以茶几为中心，在茶几周围的榻榻米上放置日式蒲团，墙面上使用木质构件做方格几何形状与细方格木质推拉门、窗相呼应，悬挂纸灯笼。空间气氛朴素、柔和。

(3)欧式风格

西式风格吸取了传统欧洲古典样式的构成装饰，擅用各种花饰和丰富的木线变化。富丽的窗帘帷幔是西式传统室内装饰的固定模式，其中包括仿罗马风、哥特式、文艺复兴式、巴洛克、洛可可、古典主义等，空间环境多表现出华美、富丽、浪漫的气氛，室内多见仿英国维

多利亚或法国路易式的室内装潢和家具款式。

(4)中西结合式风格

中西结合式风格在总体上呈现多元化、兼容并蓄的状况。在空间结构上既讲求简洁实用，又具有浓厚的文化内涵，室内布置中既趋于现代实用，又吸取了传统的文化特征，在装潢与陈设中融古今中西于一体。例如传统的屏风、摆设和茶几，配以现代风格的墙面、门窗、新型的沙发；欧式古典的琉璃灯具和壁面装饰，配以东方传统的家具或埃及式的陈设、小品等。混合型风格虽然在设计中不拘一格，运用多种体例，但设计中仍然是匠心独运，值得深入推敲形体、色彩、材质等方面的总体构图和视觉效果。

(5)地方风格

地方风格，也称为"乡土风格"。室内多采用木材、织物、石材等天然材料，讲究材料的纹理，再辅以有浓郁地方区域色彩的乡土工艺作摆设，设置绿化，给人以回归自然的亲切感。在室内环境中力求表现悠闲、舒畅的田园生活情趣，创造自然、质朴、高雅的空间气氛。

(6)现代风格

现代风格强调突破传统，不拘泥于传统的逻辑思维方式，重视功能和空间组织，注意发挥结构构成本身的形式美。造型简洁，反对多余装饰，崇尚合理的构成工艺，尊重材料的性能，讲究材料自身的质地和色彩的配置效果。线条流畅，色彩大胆明快，空间气氛表现简洁、新颖、流畅，发展了非传统的以功能布局为依据的不对称的构图手法。探索创新造型手法，讲究人情味。

有的酒楼也会在室内设置夸张、变形的柱式和断裂的拱券，或把古典构件的抽象形式以新的手法组合在一起，即采用非传统的混合、叠加、错位、裂变等手法和象征、隐喻等手段，创造出一种融感性与理性、集传统与现代、融大众与行家于一体的室内环境。

小贴士 Tips

招财猪仔

猪仔，偕音为"主宰"，是的权力象征。心宽体胖，管理自如，不费心，不费神，但却大权在握。宜摆放在管理人士的办公桌上，增强管理能力、领导能力、组织能力。

第七章

茶馆与风水

　　茶馆的外观造型从某种意义上说，代表了一个茶馆的形象。好的造型能够在顾客中树立起良好的形象，如果一个茶馆的外观设计得不协调，会使人产生反感，甚至产生厌恶感，从而也就损坏了茶馆在顾客心目中的形象。当然，顾客也就很少上门了。对于不协调的建筑外观造型，风水上称之为"凶宅"，认为会带来天灾人祸。茶馆因建筑外观造型的不协调而失掉顾客，就是茶馆遭受到的最大的祸患。

一、茶馆外观风水

很多茶馆都位于繁华热闹的街市，而拥有众多店铺的繁华街市是一个商品经营竞争十分激烈的区域。要想在这里取得成功，首先就要从外观造型上着手，使之能够在商业角逐中独树一帜，先声夺人。

1.外观造型

注重造型的特点，就如同注意商品包装的特色一样，一件商品在市场上能否做到畅销，除了讲求商品的质量可靠和性能的优质外，还要讲求对商品进行具有特色的包装；茶馆能否吸引顾客，除了讲求经营商品的质量和优良的服务态度外，茶馆外观造型的特色也是重要的。据不完全的调查，一个经营效益好的茶馆，大多都是一个外观造型具有特色的茶馆。一个善于经营的茶馆，在他们的商品营销的对策中，总有一条是关于茶馆外观造型设计的，因为，茶馆的外观造型可以看成是一种包装，具有特色的包装就能够占领商品的经营市场。

茶馆的造型应该符合它自身的文化类型定位。按文化特征分析，茶可分为传统型、艺能型、复合型和时尚型等多种类型。各类茶馆均有其独特的外观造型，体现了特有的品位和文化内涵。

然顾客盈门，生意兴隆。相反地，如果茶馆处在残垣断壁的恶劣环境之中，就会导致生意经营的惨淡。

从商品营销上说，茶馆有优美的自然景致作为衬托的背景，可以带给人们一个美好的视觉形象。如果茶馆的位置处于风景区内，拥有了优美自然景致的良好环境，就更应使建筑与周围环境相协调，如果不注意这种协调性，就等于失掉所拥有的优美自然景致的生气区域。从客观的实际来说，不协调的茶馆建筑出现在优美的自然景致之中，会损害茶馆对外宣传的形象，从而影响到茶馆的生意。

观察一个茶馆的外观造型是否与所处区域的的自然景色协调，最简便的一个办法就是在早晚的时候，从不同的角度，来观察商店的外观是否美好。特别是在朝霞和晚霞的时候，看一看映衬在霞光之中的茶馆外观造型是否与周围的区域景致达到最佳的协调状态。

2. 外观环境

在设计茶馆外观的造型时，除了要考虑建筑本身结构比例的协调性之外，还要注意使茶馆的外观造型与其所处区域的自然环境相协调。风水学认为，宇宙大地的万物都蕴藏着气，优美的山川景致表明生气盎然。相反，残垣断壁的区域，气的流动会受阻。有意识地使茶馆的外观造型与区域景致相协调，就意味着顺应了宇宙之气的流通，将茶馆融入了大自然的生气之中。如很多茶馆建在风景区、公园等地本身就成了风景的一部分，拥有了丰富的大自然生气，自

3. 大门

茶馆的大门入口是至关重要的。生意好坏，这个部分能产生三到五成的作用。因此，必须非常注意门庭风水的设计。茶馆大门形式的设计可以参考上一节提到的酒店大门的大小和朝向要领。

另外，不同等级的经营特点的茶馆大门的大小、位置、数量都是不一样的，现代茶馆大门的设计主要是从茶馆的类型定位来确定大门的样式、颜色、大小等。要点是要进出通畅，舒适，外观引人入胜，并且显出茶馆的独特标志或文化特色。

传统风格的茶馆大门庄重大气，多用铜门或铁门，店面往往飞檐装饰、琉璃屋顶，金碧辉煌，门口摆放石狮等，阔而敞亮。大门的气势上就显上尊贵的感觉来。而乡土型的茶馆大门就小一点，装饰也相对质朴，木门木窗，以旧式中国庭院和田园风格的装饰物来营造清幽的淡雅的环境。而自然型的茶馆大门设计更是别具一格。它的设计以不破坏景点为原则，往往依山而建，傍水而立，或以天然洞穴为店堂，大门的安装与造型可以说是千奇百怪，也可也自成风景了。但无论什么样的茶馆和大门，其设计的第一要决便是要能吸引顾客、方便顾客。

4. 招牌与命名

(1)招牌

前一节我们讲了酒楼招牌的意义与制作原则，这在茶馆的外观风水上也同样用得到。而且茶馆的招牌相比之下有更高的艺术性和鉴赏性要求。要体现自己的个性和特色。

有些茶楼的店面狭窄，或者受遮挡，不利于茶楼的发展经营，改良、转运的方法有几种：

一是努力去拆除店前的遮挡物，使店面及招牌显露出来。

二是对店面狭窄而无法改变的，就把店牌加大高悬，使行人处在较远的地方张眼就能看到，但调整要十分小心，不然很可能变成"擎头煞"（又称"朱雀昂头"），是风水中大不吉的宅相。

三是通过电视、电台、报纸、广告牌等新闻媒介，广泛地进行介绍宣传，尽量做到使顾客知道茶楼的地址、经营的商品，以及商品服务的特点。

(2)命名

店名与人名一样，虽然只是一个符号，但由于它的意义、字形、笔画数、字体等的不同，也会对经营者的运程起到一定作用。中国的成千上万的汉字，每个字都有其独特的内涵，不同字的组合又会产生新的内涵。这种内涵会潜移默化地、全方位地影响到茶馆的经营。一个茶馆名称的好坏，关键还是要看店名天格与地格之间的搭配、店名五行生克的状况、店主人命中五行与店名的生克状况等因素。而所用的字体如真、篆、隶、草、仿宋体、美术体等，它们各自拥有的属性也各不相同。所以，在起名制作招牌时，应当因人而异、因铺而异、因行业而异。一个合适的店名能够提高茶馆的档次，还可起到趋吉避凶、生意日旺的效果。茶馆的命名应该从以下几个方面去考虑：

名副其实：茶馆的名称能够反映经营者的经营特色或反映所售商品和服务的优良品质。使消费者易于识别，并产生消费欲望。

与众不同：茶馆命名必须能引起消费者的注意，吸引他们的消费欲望。

简单明了：店名不能起得太复杂，有的商家喜欢用繁难字作店名，使顾客不仅不认识而且弄不清楚其经营和服务的内容。

艺术命名：好的店名有文化底蕴，使消费者感到有品位，有档次而更愿意到店里来消费。

茶馆命名有很大的学问，不仅要结合音、形、意，更要注意卦象、数理的配合。茶馆的名字还可以反映出店主的素质和经营头脑。因为饮茶的本身便是一门高雅的艺术，如果取名低俗，自然不能吸引顾客。而命名高雅者，顾客往往会因心理的附加价值产生相应的效果，自然财源滚滚来。店名取得好是引起消费者的好奇心和把品牌打响的关键。一些老字号可以为我们做出榜样，它们多采用典雅、古朴、考究的名字，这些店名往往成了招揽生意的金字招牌。

茶馆的名称必须与经营业主的名字相协调，不可相克。如果店名与经营者姓名之五行相冲，事业则会受影响。

结合茶馆的外部、内部环境情况论名称是更高层次的方法，二者若得到完美结合，会使名称更具有吉祥的诱导力。

二、茶馆内部装修风水

茶馆的内部装修从某种意义上说，代表了一个茶馆的形象。好的设计能在顾客中树立起好的形象，自然就会有宾客临门。如果一个茶馆的设计不协调，就会使人产生反感，甚至产生厌恶感，顾客当然也就很少上门了。

风水学运用到当代茶楼的风水布局、微观调整中会收到很好的经营效果，在发财利市、广招客源上也具有广泛的应用性、效果性。另外，喝茶、品茶作为一种文化气息比较浓的行为，顾客在选择茶楼时，除了商品质量、服务态度之外，另外一个重要因素就是茶馆内部的格局和装修，看是否高雅舒适，能否体现顾客的地位和欣赏水平。

1.茶馆的格局

由于茶馆经营的特殊性，很难将茶馆规划分隔成完全独立的功能区域。在古代，茶馆本来就是一个信息交流中心，大家在茶馆里交流国家大事、家长里短，不失一个交流邻里感情的好地方。随着社会的发展，茶馆的功能日益完善，茶文化与饮食文化、娱乐文化结合日益紧密，茶馆的类型不一样，其内部的格局和功能划分也不一样。

(1)大厅

茶馆的大厅与酒楼的大厅不一样。酒楼大厅是迎送客人的礼仪场所，而茶馆的大厅则是重要的营业场所。还集入口、吧台、休息区、散客区和通道等于一体。一般的茶楼都将大厅作为经营的一大块，厅里设雅座。而包厢、辅座、道旁茶座等则只是辅助的经营方式。

茶馆大厅的格局宜方正、地势平坦，不可有缺角或凸角。从风水学上讲，天圆地方，方正的格局能使人心胸开阔，眼界高远。从科学的角度讲，方正的格局有利于设计施工、摆放家具，能有效地利用每一寸空间。大厅如果有尖尖角角，客人坐起来也会感觉不舒服。茶馆的大厅是主要的经营之所，方正的造型更容易摆放桌椅和方便客人通行。当然，有些茶馆为了追求风格的独特，把整个茶馆设计成山居模样，大厅则是弯弯曲曲，造成曲径通幽，别有洞天的感觉，那就要另当别论了。

另外，茶馆的大厅应该明亮宽敞，无论大门是朝哪个方向，其设计要符合风水的要求，使客人产生强烈的亲和力，让客人一进大厅就有一种舒适的感觉，这样生意才会兴隆。

(2)吧台

茶馆吧台一般设在大厅，方便客人的茶水取用和其它服务。另外，吧台还应该是在各个包厢、辅座的入口处。能观察到整个大厅的情况，并且包厢里客

人的要求也能随时满足。吧台分为两部分，前吧多为高低式柜台，由顾客用的餐饮台和配茶用的操作台组成，后吧由储物柜、商品展示柜和冷藏柜、装饰柜等组成。前吧和后吧的距离不应小于950毫米。

吧台宜做得宽大，一方面显得大气，方便陈设商品；另一方面，服务人员要随时替客人取用东西，需要大的活动空间才不至于磕磕碰碰。过道的地面应铺设塑料隔栅或条型木板架，局部铺设橡胶垫，以防水防滑，也可减少服务员长

时间站立而产生的疲劳感。

(3)厨房

茶馆的厨房设计与酒楼的厨房设计有所不同。通常茶馆以提供各类茶水饮料为主，加上简单的点心熟食，因此，厨房的面积占10%即可。也有一些小茶馆，不单独设立厨房，工作场所都在吧台内。但这样能直接接触到顾客的视线，所以必须注意工作场所的整洁及操作的隐蔽性，吧台区的大小与茶馆的面积、服务范围等。此外，在狭窄的吧台中配置几名工作人员是决定作业空间大小的关键因素。

(4)通道

通道是从外空间过渡到内空间的道路。如果大门够大，那么气流就会顺利进入室内。反之，入口少而小，或者茶馆前空地很少，那么你就要营造宽敞的通道把尽可能多的气流引入室内。因为大气宽敞的通道就像伸出手臂将客户迎入室内，而狭窄的通道好像把人拒之门外，让人心生不快。除非你是故意设计，否则最好不要做过于狭窄的通道。

2.茶馆的装修要点

(1)灯光与照明

在风水学中，阴暗被看作是一种煞气，对于茶楼的经营和管理不利，要尽力加以避免。但是茶馆营造的就是一种安静、优雅的气氛，和宁静自然的氛围，灯光就不宜过亮，灯光在茶馆装修时是很重要的一块，要做到不明不暗，恰到好处。茶楼的灯光效果要达到以下四点：

一是光线充足，使顾客在10米之内能清楚地看到物品。

二是光线分布要均匀。不能左明右暗，或者是东明西暗。

三是所装置的灯所发出的光与色要和谐，避免出现眩光。

四是要避免灯光同一些具有反光性质的装饰品产生反射光线。风水学上认为，这种刺眼的折射光线是一种凶光。

要避免采用直射的日光灯，因为人在吃东西、情绪放松的时候有灯直射，会使人精神紧张，不舒服。可以使用壁灯或角灯。有些传统型的茶楼营造古色古香的风格，采用了悬挂灯笼的形式，或圆或方、或明或暗、温馨雅致，自有一种风韵。

另外，茶楼的厅堂总免不了要牵线挂灯，为了保证墙面的整洁，要求在铺设灯线时，走线要直，整齐划一，避免灯线乱窜。不然，就有所谓"破坏风水"之虞。当然，能把灯线布于墙体之内是最好不过的。

(2)色彩

茶馆的装潢颜色有很大的讲究，很多茶馆的设计都非常注重内部装潢的颜色，根据心理测试的研究表明，每种色彩都会带给人不同的心理感受。例如：红色等比较明快的颜色，会令人处于一种相对兴奋的状态，激起人们的消费欲望；绿色能缓和情绪，让顾客的心情平和。

从风水的角度而言，店面内部的颜色要和店主的生辰、店面的朝向以及所售商品的五行属性相结合来考虑，将商品的属性纳入金、木、水、火、土五大类，然后根据店主的命卦和店的宅卦，具体确定内部的装潢色调。茶馆的整个装饰色彩也会对效益带来影响，也应随经营业主的命理的喜忌而选取。

(3)绿化

茶馆的绿化是餐饮业装饰中的一大特色。比起其它类型的店铺来，茶馆更多地注重了绿化的功能。利用室内绿化可以改变人们的视觉感，使室内各部分既保持各自的功能作用又不失整体空间的开敞性和完整性。茶馆的功能区分不是很分明，容易给人造成混乱的感觉，利用植物合理地对室内进行区域分割能

取得不错的效果。这种有通透性的间隔，既享受了大空间的共融性，又保持了小空间的私密性。

植物特有的曲线、多姿的形态、柔软的质感、悦目的色彩、生动的影子，可以使人们产生柔和情绪，减弱大空间的空旷感，对于营造气氛来讲，植物是必不可少的工具。现在大部分的茶馆装饰得都很雅致。厅里面有茂盛的大树，并设假山喷泉，造小桥流水。走廊和楼梯上也是藤蔓环绕，绿意盎然。还有的茶馆设在风景区、园林或者公园里，以天然的环境为厅，周围是鸟语花香。让顾客在品茶的时候悠然自得。

(4)装饰

茶馆的装饰应该与其本身的类型定位相符。另外装饰材质亦应与经营业主的个人特质相符，方可达到生财旺气的作用。大部分的茶馆装饰材料都是取天然材质，桌椅一般用竹制和木制的，雕花窗和仿古家具也很常见，为的是营造古朴清雅的感觉。

屏风、灯笼、字画和纸扇是茶馆的常用装饰品。这些小物件一方面能修饰环境，营造气氛；另一方面，屏风和灯笼还有化煞的功能。比如说，茶馆大门受路冲时，可以放置一面屏风缓解，既美观又实用。灯笼在夜晚很能调节气氛，但是要注意灯笼造型与周围环境的协调与配合，保持色彩的协调或款式的接近，以免显得不伦不类。

另外，在茶馆旺位摆放一些常绿、大叶植物，可达到助运旺财的功效。摆置花瓶、貔貅、麒麟及特别意义的雕塑，也会取得趋吉避凶旺财的功效。目前，很多茶馆皆供奉财神，但根据财神的类型不同，其摆放的位置、方向也要恰当，否则只会适得其反。

很多店主都喜欢用挂画来装饰店堂，以求吉祥和美感，但是在挂画的时候要注意下列禁忌：

绘有凶猛野兽的图画不宜张挂，以免给顾客带来恐慌之感。

颜色过深或者黑色过多的图画不宜张挂，因为此类图画看上去令人有沉重之感。

夕阳西下的图画也不宜张挂。

要选择一些属性为阴的画面，要求画面的色调朴实，给人沉稳、踏实的感觉，让消费者可以感受到宁静的气氛。

3.茶馆的装修风格

步入街头巷尾任意一家茶馆，你都能领略到不同的风情，或庄重典雅，或乡风古韵、或西化雅致，这些都成就于设计师和茶馆经营者对于装饰风格的不同理解和诠释。综观茶馆风格，不同类型的风格会带给人不同的视觉感受。

(1)传统风格

传统风格崇尚庄重和优雅。多采用中国传统的木构架构筑室内藻井、天棚、屏风、隔扇等装饰，并运用对称的空间构图方式，笔墨庄重而简练，空间气氛宁静、雅致而简朴。

(2)乡土风格

乡土风格茶馆主要表现为尊重民间的传统习惯、风土人情，保持民间特色，注意运用地方建筑材料或利用当地的传说故事等作为装饰的主题，在室内环境中力求表现悠闲、舒畅的田园生活情趣，创造自然、质朴、高雅的空间气氛。

(3)自然风格

自然风格崇尚返朴归真、回归自然，摒弃人造材料的制品，把木材、砖石、草藤、棉布等天然材料运用于室内设计中。这些做法，对风景区中的茶馆特别适宜，备受人们喜爱。

(4)西式古典风格

西式古典风格茶馆追求华丽、高雅。茶馆色彩主调为白色。家具为古典弯曲式，家具、门、窗漆成白色。擅用各种花饰、丰富的木线变化、富丽的窗帘帷幔是西式传统室内装饰的固定模式，空间环境多表现出华美、富丽、浪漫的气氛。

(5)韩日风格

韩日风格茶馆的空间造型极为简洁、家具陈设以茶几为中心，墙面上使用木质构件做成方格几何形状，与细方格木推拉门、窗相呼应，空间气氛朴素、文雅、柔和。

(6)混合型风格

混合型风格的茶馆在空间结构上既讲求现代实用，又吸取了传统的特征，在装饰与陈设中融中西为一体。如传统的屏风、茶几，现代风格的墙画及门窗装修，新型的沙发，使人感受到不拘一格。

4.茶馆的审美

饮茶之所以被看作是一种文化，主要是因为它在满足人们解渴的生理需要的同时，还能满足人们审美欣赏、社会交流、养生保健等高层次的精神需要。茶馆的美是来自于方方面面的，不单是茶馆所营造的文化氛围，更重要的是人们能在品茗的过程中体会到一种全身心的放松，体验到心灵的净化与宁静。茶馆的心灵审美功能源于许多因素，这里只列举了几个主要因素加以描述。

(1)自然之美

我国山水风景举不胜举，在许多名胜风景区中都设有或大或小的茶馆或茶室，供游人小憩、品茗赏景。茶室几乎可与自然景致融为一体，或在山中，或在湖中，或在幽境之中，或在山涧泉边，

或在林间石旁，客人可在茶香萦绕间体会大自然的灵性之美。

(2)建筑之美

亭、台、楼、阁是中国古建筑中的优秀代表，是传统民族建筑艺术中的重要组成部分。园林建筑景观中有亭台楼阁点缀其间，会使园林增添古朴典雅的色彩。现在，许多茶楼的主体建筑设计为江南古典园林的形式，屋檐、梁栋、门窗都雕刻上具有吉祥意义的人物、飞禽走兽及花鸟草木等，更有一些砖刻和绘画等都具有独特的审美情趣与吉祥意义。还有一些茶楼将茶馆设计成仿古建筑，华丽中透着古朴，优美中伴有刚健，给人以古朴典雅之美。

(3)格调之美

中国古韵式的茶楼，大厅内有红木八仙桌、茶几方凳、大理石圆台，天花板上挂有古色古香的宫灯，墙上嵌有壁灯，桌上摆放着古朴雅致的宜兴茶具。中国古典式茶楼，大厅茶室内设有大理石桌面的红木桌椅，雕花隔扇内是茶艺表演台，壁架上陈列着茶样罐和茶壶具，壁上悬挂着各式字画。中国园林式的布置十分别致。绿树林荫、卵石覆地、木栅花窗、阁楼回廊，加上藤制桌与萦绕的古乐雅音，无一不渗透出古朴典雅的江南庭院风韵，使人产生回归自然、心旷神怡的感觉。

中国仿古式的茶楼，再现昔日茶楼的风采。充满喜庆色彩的春联、深色的老式帐台，向人们展现了旧时老城的风情。沿着木楼梯拾级而上，大堂里透着木纹的长条凳、八仙桌，阁板上放着的老式算盘、茶罐、提篮、米桶……临窗而坐，透过雕花木格窗棂，可见街市上

游人如织，品着香茶，再看茶堂四周，清新的民俗壁画，古朴的剪纸窗花，好一番"清香茗品留客坐，萧管丝竹入耳来"的意境。

(4)品茗之美

品茶是为了追求精神上的满足，重在意境。在细细品味的过程中，可以从茶馆美妙的色、香、味、形中得到审美的满足与愉悦。

茶叶冲泡后，形状发生变化，几乎可恢复到自然状态，冲泡的水色也由浅转深，晶莹澄清。每种茶叶都有不同的颜色。如：绿茶，其冲泡的水色就有浅绿、嫩绿、翠绿、杏绿、黄绿之分；而红茶也有红艳、红亮、深红之分；同是黄茶，就有杏黄、橙黄之分。茶叶的形状，也是千姿百态，各有风致。不同的茶叶具有不同的香气，泡成茶汤后，出现清香、栗子香、果味香、花香等，令人回味绵长。

(5)茶艺之美

"茶艺"一词最早出现于20世纪70年代的台湾，现已广泛流行。通俗地说，茶艺就是泡茶的技艺和品茶的艺术。在茶艺馆里，茶叶的冲泡过程就是一项普及茶文化知识，充满诗情画意的艺术活动。沏泡者不仅要掌握茶叶鉴别、火候、水温、冲泡时间、动作规范等技术问题，还要注意在整个操作过程中的艺术美感。沏泡技艺会给人美的享受，包括境美、水美、器美和技艺美。茶的沏泡艺术之美表现为仪表的美与心灵的美。仪表是沏泡者的外表，包括容貌、服饰、姿态、风度等；心灵是指沏泡者的内心、精神、思想、情感等，通过沏泡者的设计、动作和眼神表达出来。

在安静幽雅、整洁舒适、完美和谐的品茶环境里进行欣赏活动，不仅能培养和提高人们对自然美、社会美和艺术美的感受能力、鉴别能力、欣赏能力和创造能力，而且还能帮助人们树立崇高的审美理想、正确的审美观念和健康的审美趣味。

第八章

娱乐场风水宜忌

娱乐场是为广大消费者提供休闲、娱乐，放松身心的经营场所，它包括休闲生活馆、酒吧、茶楼、咖啡厅、夜总会、歌舞厅等，其中休闲生活馆包括了健身会所、桑拿中心、按摩室、SPA水疗室以及高尔夫会所等。消费者来这些场是为了缓解压力、消除疲劳、寻求快乐，所以娱乐场所的选址、内部环境及装饰的风水，都对经营者和消费者有着极大的影响。舒适的娱乐休闲环境，才能吸引更多的顾客。

一、娱乐场风水之宜

前面我们已经介绍了各种与娱乐场所相关的风水知识，比如选择店址时要注意的问题，内外部装修时的讲究等等。在此，我们需要系统地总结一下娱乐场所的风水之宜，看看有哪些事情对娱乐场所的经营是有益的。

宜 娱乐场的环境宜舒适

娱乐场风水

精明的生意人能够借用天地之利，以达到财源茂盛的目的。有些娱乐场能让人感觉到神清气爽、如沐春风，而有的则给人以压抑沉闷、坐立不安的感觉。究其原因，"形格"的影响非常重要。场所周围的环境选定后，其次就是看它的"形格"，再其次才是它的内部设计等等因素。观察娱乐场外观造型与所处的区域的自然景致是否相协调，最简便的办法就是早晚从不同的角度来观察其外观是否美观，并且符合风水之格局。一般来说四方宽敞，光线明亮、布局协调的格局才是上乘之选。

宜 娱乐场宜依山傍水

娱乐场风水

依山傍水是传统风水学最基本的原则之一。山体是大地的骨架，水域是生命之源泉，没有水，人就不能生存。依山傍水处为吉地，古代的城市大都选择在依山傍水之处。不过在现代的都市里由于受到各种条件的制约，自然环境的山和水已经成为了稀缺的资源，所以许多娱乐休闲场所都采用人工造景，如假山、喷泉等来代替自然的山水。

宜 娱乐场门厅宜置圆形花瓶

娱乐场风水

如果娱乐场所的门厅处没有设置接待服务台的话，最好在门厅的位置摆设一个圆形花瓶，以圆形的物体来引导人气，能帮助入口气场的正常运行。

宜 娱乐场的西北方宜有树

娱乐场风水

西北方向可以种树，因为五行上言西为乾，树有木精，大吉。以风向来看，冬天常吹最冷的西北风，有大树可挡风，对经营者的健康有利，同时也起到聚气的作用。娱乐场的门口一般不宜有大树，因为大树在门口会纳入过重的阴气。大树特别容易招灵，也就是灵体特别喜欢聚集于树阴下，小树则无碍。

宜 娱乐场的财位宜有长明灯

娱乐场风水

财位宜亮不宜暗，若财位明亮则生气勃勃，昏暗则暮气沉沉。所以财位倘若缺少自然光，那便应该多安装光管和电灯，借此来增加照明度，这对财位大有益处。一般来说，安装在财位的灯数目应以一盏、三盏、四盏或九盏为宜，而光管亦是以这些数目为佳。

宜 娱乐场的财位宜摆龙

娱乐场风水

自古在中国人的心目中，龙不仅象征着帝王的权威，而且是中国艺术中最具代表性的图案。龙除了代表权威之外，也是富贵吉祥的象征。在旺位处摆放龙还能提高娱乐场的贵气，更能够增加空间正面的气场，有助于财运。

龙马精神

宜 娱乐场的财位宜置紫水晶

娱乐场风水

紫水晶是水晶中身价最高的一种，也是水晶家族里面最为高贵美丽的一员，又称"风水石"。娱乐场的财位或旺方可以放置吉利的风水石壁，如大型的紫水晶原石可以有效地招财开运。天然水晶的能量超强，将其旋转于生财鱼缸之中，有助于加快其生财的速度，同时还会有制煞和调整气场的功效。

Tips 小贴士

紫水晶分类

紫水晶的英文名称为Amethyst，源自希腊文，意思是"不易破碎"。水晶晶体呈紫色，色度从淡紫到深紫色，分为多个级别。紫水晶的族群在世界各地分布很广，可以地区及颜色来分类：

乌拉圭紫：乌拉圭所出产的紫水晶一直是紫水晶中紫色的最高级色调。这种紫色非常深，带着酒红色的"火光"。近年来接近停产，是世界各地高级珠宝店中的必备商品。

韩国紫：这种水晶颜色很深，但主色调有些偏"蓝紫色"。这也是一种很娇艳讨喜的颜色。可惜，近年来产量也愈来愈少了。

桑比亚紫：颜色很深，有些甚至深至黑紫色。但是，一般体积都很小，以每颗几克拉的最多。不过，其瑕疵也多，少见大块全美的。目前有很多深紫色的紫水晶手串和念珠，所使用的就是这种桑比亚水晶原石磨制的。

巴西紫：巴西紫水晶的产量最多，一般来说，颜色都比较浅。多半色调不是太浅，就是偏向"茄紫色"，但是偶尔也会找到色调娇艳的佳品。

波利维亚紫：波利维亚产地的主要代表为紫黄晶，而且素质普遍都有中上的品相水准。因为波利维亚的地热活动相当的频繁，所以开采出来的紫水晶，或多或少都有明显的紫黄晶色带，非常的漂亮。

宜 娱乐场宜选用圆形灯具
娱乐场风水

娱乐场灯具宜以圆形为最佳，取其圆满之意。吊顶灯具宜方圆忌三角形，玄关顶上的灯饰排列，宜圆宜方却不宜三角形。有人喜欢把数盏筒灯或射灯安装在玄关顶上来照明，这是不错的布置，但如把三盏灯布成三角形，那便会弄巧成拙，形成"三枝倒插香"的局面，对娱乐场经营很不利。倘若将其排列成方形或圆形，则不成问题，因圆形象征团圆，而方形则象征方正和平稳。

宜 娱乐场宜摆放"时来好运"
娱乐场风水

石头是属于阴的磁场，若体积过于庞大，就会显得很笨重，也难以挪动，会在无形之中吸取能量，因此不宜在娱乐场中设置。如果需要设置，可以在上面作彩绘，以阴代阳，再用朱砂写上"时来好运"，这样就更有开运的作用。

宜 娱乐场宜动线流畅
娱乐场风水

娱乐场的动线设计要流畅，最好是以大厅为中心，能四通八达到达各个单独的房间。走道不可过多，也不要绕来绕去，或穿过一间房再进入另一间房，动线不流畅的格局则属不吉。室内也不可以有回字形走廊，不利于财运，娱乐场应尽量避免这种设计。因此，室内走廊不可贯穿于整个空间，如果走廊的设计将室内分为两半，则属大凶之局。

宜 娱乐场宜摆放雕塑
娱乐场风水

在娱乐场摆放不同的雕塑，可提升娱乐场所的档次和艺术格调，雕塑体现出经营者和消费者的品位。当雕塑被用在室内装饰的时候，不但要考虑主人的兴趣爱好，更要注意不同场合的需要，还要注意风水方面的讲究。举例来说，摆放一些体现暖色或可爱的饰品，可增添温馨的气氛。若是摆放诸如猛虎或鹰鹫之类的雕塑，则极易使人噩梦连连。又比如，居家空间忌用石雕或铜雕之类的大型雕像，因为它们存在着不同程度的磁场，将其放置在室内容易对新婚者、孕妇、病患者造成身体与精神上的伤害。

宜 娱乐场的大门宜开阔

娱乐场风水

娱乐场的大门就如同是咽喉，是顾客出入的通道，每日迎送顾客的多少决定了生意的好坏。为了提高对顾客的接待量，大门不宜太小。利用门入口的光线，可以吸纳旺气。不妨试着把门加大，也就是扩大风水所谓的气口。大气口能够接纳大财源，在风水学上，谓之明堂开阔，主利升迁及财运。

宜 娱乐场宜摆放平衡稳定物

娱乐场风水

风水学认为，能量不稳定会影响到将来的生意，这就需要一个厚重、坚固的物体来平衡和稳定能量。风水中提及的稳定物，事实上是指在一些气场不稳定，不均衡的地方摆放的具有平衡稳定作用的物体。这种稳定物可以吸收和阻挡强劲有力的能量，它具有减速、平静、保护、稳定的功能。稳定物体包括石头、大陶器、岩石、大件家具、植物、钢琴、玻璃、石雕和塑像等。

宜 娱乐场的洗手间宜摆放植物

娱乐场风水

娱乐场洗手间湿度高，放置盆栽十分适合，而且室内湿气能滋润植物，使之生长茂盛，增添浴室生机，但选择绿色植物时一定要谨慎。由于洗手间对多数植物生长不利，所以只能选择能耐阴暗、潮湿的植物，如抽叶藤、蓬莱蕉、垂植、黄金葛等。当然如果洗手间既宽敞明亮，又有空调的话，则可以增加一些凤梨、竹芋、蕙兰等较艳丽的植物，但要记住的是不能放有刺或尖角的植物。

宜 娱乐场夜间宜明亮

娱乐场风水

人类的天性决定人们会聚集在明亮的地方，避开昏暗的地方。娱乐场所的商业经营模式决定了其经营时间一般在晚上，为了保持明亮，必须用灯具装饰，使客人从远处就可一目了然。只要是在营业时间，娱乐场门口的照明度平均应为1500Lux，是其他行业的两倍以上。

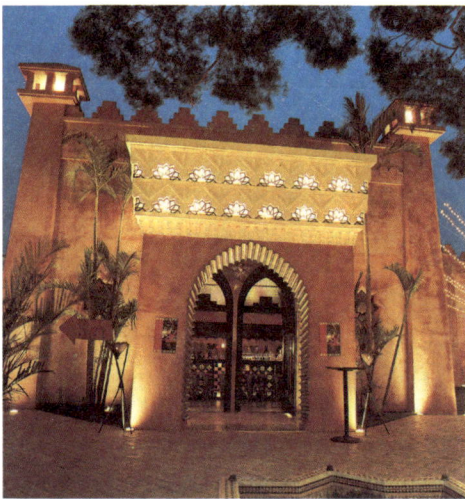

宜 娱乐场的财位宜挂风景画

娱乐场风水

在娱乐场的财位处悬挂柔和的风景图可提升空间的气场，有利财运，如日出、湖光山色、牡丹花等。将画挂在大厅中，客人进出其中，可给人带来亲切、松弛、舒适的感觉，吸引更多的消费者。

小贴士 Tips

挂画的风水

一般来说，多数人挂画只重视觉效果，却往往忽略了画的五行功用。每一幅画都代表相应的吉凶。在挂画的选择上，要水的人可以挂九鱼图或黄河长江图，要金的人则最好摆一幅冰山图，要火的人摆八骏图或红色牡丹画，要木的人可以挂竹报平安，要土的人可以挂万里长城。在日常生活中，有些人会挂与宗教有关的画，举例来说，有些人喜欢摆阿弥陀佛的佛画，甚至写一个"佛"字。其实在家中不宜挂太多佛菩萨的画，因为佛画太多，会影响成员间的关系，特别是夫妻间的恩爱。至于画框的颜色，最好亦配合五行。譬如要金的话，框边不妨用金色或银色，要木的话用绿色，要火用红色、紫色，要水则用蓝色、灰色等。

宜 娱乐场背后宜有靠山

娱乐场风水

选择作为娱乐场的建筑物，最好是后面有高的建筑物作靠山，所谓"山环水抱必有气，必有大发者"。从风水上看，房屋"靠山"很重要，现代都会建筑，鳞次栉比，可以互为靠山。所以选择地址时，要注意屋后是否有较高的建筑物，可以充作靠山，从而使娱乐场的运行稳定有用，而且业务一定蒸蒸日上，财源滚滚。

宜 娱乐场内宜设置水池

娱乐场风水

"山主贵，水主财"，水是风水的主要元素，与财富和健康密切相关。水本身能聚气，有着很强的催财作用。娱乐场的附近或内部若设有水塘或泳池，可营造轻松、舒适的氛围。如果条件不允许，也可以在室内摆放鱼缸来代替水池。

宜 娱乐场大堂宜宽敞明亮

娱乐场的大堂宜明亮宽敞，无论大门是朝哪个方向，其设计要符合风水的要求，要对客人产生强烈的亲和力，使客人一进大堂就有一种舒适的感觉，这样生意才会兴隆。特别注意要选用耐脏、易清洁的饰面为材料，地面与墙面也要采用具有连续性的图案和花色，以加强空间立体感，同时还要注意减少噪音的影响。

宜 娱乐场的化妆室宜明亮

KTV、夜总会等娱乐场中化妆室的照明一定要明亮，昏暗的化妆室不仅显得不卫生，而且还会令人的健康运势下滑。夜总会的化妆室若光线昏暗，则应尽快更换照明设施。其色调也应该是宜人的，让人居于其中，有一种精神上的享受，并有愉快的心情。总之，化妆室的设计要达到这种目的，使人进入化妆室就感到非常舒适、放松，出化妆室时精神焕发，得到的是另外一种享受。

宜 娱乐场包房宜用浅灰、褐色系装饰

KTV、夜总会等娱乐场的包房装修方面，地板的材质应选用桧木、松木等，颜色以深褐色为宜，若需要铺设地毯，则以浅灰褐色系为宜。墙壁可涂装灰泥或粉刷，表面用水泥来修饰。天花板要使用吸音效果较好的板材，地基则用木材亦可，墙壁和天花板宜用茶色。娱乐场内的颜色一般以浅灰褐色系为宜，因为在风水上此种色系有吉祥的含义。

Tips 小贴士

娱乐场的招财颜色

很多娱乐场铺设了大理石，但大理石是阴气极盛的材料，加上火红的木色，久而久之会使是非争端层出不穷，令居住者的身心不得安宁。化解的方法是用阳气较盛的材料取代，如织物、纤维类材料、棉麻做的沙发等，颜色当然是尽量的光鲜亮丽，如此才能招来财运。按照风水学的说法，从2004年以后的5年之内，鲜黄、金色、紫红、银色、翠绿、砖黄色都是开运招财的吉祥色，可多利用这六色来搭配沙发椅垫或靠垫。

二、娱乐场风水之忌

前面我们已经介绍了各种与娱乐场所相关的风水知识，比如选择店址时要注意的问题，内外部装修时的讲究等等。在此，我们需要系统地总结一下娱乐场所的风水之忌，看看有哪些事情对娱乐场所的经营是不利的。

忌 娱乐场忌被走廊切开

娱乐场风水

有些娱乐场所的中间由走廊将空间分成两半，这种格局不利于沟通协调，容易出现客户与工作人员的纠纷，甚至出现打架斗殴的现象，不但会影响到娱乐场所的正常营业，也会令消费者和经营者缺少安全感。此外，"回"字形和"井"字形的空间格局会给人走投无路、被困城中的感觉，也不宜用于娱乐场所的装修设计中。

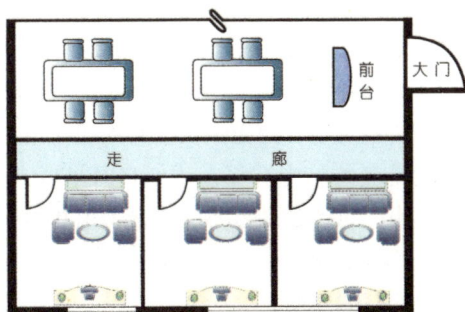

忌 娱乐场包房忌缺乏私密性

娱乐场风水

娱乐场的包房是消费者休闲、放松、娱乐的特有空间，如果隔音效果欠佳，或者经常有人进出或受人干扰，消费者就会产生一种被监视的感觉，自然就影响到私密性，也会影响到消费者的心情，从而令消费者不想再次光临此经营场所，日积月累，就难以经营，导致营业额下降。

忌 娱乐场的色彩忌与方位相冲

娱乐场风水

娱乐场要使消费者感到开朗明快、舒适、高雅，使客人有"宾至如归"的感觉。娱乐场大厅的色彩基调要用暖色，如米黄、橙黄、浅玫瑰红等，让人感到温暖舒适，讲究一点的话，可按大厅的方位作为用色的标准。

忌 娱乐场大门前忌有大树

娱乐场风水

娱乐场的门口不宜有过于高大的树木，因为大树在门口会纳入过重的阴气，大门口对正一株树，称为"顶心树"，是不好的风水。大树位于在大门向外望出的左手边，为"青龙树"，有扶荫的助力，主男性贵人。右边的树称为"白虎树"，如大树位于屋的右手边极高，左手边又没同样高度的大树作配合，代表阴人入宅，或女性当权。主有女性桃花缠绕，即使本身要木，也要将树锯短，或改植小树。

忌 娱乐场忌犯天斩煞

娱乐场风水

天斩煞是指自己的住宅或娱乐场迎向两座大厦中间的缝隙，风经过这道缝隙吹来便形成天斩煞。这股煞气如无形的刀斩来，主财运反复。无论是住宅或者娱乐场，都忌犯天斩煞。如娱乐场无法避免天斩煞，可以挂六帝古钱来化解。

小贴士 Tips

什么是六帝钱

六帝钱是由清朝的六个王朝所铸制的（分别是顺治、康熙、雍正、乾隆、嘉庆、道光），用来化煞则必须用真古钱方有效，专化五黄煞、二黑煞。六为六白乾，性质属金，五黄、二黑煞都属土，以土生金泄气化煞（风水学上此二煞宜泄不宜斗）。仿造的古钱则没有什么太大效果。

忌 娱乐场的财位忌挂镜子

娱乐场风水

财位是旺位，因此它的布置有很多的讲究。最好是在看似不经意间就作好布置，达到生财的目的。在旺位不宜悬挂镜子，因为镜子有反射的作用，容易阻碍运势，使财运不济、机会流失。不过无论是明财位还是暗财位，都不宜正对镜子。可以在财位上摆放生命力强的绿色植物，如果空间允许的话也可以摆放沙发。坐在财位上，可以增加自身的财气，如果财位处有窗户的话，需要在窗前放植物来遮一下，避免财气外流。

忌 娱乐场的外观忌昏暗无光

娱乐场风水

照明物可以激发潜能，使人精神焕发，让人与空间更加和谐。灰暗的空间与光线明亮的空间对人的影响会截然不同，如果娱乐场的外观光线不够充足，整体空间会显得沉闷而不和谐。特别是娱乐场大多数是晚间营业，如果灰暗无光，无法招徕顾客。晚上的娱乐场灯光可令白昼再现，灯光不仅仅有照明作用，运用恰当的灯光布局，仿似日月星辰点缀其中，可达到"日月之行，若出其中，星汉灿烂，若出其里"的效果，有提升室内生气的作用。

忌 娱乐场忌临烟囱

娱乐场或商铺附近若有烟囱，会切断人的运气，电塔等也会有很强的辐射。正对娱乐场的门前，若有一大烟囱，是为冲天煞。最为恶劣者被称为"香煞"，其中三条烟囱并排，寓意插在香炉上的三条香。若犯此煞，预示娱乐场业主身体多病，娱乐场的经营运气反复。

忌 娱乐场忌摆放尖锐金属物

有的娱乐场中会用许多金属的器具来做摆设装饰。金属的尖锐部分会让人产生很大的压迫感，不知不觉当中会使人情绪紧张，无形中消耗掉许多能量。因此娱乐场应该尽量避免放置这些物品，诸如刀、剪、锅铲等。

忌 娱乐场忌有枯萎的盆栽

植物象征着生命力，植物越是茂盛，人的运势就会越好。相反，植物枯萎衰败，则会影响经营的财运，因此娱乐场内的盆栽必须悉心照料。如果盆栽枯萎，则应马上更换，不可继续放置，否则会产生不良的气场。

忌 娱乐场的盆栽忌长期不更换

娱乐场内吸烟的人较多，空气较差，可以设置一些阔叶类的大型盆栽，一来它可吸收秽气，净化空气（类似空气清洁机的功效），二来也可挡掉一些不好的磁场。不过，这种专门吸秽气的植物最好是几个月就换一次（就和定期清洗冷气机的滤网一样），不然也要每隔几个月就让它到外面换气（进行光合作用），这样子才不会让植物愈来愈脏，否则吐出来的不再是干净的气，反而会使人蒙受污秽之害。

忌 娱乐场洗手间忌污秽

娱乐场的洗手间应时常保持清洁、光线充足，排气扇也要经常打开。在装修用材上要讲究使用材料的质量，最起码应该避免使用一些有毒，有辐射的材料。娱乐场的风水与周围的环境密不可分，如果周围环境十分脏乱，会令人心情不好，秽气也会冲乱娱乐场内的运势，带来不良影响。

小贴士 Tips

洗手间的开运法

为了不让不吉的阴气笼罩洗手间，首先要注意通风排气，其次可以改善卫浴空间的摆设和颜色以及气味，像拖鞋、踏垫等的颜色，也可以选用与墙体的颜色反差较大的色彩，如柠檬黄、海蓝、浅粉红、象牙色等洁净、清淡的颜色。去味方面，芳香剂很有效，但不环保，最好是选用一些香花或香草。

忌 娱乐场忌巨石挡路

娱乐场风水

娱乐场大门前不可有巨石挡路，也不可用巨石建造景观，否则麻烦事会不断发生，影响事业的发展。因为石块会吸收自然之气，这种气属阴气；大门的前方有巨石，会加强阴气而使此气流进门内，对室内的人也会有不好的影响。

忌 娱乐场的洗手间忌不通风

娱乐场风水

娱乐场洗手间本就是个潮湿的地方，应该保持空气流通，让浊气更容易排出，常保空气新鲜。卫浴空间如果不干净或潮湿不通风，就会弥漫着臭味或霉味等不洁之气。为了隐私，很多洗手间的设计只是开一个小窗，但还是通风与采光不足。一个娱乐场所如果洗手间光线不足，空气不流通，就很难留住顾客。洗手间中不仅要有窗，而且最好要光线充裕，空气流通，道理很简单，这样能让洗手间中的浊气更容易地排出，保持空气的新鲜。如果完全封闭，又缺少通风设备，对人的健康肯定是有害的。

忌 娱乐场格局忌缺角、尖角

娱乐场风水

中国传统的居住哲学认为，尖锐的屋角和梁柱会放射煞气，影响财运。所以娱乐场所的格局要方正，不可有缺角或凸出的角落。如果娱乐场有一些尖角，那么，会令消费者感觉不舒服，而心情也会受到影响。如果因为其他的原因不得不选择有尖角的房子，那么可以用摆放阔叶盆栽来化解，达到以圆化尖的目的。

忌 娱乐场的通道忌阻塞

娱乐场风水

娱乐场是消费人群进出较频繁的场所，畅通的通道会带来更多的旺和人气，切忌放置太多的盆栽或物品，导致通路闭塞，阻碍重重，因为通路如同人的血脉一般，宜畅通无阻。因此，应尽可能创造条件保障适度的通风，以保持整个环境的整洁舒畅。

忌 娱乐场内部忌门与门相对

娱乐场风水

娱乐场门的位置设计应该避免门对门，这样会导致气对流，气场混乱，这种情况下，顾客会情绪浮躁，易与服务人员发生争执，而且在风水上也有漏财之说。如果要化解，可以在适当的地方放置大型落地屏风，使气流能够回旋转折，也可放大型盆栽化解。

忌 娱乐场大门忌冲"虎头"

娱乐场或商铺的大门，不能正冲"虎头"或烟囱。所谓"虎头"是指另一座建筑物的尖角或者是特殊的建筑物。虎头的对面是一个"煞"，这种"煞"在风水中指对面山形空破，本为败亡之兆。如果大门或主窗刚巧正对墙角或突出的建筑物，就好像正对老虎口，随时会被吃掉一样，这对娱乐场所的消费者和经营者都不利。

忌 娱乐场大门忌正对后门

娱乐场的前门不宜正对后门，尤其不可形成一条直线通道。否则就违反了"藏风聚气"的风水原则，致使钱财流失，员工容易闹矛盾，消费者易找服务人员的麻烦。出现了这种情况，应该也设置一个门厅。在门厅上可以标记企业的标志，既对外表明公司形象，又起到"回旋"的作用，可谓一举两得。

忌 娱乐场忌设在学校附近

一般人认为学校附近的生意好做，但是娱乐场却不宜在学校附近。因为娱乐场所大都是给成人提供服务的场所，设在学校的附近，易影响学生的学习。再者，从风水的角度来分析，一座学校建下来，平时很少人住宿，而上课时间亦只是些儿童，儿童的阳气始终甚弱，不及成人的阳气盛，而阳弱则阴气增强，自然对附近的楼宇造成影响，因阳为顺畅，阴为阻滞。

忌 娱乐场忌临反弓路

风水有口诀云："宅前有路似反弓，不主吉祥却主凶。岂止长幼难以保，又恐淫乱出内宫"。反弓则表示无情不聚财，如果有天桥或马路呈反弓状，并如大镰刀般向着娱乐场劈来，则为犯镰刀煞。象征主有血光之灾或运气反复，宜尽量避免。解决方法，可于门前设置屏风挡煞。

忌 娱乐场水池忌有"死水"

娱乐场的水池不可为"死水"，否则，水池里面虽是清水，风水也不会好，易导致财运衰败。最坏的情况是污水满池，会使事业难有成就，一发而不可收拾。在有庭院草皮的住宅，设个池塘景观养鱼，将死水转化为活水，也是挺不错的，但最好请专业人士实地堪察。

第三部分

商业
风水

风水对商业有何影响？商业场所如何选址？外观如何设计？室内装修、装饰是否与吉凶有关……这些与经营息息相关的问题，也许困扰着许多经商者，而本部分将会针对这些问题进行系统地介绍，使一切问题迎刃而解。

第一章

商业风水概述

　　现代风水学的内涵和使命之一，就是将传统风水学朴素的科学知识与现代地球物理学知识相互结合，从而探研出一些看似神秘、玄奥现象的规律，并得出令人信服的科学解释。本章旨在以浅显的文字介绍一些与商业风水相关的常识，从而引导大家正确认识商业风水，利用商业风水，以达到旺铺之目的。

一、风水对商业的影响

人类生活的这个世界会受到天、地、震、巽、离、坤、兑、乾、坎、艮十种气场的影响，这些气场又在山脉、河流、道路、建筑、装潢、颜色等环境因素的影响下，发生增强、减弱、弯曲、变形等各种情况。同样，一个商业门店也会有它的环境命运，那就是风水对它的影响。

我们常常看到这样一种情况：同一个人开的几个商业门店，风水不一样，盈亏结果也不一样。商业风水直接影响人的财运，也就是说，人要改变命运，其中首要一点就是要找一个风水好的地方，然后再来考虑调整和改变风水。

首先，商业风水要讲究的是"命铺相配"，即老板的命格要与商业的五行相辅。其次，是"业铺相配"，即在商业中所从事的行业之五行要与商业之五行相配。此外，还有"命业相配"，即命运之五行要与自己所从事的行业之五行相配。如果以上几点均能相配的话，那么就已经有60%的胜算，而剩下的40%则需要自己的努力。

风水讲究有风有水，有水才有生命，有风才能播种。做生意的环境一定要让人感觉舒服，从善如流。如果风水不能与自然相适应，就要求变，去把握好的风水，这才是生意成功的关键。

二、商业风水中的阴阳五行

阴阳、五行是一个抽象的概念，却涵盖了天地万物生生不息的道理。商业风水学作为周易科学的分支，其理论基础就包含了阴阳和五行。平衡、稳定是风水的内容，但平衡、稳定不是与生俱来的，所以风水讲究的是调节。

《易经》上说的太极两仪，就是指阴阳自然对立，解释了天地事物两种消长而又平衡的现象。例如：雌雄、男女、明暗、软硬、内外、冷热、大小、高低等，都可以分为阴阳的两个层面，彼此又可以协调统一。因为这样，所以有"一阴一阳谓之道"的说法。内涵是事物变化历程的自然调节。"孤阴不生、独阳不长"正是这道理的阐释。

五行生克原理是一种势力消长的平衡关系，如果天地万物只生不减，或是只减不生，那便是不可设想的事。故而相生相克就是一种自然调节，它的作用就是保持生态的平衡、稳定。

堪舆理论是建立在阴阳、五行之上，平衡、稳定是风水的内容。稳定不是与生俱来，所以风水讲究的是调节。

一件事的成功与否，有所谓天时、地利、人和的说法。"人和"就是和睦共处，生意买卖和顾客应对时，尤其不能忽略。可见，"人和"对成功的重要性。

生财之道所运用的方法，其实就是阴阳、五行法则。依照五行规范，生意上各行各业就其经营性质都可以纳入五行范畴。比如：一家纺织品贸易公司，从事棉纱、织品买卖，因为成品与原料都源自竹木、棉麻，而棉麻出于植物，植物从木，所以这家公司的五行属性是木。其他药材铺，原料也都是草本植物。出版公司、书店等经营的物品基本原料都是木、棉、麻，也从属于这一类。再如酒家、餐厅、饭馆等，虽然食品类别互异，但用烹饪加热的手段是一样的，即都需要火，所以这些以烹饪为业的，都从属于火。以此类推，经营是以水为主的，如咖啡屋、饮料店、水族馆，从属于水；以金属为业的，如首饰、刀剪、锁类，从属于金；以建筑、古玩、砖瓦为主的，从属于土。于是，就可把各种不同性质的行业，按阴阳原理、五行规律交错配置，避免对立，使环境稳定。用风水上常用的话来说，就是趋吉避凶。

关于阴阳之说，阴是黑暗、深沉、消极的气氛和环境，如寺庙、教堂、坟场就是所谓的孤煞地；阳是由旺盛、热闹、喧哗所营造的环境，如戏院、餐厅、酒楼、闹市等。很明显，阴阳环境就是两个极端。但是对于做生意来说，人多穿梭，人气就盛；人越拥塞，气氛就越热闹。开店做买卖需要的是人气和盛气带旺生意，而孤煞的阴气则与之对立。对立即是相克，所以孤煞地附近不适合开设店铺。

前面已经介绍过五行的相生相克规律，只有如此循环反复运动变化，才使万物生减平衡。风水就是通过方位所包含的生克变化关系，判测吉凶，作相应调和，使之不能对立相克。

由于木生火，木和火有亲和相生的潜存效应，所以属火的烹饪业如酒家、饭馆，便可以开设在书店、木器、家具铺旁边。反之，建筑、古玩店就不能与之靠近，因为有木克土的效应，会使从属于土性的建筑和古玩店的气质受到遏制，不利风水。

火生土，由于火和土有亲和的相生效应，所以属土的建筑公司可以开设在属火的餐厅、饭馆旁边；反之，饮料店、水族馆之类属于水性的，就不适合。

土生金，由于土和金有亲和力而相生，因而凡属金的店铺都可以和古玩店、陶瓷艺术品商行为邻。反之，金铺决不能与以火为主的酒楼、饭馆挤在一起。金为火熔，于风水不利。

金生水，是由于金和水有亲和效应，所以以水性为主的饮料店、水族馆可以与金铺、锁店、保险箱店毗邻，却不宜跟以土为主的建筑业紧靠为邻，因为金、水相生，土、水相克。

水生木，水和木有亲和力，所以以木为主的图书业、中药行可以和咖啡屋、果汁店为邻，而不能开设在金铺旁边。原因就是水、木相生，而金、木相克。

阴阳五行的运作有一定规律，只要明白理论，观察现场实际环境，细心推敲，不难趋吉避凶，找到一条可以生财的道路。

三、商业风水中的八个方位

古时祖先们仰观俯察，远取诸物，近取诸身，发明了八卦。八卦中的乾、坤、震、离、坎、艮、兑、巽分别代表了西北、西南、正东、正南、正北、东北、正西、东南八个方位。八方对商业风水而言，含有某种特定的气运效应。

东方——这是太阳升起的方位，充满了生命和活力，含有发展、延伸、扩张等积极的意义。（如果这一方位的环境有变动，就会影响处于该地的商铺未来的发展）

东南——做生意的人特别重视这一方位，因其象征着经营上财源广进、万事顺利。东南是巽，九星中是四绿木星，为文昌位，主文事。（如果这一方位的环境有变，上述好的效应就会受到波及）

南方——这个方位象征着欣欣向荣、生气勃勃，表达着名誉、竞争、完美的欲望倾向，特别是赢取荣誉方面。（如果这一方位的环境有变，对本铺就有负面影响）

西南——在商业上，这个方位代表成长、平稳、踏实，是典型的吉位。

西方——八卦上是兑位，兑为泽，泽就是水井的象征。从五行法则的道理来看，生水之地也是旺金的部位。因此，西方是获得金钱的方位，对商业极为有利。（如果西方环境变动，影响所及就会使该地铺号散财）

西北——夏天成长的万物，在秋天变成果实，最后成熟。阴极也是延续下一代能量的源头，有活力的含义，故代表商业场所的气运。（如果这一方位环境有所缺失，就会造成负面影响）

北方——在一天之中象征深夜，在季节上象征冬天，也是阴转阳的时期。对生物来说，有茁壮成长的含义，象征着生意的快速发展。（如果这个方位缺失，会使生意阻滞）

东北——在卦上位置是艮，象征着从晚冬到初春。自然方面代表山，内涵丰富，预示生意前景辉煌。（如果这一方位环境缺失，气运就会有负面影响）

上面是有关商业风水的八个方位的简要说明，如果以环境加以配合，就不难判断该地商铺气运的吉凶。由于环境位置以及状态各有不同，实在不可能事事平衡、处处相宜，只能想方设法寻找最佳的平衡点。

四、商业风水中的煞

地理环境存在于本屋范围以外，不由自己控制，虽说事前可以小心选择，但问题是，不是人人都懂得风水。有时遇上冲忌，多半是在事后旁人提及时方觉察，这也是无可奈何的事，只能寻求其他解决方法。角煞、壁煞和脊煞就是常常碰到的实例。

角煞是指对街、对巷舍的墙角和本屋正面相冲，尤其是大门。壁煞，也称壁刀煞，是指墙角直壁相冲。脊煞则是指旧式房屋屋顶的"人"字形与上屋脊的纵向冲煞。角煞、壁煞比较普通，而脊煞现在只有尚未拓展的旧区或县城、乡镇尚未拆卸的旧楼才存在，现代化的都市中已很少见"人"字坡式的屋脊。

商店做生意，对街有墙角或角壁正对店门是一大忌讳。这类不利于本宅气运的景观是可以躲避的。但若对街原为旧屋，等到新店开张后一年半载再拆掉重建，新楼落成后面貌改观，从而形成了角煞、壁煞，这时就无可逃避了。化解方法最好是采用改门换向的方式，以改善纳气的通道。

至于一般住屋，如果角煞、壁煞、脊煞正对大门，可以改换门向自然最好。但若不能，也可悬挂一面风水镜，同样可以化解冲煞。

1. 高楼夹巷中的煞

现在新建的大厦，很多都有二三十层高，甚至达到四五十层或者更高，这是地窄人多的地区出现的人"与天争地"

的自然现象。在处处高楼起的地方，很容易改变原来环境的面貌，也会招致风水上的影响。

有时经过高楼大厦的底层，会觉得阵阵风起，吹得头发四散飞舞，这是因为高空气流为大厦阻挡，改变方向吹袭到地面的结果。大厦和大厦之间往往有一条贯穿前后的夹巷，在这里风势尤其强劲。狭窄的夹道成了气流的通路，夹巷越窄越长，风势也就越强劲。

在风水上，风势强劲的地方也往往就是凶煞最重的地方。两幢高楼间造成的缝隙最容易让风穿入，进而吹散地气，形成破败，对人极为不利。这股气流与其称为"风"，倒不如说是"煞"，它在风水上有个称谓，叫做"天斩煞"。

天斩煞的冲煞也有轻重、远近之分，大致是愈近愈凶，愈远愈轻，其中又以正对来巷、近距离的一些房子最为严重。除了搬离躲避之外，别无他法。

2.傲岸自高的楼和门墙

处事应以"谦虚、平和"为上，而人的性格也往往可以反映在事物的层面上，世间的法理不外乎人情，风水理念也持相同态度。

在同一地区的楼宇的高度最好是相差不多，如果彼此的高度相差太远，则不相宜。首先，高楼对低楼的情况下，低楼窗口暴露，缺乏隐密性，一举一动都好像是在高楼的窥视之下，心理上难免出现不安。再就气势来说，高对低是俯视，低对高就有高山仰止的屈从感觉。高的似乎盛气凌人，好似亿万富商处身于升斗小民之中，于风水不利。

木形屋也并非吉相。如果一幢楼宇特别高，而四周又空空荡荡，完全没有与之对称的建筑物呼应，则为败相。身处在这类楼中的人，从风水上来说是不利的。但如果高楼旁边又建起另一幢高度相当的大厦，则高楼即可有所呼应，风水也会相应改变，慢慢转好。

与高楼情况相类似的是大门和围墙。两宅相对或并立时，门墙的高度应相互平衡，且不可过高或过低。过高，对别人店铺不利；过低，则对自己店铺不利。门墙高低所含的吉凶基本上与高楼的傲岸自高一样。在勘察环境的时候，有许多人也在勘察自己的铺面所受环境的影响。如果发现两铺面门墙出现高低差异过大，就应相互协调。

3.煞地

风水上所谓的煞地，并不一定是指地，也可以是指建筑物。那么，什么样的建筑物才被称为是煞地呢？在风水上一般是指祠前庙后等处所，如庵堂、寺庙、道观、祠等都属于孤煞地。过去，宗教以佛道为主，少有基督教、伊斯兰教等教，不过依照宗教信仰祈求祷拜的形式，跟佛道并没有太大分别，所以也属于庙宇殿堂一类，算是煞地。这类地方大都肃穆冷清，气场迥异，住宅如与之相对，或比邻而居，日夜相继，气运定受影响。

做生意的商店铺面更不适宜开在寺庙的对面或两侧。商店性喜热闹旺盛，寺庙肃穆宁静，阴阳互异，气质各不相同。但也有例外，如果经营的生意与孤煞地互有影响就不包括在内，如宗教文物、香烛、冥纸之类。

另外，如果一间商铺位于山下，山向是坐北朝南，而南边又有教堂，也属不利。教堂正面屋顶都呈尖锐形状，且上端竖有十字架。尖锐的事物在五行中属火，南方在卦位上是离，如尖锐物体位处南方，就以不吉来看待。

4.其他忌讳

邻舍的方位、状况各自不同，对本宅亦有吉凶作用。两建筑之间，紧贴的窗门以少开为吉。如需打开，也要加上窗帘或百叶窗，借以减少坏气的透入。

空置的房屋大多阴气较重，时间愈长，阴气愈重，也愈易扩散，进而影响到别屋。故店铺前面有破烂房屋或孤单空屋，多为不吉。

都市的建筑都经过缜密的规划，所以比较整齐，但偏僻地区或乡镇则未必照规划办事，往往就会出现同一排建筑物并不在同一条直线上，形成凹凸不一的犬齿线的情况。这样相邻建筑的四角基地或前或后或左或右的某一角就很有可能正对大门，造成地煞，于风水不利。

商铺的门面须干净整洁，才能招徕顾客。如果店铺狭长，就一定纵深，这样一来，即便光线充足，也会有阴暗的感觉。如果左右相邻的商铺门面又刚好和本宅相反，那么两大夹一小，把本宅夹在中间，气势威胁到本宅，就算悬挂巨型的招牌也不容易挽回颓势。

住宅不宜建在低地，商铺更不可自陷低处。如果遇上这样的情形，一定要把店面门前的低地填高，使得与左右行人的路面一样高低。否则，气运就如低陷的地面一样短小欠缺。

第二章

商业环境与选址风水

正确选择店址，是保证商家精力旺盛、招徕顾客、利于买卖、生意兴隆的首要条件。在开店选址时，应该明确所处的场所，查看好周围的环境。若选错了店址，则会影响生意，甚至导致关门大吉。因此，开店选址十分重要。

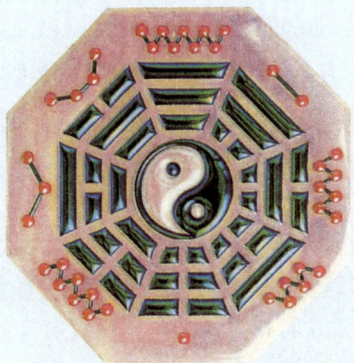

一、大环境的考察

风水学所研讨的内容不外乎四大部分：一是方位，指建筑物坐落的方位；二是屋相，指的是建筑物的面貌，包括建地形态；三是格局，指建筑物内部的配置布局；四是环境，指建筑物以外四周足以影响建筑物的各类事物。这四项中以环境最为重要。对于商业楼宇来说，如要研判风水，外围环境往往是首先被观察研讨的对象。

1.旺地才能旺财

凡是想要发大财、获大利的人，都知道要选择在商业发达的都会来经营事业。通观世界各地，凡是成为通商大埠、都会大邑之处，一定是山水汇聚，有旺盛的形势，可以吐纳百货、聚散人口，如此才能财通四海，富跨八方。

不论作为商业或住宅用地，其建筑基址地形都要宽广平正，四方圆满才是吉地，至少应是规则的四方形，不宜为零碎、歪斜、三角形或前宽后窄等地形。这是因为地形方正即可使气势平衡，所建之房屋，无论外形或内部格局都安排得比较理想，不仅容易聚得旺气，生旺财气，而且有利于事业的发展。而有歪斜或三角形的地形则缺乏平衡性，气势较杂乱，旺气难聚，容易形成偏枯现象，如当作商用场所，经营起来会倍感吃力。

在大城市的建筑里，常常可以见到在高楼大厦间夹着一栋矮小的房子或小块的畸零地。这种夹在大厦中间的矮小房子受到左右高楼的压迫，气势较弱，也不易纳到旺气，不论住家或商用都会受到不利的影响。这就要求在开发城市时做好整体规划，不要形成畸零之地。

由于人口增加，城市会不断地扩大，那些从前是坟场、刑场、监狱等用地加以整改后，可能成为商用或住宅大楼。在规划这种地方时，一定要作适当处理，如原来埋葬尸体的地方一定要清除干净，最好连同泥土都重新更换，否则会因为阴气、积气聚集，造成气场杂乱，旺气不聚。搬进去后，不但会阻碍生意的发展，也于风水不利。因此在选地择居时，最好先了解一下背景，以免造成不必要的损失。

除了坟场、医院或发生事故的地方外，一些有毒、被污染的地方也不宜贸然建筑房舍。风水讲"地灵人杰"，但这种地的灵气已经被破坏，生意、事业当然也会受到影响。

另外，店面或办公室最好能避免面对教堂、寺庙、医院或法院等场所。教堂、寺庙等属于宗教活动场所，人多杂乱，所以只适合经营与宗教有关的行业。而邻近医院则以经营药品、仪器等与医疗健康相关的产品较为适合。若邻近法院，应以律师事务所等行业较为理想。面对政府机关亦有其缺点，最好避免。

2.弯曲内弓有财气

做生意最好是选在人潮聚集的地方，有人潮才有钱潮，才能旺财。风水学上说："山管人丁，水管财"、"山主贵，水主富"，也就是说水与钱财关系最密切。水的性质是流动，就像钱财一样不断在流动，只要有能力、有福气，经营得法，每个人都能赚到钱。

看看世界各地，大凡繁荣富庶的都市，都是聚集财富最多的地方，而且多为临海或大江大河的汇合处，这便是"水即是财"的道理。因此，在经营生意选择房舍时，对"水"必须重视。就实质来说，河川、湖泊是水，聚集车水马龙的道路也是水。都市房舍都是临街而建，车子的流动方向就等于河水流向，关系着商铺生意的旺衰，也会影响到财运。

因为风水轮流转，依照时间运转而影响到空间的生旺衰败，所以商铺的衰旺辨别，必须了解三元气运的变换道理。如果当运旺水到位，便能汇聚旺气，生意兴隆，发财致富。

由于地球绕太阳运行又自转的关系，一般河流的右岸都是先发展，也较富庶繁荣，所以就流水和马路车行的方向来看，右边房舍商家生意会较兴旺，很多城市马路有单行道时尤其明显。

风水学上主张河川、马路要"屈曲"才有情意，如果是直来直往则会有损。也就是说弯曲的河道，水流缓慢，能聚

旺气；直来直往，不易聚财，如上图。其实，屈曲是宇宙事物的现象，也是一种美的形象。就像建造马路，必须有弯曲弧度，才美观又安全，太直的马路（尤其高速路）驾车时容易有危险。与人相处亦然，太过直来直往的人，容易得罪人，所以做人也需要体会"屈曲有情意"的深意。

临弯曲河川、马路建设的房舍，以选择在弯环内侧为佳。弯曲的马路、河川护卫着人，俗称"内弓水"或"玉带水"，这种房子可以聚气旺人潮，招财致富。相反，如果形成反弓，即房舍在弯环外侧，气就会背离散去，这种房舍，不论是店铺还是公司，都很难经营。遇到这种现象，可以考虑利用鱼缸或水池、植栽等方法来加以补救、改善，不过一定要合利三元气运的水法。

另外，也要避免选在剪刀地或剪刀口上的房屋作为营业场所。所谓"剪刀地"即房舍正门对着一分为二的两条马路，成为两路的分水点，这种房屋不利财运，也易遭到意外伤害。

很多人开店做生意，最喜欢的位置便是俗称的"三角窗"，即位置是在十字

路口的转角，人潮走动最多的地方，如下图所示。在这种位置做生意、经营商业获利最快，这是因为车水马龙有流动，迅速感应，容易致富。但是也要注意车行的方向，尤其在面临单行道时，很容易会造成"一行反弓"的现象，离散旺气，就会影响商机。

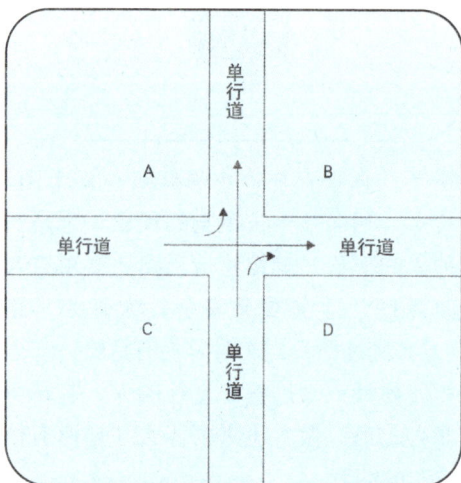

3.店铺财路

房屋和道路好像是孪生兄弟，有屋宇必须要有道路。道路是屋宇的分界，也是一座屋宇到另一座屋宇的通道。里巷、街坊、区域、乡村、城镇都是由许许多多纵横交错、形同蛛网一般的大街小巷、通衢要道所组成的。

如果以屋宇和道路的先后次序比较，多数屋宇的落成都在街道之后，故屋宇的受制性较大，对道路只有被动接受，而几乎没有选择的自由。

道路对建筑物的影响大致可以归纳两类：一是对门向产生冲煞，二是对店铺生意的兴盛衰落有影响。事实上，归根究底还是吉凶问题。

(1)冲煞

先说冲煞。道路所产生的冲煞，对店铺和住家是没有分别的。

"冲"是指衡举、冒犯，两事相忌，谓之"冲"。煞，是指凶煞，风水上谓之"煞气"。气是看不见、摸不着的东西，也不一定就是不好，旺气、生气、进气就是好气。

风水对于气很重视，在古今风水书上可以看到这样的字句，如气场、气口、纳气、山环水抱必有气。但气到底是什么？事实上，气的性质和空气不同，虚无缥缈，变化多端，只能以心意感应，无法用感官接触，它不像风和空气一样可以用感官感触而体验到其存在。气的特性是遇到比较强烈的风会被吹散，遇到水就会停止。风水学上认为它是宇宙形成时就已经遗留下来的东西。

气的分布无所不在，但却是分散的。就像一间屋，在还没有砌墙造屋以前，气场是分散的，等到砌好围墙，屋内便有了气场分布，当然其中有些气是好的，有些则是坏的。于是，客厅、卧室、厨房、大门等就分别产生了各种不同程度的吉凶。因而大门应怎样立向、卧室应朝什么方位，就有了一套法则。

风水上选择气场很讲究，这是因为气场隐藏福祸，能影响人的健康和运程。煞气，就是气场中的坏气，它遍布天地中，至于什么时候显现，怎样制化，就是一个很复杂的过程了。上面所说的"冲煞"就是气的一种。煞于风水不利，为求安全，自然是避开为好。

风水上有"一条直路一杆枪"的说法，可见直路的凶险。此相对来说就是所谓的路冲，开设在路口的公司、店铺、摊档正对直路，于风水不利。

如图一，D、E、F受到的祸害影响最直接，也最深；图二则以D为首衡，为害最大，其次是C、E、B、F，而A、C又再次之。直路冲，建筑物一眼就可以见到，虽然是凶煞，但未必会造成祸害。但如果不巧又遇上了坏的气场，两相结合，就极为不利。在生活中，平安就是福，为求安全，不管是做生意还是住家，还是避开煞位的好。

除了道路冲煞，还有长巷冲煞，亦为不利。巷愈窄，煞愈凶，灾祸也愈重。煞气是看不见的，不过到秋冬风起时分可以站到巷子的尽头去看看那穿巷透隙的冷风，再比附煞气，也许就有些体会了。

特别值得一提的是，做生意的人万不能把店铺、公司开设在西南方的路冲上，对生意绝对不利。因为店铺的西南向最忌有道路、街巷相冲，这是散财位。

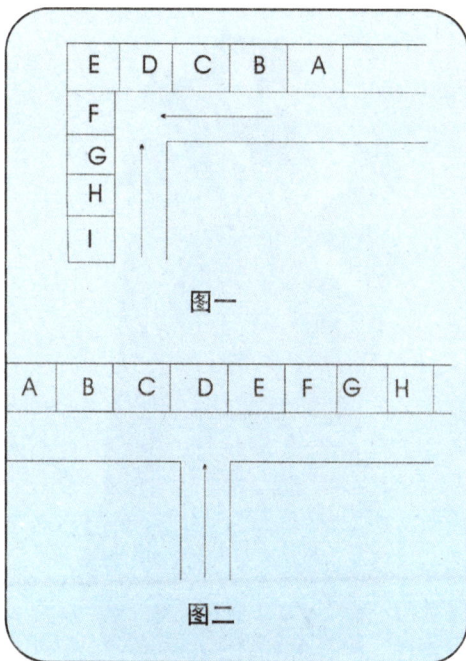

图一

图二

(2)生意兴衰，道路攸关

一般来说，店铺和住宅可以由人取舍，而道路不是可以任意选择的。对于一间店铺，道路是地理上的先天环境，只能选择而没法改变。事实上，道路的位置方向对生意的影响极大。

看这样一个例子：某人在一条繁忙的马路旁边开设了一间皮具店，事前曾经和几个朋友到现场去考察过，有一个朋友劝他再考虑一下。根据朋友的经验，数年来现址已先后开过几家店，但似乎没有一间是可以立足两年以上的。马路对面行人穿梭不绝，而马路这边，相比之下就显得冷清，但个中因由却说不出来。无奈此人心意已决，听后仅笑着说："生意不同，各施各法。"朋友见他反应如此，自然不便多说，于是便着手部署，择日开张。投下的资金大部分是筹借来的，所以此人十分紧张，殷勤待客唯恐不周，还给予折扣，希望能够带旺生意。

初期生意倒还不错，但后来却愈来愈差。惨淡经营一年后，仍无起色，半年之后，且不说其他开支，单是那巨额的租金，已压得他透不过气。勉强支持了一段时日后，只好罢手歇业。结果是血本无归，还背上了一笔债，他自问不曾做错什么，只好叹"天亡我也"。

事实上，此人店铺的生意完全被他朋友说中：只隔一条马路，不过十多米的距离，为什么对面旺丁旺财，这边却发不起来？

道路形成的阴阳吉凶格局，并不是短期内可以改变的。一间店铺无论屋相多好，只要地理环境出现问题，即使小心经营，投下再多的资金，花上再大的力气，也无济无事，这就是风水的效应。

开店做生意，店铺的正面大门不要面对北向道路。因为该方位含有凶煞，对生意不利。八卦干支上有九个方位对生意会有坏的影响，分别是壬、子、癸、戌、乾、亥、丑、艮、寅。大凡坐南朝北的商铺门面，门位只能开设在正对道路的一面，就算左偏壬也好，右偏癸也好，但始终在坎卦的范围。就算门向改变，作大角度的调整，倾向亥或丑，甚至是戌、艮、寅，同样还是落在不利的坏方位上。

做生意在一开始就要注意这个问题：找寻铺位须避免坐南朝北、马路在前面的房子。

前面说过，外围环境是不容选择的，万一必须在坐南朝北的铺位做生意，又该怎么办？事实上办法是有的，但只能减轻凶意而没有办法彻底化解。具体方法是：改善门的方位，把大门倾向亥、乾、戌三个方位，且处于295.5～337.5度之间，但不能把大门的中位重叠在乾的正中线上。

八卦上一卦绕三山，如震卦绕甲卯乙，坎卦绕壬子癸。根据风水法则，每一间屋子的外围环境中都有一卦是先天水的卦位，水就是路。所以，如果道路经门前流破先天卦卦位，店的气运就会很差，不旺市。而人和生意是一事的两面，人客往来稀疏，又哪里来的财气！这里的流破是指水流，堪舆理念上高一分即山，低一分即水。水由上而下，自高而低，故是指地势低的倾斜度。因此，除方位外，道路的倾向也是判别吉凶的法则之一。具体方法是当下雨的时候，观察路面积水的流向。下面是对生意不利的几处道路方位，并附干支分辨示意，以供参考。

商铺坐卯向西

商铺坐卯向西，如果门前有街巷道路为坤艮走向，地势又是坤方高，艮方低，就是流破先天卦，做生意不利。

商铺坐巽向乾

商铺坐巽向乾，如果铺位门前有街巷、道路，路的走向是艮坤，而地势又是艮较高，坤较低，店铺的生意就会受到影响，很不利。

商铺坐午向子

商铺坐午向子，街巷道路如果就在门前，位置酉卯向，而地势是酉高卯低，就是流破先天卦，商铺的生意好不起来。

商铺坐艮向坤

商铺坐艮向坤，街巷道路就在乾坤的一面，路向由巽向乾，地势巽高乾低，则商铺气运很难发展，生意也会受坏气影响。

上面所说的街巷道路方位，虽指商铺、公司，但住宅气运也适用，只不过坏的效应有别：做生意的是在钱财方面，而住宅则不利家运。

(3)旺财道路

路相有凶相，自然也有吉相。吉相方位以坐西朝卯或坐子朝午为最好，也就是道路在商铺大门的东面或南面。如果商铺位置是坐卯向西，而道路又在西向，则商铺大门的位置应尽可能偏向乾位的一方，以减轻凶意。

虽然有好的街道方位，商铺本身也须有好的地势配合才好。所谓好地势，就是商铺所在的门面位置应该比街道地面要高出一点。相反，如果街道地面高过商店地面，就算有好的路相，却欠缺好的屋相搭配，也空有气运。单是大雨滂沱时的泛滥污水，就把吉气赶跑了。

据风水上后天流水的法则，如果商铺坐落在后天水流流经的街道旁边，就会有财气，容易赚到钱。譬如一间商铺，坐卯向酉，门前有街巷道路经过，走向是由午到子，而来路方向的地面比商铺的地面高，这就是后天水到。后天水到的屋子有财气，很容易发迹。

但怎样才是后天水到？这就要观察地势的高低。除非地势倾斜度很大，否则一般不易觉察，而且须下雨天在门前观看积水流动的方向。

后天水到的财气位有八方

商铺坐巽向乾（街道为酉卯走向）

商铺坐艮向坤（街道为卯西走向）

商铺坐乾向巽（街道为艮坤走向）

商铺坐子向午（街道为坤艮走向）

商铺坐午向子（街道为乾巽走向）

商铺坐酉向卯（街道为子午走向）

商铺坐坤向艮（街道为巽乾走向）

(4)道路宜忌

路的尽头不好。所谓尽头，就是卦闭的死路、死巷。死路煞气很重，害处极多。事实上，街道的尽头一般比较偏僻，是风水上的忌煞之一。

形状如剪刀般的三岔路口，煞气很重，路口的店铺犹如被一柄利剪夹住一样，会使事业受阻。如果剪刀路冲屋，直路对着店门，既夹又冲，凶煞会加重。

道路形成半弧在店铺门前绕过，是吉利的好路。风水上时常提到的"玉带环腰"，指的就是这种道路，正所谓"宅

前水路来环抱，事业顺利富贵好"。相反，如果成半弧内弯向外，而凸显的半圆对着店铺，则效应正好和环抱相反，称为"反弓"。反弓于风水不利。

跟反弓路相似的是高架桥，高架桥边的商店俗称刀煞，不利风水。

四周都是小街小巷，居中只有一间孤单独立的店铺，是凶相。

4.道路形态的影响

(1)三岔路

从风水上来说，一般都不喜见三岔路，因为三岔路有使商运不平稳的影响力。若三岔路中有一条路冲着店铺，就会产生极为不利的影响。

(2)十字路

十字路，是指一条横路加一条直路，两者相交，便成为十字。

店铺贴近十字路的风水好与不好比较难下判断，因道路有来有往，吉凶要视其配合。一般来说，在排出星盘之后，再观十字路在吉方或凶方合不合本命，则可准确分析。

(3)反弓或抱身路

当店铺前同时出现反弓及抱身的路，实为一种财来财去的现象。一方面收入十分丰厚，但大数目的开支亦会产生高昂的成本，即所谓是"有钱赚而无钱剩"。如遇此等问题，可于门前挂一块镜子来化解。

(4)"T"字路

店铺向着"T"字路，一般已犯了路冲。向着"T"字路的路尾，前方有横路，继而冲路。向着"T"字路的路头，则前方直路冲来，大不利。

如逢店铺面向"T"字路，一定要看这路在店铺的吉方还是凶方。有经云："冲起乐宫无价宝，囚宫冲起化为灰。"

(5)天风煞

商业忌犯"天风煞"。何为"天风煞"？即是指店铺迎面向着两座大厦中间的缝隙，风经这道缝隙吹来便形成天风煞（又名天斩煞），意指天风之煞气如无形的刀斩来。假设真的犯天风煞，可以挂设六帝古钱来化解。用来化煞必须用真古钱方为有效，仿造视为无效。

(6)"水龙反走"局

水在风水中的重要位置是不容忽视的，所谓"水管财禄山管丁"。做生意最要紧的就是财旺，财弱则很容易倒闭。

"水走"即指水向前方流走的意思，从自己的店铺门前看见有一条马路，近的一方较高，然后一直向前方低下去，便是"水龙反走"局。就算"T"字路，也可断其财运不佳。所以，在考察之时，逢"水龙反走"就不宜开店。

(7)赶丁煞

如在店铺门或窗前有一电灯柱，抑或大型灯箱牌，便主门外犯赶丁煞。赶丁煞对风水极为不利，在选择布局时应特别留意这一点。

(8)直路空亡

大门风水重要的一条，就是不可有路冲，风水上称"直路空亡"，是指大门正对一条大路，主退财。正对着直路的房子易受往来车辆的不利影响，属于大凶格局。现代大楼对着大路，二楼以上房子应不会受往来车辆的影响。但是，若依气场的角度来看，正对着路的大楼都易受气场直冲，于风水不利。

(9)剪刀路

剪刀路也就是说一出门就看到两岔路冲入门内，风水上叫做"剪刀路"。交叉的气场会影响商业管理者的决策和判断。

(10)面对死巷

大门不可面对死巷，否则气流会受阻，对健康有不良影响，对生意也不利。

二、商业店铺的选址

选择经商地址，要考虑的因素有很多。按风水的说法，有人就有生气，有生气就能使生意兴隆，因此商铺选址首要的一点就是选在人多气旺的地方。屋前开阔，才能接纳八方生气，故商铺门前应开阔。此外，商铺应坐北朝南，这样可以避免夏季的暴雨和冬季的寒风。

1.取繁华避偏僻

在市镇上，人流密集的地方就是繁华的地段。按照风水的说法，有人就有生气，人愈多生气就愈旺，有生气就能带来生意的兴隆。

从经济学角度来说，市镇上的繁华地段就是商品交易最活跃、最频繁的地方，人们聚集而来，很大程度上就是为了选购商品。

将店铺选择在市镇繁华的地段开业，就可以将自己的商品主动迎向顾客，起到促销的作用，将生意做得红火。相反，若开设在偏僻地段，就等于回避顾客。商铺开张经营，而顾客很少光顾，就会使商铺冷冷清清，甚至门可罗雀。按照风水的说法，人代表生气，没有人光顾，商铺就缺少生气，生气少，就是阴气生。生意不景气大多是阴气过盛，于风水不利。

在我国的大多数城镇，繁华的地段往往都是集中在"T"字形和"Y"字形的路口处，如果选择在此开店，就会受到来自大道上煞气的冲击，若不在此开店，又避开了有利于发财的生气。在这样的情况下，需要采用风水上的化解方法。

一是要求在"T"字形和"Y"字形路口开设的店铺前加建一个围屏或围障，或是将商铺门的入口改由侧进，以挡住和避开迎大路而来的风尘；二是在店前栽种树木和花草，以增加店前的生气、消除尘埃；三是尽管采用了以上的方法对商铺门前的生气与煞气进行了调整，但在此路段经营，还

有很大的风尘。因此，还要注意多在门前洒水消尘，以保持店前空气的清新。另外，还要勤于清扫，及时擦洗店面的门窗，以清除沉积的尘土。

总之，在"T"字形和"Y"字形路口处经商要保持店内外的清洁，特别是对于要求讲究卫生的饮食、水果类生意尤为重要。

2.取开阔避狭窄

人们在选择宅址时，讲求屋前开阔，能接纳八方生气，这与经商讲究广纳四方来客是契合的。按照这一原则，在选择商业地址时，应考虑店面正前方是否开阔，不能有任何遮挡物，比如围墙、电线杆、广告牌，等等。

店面门前开阔，可以使商业面向四方，不仅视野广阔，也使较远的顾客和行人都能看到店面，这种信息的传递叫做"气的流动"。有了气的流动，就会生机勃勃。从经商的角度来说，顾客和行人接收到了商品信息，就可以前来选购。

在商品经营活动中，可以说没有商品信息的传递，就没有顾客，没有顾客就没有生意。如今商品广告的盛行，就是看中了在商品经营活动中商品信息传递的重要性。

利用店面作为商品交易的场所，是一种有固定经营场所的经营活动，这种经营缺乏一定的灵活性。因此，要使顾客上门，设计一个引人注目的门面是最基本的。门前有顾客，就有了生气。

顾客愈多，生气愈旺，其结果就是生意愈好。

选择在一个狭窄的地方开店，或者是店前有种种遮掩物，亦不利于商品的经营。店面狭窄，或是将商品经营活动局限在小地域和小范围之内进行，这种有限的经营空间不可能有大的经济收益，应该搬迁或改造。

对于店面狭窄或者受遮挡的商铺，改造的对策有四点：一是拆除店前的遮挡物，使店面显露出来；二是如果店面狭窄无法改变，就把店牌加大高悬起来，使较远地方的人抬头就能看到；三是通过电视、电台、报纸、广告牌等媒介广泛地进行介绍宣传，尽量做到使顾客知道店铺的地址、经营的商品以及商品服务的特点；四是积极参加各种社会赞助活动以扩大知名度。

3.取南向避东北向

商铺在选址时，力求坐北朝南，其目的是为了避免夏季的暴风雨和冬季的寒风。经商地址的选择，也同样需要考虑避日晒和寒风。那么，最佳的取向则是坐北朝南，即取南向。

作为经商性质使用的店铺，在进行经营活动时需要把门全部打开。如果店门是朝东西开，那么，夏季火辣辣的阳光就会从早晨照射到傍晚，风水将此视为煞气。这股煞气对商业的经营活动是不利的。煞气进入店内首先受到干扰的是店员，店员在烈日的暴晒之下，很难维持良好的工作情绪。处在这样境况下的店员，必定心火烦躁，因而也就势必对经商者视为"上帝"的顾客简单应付，甚至粗暴对待。如此这般，当然也就谈不上做买卖了。

受到煞气干扰的还有商品。商品在烈日的暴晒之下会严重影响其质量。如果商品存放不久即能卖掉，其影响还不大，倘若商品是久销不动，就非得报废不可，结果是直接影响了收入。

顾客也会受到煞气的干扰。店铺内热气逼人，对顾客来说，不到迫不得已是不会登门的。商铺没有顾客，煞气就更重。

如果店铺朝北方，冬季来临也不堪设想。不管是刮东北风，还是刮西北风，都会朝着门户大开的店铺里钻。风水视寒气为一种煞气，寒气过重，对人、对经商活动均不利。

只要商铺选择坐北朝南，即取南向，就可避免少受朝东西向和西北向所带来的一切季节性的麻烦和不利，其生意就有可能比前二者更好。如果是迫不得已，商铺非要选在朝东西向和西北向的地址，就要采取措施来制止住夏冬两季所带来的煞气。在夏季，可在店前撑遮阳伞、挂遮阳帘、搭遮阳篷等等，以避免烈日的直接暴晒。在冬季，则需要给店铺挂保暖门帘，在店内安装暖气设备，使店内温度回升，以造就一个适于进行正常经营活动的环境。这种调节寒暑的办法，风水上叫做"阴阳相克"，或曰"五行相胜"。

选择经商地址要考虑的因素还有很多，比如考虑选择一个带有吉祥意义的街名，或者是选择一个认为能给自己带来好运的门牌号码等来作为店铺的地址。这样的选择，除了能给经商者和顾客在心理上以某种安慰之外，还具有吉祥生旺的寓意。

三、不同地域的商业风水

不同地段的商业风水均有所不同。例如靠近天桥口的商铺，因天桥属水，天桥口的商铺如同水口位，故财运要比一般位置的商铺要好。而位于隧道口的商铺则不利积财，这是因为隧道为向下凹去的地方，为引水走之地，商铺门向着隧道，在风水上不利。

1.接近天桥口的商业风水

在人口稠密的大城市，天桥与隧道的建设都是不可避免的，而这一类疏导交通的建筑，以天桥风水的影响最为直接。

从风水角度而论，阳宅以动为主，动则属水，天桥便属水，天桥口的店铺则如水口位，可以接水，财运确实比一般位置的店铺要好。

不过，在选择店铺时还要考虑到的是，这等水口位较其他位置财运要旺、要强，但若租金与其他位置相差太远，亦不可选。另外，水口位的店铺，除了最接近的第一家可作为首选外，在水口位附近的其他位置也可作次选。

很多店铺都会向着天桥，而天桥对店铺会造成什么样的影响，便要视店铺的高度而定，高度越高，越有利。

至于商业大厦，公司居于较高的位置一般都较为有利。因为低层不论天桥反弓或抱身，都以不吉论，都属于犯"贴压煞"。

2.接近隧道口的商业风水

位于隧道口的商业风水又如何呢？由于隧道为向下凹去的地方，亦为引水走之地，所以店铺门向着隧道，在风水上不利。

店铺向着行人隧道，不利积财，向着汽车进出的隧道，更加不聚财，因此在选择时要留意。但是，行人隧道若是通往地铁站的话，此隧道为疏导聚水局之气，店铺接近之，亦收到此气。水者管财，所以如店铺处在通往地铁隧道处，作吉论，主旺财。

3.接近天井的商业风水

有很多大型商厦的商场部分设计成一个类似天井的造型，二楼以上的数层可围绕着栏杆凭栏俯望。从风水来论，不论店铺是在二楼也好，还是三楼或四楼也好，只要门前向着一个天井，便谓之聚财铺。下方的平台便等于风水上的明堂，明堂便是聚水之堂，所以在挑选店铺时，能够向天井的比向着走廊的要佳。因为走廊只是窄长的水，亦等于只能够收得小小的财运。

四、正确选择开店的地段

店铺销售的商品种类不同，其对店址的要求也不同。并不是所有的店铺开在闹市区就有好的营业额，要根据店铺的性质来定，即考虑店铺如何靠近自己的顾客群。有的店铺要开在人流量大的地方，比如服装店、小超市，而像性保健用品商店和老人服务中心就适合开在偏僻、安静一点的地方。

店铺销售的商品种类不同，其对店址的要求也不同，考虑的一个基本出发点是便捷。从大的方面来讲，就是要在消费者日常生活的行动范围内开设店铺，诸如距离居民生活区较近的地方、上班或上学的途中、停车场附近、办公室或学校附近等等。同时还要注意，并不是所有的店铺开在闹市区就有好的营业额，要根据店铺的性质来定，即考虑店铺如何靠近自己的顾客群。有的店铺要求开在人流量大的地方，比如服装店、小超市，而像性保健用品商店和老人服务中心，就适合开在偏僻、安静一些的地方。又如卖油盐酱醋的小店，开在居民区内生意肯定要比开在闹市区好，而文具用品店，开在黄金地段也显然不如开在文

教区理想。各行各业均有不同的特征和消费对象，黄金地段并不就是唯一的选择，应该遵循"合适就好"的原则。

选择店铺的位置，需要知道有哪些地段适合开店，这涉及到对商业开设区域的定性分析。

1.车站附近

零售店的经营者应该重视附近的有利地形，千万不要小看车站，车站附近（包括火车站、长途汽车站、客运轮渡码头、公共汽车的起点和终点站）是往来旅客集中的地区，聚集了天南海北的旅客，所以车站附近一直被看作是开店的黄金口岸。这些地段的优势在于这里的顾客主要是过往乘车的旅客，与上班族和学生有很大不同，他们选购的商品虽然非常广泛，但大多以购买不费时间、容易携带的商品为主。开店的地址应该在离车站100~200米左右最为合适，零售店的方向如果能够选择正对车站的出入口或是可以顺利进出车站的交通便利的路线，那么就是最好的。

由于人群流动量大，车站的附近可以开设一些土特产店、礼品店、饮食店、

箱包店、食品店、旅店、书店、代办托运店、公用电话亭、物品寄存处、饮料店、快餐店、旅游纪念品店、出租相机店等等。开店经营的商品需具备价位不高、易于携带、符合生活需要的特点。车站主要以搭乘大众运输工具的乘客为主，但因其年龄、职业、爱好和目的的各不相同，有旅游的、有出差的、有探亲的，故开店时应针对特定的消费客户，在开店方向和经营方式上多下功夫。

2. 商业区地段

商业区地段是居民购物、逛街、休闲的理想场所，也是店铺开业的最佳地点。但由于商业区场地费用比较高，因此并非是一切店铺的理想开设地点。这些地段费用高，竞争性也强，除了大型综合性的商场外，还比较适合开设一些有鲜明特色的产品或服务的店铺。这一地段的特征是商业效益好，投资费用相对较大，所以应有针对性地对顾客提供服务。

3. 办公区集中之地

这些地段是上班族集中之地，其光顾商店的目的不外是果腹或采购日常生活用品、办公用品以及谈生意、聊天。该地段的特征是：午饭与晚饭时间为营业高峰期，周末与节假日的生意清淡。

当前在很多城市，纯粹的办公区很难找到，多半是商住混合型的。这里所讲的办公区只是相对而言，意指公司聚集较多的地段。在这些地段开店，应充分考虑到主要消费者是上班族。这类消费者的消费档次、消费水平较高，而消费者年龄也不大，一般多是二三十岁的年轻人，因此开店应以这部分人为主要目标。办公区店铺的消费者虽然大部分是上班族，但也有当地居住者和外来逛街者。

上班族有一个特点，就是只有中午短暂的用餐和休息时间，因此他们不会去离办公地点太远的地方，而附近便成了他们用餐、休息之处。因此，离办公楼愈近，顾客的来店率愈高，尤其是用餐的地方或咖啡厅、冷饮店。

开店地址应多以下班路线为主。上班时要赶时间，来去匆匆，光顾店铺的机会少，下班时因心情松弛，逛街购物的机会就自然较多，故在下班途中设店最好。

总之，开店位置的选择除了考虑区内行业分布、下班路线外，还应考虑到区内大楼的排列，道路的分布、延伸，店铺的串联或断裂以及人潮方向等。在办公区开店，最好以休闲行业、餐饮业和为办公提供服务的服务行业为主。由于消费者的时段集中且短暂，故在服务和经营上应充分考虑。

4.学生聚集地附近

这些地段处于学校附近。学生去商店的动机主要是购买学习用品、书籍、生活必需品，以及聚会谈天、消遣时光，此时应针对学生的需要，提供适当的服务和商品。

这里所指的学校，主要是指大、中专院校。大、中专院校又分两种：一种是位于城市的郊区，交通闭塞；另一种是位于交通便利的地方。后一种由于其所处市中心位置，故学生的需求不一定依赖周围的店铺，这是由学生的学习和作息时间决定的。

一种风险小而又有盈利的方式就是在地处郊区或比较偏僻的大、中专院校

附近开店。店址最好在离学校几百米以内，以顺道为最佳。这类店铺包括流行服饰店、眼镜店、文具店、日用品店、书店、音像店、运动用品店、自行车店等。除寒暑假外，这些零售店的收入一般都比较稳定。经营此类店铺，关键的一点是商品价位要经济。

5.住宅区地段

这些地段的顾客一般是住宅区内和住宅区附近的居民，以家庭主妇为主。这些地段的特征是：有关家庭生活的商品消费力强，尤以日常用品消费量最大，凡能给家庭生活提供独特服务的商店，都能获得较好的发展。

一般情况下，人们习惯到一些大中型的商场或繁华市区去购买时尚流行商品或是一些较为高档的耐用品，但是一些如食品、烟、酒、五金、杂货之类的日常用品，就喜欢到离家比较近的地方购买。另外适合开的小铺还有米店、发廊、报刊亭、裁缝店、托儿所、送水店、水果铺、洗衣店、食品店、药店、服装店、童装点、修理店、杂货店、五金店、化妆品店等。在居民区开店，房屋租金一般不会太高，这就说明零售店经营者开店的投资不会太大。在居民区，学生的消费水平也不可低估，经营者也可在学生消费上仔细琢磨，寻求更高的利润。

6.公园名胜、影剧院附近

因为是娱乐、旅游的地区，顾客的消费需求主要在于吃喝玩乐，故适合于

餐饮、食品、娱乐、生活用品等方面的商店发展。但这些地段常有时段性的特征，高峰时人潮汹涌，低谷时门可罗雀。当然，如果靠近居民区、商业区的话，则另当别论。

7.医院附近

特别是以带有住院部的大型医院为佳，这些地方孕育的市场潜力也不能小觑。一般人去探视和照顾病人，总会就近购买一些生活和礼节性用品，所以在这里开设水果店、鲜花店和一些日用品店是个不错的主意。

如果能考虑医院自身的特点就更好，比如：在妇产科医院附近开设妇女用品商店，在儿童医院附近开设儿童玩具商店，在眼科医院附近开设眼镜店等。另外，一些不起眼的小吃铺、书报亭都是不错的打算。

8.市郊地段

这些地段以往被认为是不太理想的开店之地，可是由于城市的迅速发展和车辆的大量增加，市郊地段的商业价值正在上升。这一地段的特征是：主要向驾驶各种车辆的人提供生活、休息、娱乐和维修车辆的服务。

我国城市的市郊地段具有相当的可变性，许多目前人口并不多的市郊地段，随着城市建设的发展，会变成繁华的社区中心。眼光远大的投资者如能把握机会，提前一步择地开创基业，日后财源定会滚滚而来。

以上几种地段的分类并不是绝对的，有的地方可能同时具有两个到三个地段的特征。所以，商店在选择位置时，还需要具体问题具体分析。

第三章

商业外局风水

　　事物的外观装饰给人的印象最深，经营者都希望通过改善商铺的外观与格局，使得生意兴隆，财源滚滚。想要招揽顾客，除了要选好吉向外，还需要在其形象设计、招牌设计等方面下功夫，本章将会对这些内容逐一进行介绍。

一、店铺朝向风水

店铺朝向的好坏取决于多方面的因素。首先，应根据店铺经营的生意和所属的行业，找到适宜的大门朝向。同时，应结合经营者的属相来选择店铺朝向。此外，应根据各行各业的吉方位，设计入口、门厅等处的位置。

1.影响店铺朝向风水的因素

店铺的朝向是商家十分重视的问题，往往也是经商成败的关键。现将某些店铺适宜的朝向列表如下：

商行、公司、店铺	适宜的正门朝向
律师事务所、医疗中心	北或东
船业公司、财务公司、保险公司	西北或东南
银行、建筑公司、进出口公司	北或东
批发店、餐饮店	北或东南

此表是按五行相生相克的原理编制的。实际上，商业的兴衰主要取决于顾客，顾客是财源所在。顾客盈门，店铺就会兴旺发达，反之，店铺就要倒闭，所以店铺应做到"门迎顾客"。

店铺的门向还跟店铺的选址有很大关系，如店铺的选址为坐南朝北或坐西朝东，而顾客的聚集点也在房屋所坐朝的方向，那么店铺的门就只有设在朝北或朝东。如果是这样，那么店铺又犯了"门不宜朝北"的忌讳，在夏季店铺就要受到烈日的直晒，在冬季店铺就要受到北风的侵袭。在这种情况下，不妨运用阴阳五行相生相克的定律处理。如果是经营旅馆业的，在夏季里，除了在旅馆门前搭遮阳篷外，还可以在旅馆的前厅摆置一个大的金鱼缸，摆上若干盆景。金鱼缸属水，盆景属木，都可以起到使室内热气减弱的作用，而且人在暑天里看到一缸清凉之水，其中又有生气勃勃的金鱼，就会获得清新之感。

如果有楼层的店铺，二楼是用作办公室，店铺的门朝向顾客，那么自店铺门口的噪音就有可能干扰到二楼的办公室。为了避免这种干扰，楼梯口不可正对着店铺大门。按照风水学的说法，将上楼的楼梯口正对着大门，聚集在大门口的煞气（噪音）就会直接顺着楼道进入二楼。理想的做法是将楼梯开置在侧面，楼口避开正门，由侧墙引阶而上。

有可能的话，最好还是在大门和楼口之间放置一扇屏风，作为噪音的间隔层。

在街市上，常可看到一些利用原有的沿街房改建而成的店铺。这种店铺的房屋原来大多是作为住宅使用的，大门上方往往没有伸出来遮阳、遮雨的预制板或平台。这样的店铺，门虽然开向了顾客，但也不利于顾客的出入，应在大门的上方搭出一个遮阳篷。有了这样一个遮阳篷，在夏季就可以避免店铺受到烈日的暴晒了。在雨季，还可避免店铺被雨淋湿。否则，店铺门前无遮无挡，在烈日之下热气逼人，顾客不耐酷暑，自然止步；在阴雨之下湿气袭人，顾客当然不会来。

2.经营者属相与店铺朝向

关于店铺朝向的宜忌，人们常常以店铺经营者的属相来确定。这种以经营者属相来确定店铺朝向宜忌的做法亦可借鉴。

◎属鼠的人	忌：坐南（未山）向北方
	宜：坐东向西方、坐北向南方、坐西向东方
◎属牛的人	忌：坐东（辰山）向西方
	宜：坐北向南方、坐西向东方、坐南向北方
◎属虎的人	忌：坐北（丑山）向南方、坐西（申山）向东方
	宜：坐东向西方、坐南向北方、坐北向东方
◎属兔的人	忌：坐西（酉山）向东方
	宜：坐北向南方、坐南向北方、坐东向西方
◎属龙的人	忌：坐南（未山）向北方
	宜：坐西向东方、坐北向南方、坐东向西方
◎属蛇的人	忌：坐西（辰山）向东方
	宜：坐南向北方、坐北向南方
◎属马的人	忌：坐北（子山）向南方
	宜：坐东向西方、坐西向东方、坐南向北方
◎属羊的人	忌：坐西（戌山）向东方
	宜：坐北向南方、坐南向北方、坐东向西方
◎属猴的人	忌：坐南（未山）向北方
	宜：坐北向南方、坐东向西方、坐西向东方
◎属鸡的人	忌：坐东（辰山）向西方
	宜：坐北向南方、坐南向北方、坐西向东方
◎属狗的人	忌：坐北（丑山）向南方
	宜：坐南向北方、坐西向东方、坐东向西方
◎属猪的人	忌：坐西（戌山）向东方
	宜：坐北向南方、坐东向西方、坐南向北方

3.各行各业的吉方位

人说"三百六十行，行行出状元"，经营生意不同，所属行业也不同，店铺朝向的选择亦不尽相同。现介绍各行各业的吉方位如下，以供参考。

餐饮业。餐厅、咖啡店，酒吧等关

键在于北方，若在北方建大堂则吉，东南方有突物则生意兴隆。烤肉店、炸鸡店等用火多的生意，厨房在东或南方为吉，倘只是用火则南最佳。

食品店。鱼店、海产物批发店应把厅建在东南、东、南方位，用陈列台或箱子等掩盖正中线、四隅线更吉。加工食品店在南、东南方造突物为吉。南、西摆商品陈列台、客人用的椅子等即可，入口最好设在东南、南、东方。

果蔬业。把新鲜的货品摆在北、南方则生意兴隆，入口设在东、东南、南、西北方为吉。

西点业。西点面包店把入口置于东

南、东、南为吉，但开闭门不可在正中线、四隅线。至于糖果公司，则东南与南有突物为吉。

家具业。家具店、木工工厂在东南、北、西方造突物为吉。倘若西南与西面有入口，则应使用陈列台等堵塞。

电器业。电器店、水电店将厅的门建在东、南、东南方为吉。

钟表店。可在东、北、西北方任一处造突物。若规模大则造二方位的突物，即使小店也要造一方位的突物。出入口若在东、东南、南方为大吉位，即使在西亦为吉相。此种行业宜选择东侧与南侧二方位有道路经过的东南角地。

摄影业。东南、东、南、西四方位有入口为吉。从店的中心看照相馆，柜台若是在西北、东南方，则经营稳定。

纸业、制药业。药店的入口若在东南、东、南方为吉，但要避免正中线、四隅线。若在西北造突物，门在东、东南、南为佳。

杂货店。把柜台置于西北、东南、南、北任一方位即可。

园艺店。花店将入口设于东、东南、南为吉，设于西北也可。

服饰店。入口在东南方为大吉，其他依次是东、南、西北方。

二、店铺外观风水 ☯

店铺能否吸引顾客，除了讲求经营商品的质量和优良的服务态度外，店铺的外观设计也是很重要的。一家经营效益好的店铺，外观设计大多具有特色，在他们的商品营销策略中，总有一条是关于店铺的外观设计的。他们把店铺的外观设计看成是一个展示店铺的包装，所以他们能够占领更多的市场。

1.店铺外观设计的重要性

一件商品在市场上能否畅销，除了讲求商品的质量可靠和性能的优越外，还要讲求对商品进行有特色的包装。因为包装是展示在商品外表的一层装饰，顾客在柜台上选购商品时，首先看到的就是商品的外表。所以，商品经营者要通过这一层装饰来抓住顾客，提起顾客的购买欲。同样道理，店铺能否吸引顾客，除了讲求经营商品的质量和优良的服务态度外，店铺的外观设计也是很重要的。一家经营效益好的店铺，外观设计大多具有特色，在他们的商品营销策略中，总有一条是关于店铺的外观设计的。他们把店铺的外观设计看成是一个展示店铺的包装，所以他们能够占领更多的市场。

最好能围绕店铺所经营的主要商品，或者是针对商品的营销特色去展开店铺外观设计，其主要原则是要使顾客从店铺的外观就能猜测到店铺的经营范围，使之在商品的营销活动中起到宣传店铺和招揽顾客的作用。

人们认识一个事物，往往都是从认识其外观开始。店铺能从外观设计上首先赢得顾客，就等于把生意做成了一半。从某种意义上说，店铺的外观设计代表了店铺的形象。好的店铺外观能在顾客心中树立起良好的印象，使顾客来购买物品时，感到踏实、可靠、可信，从而也就增强了在顾客心中的名望。反之，如果一个店铺的外观设计不谐调，看上去显得十分别扭，不仅招人评头论足，使人产生反感，也会损坏店铺在顾客心目中的形象，使顾客失去对店铺的信任，当然，也就很少上门了。

对于外观设计不谐调的店铺，风水上属不利。店铺因外观设计的不谐调而失掉顾客，是店铺的最大祸患。

2.外观造型与区域景致

在设计店铺外观造型时，除了考虑

建筑本身结构比例的谐调性之外，还要注意使店铺的外观造型与所处区域的自然景致相谐调。

风水学认为，宇宙大地的万物都蕴藏着气，优美的山川景致表明生气盎然，相反，残垣断壁就是死气淤积。在山川美景中，气的流动顺畅；在残垣断壁的区域，气的流动则受阻。按风水学的说法，在考虑店铺的外观造型与所处区域自然景致的关系时，应有意识地将店铺的外观造型与优美的自然景致谐调地融为一体，使外观造型与区域景致相谐调，就意味着顺应了宇宙之气的流通，也就是将店铺融入了大自然的生气之中。店铺处在优美的自然景致之中，就拥有了丰富的生气，就能顾客盈门，生意兴旺。相反，店铺处在残垣断壁的恶劣的环境之中，就会导致生意经营惨淡。

从商品营销的角度来说，店铺有一个优美的景致作背景衬托，可使店铺在对外宣传时带给人们一个美好的形象。特别是从事旅游酒店生意的，坐落于优美的景色中，会迎来源源不断的观光游客。

有了优美的自然景致，还要考虑店铺的建筑是否与之相谐调。如果不注意这种谐调性，就等于失掉了所拥有的区域生气。

店铺建筑与自然景致不谐调，是指店铺的建筑与自然景致很不相衬，或者是十分别扭地出现在优美的自然景致之中。店铺的建筑与自然景致不谐调，就破坏了大自然原有的美感，就等于在一幅优美的图画上出现了一个不应有的污点。按照风水的说法，就是店铺的建筑与区域自然之气不顺，扰乱了宇宙间的

自然之气，使宇宙间的生气流通受阻。宇宙生气受阻带来的就是煞气的产生，使原有的生气变成了煞气。店铺建筑受到煞气包围，生意就会清淡。

另外，店铺建筑不谐调地出现在优美的自然景致之中，也破坏了店铺对外宣传的形象，从而影响到生意。所以，不能将店铺置于残垣断壁的场景之中。

观察一个店铺的外观造型是否与所处区域的自然景致相谐调，最简单的一个方法就是在早晚的时候，从不同的视觉角度来观察店铺的外观是否有美感。特别是在有朝霞和晚霞的时候，看一看映衬在霞光之中的店铺的外观造型，是否与自然景致融成了一幅优美的画卷，如能达到这样的效果，就是店铺的外观造型与区域的景致达到了最佳的谐调状态。

店铺与优美的景致相融合，就是商家所看重的"天时地利"。精明的生意人能借用天地之利，达到财源茂盛的目的。

3.店铺外观的颜色搭配

建筑，从某种意义上来说，就是色彩的建筑。没有色彩的建筑，就等同于一堆灰土。按照风水学的五行之说，天地万物是由水、火、土、金、木五种元素构成。天地万物都以五行分配，颜色按五行分配为五色，即青、赤、白、黑、黄五种颜色。

青色，相当于温和之春，为木叶萌芽之色；赤色，相当于炎热之夏，为火燃烧之色；白色，等于清凉之秋，为金属光泽之色；黑色等于寒冷之冬，为水，为深渊之色；黄色，相当于土，为土之色。这些简化来说，就是木为青色，火为赤色，土为黄色，金为白色，水为黑色。

白、青、黑、赤、黄五色，在古代还有如下意义：

白色	悲哀、平和、雅洁
青色	永远、平和、雅洁
黑色	破坏、沉稳、悲痛
赤色	幸福、喜乐、活泼
黄色	活力、富裕、帝王

因此，中国古代的建筑对颜色的选择十分谨慎，如果希望富贵而设计的建筑就用赤色；为祝愿和平、永久而设计的建筑就用青色；黄色为皇帝专用颜色，民间的建筑不能滥用，只能用于建筑的某个小部位；白色不常用；黑色，除了用墨描绘某些建筑轮廓外，也不多用。故而，中国古代的建筑以赤色为多。在给屋内的梁着色时，以青、绿、蓝三色用得较多，其他颜色用得很少。

可见，人们对颜色所表现出来的已经不是一种简单的欣赏，而是一种蕴含着某种情感的寄托物，反映了一个民族的信仰。

于是，在设计店铺外观的颜色时，就要注意将之与人们对颜色的传统观念相协调，要使人们接受所附设于店铺建筑外观的颜色。当然，随着现代文化的发展，人们对颜色的需求也会有所变化。那么，作为店铺的经营者，就要主动去满足人们对颜色的需求，以颜色的清新、活力、美感来吸引顾客，来达到促销商品的目的。

要求店铺外观设计的谐调，当然也包括着色的谐调。店铺外观设计颜色的不谐调，主要是指建筑涂了某种人们所忌讳的颜色，或者是在搭配颜色时给人们造成了色感认识上不适应的感觉。店铺外观设计颜色的不谐调，会影响店铺的外在形象。

按风水的理论，颜色不正，色彩不谐调，都带有煞气。店铺外观设计颜色不谐调，就使店铺带上了煞气，有了煞气，则为不吉之相。另外，店铺外观设计颜色不谐调，就好似一个人穿了一件不伦不类的衣服，容易给人造成不好的印象，应该加以避免。事实上，借助颜色美化店铺，借助颜色烘托店铺，这也是现代店铺营销的新方法。

4.不同商业店面的设计

店面的设计必须符合行业的自身特点，从外观和风格上要反映出商店的经营特色，要符合主要客户的"口味"。

店面的装潢要充分考虑与原建筑风格及周围店面是否谐调，"个别"虽然抢眼，一旦使消费者觉得粗俗，就会失去信赖。

店面装饰要简洁，不宜采用过多的线条来分割和过多的色彩来渲染。店面的色彩要统一谐调，不宜采用任何生硬的、强烈的对比。招牌上字体大小要适宜，过分粗大会使招牌字显得太挤，容易破坏整体布局，可通过补底色来突出店名。店外的灯箱、布告板、宣传栏要遵守交通法规或城管条例。

如果忽视了对商品特点的展示，即使再好的商品也会遭到冷遇。因此，使顾客显而易见地看出每件商品的特色，是十分重要的陈列技巧。

商店装潢有不同的风格，大商场、大酒店有豪华的外观装饰，具有现代感；小商场、小店也应有自己的风格和特点。

在具体装潢上，可从以下两方面去设计：第一，装潢要具有广告效应，即要给消费者以强烈的视觉刺激，争取在外观上别出心裁，以吸引消费者；第二，装潢要结合商品特点加以联想，新颖独特的装潢不仅刺激消费者的视觉，更重要的是使消费者没进店内就知道里面会有什么东西。

(1)餐饮店

店面设计得有个性、形象突出，就很容易让人记住。餐饮店的店面设计采用一种统一的字体，使用一种统一的色彩，设计一种统一的图案，制作一些广告宣传品，可以突出和加深餐厅的形象。此外，精美的食品广告画会刺激人的神经，激发起人的食欲。

餐饮店的店面设计方式很多。第一，要做得简练、个性突出。店徽一定不要做得太复杂，否则会影响识别率。只要是好认好记，容易令人产生联想的，效果就很好，而且无形中这也是一个显著的店面广告。第二，可用对联、诗赋、铭记等文化形式装点餐厅的门面，使餐厅多一些看点，运用得好还能使客人和路人进一步了解餐厅，甚至永远记住它。做这一类的店面、店内文艺性广告，对餐厅来说是一劳永逸的事，不过这些既不能是大白话，也不能搞得晦涩难懂、漫无边际，与餐厅经营内容、企业精神不沾边。第三，为了让更多人知道，招徕更多生意，可以采用拉横幅广告的办法装饰门面。第四，生意做得活的餐厅，往往餐厅的菜牌和灯箱都做得很显眼。门外或门内、电梯内、菜台上，用一些绚丽的菜品照片做成灯箱，效果一般比实物好，能够激发人的食欲。菜牌还可以根据实际情况不断变换内容，使客人了解餐厅的新菜品。

(2)商场

商场的店面设计是其外部形象，是商场建设的重要组成部分，是静止的街头广告，也是吸引顾客的一种促销手段。一般店面上都可设置一个条形商店招牌，醒目地显示店名及销售商品。商场招牌在导入功能中起着不可缺少的作用，应是最引人注目的地方，所以要采用各种装饰方法使其突出，如用霓虹灯、射灯、彩灯、反光灯、灯箱等来加强效果，或用彩带、旗帜、鲜花等来衬托。总之，格调高雅、清新，手法奇特、怪诞往往是成功的关键之一。比如，时装和饰品店的照明，主要是赋予店面形象。店面设计首先应充分考虑商店的目标顾客，照明区域的灵活性可以让设计师在塑造商店形象时游刃有余，也可以充分突出主要产品，以引导顾客的注意力。照明选择可以逐步地满足顾客的品位和要求。

商场招牌的设计和安装必须做到新颖、醒目、简明，既美观大方，又能引起顾客注意。因为招牌本身就是具有特定意义的广告。

(3)休闲生活馆

随着人们对店面设计装修认知度的提高，对休闲保健中心、桑拿中心、美容院的装修设计观念也在不断转变，简约清新的现代风格已取代了过去的繁复豪华。好的店面设计，在于设计者对地理环境、消费层面、风格、人文的理解、选择与组合，从而创造出一个和谐、舒适的环境。完美的装饰境界，不是简单的空间划分与功能补充，而是营造在舒适中升华艺术，这才是装饰的追求与使命所在。风格是时尚旋律的体现，简单而富有现代感的设计，配上清新淡雅的颜色，再加上观感极其舒适的颜色饰物点缀，显得格外优雅迷人，让人感觉到潮流的变换和视觉的冲击。最理想的装修设计是让店面以其独特的风格来吸引消费者。

服务消费市场的需求使许多休闲场所企业的经营者看到，在抓技术和服务质量的同时，店面的设计，对企业的经营也起着举足轻重作用。任何环境都是有属性的，休闲保健中心、桑拿中心、美容美发厅的环境、店面设计及店内装

修的布局，都是围绕顾客而创造的一个个性化服务的场所；简洁、明快的店面设计，和谐的灯光、装饰、色调，给人们一种安逸、恬适的氛围。这样的设计不仅其外观令人赏心悦目，还能让顾客感觉到身处优雅、舒适的环境中。店面装修在设计上所要遵循的是：要根据不同消费层次的顾客群体，去迎合他们对不同空间的感受。店面的装修好坏，会影响着消费者的消费动机，而店面设计的档次，则对顾客上门有很大的影响力。在那里，让人无法简单地将它理解为一间漂亮、雅致的保健屋、桑拿房或美容美发厅，它更像一家多功能俱乐部，一个悠闲的休憩场所。

(4)娱乐场所

如今，娱乐场所的店面设计整体风格上是以现代为主，外观大多给人以时代的气息、现代化的心理感受。大多数的门面都采用现代派风格，这对大多数时代感较强的消费者具有激励作用。在当今社会，现代风格的娱乐空间让人有一种新鲜的感受，使之与现代高速运转的社会和谐统一，也体现了时代的潮流性。

以前店面外装饰材料仅限于木质和水泥，现在则采用薄片大理石、花岗岩、金属不锈钢板、薄型涂色铝合金板等多功能新型材料。石材门面显得厚实、稳重、高贵、庄严；金属材料门面显得明亮、轻快，富有时代感。夜晚，辅之以赏心悦目的霓虹灯照明，更显活泼、动感。各种颜色、图案任意搭配千变万化，金光灿灿，石材红、黑珍珠、汉白玉般的高贵效果，既高档豪华、富丽堂皇，又清新雅致、如梦如幻。丰富的风格品位，满足各类消费者的需求，也完美体现了现代娱乐空间装修的情感化、个性化、多样化的时尚追求。

5.利用风水取店名

店名是一个店铺的标志，也是一个店铺经营的商品特点的反映。在风水里，店名又往往被看成是与店铺经营成败攸关的重要名称。店名要简明易懂，上口易记，除特殊需要外不要使用狂草或外文字母。

商家取店名，常见有两种方法：一是以文字搭配五行相生相克的原理，二是按用字笔画的阴阳进行选用。

(1)按五行相生相克原理取店名

这种方法是将一些店名的常用字按五行分为五类，然后选择其中的字，按相生相克的原则进行搭配，相生的为吉，相克的为凶，最后选用相生的字为店名。

风水认为五行相生的吉利店名用字的组合是：

水+木	水滋养木生长
木+火	木使火更旺盛
火+土	火使土纯净
土+金	土保护金
金+水	金使水富贵

风水认为五行相克的不吉利店名用字的组合是：

水+火	水使火熄灭
火+金	火使金熔化
金+木	金使木穿透
木+土	土将木覆盖
土+水	水将土冲毁

按照风水的说法，商家一定要避免使用相克的字组合店名，以免风水不利。

(2)按字笔画的阴阳取店名

此方法是选用一些字，按笔画的单与双，附以阴阳属性，然后按阴生阳的定律选取店铺名的用字。具体做法是，笔画为单数的字为阴，笔画为双数的为阳。如果选用作为店名的字是一阴一阳，即一个字的笔画为单数，一个字的笔画为双数，而且这个字是按先单数后双数，即先阴后阳的顺序排名的店名，就是吉利的店名。属于吉利店名的排列还有阴—阴—阳和阴—阳—阳等。反之，不吉利店名的排列是阳—阴和阳—阴—阳。

6.旺铺商号

店铺的字号，除了要突出店铺的特色并配合店主的阴阳命理之外，大多数店主还希望取一个能给买卖带来兴旺发达、吉祥如意的字号。

从购物者来说，旧时人们采购物品时，多注重店铺字号的吉利性，往往舍近求远。因此，有的店铺就因字号的吉利字眼而声名远播，买卖兴隆起来。于是，一般商家都喜欢在店铺的字号上别出心裁，大做文章，希望招财进宝，一本万利，大发鸿财。

一般来说，民间店铺字号的用词用字，总在乾、盛、福、利、祥、丰、仁、泰、益、昌等吉利的字眼上打圈子。经营文物、古玩、书刊、典籍、文房用品、医药等行业的店铺字号，多取带有典雅之意的字，其他行业的店铺则多选以吉利的字。

在我国店铺的字号中，除了带吉利意义的字号外，还有些以怪取胜的字号，如天津的"狗不理"、上海的"天晓得"，南京的一家著名膏药店，字号为"高黏除"，这些店铺的怪字号当然也是为了招徕生意。

还有一些以地名或者老板姓名为字号的店铺。旧时，在一些中外通商口岸地区，如上海、广州、天津、南京还出现一些带洋化、欧化和半殖民地气息的店铺和厂家字号。

当然，好的字号还需要好的经营管理手段，取得人们的承认和信赖，才能拥有广泛的社会信誉，使店铺得到发展。在我国的许多老字号中，如中药店"同仁堂"，帽店"盛锡福"，鞋店"内金升"、"载人舟"，烤鸭店"全聚德"，涮羊肉馆"东来顺"，画店"荣宝斋"，以及三大笔庄——北京的"李福寿"、上海的"胡开文"、沈阳的"胡魁章"都是以其优异的经营管理方式赢得了人们的世代尊崇。

三、店门风水 ☯

店门是店铺的入口，也是店铺的"脸面"，因此店门风水的好坏对店铺的经营非常重要。总的来说，店门以宽敞为宜，店门宽敞可使顾客更容易接触商品；门前应避开不吉祥的建筑物，好使店铺有一个空气清新、视感良好的环境。此外，在大门的设计方面应当注意美观和通畅。

1.店门的风水禁忌

大门前不可有臭水沟流过，门口地面也不可有积污水的坑洞。大门宛如一个人的颜面，如果有污水则会给人肮脏的感觉。形象不佳，生意自然难以开展。

开在二楼的店铺楼梯口不可狭窄拥

挤，否则会产生压迫感，使客人不愿光顾。理想的楼梯应该宽广，这样不仅看起来心里舒畅，而且还较为安全。

店铺的门向还应避免正对着一些风水上不吉祥的建筑物。风水上所说的不吉祥的建筑主要是指一些如烟囱、厕所、牛栏、马厩、殡仪馆、医院等建筑。这些建筑或是黑烟滚滚，或是臭气熏天，或是号哭，或是病吟，由不吉祥的建筑带来的这些气流，风水上视之为凶气。如果让店铺的门朝着不吉祥的建筑而开，

那些臭气、号哭、病吟的凶气就会席卷而来，必然是食客少至，旅客稀少。而且，对于经营者来说，常处在这样的环境中，于运气不利。

当然，在店铺的选址时就应避免在这种不吉祥的区域开业。如因其他缘故要设于这种区域，开门时就一定要避开这些不祥之物，选择朝有上乘之气的方向开门，大门后面最好再安放一扇屏风，对煞气作阻隔。

风水强调阳宅开门应避开不祥物，从另一个意义上讲，就是强调人的工作和生活需要有一个空气清新、视感良好

的环境。在良好的环境中，才会精神愉快，智力的发挥也最好，做事的成功率自然就高。

为了方便顾客进出，有些店铺会开两个门，似乎在生意上而论是有利的。但从风水角度而言，除了少数的情况外，"两门相对"主财运不聚，所以即使要开两个门，也不宜相对。

店铺门前向着的若是由下层移动的自动电梯时，便称为"抽水上堂"，也属于吉利论，主旺财。反之，店铺门前若是向着通往下一层的扶手电梯的话，则为"退财水"，又名"卷帘水"，即是将门前之财水卷走，为不聚财之相。

因此，在设计店铺时，可将店门向着上行的扶手电梯，但不宜将店门向着下行的扶手电梯。

2.店门宜宽敞

店门是店铺的咽喉，是顾客与商品流通的通道。店门每日迎送顾客的多少决定着店铺的兴衰。因此，为了提高店铺对顾客的接待量，店门不宜做得太小。

店门做得过小，按风水的说法就是缩小了店铺的气口，不利于纳气，使气的流入减少、减慢，从而减少了店内的

生气。对于经商活动来说，作为出入通道的门做得过小，就会使顾客出入不便，如果顾客还要提商品的话，就会出现碰碰撞撞，很有可能会损坏已卖出的商品。

狭小的店门，还会造成人流拥挤，拥挤的人流就有可能使一些顾客见状止步，也会因人流的拥挤发生顾客间的争论以及扒窃事件的发生，最终影响店铺正常的营业秩序。因此，最好是把店铺的店门加宽。店铺的店门加大，也就是扩大了风水上所谓的"气口"，大气口能接纳大财，避免其他不应有的事件发生，从而保证店铺良好的营业秩序，使业绩蒸蒸日上。

大的店门，还可以将商品更好地展现在顾客面前，方便顾客选购。扩大了

店门，就等于拆除了店内商品与店外顾客之间的隔墙，使陈设在店内的商品直接展向街市，使街道上的行人举目即可看到，使陈列于店内的商品形成一个实物广告，既宣传了商品，又做了生意。扩大了店门，柜台就成了宣传的橱窗，而且这个"柜台橱窗"更灵活，既可看又可进行交易买卖。橱窗全部拆除，代之以柜台，将店铺全面向顾客敞开，从店铺投资的效益来说，就是在不用扩建店铺的基础上，扩大了店铺的经营空间和营业面积。

要求店门宽敞的意义，在于使顾客更大范围、更方便地接触商品。按照这个原则来设计，更进一步就是组建让顾客能自己提取商品的自选商场。在自选商场里，众多的商品摆在眼前，顾客接触商品就更自由，可以不需经过营业员之手就可以拿到商品。

实践证明，能让顾客更广泛地接触商品，按自己的意愿自由地取舍商品，可以提高店铺的营业额。这也是"店铺店门宜宽敞"所要达到的效应。

3.店门的其他注意事项

显而易见，店门有吸引人们视线的作用，并使之产生兴趣，激发"进去看一看"的参与意识。怎么进去，从哪进去，就需要正确的引导。店门设计的目的就是告诉顾客这些相关的信息，使顾客一目了然。

在店面设计中，顾客进出门的设计是重要一环。将店门安放在店中央，还是左边或右边，这要根据具体的人流情况而定。一般大型商场的大门可以安置在中央，小型商场的进出部位安置在中央则不妥当，因为店堂狭小，直接影响了店内实际使用面积和顾客的自由流通。小店的进出门应设在左侧或是右侧，这样才比较合理。

店门应当是开放性的，所以设计时应当考虑到不要让顾客产生"幽闭"、"阴暗"等不良心理，从而拒客于门外。明快、通畅、具有呼应效果的店门才是最佳设计。

店门设计还应考虑店门前路面是否平坦、采光是否充足、噪音大小如何及太阳光的照射方向等问题。

四、橱窗设计风水 ☯

橱窗既是一种重要的广告形式，也是装饰店面的重要手段。一个构思新颖、主题鲜明、风格独特、手法脱俗、装饰美观、色调和谐的商铺橱窗，能够与整个商铺建筑结构、内外环境构成立体画面，起到美化商店的作用。

从整体上看，制作精美的室外装饰是美化销售场所和装饰店铺、吸引顾客的一种手段。如商铺门前的电子广告，它以新颖别致、变幻无穷的图像吸引顾客的注意力，即便不想买东西的人，也会在这种气氛中不知不觉地走进商铺。特别是商铺的橱窗，它就像商铺的一张脸，布置得好，会使人产生春意盎然之感。商铺橱窗引人注目，天长日久，自然美誉远播、名闻遐迩，顾客会越来越多。所以，精心设计的橱窗是现代装饰的重要内容。

好的橱窗设计不是商品堆积，而是追求主题突出，格调高雅，富于立体感和艺术的感染力。如纽约的大商店喜欢在橱窗里使用艺术雕塑式人物造型来配合商品的陈设，使整个橱窗在艺术装饰的烘托下显得层次分明，一目了然。

一般来讲，橱窗设计应注意以下方面：

①橱窗横度中心线最好能与顾客的视平线平行，这样整个橱窗内所陈列的商品就都展现在顾客视野中。

②在橱窗设计中，必须考虑防尘、防热、防淋、防晒、防风、防盗等。

③不能影响店面外观造型。橱窗建筑设计规模应与商店整体规模相适应。

④橱窗陈列的商品必须是本商店出售的，而且是最畅销的商品。

⑤橱窗陈列季节性商品必须在销售旺季到来之前一个月预先陈列出来向顾客介绍，这样才能起到迎季宣传的作用。

⑥陈列商品时应先确定主题，无论是多种多类或是同种不同类的商品，均应系统地分门别类，依主题陈列，使人一目了然地看到所宣传的商品内容，千万不可乱堆乱摆。

⑦橱窗布置应尽量少用商品作衬托，除应根据橱窗面积注意色彩调和、高低疏密外，商品数量不宜过多或过少，要做到使顾客从远处近处、正面侧面都能看到商品全貌。富有经营特色的商品应陈列在最引人注目的橱窗里。

⑧容易液化变质的商品如食品糖果之类，以及日光照晒下容易损坏的商品，最好用其模型代替或加以适当的包装。

⑨橱窗应经常打扫以保持清洁，特别是食品橱窗。橱窗玻璃里面布满灰尘，会给顾客不好的印象，引起对商品的怀疑或反感，从而失去购买的兴趣。

⑩橱窗陈列需勤加更换，尤其是有时间性的宣传以及陈列容易变质的商品。每个橱窗在更换或布置时应停止对外宣传。

五、招牌设计风水

店铺招牌并不能决定和影响人的命运，更不能影响到子孙后代的祸福，但它可以影响到店铺的美观以及环境的和谐，从而影响到经营者的心态和商铺生意的兴隆与否。

对于经营者来说，仅靠好的方位难以解决问题，如果能从根本上改变经营之道，再加上适合自己店铺的合理的构造布局，这才是招财的最好办法。同时，还要注意招牌色彩的搭配应与经营的品种相配合，使人一目了然、赏心悦目，应符合负责人的内在命理。招牌色彩协调，让人感到亲切可人，即使不买东西，也会有进去看看的愿望，这样的招牌不仅具有艺术性，而且具有旺财功能。

按规格，店铺的招牌可分为大、中、小三类，大者俗称"冲天招牌"，是一块长方形大木板，垂直竖立在店铺一侧的前方，高出铺面房檐；中者是在长方形木板上书写商品的特色，竖挂在店门两侧，字迹简单清楚，一目了然；小者是木板造型小巧玲珑，悬挂在房前屋檐下，上面书写商品名称，目的在于介绍所经营的商品、宣传商品的特色和质量，以达到推销商品的目的。招牌的制作要新颖美观，文字的书写一般也应采用与匾额一样的方正楷书，不可使用一般人难以识读的草书和行书。介绍商品的文字要求简明扼要，通俗易懂。为了生动起见，可在招牌上使用多颜色的字体，还可以在招牌上贴商品宣传广告画，使之更具吸引力。

另外，为了使店铺的匾额和招牌真正起到装饰店铺和宣传商品的作用，最基本的一点是要求匾额和招牌上的字使用正确，在书写时不能有错别字。

第四章

商业内局风水

选定了店铺地址与建筑后，有许多东西是不能变动的了，这就需要通过后天的修正来弥补先天的不足。通过室内装修、装饰，可以修正先前不合理的建筑结构；通过各种设计手法，配合积极的风水能量，可以使商业行为更加有效。

一、室内装修风水

商铺要想风水好、财运佳，为经营者带来良好的经济效益，在室内装饰上就必须要下功夫。本节在商铺室内天花、墙壁、地面等空间装修方面提供了有效的风水知识，并根据商铺的类型，详细地介绍了适宜各类商铺的装饰风格及装修材料。

1.天花设计

天花设计不只是把建筑物顶部一些不雅观的部分遮蔽起来，创造室内的美感而已，还要与空间色彩、照明等相配合，形成优美的购物环境。

天花的设计首先要考虑高度问题。如果天花太高，上部空间就会太大，使顾客无法感受到亲切的气氛；反之，天花过低，会使店内的顾客无法享受视觉上、行动上舒适购物的乐趣。天花的高度要根据商店的营业面积决定，宽敞的商店应适当高一些，狭窄的商店应低一些。一般而言，一个10～20平方米的商店，天花的高度在2.7～3米左右，可以根据行业和环境的不同适当调整。如果商店面积达到300平方米，那么天花的高度应在3～3.3米左右；1000平方米左右的商店，天花高度应达到3.3～4米。我国不少商店对天花的高度重视不够，有的小商店天花很高，又不进行装饰，使上部空间显得空荡荡，大大地影响了商店的美观，应当设法改进。另外，天花的颜色也具有调整高低感的作用。因此，有时并不需要特别把天花架高或降低，只需改变颜色就可以达到调整高度

的效果。

其次是天花的形状问题。天花一般以平面为主，如果在上面加些造型变化，就会对顾客的心理、店内的陈列效果产生很大影响。除了平面天花板之外，常用的天花形状如下面表格所示。

常用的天花板

格子天花板	圆形天花板
垂吊形天花板	波形天花板
半圆锥形天花板	金字塔形天花板
倾斜天花板	船底形天花板

最后是天花的照明设备。天花板应与一定的照明设备配合，或以吊灯和外露灯具装饰，或以日光灯安置在天花板内，用乳白色的透光塑胶板或蜂窝状的通气窗罩住，做成光面天花板。光面天花板可以使店内灯火通明，但可能会造成逆光现象，如与垂吊灯具结合，则可克服这个缺点。

天花板的材料很多，常用的有各种胶合板、石膏板、石棉板、玻璃绒天花板、贴面装饰板等。装修时选择哪一种材料，除了要考虑经济性和可加工性外，还要根据店铺特点，考虑防火、消音、耐久等要求。胶合板是最经济和方便的

天花板材料，但防火、消音性能差；石膏板有很好的耐热、消音性，但耐水、耐温性差，经不起冲击；石棉板不仅防火、绝热，而且耐水、耐湿，但不易加工。在装修时，也可以不用各种装饰板，直接用涂铺法将各种材料粘在底部，然后喷漆即可。

2.墙壁设计

壁面作为陈列商品的背景，具有重要的作用。商店的壁面在设计上应与所陈列商品的色彩和内容相谐调，与商店的环境和形象相适应。壁面的利用方法一般有以下四种：

①在壁面上架设陈列台，用以摆放陈列商品。

②在壁面上安置陈列台，作为商品展示处。

③在壁面上做简单设备，用以悬挂商品及布置展示品。

④在壁面上做一些简单设备，作为装饰用。

上述各种方法中，第一种方法多为食品店、杂货店、文具店、书店、药店等店铺所采用；第二、三种方法多为各类服饰店、家用电器店所采用；第四种方法则为家具店等主要在地面展示商品的店铺所采用。

壁面材料的种类很多，但比较经济的是在纤维板上粘贴印花饰面，这样具有便于拆卸、改装的优点。

3.地面设计

地板在图形设计上有刚柔两种选择。以正方形、矩形、多角形等直线条组合为特征的图案带有阳刚之气，比较适合经营男性商品的商店使用；圆形、椭圆形、扇形和几何曲线形等图案，带有柔和之气，比较适合经营女性商品的店铺使用。

地板的装饰材料一般有瓷砖、塑胶地砖、石材、木地板以及水泥等，可根据需要选用。主要应考虑的是店铺形象设计的需要、材料费用的多少、材料的优缺点等几个因素。应对各种材料的特点和费用有清楚的了解，才利于作决定。

瓷砖的品种很多，色彩和形状可以自由选择。瓷砖有耐热、耐水、耐火、耐磨等优点，并具有持久性；缺点是保温性差。塑胶地砖价格适中，施工较方便，还具有颜色丰富的优点，为一般店铺所采用；缺点是易被烟头、利器和化学品损坏。石材有花岗石、大理石等种类，具有外表华丽、装饰性好的优点，在耐水、耐火、耐磨性等方面亦比较好，但由于价格较高，只有在营业上有特殊考虑时才会采用。木地板虽然有柔软、隔寒、光泽好的优点，可是易脏、易损坏，故对于顾客进出次数多的店铺不大适合。用水泥铺地面价格最便宜，但经营中高档商品的店铺不宜采用。

二、柜台货架设计风水

商铺的装修完成之后，接下来就应该摆放货柜、货架和收银台了。收银台是钱财进出之地，而货柜和货架则是商铺的主物质设备，因此，它们的设计非常重要。在设计上，收银台的高度应适中，位置摆放应符合人们的行走习惯；货柜和货架设计应以实用、牢固、灵便为原则，尽量为顾客选取商品提供方便。

1.收银台

商用场所的柜台，不论是服务顾客的接待处还是结账场所，其摆设位置须考虑方便性、客人流动路线的适当性，以利于服务和结账收款，给顾客留下良好的印象。同时，最好能考虑到风水的原则，以收到事半功倍之效。

一般而言，服务性柜台人员要求亲切热心、服务周到，因此柜台宜摆放在进门最显眼的位置，如面对门口或在进门处的右边。而结账柜台则须摆放在纳得吉运旺气的位置。如果商铺是当运旺铺，则可以面对大门口设立，否则便要设在两边的旺位上。

每个商铺的情况都不同。坐北朝南的，若开中央正门，无论服务或结账柜台，都适合设在正对门口的正北方坎位位置。另外，收银台摆在右边西南方坤位比较好。收银台是钱财进出之地，风水上说店铺收银台应设在虎边（人站在室内往大门方向看去的右边就是虎边），也就是在不动方，才能守住入库的钱财，不可设在流动性大的龙边，否则不利财气，这也是为了符合人靠右行走的习惯。在不动方的柜台材料如果是玻璃，则应该加以遮盖，可以选择安装窗帘或使用装饰板。

收银台高度要适中，过高有拒人于外的感觉，过低又有不安全感，适当的高度应在110~120厘米之间。收银台内不可有电炉、咖啡壶之类的电器，因为收银台处一般会有现金和账簿，万一发生火灾，首先就会被波及，当然不好。

放钱的保险柜应隐秘，不可被人看到，但小额的收银机不受此限。另外，餐饮业进门处的收银台旁不可设有水龙头和冲洗槽。

柜台位置摆设不理想的话，则服务人员流动性较大。若有此种现象，则最好考虑调整一下风水。放置钱财的保险柜最好置于旺方，门不要对着大门口或

走道。

商店摆放货物时，也应考虑依风水学上的衰旺位置设计，价值高、利润好的商品，应放置在容易吸引顾客的位置。

风水学上最注重门路。客人进门后，走动路线的安排需妥善规划，最好能带动旺气进来，这样的商店便能汇集人潮，有利财运，否则便要加以改进。

风水讲山与水，即动与静的相互配合，要使商铺生旺财气，设计货品的摆放位置时，便可依"旺山旺水"原理，在旺山处堆积较高的货品，而在旺水处放置流动的物品，或摆上流水，如鱼缸或水车等，这样会有助生意的开展。

2.货柜

货柜是商场的主要设备，是营业员出售商品的操作台，并能容纳、储存和展示一定数量的商品。货柜有不同形式和规模，它的设计既要求实用、牢固、灵便，利于营业员操作、消费者参观，又要适应各类商品的不同要求。普通货柜一般长为120～130厘米，宽为70～90厘米，高为90～100厘米，这样才能使顾客更直观地看到商品。

货柜的制造材料不同，有玻璃、木材、金属、塑料等。工业消费品一般以玻璃柜台为主。玻璃柜台一般有全玻璃柜台、半玻璃半木制柜台和半金属半玻璃柜台，形式多样。设计和使用玻璃货柜应注意防尘、防磨损，并便于清扫、擦拭。通用货柜制作成本低、互换性好、实用方便，但是在布置商品时，会使人感到单调、呆板、缺少变化。为了使商品布置得美观且富于变化，很多商场采

用了异形货柜，如三角形、梯形、半圆形以及多边形柜台。布置商品时利用异形货柜组合，不但可以合理利用营业场所面积，而且可以改变普通柜台呆板、单调的形象，增添活泼的线条变化，因此而受到高度重视。

采用异形柜台时，要注意因地制宜，结合店铺室内格局来布置安排。一般来说，三角形柜台宜放置在店铺的角落位置，它占地少，能满足像饮料、食品、日用百货等商品的出售要求。众多的三角形柜台还可排成半圆形、圆形或扇形，给店铺内的总体布局带来美感。梯形柜台主要是为改变柜台与柜台之间衔接的生硬而设计的。在拐角处，普通柜台之间的衔接成90度，显得生硬，且不安全。而采用梯形柜台，衔接就会比较自然，又能使营业面积被有效利用。半圆形柜台是为了充分利用营业面积以展示商品、使顾客充分看到商品全貌而设计制作的。多边形柜台是根据营业现场情况填补陈列商品的空档，或者为了沿起伏变化

的营业场所边线而设计制作的。若采用异形柜台，则要严格设计，计算好尺寸，按要求订做。必要时，还应考虑到几类柜台的互换性。

3. 货架

货架是用作陈列备售商品的设备，有不同的构造形式和规格，如单面货架、双面货架、单层货架、双层货架、多层货架、金属货架、木制货架等。货架设计应以便于保持陈列商品的整齐清洁、美观大方、易取易放并能充分显示商品特点，保证正常销售需要为原则，还应根据商品的规格、正常储备量和营业场所的建筑条件与售货现场形式等来设计不同规格和形式的货架。柜台货架规格不宜过大，否则不易于搬动和组装。货架一般高为180～190厘米，宽为60～70厘米。一般货架上面有三四层，下面设一个拉门，便于储藏商品。

近年来，国内许多商店对商场的货架进行了更新改造，不但用材多样化，而且在造型方面也有新的变化。过去制作货架的材料主要是木材和玻璃，现在已逐渐"让位"给新型的铝合金材料了。

三、室内装饰风水

按风水的说法，光洁舒适就是有生气，反之，就是死气。要想让店铺有好的风水，在布置店铺的时候，应当摆放好厅堂和仓库里的货物、用具，使房屋通风顺畅，保持室内光洁舒适。阴暗和潮湿被看作一种煞气，对店铺的经营和管理很不利，在装修时务必要予以解决。

1.风水宜忌

(1)宜光洁舒适

按风水的说法，光洁舒适就是有生气，反之就是死气。店铺的光洁舒适感，主要来自于两个方面。

来自地面。可以说，对地面的感觉是顾客踏入店铺后得到的第一感觉。要使店铺地面光洁，首要的是选择表面光洁、方正、质量好的地板砖，以便做到铺设整齐，并且要经常擦洗。

按风水的说法，对地面的装饰，就

是对生气的凝聚。地面生气的强弱，除取决于地板砖表面的光滑明亮外，还讲求地板砖的颜色。颜色在风水上具有重要的意义，一般而言，红色代表富贵吉祥，绿色代表长寿，黄色代表权力，蓝色代表赐福，白色代表纯洁。颜色的这些象征意义也反映了普通大众对颜色的喜好，因此可以将之作为选择地板颜色时的参考。另外，要使店铺的地面光洁，还要经常清洁地面，使之不留任何污迹、纸屑和瓜果皮，永远保持光洁照人。

来自墙面。要做到店铺墙面的光洁舒适，首先就要对墙面进行修饰。墙面的装饰材料有很多，石灰、涂料、墙纸（最佳为清淡之色）、墙砖等都是常用的装饰材料。不论是用哪一种材料装饰，都一定要保证墙面颜色的明亮，因为明亮的颜色会给人带来光洁、舒适的感觉。

店铺的厅堂总免不了要牵线挂灯。为了保证墙面的整洁，要求在铺设灯线时，走线要整齐，避免灯线乱窜。当然，能把灯线布于墙体之内是最好不过的。同时，还要注意在日常工作中不得乱涂乱画，或者是贴一些不规整的标语和广告，这些会使人感到不舒服。

只有拥有一个光洁、舒适的经营环

境，才可能赢得顾客，带来良好的经营效益。

(2)宜通风顺畅

风水讲求房屋的纳气，讲求房屋内部气的流动。店铺是一个人员密集的区域，是商品堆积的区域，所以也需要纳入新鲜的空气，需要有流动的气体。气体流动可以驱走浊气，带来新气。

风水的"纳气"与"气的流动"，在一定的意义上都可以理解为通风透气。店铺的通风透气，对商品的保管和交易都是有好处的，这也是店铺装饰时要考虑的重要因素之一。

要使店铺纳气，即让大自然的新鲜空气进入店内，在装修时就要注意留有空气的入口和出口。一般来说，店铺都有一个敞开的大门，空气的进入不成问题。以下几种情况，可不必另辟空气出口：

①两面开门的气流走动，不用另辟空气出口。

②三面开门的气流走动，不用另辟空气出口。

③如果店铺是开一面墙，而且为扁平形状，气体的进出就很流畅，也不用

另辟出口。

④平扁状单开门的气流走动，不用另辟空气出口。但是，如果单开一门的店铺呈长方形，而且除门以外，也没有另外的窗户，就要在与门对应的另一方开一个出口。因为，此时的空气流动只在房屋的前一部分，后一部分的空气仍静止不动。风水认为，这静止不动的气就是死气。在与门对应的方位开一个空气通道，就可以让死气变活，形成前后气的对流。

要使店铺做到通风透气，还要注意店铺厅堂内用具的摆设。摆设整齐的用具，使气在流动时不受阻碍，气流比较活跃。反之，零乱摆放的用具或高低，或混乱拥挤，或掺杂叠放，都会扰乱厅堂内的气流，造成一部分淤积不动的死气。为了避免死气的产生，因此对用具的高矮搭配、摆置的方向、位置都要讲求整齐，尽量少采用阻碍气体流动的横式摆放。

存放货物的房间也要留有空道，便于气的流动和货物的检验提存。按照风水的说法，留有空道地堆放物品，会使四周都有生气聚集。

风水阳宅的纳气之说要求调整气流，使室内空气流通，并达到阴阳平衡。同

样也可以利用它来指导改良店铺内的空气，用来规整用具与商品的摆设，从而形成一个良好的经营空间。

(3)忌阴暗与潮湿

阴暗和潮湿是不利于人类生活的两种环境。在风水中，阴暗和潮湿被看作是一种煞气，对店铺的经营和管理不利，要尽力加以避免。

店铺在装修时要解决阴暗的问题。应根据空间面积的大小、设计安装灯的盏数和位置加以注意，店铺的灯光效果要达到以下四点：

①光线充足，使顾客在十米之内能清楚地看到物品。

②光线分布要均匀，不能左明右暗，或者是东明西暗。

③装置的灯所发出的光与色要和谐，避免出现眩光。

④要避免灯光同一些具有反光性质的装饰品产生反射光线。风水认为，这种刺眼的折射光线是一种凶光。

在考虑解决店铺的潮湿问题时，有三个方面的问题要检查：

①检查店铺的通风透气是否良好。店铺在通风不好时，停滞在店铺内的静气就会变成湿气，湿气的凝聚会形成为水珠，成为潮湿的水源。

②检查店铺的地面是否干净整齐。如果店铺的地面凹凸不平，就会藏污纳垢，这些污垢不清除，也会产生湿气，成为水汽的又一来源。

③在春夏之季，应检查店铺的地面是否有回潮现象。这种季节产生的回潮现象，虽然持续的时间不长，但湿气最重，因而对商品的损害也就最大。

要解决店铺潮湿的问题，除想方设法使店铺的通风透气保持良好外，还可采用或加窗，或增加排气孔，或清除店中的多余杂物，或使物品与用具摆放整齐等方法。只有使店内的气流通畅，才能带走湿气。另外，还应设法保持店铺地面平整光洁，经常清扫地面，使其保持干爽、清洁的状态。

避免店铺阴暗或潮湿，保持店铺明亮清爽，也是为了造就一个良好的经营环境，从而使店铺获得良好的经营效果。

2.其他注意事项

店铺内的装饰和设计还要注意以下几个问题：

①总服务台应设置在显眼处，以便

顾客咨询。

②店铺内布置要体现出一种独特的与商品相适应的气氛。

③店铺中应尽量设置休息之处，备好坐椅。

④充分利用各种色彩。墙壁、天花板、灯、陈列商品组成了商场的内部环境，不同的色彩对人的心理刺激不一样：以紫色为基调的布置显得华丽、高贵，以黄色为基调的布置显得柔和，以蓝色为基调的布置显得不可捉摸，以深色为基调的布置显得大方、整洁，以白色为基调的布置显得毫无生气，以红色为基调的布置显得热烈。色彩运用不是单一的，而是综合的。不同时期、不同季节和节假日的色彩运用应是不一样的。不同的人对色彩的反应也不一样，儿童对红、橘黄、蓝绿反应强烈，年轻女性对流行色的反应敏锐。色彩使用得当，可以把商品衬托得更完美，甚至可以掩盖商品的缺陷。

⑤最好在光线较暗处设置一面镜子。这样做的好处在于：镜子可以反射灯光，使商品更鲜亮、更醒目、更具有光泽。对此，有的店铺使用反射灯光，有的店铺使用整面墙作镜子，除了可以凸显商品的特色，还可以给人一种空间扩大了的假象。

小贴士 Tips

鱼缸的化煞功效

任何娱乐空间都不可能十全十美，总会有些外煞的存在，用鱼缸化煞是一个最巧妙合理的办法。风水学中有拨水入零堂的说法，所谓"零堂"是指失运的衰位，其意是指把水引入失运的方位，可以转祸为祥、逢凶化吉。因此水体宜在凶位，而不宜在吉方。我们所说的吉方及凶方是根据场所的坐向而推定的。比如说，坐东、坐南、坐北及坐东南的空间，其吉方位为东方、东南方、北方及南方，把水体摆放在此凶方可收化煞之效，增加灵气，倍添商机。

四、商业旺财之法

带动人气，招进财气，是一个店铺生意兴隆的重要因素。如何使自己的店铺人气更旺、财源广进呢？这里将简单介绍几种风水学认为旺财之法，为您营造更好的商业风水提供实战参考。

1. "三流"旺财法

这里的"三流"是指水流、车流、人流。风水讲求阴阳，水流属阳、属柔、属虚，而店铺属阴、属实、属刚，以店铺迎取来水，便是旺财铺。

水流为流动之气，车流、人流亦属于流动之气。选择店铺，最好是选择水流停聚、车流停留之处，如停车场、地铁站、火车站、码头等，人流则需看其来去。

店铺的风水必须收得水流、车流、人流，方能旺财。没有三流，生意则难以开展。但若一个地方已经是车水马龙，那这个地方的租金也会十分昂贵，未必每个经商的人都能够负担得起。其实，除了那些非常繁忙的地段外，也可以选

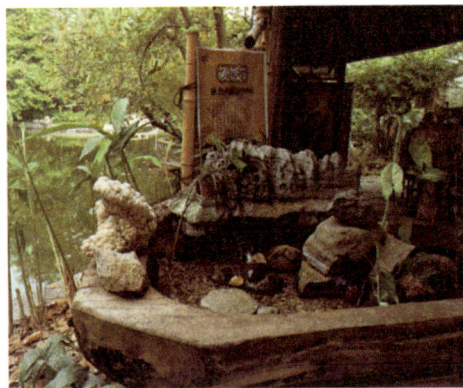

2. 财位催财法

所谓"财位"，风水学有很多不同的说法：有人认为财位在大门的斜角位，有人认为财位在房内的三白位，即一白、六白、八白三个飞星位。

"财位"对事业的发展有锦上添花的效果，也是人们最关心的风水基准，所以大多数人很讲究财位上的物品效应。一般而言，财位是在进门的左前方对角线上，此处必须很少走动，不能作为通道，否则影响财运。

如果右前方的财位刚好是一个门，就要换成左前方的财位。有些房子因格局或设计关系而找不到财位，或是刚好在财位的位置上有大柱子，都属风水不佳。理想的做法是运用走道的隔间造出一个财位。

(1)财位三宜

财位宜亮。财位宜明亮，不宜昏暗。最好有阳光或灯光照射，明亮则生气勃勃，对生旺位也大有帮助。

财位宜生。所谓"生"，是指生机茂盛，故应该在财位上摆放植物，尤其是以叶大或叶厚的黄金葛、橡胶树及巴西铁树等最为适宜。但要留意，这些植物

应用泥土种植，若以水来培养则不宜。财位不宜种植有刺的仙人掌类植物，否则便会有反作用。

财位宜吉。财位是旺气凝聚的地方，若在那里摆放一些寓意吉祥的物件，如福、禄、寿三星或是文武财神的塑像，有锦上添花的作用。

(2)财位六忌

财位忌压。从风水学来说，财位受压是绝对不适宜的。倘若将沉重的大柜、书柜或组合柜等压在其上，便会影响店铺的财运。

财位忌水。有些人喜欢把鱼缸摆放在财位，其实不适宜。因为这样无异于是把财神推落水缸，变成了"见财化水"，财位忌水，故此不宜在那里摆放用水培养的植物。

财位忌空。财位背后宜有坚固的墙，象征有靠山可倚，保证无后顾之忧，这样才能藏风聚气。反过来说，倘若财位背后空透(如背后是透明的玻璃窗)，这样非但难以积聚财富，还会泄气，于风水不利。

财位忌冲。风水学最忌尖角冲射，

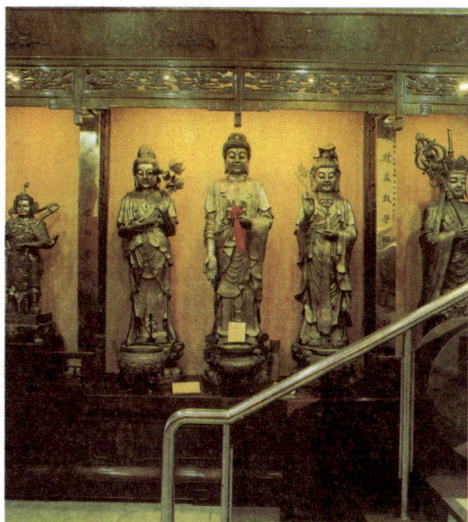

财位附近不宜有尖角，以免影响财运。一般来说，尖角愈接近财位，它的冲射力量便愈大。所以在财位附近应该尽量避免摆放有尖角的家具杂物。其实，无论是为了风水还是为了顾客安全，都应该尽可能地采用圆角家具。

财位忌污。倘若厕所刚好位于财位内，便不能使财位发生效用，于风水不利。此外，财位堆放太多杂物也绝非所宜。因为这会污损财位，令财运大打折扣。

财位忌暗。倘若财位缺少阳光，那便应该多安装电灯，借此来增加亮度，对旺财会大有益处。安装在财位的灯，一般来说，数目应以1、3、4或9为宜。

另外，财位上不可放置会发热的电器，如电视、电扇、电炉、瓦斯炉、电源线等；不可放人造花和干燥花；天花板上不可漏水；墙壁或地板油漆不可脱落或瓷砖斑驳。

3.开业吉利日期

中国人关于吉祥文化的内容十分广泛，不仅将动物、植物、颜色、方向、房屋造型等赋予吉祥的说法，就连数字也有特殊的讲究。

在风水中，数字被认为是含有特殊意义的。2、5、6、8、9、10是吉利的数字。"2"意味着容易，"5"意味着五行的谐调，"6"代表财富，"8"意味着致富，"9"是长寿之意，"10"是指美满。因此，

"289"其意义就是"容易长期致富"或者"生意长期繁荣"。"4"在风水中是不吉祥的数字，特别是在广东话中，"4"字的发音听起来像"死"字。如"744"就是一个被认为是不吉利的数字。

中国人喜欢数字中的偶数，认为这表示成双成对。然而，也有些人偏偏喜欢用"3"，如数字"7373"中就有两个"3"，被赋予 "肯定生存"的意义。其实，大部分数字赋予吉凶含义，如常见

的"8"被看成是汉字"发"，"9"被看成"久"，"6"被看成"路"和"又"。这几个数字的组合，因与人们的发财观念相契合而最受人们的欢迎。如"168"，汉语的谐音是"一路发"；"8888"，汉语的谐音是"发发发发"；"868"，汉语的谐音是"发又发"等。因此，这几个数字的汽车牌、电话号码、门牌号都被认为是吉利号码，能给人们带来好运。

人类社会和自然社会有其本身发展变化的规律，从来不会因为某种数字的关系而改变其进程。因而，人们之所以办事讲求吉利日期，只是一种信仰，是追求一种对求财欲望的慰藉。所以对于经商者来说，不必对此加以追求，更不值得花钱购得这种安慰，只有认认真真地把生意经营好，才能真正发财。当然，为店铺开张选择一个别具意义的日期，求个吉利，也未尝不可。

4.开业吉利时刻

对吉利时刻的选择，是人们对吉祥数字的又一种附会，认为选在某一吉利的时刻为落成的商场剪彩，或者为店铺的开张鸣炮，或者为大桥通车剪彩等，就能使生意兴隆、事业发达。

一般来说，新店铺开张的时刻大多选择在上午。因为在风水看来，上午空气新鲜，太阳从东方升起，对新店开张是一个极好的兆头。

在上午的吉利时刻中，常被选中的数字是"8"和"9"，也就是借喻所经营的店铺能"发"和"久"。如有的商家把新开的店铺的鸣炮和剪彩定在上午的8时8分8秒这一时刻，借喻店铺从此以后能"发发发"。有的生意人把新店开张时刻定在上午9时9分9秒，借喻商场从此时开门，就能生意长久，长盛不衰。也有的经商者将新店铺开张迎客的时刻定在上午的11时8分，借喻店铺此后能"日日发财"。

人们对吉祥数字的追求，特别是商人对吉利日期和吉利时刻的追求，来自于市场的激烈竞争。虽然，商人不辞辛苦已有所成就，但仍感以后的商道上风云莫测，于是就想借助于信仰支撑，借助于神灵的保佑，以求得心理的平衡、信心上的鼓舞。

第五章
商业色彩与照明风水

　　色彩会影响一个人的情绪，同样，色彩也可以影响商机财源。照明是营造商业气氛的关键，对提升商业品牌有不可或缺的作用。本章主要介绍的是色彩、照明对商业风水的影响，以及在商业空间中的运用。

一、色彩的五行属性与商业风水

颜色的调配很有讲究，只有对人体生理机能很有研究者，才可以使用颜色来布置。否则，只会增加困扰，浪费金钱。在实际生活中，除了红、黄、蓝三原色外，还包括很多其他的色彩。根据五行所代表的物质来选用相生、相克的颜色，在风水学理论上是有充分依据的。

室内装修使用的色彩亦会影响店铺的风水。中国人向来视红色为最吉利的颜色，红色表示温暖、愉快、吉祥、力量；黄色是光明、高贵、权威、长寿的象征，故宫中的服饰及宫殿装修的主色调都使用金黄色和朱红色，以表示高贵与权威。橘黄色代表神圣，僧侣传统上都穿橘黄色的袈裟，以代表佛教的至高无上；绿色代表生命、春天、宁静与清新，室内配以绿色地毯和盆景，会使人心平气和等等。所以，在设置店铺色彩时，不仅要考虑经营空间的性质，还要按照人们的生活习惯、民俗、信仰、忌讳来考虑配色。

风水学讲究阴阳五行，所以在室内色彩使用上，要与空间的功能性质相合而不冲犯。木、金、火、水、土五行分别与青、白、红、黑、黄相对应，相合则相生，相悖则相克。如餐馆，主售食品，食品属于土，主色宜用黄，同时食品用火加水烹调，用金（炊具）操作，所以也可用红、奶黄等多种颜色配合；而时装店的主色则可用浅绿、奶白，并补充雅红、雅蓝。

简言之，店铺色彩必须按使用功能的要求来选择，并与使用环境的风水要求相适合。重点要注意以下几点：

①店铺色彩要有整体效果。

②要考虑室内色彩与室内构造、样式风格的协调。

③要考虑色彩与照明的关系，因为光源大小和照明方式会给色彩带来变化。

④尊重和注意使用者的性格、爱好与喜忌，并考虑使用者的心理适应能力。

⑤选用装饰材料时注意了解其色彩特性。

二、色彩的五行属性与对应行业

众所周知，世界上的万事万物，绝大部分是看得见摸得着的，而能看见的事物都具有各种各样的颜色。把颜色用五行来归类，知道了色彩的五行属性之后，即可以应用到人们所从事的行业与风水的调整规划中去。

风水学总体上可分为形法和理法两大部分。形法是从视觉的层面来分析，把握所处空间的形态、结构、规模、尺度以及它们之间的对应关系；理法则是从非视觉层面即场学、信息学的角度来分析把握所处空间的宇宙场、人体场、环境场三者之间的对应关系。

众所周知，世界上的万事万物，绝大部分是看得见摸得着的，而能看见的事物都具有各种各样的颜色。把颜色用

五行来归类：木属性的颜色为青色、绿色，火属性的颜色为红色、紫色，土属性的颜色为黄色、棕色、咖啡色，金属性的颜色为白色、金色，水属性的颜色为黑色、蓝色。

知道了色彩的五行属性之后，即可以应用到人们所从事的行业与风水的调整规划中去。

◎木：青色、绿色

印刷出版业、一切与文化教育有关的事业、制材业、制纸业、种植业、司法、政治界、文具店、书店、纺织业、宗教用品、医疗界、药物、公务员、教师、乐师、护士、文眉师、社工、木工、保姆、证券商等。

◎金：白色、金色

钢铁工业、铝业、汽车业、珠宝业、精密工业、交通业、金融界、科学界、开发部门、锁店、刀剑制作、太空研究、武术馆、五金行、电镀业、交通警察、外科医生、法官、导演、骑师、主持人、编辑、相声演员等。

◎土：黄色、棕色、咖啡色

陶瓷业、建筑业、银行业、保险业、水泥工业、石材工艺、信托公司、房地产及买卖、墓园、托儿所、杂货店、休闲游乐区、作家、介绍人、律师、顾问、设计人员、秘书、税务人员等。

◎火：红色、紫色

餐饮业、陶瓷业、照相光学业、砖瓦业、灯饰业、唱片业、电器业、化学工业、美容美发业、玩具店、KTV、养鸟、机械加工、手工艺品、油类、酒类、律师、检察官、经纪人、演艺人员、眼科医生、摄影师、书法家、画家、运动员、军人、鉴定师等。

◎水：黑色、蓝色

冷冻业、渔业、音响业、服务业、玩具业、海产业、消防业、旅游业、航运业、盐业、饮料业、造船界、酒吧、洗衣店、超级市场、清洁公司、气象观测、侦探、冰品、卫浴设备、腌渍食品、女性用品、记者、导游、魔术师、司机、潜水人员、劳工、学者、心理医师等。

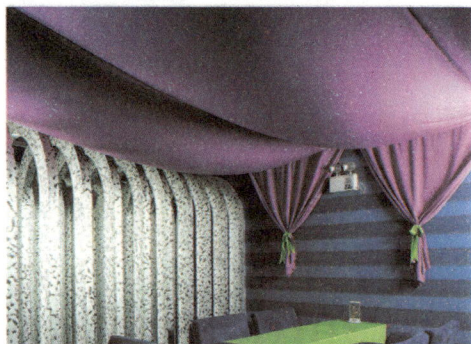

三、色彩对商机的影响

色彩会使人产生各种不同的心理反应，如兴奋、放松、愤怒等等，在这方面心理学家已有科学的研究结果。色彩对人的日常生活有较大的影响，因此，在店铺或办公场所规划设计时，不要忽略对色彩的选择。

色彩会影响一个人的心理情绪，在这方面心理学家已有科学的研究结果。色彩对人的日常生活有很大的影响，它会使人感到兴奋、放松、愤怒、疲倦

一般而言，红色具有强烈、活跃的特性；绿色有令人宁静舒适的感觉；黄色有使人觉得友善、快乐和理智、稳重的倾向；黑色对某些人来说令人沮丧不安，但也有人认为黑色是美妙的，有令人高深莫测的感觉；白色是较中性的颜色，使人感到纯净可爱；粉色常有令人丧失理智的感觉等等。

色彩会使人产生各种不同的心理反应，所以在店铺或办公场所规划设计时，不要忽略对色彩的选择。

至于应该如何选择颜色，调配色彩，大部分都是取决于个人喜好。每个人对色彩的喜好，与其先天潜在属性有关，有些人可能并不是真正地清楚，有些人因为习惯或追求时髦而误以为自己喜欢某种色彩。如果细心观察研究，从个人对色彩的喜好分析，可以了解一个人的个性、嗜好和心理状态，以作为生意上知己知彼的重要参考，有助于商务谈判或商务拓展。

根据传统的五行学说，五行配有五

色属性，五行既然包含了时间和方位，同样，时间和方位也有五色属性。在季节上，春木为绿色，夏火为红色，秋金为白色，冬水为黑色，四隅土为黄色。在方位上，东方属木为绿色，南方属火为红色，西方属金为白色，北方属水为黑色，中央属土为黄色。

至于店铺有宅局五行，要选择生旺的颜色来调配才是有利，如果克泄便是不利。也就是说，选择的色彩要能对个人的精神产生舒适、加强、调和、疏导或刺激的最佳状态。以下为各宅局的有利色彩：

乾宅（坐西北朝东南）	宜以白色系或黄色系为主调
兑宅（坐西朝东）	宜以白色系或黄色（浅）系为主调
离宅（坐南朝北）	宜以淡红色系和黄色系为主调
震宅（坐东南朝西）	宜以浅蓝色系或绿色系为主调
巽宅（坐东南朝西北）	宜以绿色系或夹有黑色系为主调
坎宅（坐北朝南）	宜以白色系或浅蓝色系、浅绿色系为主调
艮宅（坐东北朝西南）	宜以浅红色系或黄色系为主调
坤宅（坐西南朝东北）	宜以红色系或黄色系为主调

由于各种行业的性质不同，所以必须针对其特征来选择适当的色彩，例如：需要汇聚人潮、热闹的场所，便需要选择较兴奋性的颜色，这样可以帮助提振场内气氛，刺激消费欲望。根据色彩学的研究，男性较偏爱暖性色彩，女性偏爱冷性色彩，年轻人喜好暖色系，老年人偏重冷色系。暖色令人产生激励奋发的感觉，冷色会有冷静消极的感觉。商铺应根据自己的目标客户群来选择色彩。

四、商业照明的形式

商业照明通常包括立体照明、广告照明、一般照明、重点照明和其他特殊用途照明。对于商铺中不同用途和位置的照明，应采用不同的照明方式、照明灯具和照明亮度。

1.立面照明

各个商业建筑都有它的普遍商业性和各自的特征。对于各个商店的立面照明来说，除了如何将它的特征展现得更有艺术性之外，还应该有意识地将临街的立面和门厅照明设置得更明亮，令路人对商店有深刻的印象。此外，还需有渲染商店形象的广告照明，除了使人看到商店的外形美之外，更重要的是联想到商店环境的舒适、商品的丰富、接待的周到，这样才能起到招徕顾客的目的。

2.广告照明

上述的商店立面照明是商店最有效的广告，但各个商店还有其名称和标志。对于名称和标志的照明，常采用下列方式：

多用霓虹灯将名称或标志逐笔逐画圈起来。在这里选用霓虹灯、长明灯或多种颜色轮换闪烁，或卷地毯式闪烁，让人们在很远处就能看见。

商店的名称或标志是实体的艺术雕塑。依其形状布灯，让灯光将名称或标志凸显起来，多用霓虹灯。

3.一般照明

选用高光效的光源，如节能灯、荧光灯。

选用高效率的灯具，如高效荧光灯具或其他高效灯具。

光源的光色既要与商场空间协调，又能将商品质感最确切、最真实地展示

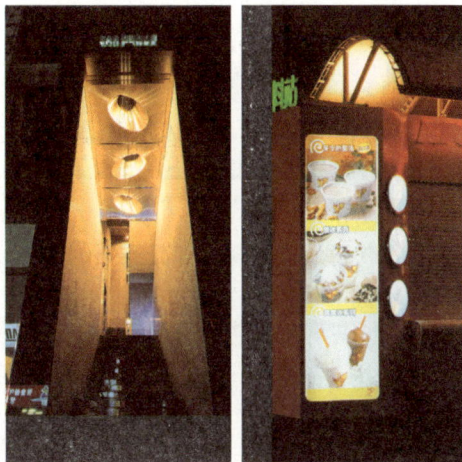

给顾客。此外，还要围绕商品周围的光环境（如装修材料及其色泽等）和商品内容确定。

根据商场所在地区的经济、电力供应和环境确定合适照度。为了使顾客对一些商品注目，可以使重点照明的照度增加几倍。照度高低必须慎重分析，要适合店铺的条件。

应合理设计垂直照度。一般选用宽光束或蝙蝠型配光曲线的灯具。

一般照明的照度，主要是均匀度，以适应商品陈列方式和陈列场所的变动。若货架为长条式排列，则采用高效荧光灯具，灯具应沿两货架中间布置，避免主光束投射到货架顶上。

4.重点照明

重点照明是为了把主要商品或主要场所照得更亮，以突出商品，激发顾客的购买欲望。照度应随商品的种类、形状、大小、展出方式而定，同时必须和店铺内一般照明相平衡。在选择光源以及照明方式时，不能忽视商品的立体感、光泽及色彩等。

重点照明的要点是：

①重点照度是一般照度的3～5倍，具体随商品种类的特征而定。如金银首饰、工艺品取上限；一般大件、色泽一般、立体感不必加以突出的取下限，如床上用品等。

②以高强光束突出商品表面的光泽，如饰物、工艺品、金银首饰等，多用石英灯。

③以强烈的定向光束突出商品的立体感和质感，货柜（架）上的多用节能灯、石英灯，个别也用金卤灯。

④利用光色突出特定部位或特有色泽的商品，如超市中的肉食和鲜果用偏红色的光线照射，会显得更鲜美。而服装，特别是儿童、青少年及女性服装，用相同光色照射，会增强其色泽和鲜艳感。

⑤店铺某些主要场所需要造成某种特定气氛，或用灯具本身、或灯具排列和内部装修协调地组合，使这些

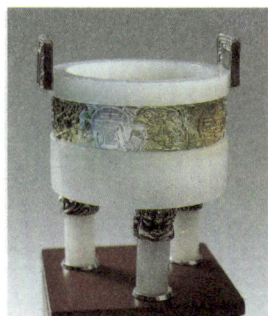

场所产生富有生气而又热烈的理想光线，对商品产生良好的照明效果，造成室内某种气氛。

5.特定用途照明

(1)疏散照明

除专用疏散通道、疏散楼梯等设专用疏散照明外，一般店铺疏散照明兼作一般照明或兼作警卫照明，照度按国家规范为0.5LX，但更高一些（如2LX）更为合适。原因之一是人员高度密集；原因之二是顾客对店铺内疏散路线完全不熟悉；原因之三是万一有灾祸发生，这里会比其余场所更易发生商品、展品掉下等危险。

(2)疏散指示标志照明

疏散指示标志灯和出口标志灯：人站在店铺的任何位置，至少能看到（除柱遮挡外）一个。

灯具宜沿疏散路线或出口处高位布置，一般定为2～2.5米，以避免高货架的遮挡。

(3)安全照明

在收款处、贵重商品处和必要部位应设带蓄电池的应急灯。当主要照明熄灭后，能在0.5秒之内亮起来。

(4)警卫照明

营业场所清场后，为确保安全，应设警卫照明。警卫照明多兼用于疏散照明。

下表是店铺内具体位置的照明及其作用：

收银台照明	满足操作要求
展示橱窗照明	打动顾客，使用白色强光或彩光，通过均匀、饱和的照明吸引过路者
展示柜照明	照亮玻璃柜内或敞开货柜和货架上的商品
周边照明	帮助限定商品销售空间，并提供沿墙展示必要的竖向照明，使空间整体上感觉更大。目的是将顾客从主要通道吸引到销售区
天花板照明	拓展了空间，提升了天花高度，并通过长长的、没有阴影的、没有中断的光形成的线条，创造开敞感和空间感
试衣间照明	应清楚展示商品的形式和纹理，使商品颜色真实自然
配套空间照明	标准
指示照明	方便顾客的购物流动

五、不同商业空间的照明设计

不同商业空间的照明设计各有特点，但必须遵循如下两点：首先，商品的可见度和吸引力是十分重要的。对特定物体进行照明，可以提升它们的形象，使之成为注意力的焦点。其次，为了吸引顾客，商店必须创造一个舒适的光环境。优质的照明能够激发情绪和感觉，进而提升商店的品牌。

1.大堂、门厅的照明设计

①光源应以主体装饰照明（装饰灯具、与装修结合的建筑照明）与一般功能照明结合设计，应满足功能的需要并要体现装饰性。

②总体照明要明亮，照度要均匀。光源以白炽灯、低压卤钨灯为主。照明方式应采用不显眼的下射式照明灯具（如筒灯、射灯等）。

③应设置调光装备，或采用分路控制方式控制室内照明，以适应照明的变化（如白天与夜晚室内照度不同）。

④可设置壁灯、地灯和台灯等照明，以改善顶部照明的不足，同时也可以丰富空间层次。

⑤服务台的照明要亮一些，在厅堂中要醒目，所以局部照度要高于其他地方。

⑥为了避免眩光，服务台的照明方式应以让顾客看不到光源为宜。

⑦楼梯的照明要以暗藏式为主，以避免眩光，但又要有足够的照度。可把光源设置在扶手下、台阶下或墙角处，对楼梯直接照明。

⑧走廊的照明要亮些，照度应在75~150LX之间。

⑨走廊的灯具排列要均匀，以嵌入式安装为宜。光源应采用白炽灯。如果层高较大，可采用壁灯进行照明。

⑩大堂内休息区域的照明不要太突出，并应避免眩光。光源可设置在台面上（如台灯）或用地灯。

⑪标志的照明不应突出，以只照亮标志为目的，可选用射灯，灯箱等。

⑫大堂、门厅的照明，宜在总服务台或总控制室进行集中控制。主要楼层、楼梯、出入口、交通要道等，都要设置应急照明灯。

2.旅馆内的照明设计

①旅馆应少设吸顶灯、吊灯，按功能要求设置多种不同用途的灯，如床头灯、落地灯、台灯、壁灯、夜间灯等。光源以采用白炽灯为主。

②床头的照明灯具要在就寝和看书时没有眩光和手影，而且要在伸手范围内能开关。床头的照明灯具宜采用调光方式。旅馆的通道上宜设有备用照明。

③旅馆照明应防止不舒适的眩光和光幕反射。写字台上的灯具亮度不应大

于510cd/m2，也不宜低于170cd/m2。

④旅馆穿衣镜和卫生间内化妆镜的照明，其灯具应安装在视野立体角60°以外，灯具亮度不宜大于2100cd/m2。卫生间照明的控制宜设在卫生间门外。

⑤旅馆的进门处宜设有切断除冰箱、通道灯以外的电源开关。

3.餐厅的照明设计

①餐厅环境中的照明设计要创造出一种良好的气氛，光源和灯具的选择性很广，但要与室内环境的风格协调统一。首先，为使饭菜和饮料的颜色逼真，选用的光源显色性要好；其次，在创造舒适的餐厅气氛中，白炽灯的使用要多于荧光灯；另外，桌上部、凹龛和座位四周的局部照明，应有助于创造出亲切的气氛，因此在餐厅设置调光器是必要的。餐厅内的前景照明可在100LX左右，桌上照明要在300～750LX之间。

②一般情况下，低照度时易用低色温的光源。随着照度变高，就有趋向于白色光的倾向。对照度水平高的照明设备，若用低色温光源，就会感到闷热；对照度低的环境，若用高色温的光源，会有阴沉的气氛。为了很好地看出饭菜和饮料的颜色，应选用定色指数高的光源。

③风味餐厅是为顾客提供具有地方特色菜肴的餐厅，相应的室内环境也应具有地方特色。在照明设计上可采用以下几种方法：采用具有民族特色的灯具；利用当地材料进行灯具设计；利用当地特殊的照明方法；照明与建筑装饰相结合，以突出室内的特色装饰。

④特色餐厅、情调餐厅等，室内环境不受菜肴特点所限。环境设计应考虑给人以幽雅的感觉和气氛。为达到这种目的，照明可采用各种有特色的形式。

⑤快餐厅的照明可以多种多样，建筑化照明的各种照明灯具、装饰照明及广告照明等都可运用。但在设计时要考虑与环境及顾客心理相协调。一般快餐厅照明应采用简练而现代化的形式。

4.多功能厅、娱乐场所的照明设计

①多功能厅为宴会和其他功能使用的大型可变化空间，所以在照明选择上应采用二方或四方连续的、具有装饰性的照明方式。装饰风格要与室内整体风格协调。同时采用调光装置，以满足不同功能和使用上的需要。灯光控制应在厅内和灯光控制室两地操作。

②多功能厅内应设置足够的插座。

③酒吧、咖啡厅、茶室等照明设计宜采用低照度，并可调光，桌上可设烛台、台灯等局部低照度照明。但入口及收款台处的照度要高，以满足功能上的需要。

④室内艺术装饰品的照度选择可根据下述原则：当装饰材料的反射系数大于80%时为300LX；当反射系数在50%～80%时为300～750LX。

⑤屋顶旋转厅的照度，在观景时不宜低于0.5LX。

第六章

商业风水宜忌

　　现代城市里，各色各样的商铺林立，在带来商业繁荣的同时，也产生了一些风水问题。商铺最好是设在繁华之地，人愈多的地方财气愈旺，但也不是每种行业都非要在黄金地段开店不可，营业地点应与经营项目、客源等诸多因素挂勾。每个行业都有其不同的特点和经营手法，所以风水的布置也就不能一概而论。理想的商铺风水能像磁铁般把消费者吸引过来，甚至还能逐渐带动周边的发展。不吉的商铺布置投资再大也难以获得回报，甚至还会给经营者的身心带来负面影响。

一、商业风水之宜 ☯

前面我们已经介绍了各种与商业场所相关的风水知识，比如选择店址时要注意的问题，内外部装修时的讲究等等。在此，我们需要系统地总结一下商业场所的风水之宜，看看有哪些事情对娱乐场所的经营是有益处的。

宜 商铺宜开在商业中心区

商业风水

精明的生意人能够借用天地之利，以达到财源茂盛的目的。有些娱乐场能让人感觉到神清气爽，如沐春风；而有的则给人以压抑沉闷，坐立不安的感觉。究其原因，"形格"的影响非常重要。场所周围的环境选定后，其次就是看它的"形格"，再其次才是它的内部设计等等因素。观察娱乐场外观造型与所处的区域的自然景致是否相协调，最简便的办法就是早晚从不同的角度来观察其外观是否美观，并且符合风水之格局。一般来说四方宽敞、光线明亮、布局协调的格局才是上乘之选。

宜 商铺宜开在有发展空间的市郊

商业风水

城市郊区地段的人口并不多，以前往往被认为是不太理想的开店之所，根据我国的国情，城市的市郊地段具有相当的可变性。由于城市的迅速发展，市郊地段的商业价值正在逐年上升。同时随着城市建设的发展，市区中心的污染也越来越严重。相对而言，市郊的环境破坏没那么严重，更适宜人的居住。随着大量人群的居住，这里将会变成繁华的社区中心。这一地段的特征是，门面租金便宜，经营项目可选择提供生活、休息、娱乐和维修车辆的服务。眼光远大的投资者如能把握机会，提前一步在市郊开创事业，日后财源必定滚滚而来。当然，并不是所有的市郊都适合开店，应根据当地的发展方向和城市规划来具体选择。

宜 商铺宜邻近娱乐场

娱乐场所、旅游区附近的特点是周期性较强，高峰时人潮汹涌，低潮时甚至会无人问津。当然，如果是靠近居民区、商业区的话，则另当别论。因为是娱乐、旅游地区，顾客的消费需求主要在于吃喝玩乐、休闲娱乐，故开设餐饮、娱乐、生活用品方面的商铺生意会较好。

宜 商铺宜开在住宅小区

住宅小区附近的顾客一般就是附近的居民，购物对象平时以家庭主妇为主，节假日和下班时间则以上班族为主。这些地段的特征是，有关家庭生活的商品消费力强，尤其日常用品消费量较大，凡是能够给家庭生活提供服务的商铺，都能够获得较好的发展。

小贴士 Tips

日用品商铺的选址

日用品商铺一般将顾客群定位为居住在附近的家庭主妇。因此，店址的选择也受到主妇的行为模式和范围的影响。大多数的家庭主妇在购买过程中都不会舍近求远，这是因为各种日用品的购买频率并不相同，例如食品饮料的使用频率比较高。因此，其市场价格的差异程度不是很大。另外，一般的家庭主妇都具有定点购买的心理倾向，如牛奶、面包之类的日常商品，她在第一天决定从某一商店购买后，在今后的购买中就不会轻易改变。所以日用品店最好靠近生活区。

宜 商铺宜临车站、关口

火车站、地铁站、长途汽车站和关口附近是往来旅客集中的地区，也是适合开设商铺之地。这些地段的特征是，这里的顾客主要是南来北往乘车过关的旅客，与上班族和学生有很大的不同，他们选购的商品虽然非常广泛，但大多购买方便携带的商品居多。人群流动量大的地方，如深圳的罗湖口岸，这些地段的商业价值较高，尤其适宜发展餐饮、食品、生活用品等方面的商铺，如小吃店、副食品店、特产商品店、旅馆、电话亭、物品寄存处等。

宜 商铺橱窗宜有广告招贴

在现代商业活动中，橱窗既是一种重要的广告形式，也是商铺店面装饰的手段。一个构思新颖、主题鲜明、风格独特、手法脱俗、装饰美观、色调和谐的商店橱窗，与整个商店的建筑结构和内外环境构成一幅立体画面，能起到美化商店和市容的作用。从整体上来看，制作精美的室外装饰是美化销售场所和装饰商铺、吸引顾客的一种手段。商铺橱窗引人注目，天常日久后商铺自然美誉远扬，顾客也会越来越多。

宜 商铺设计宜有特色

对于一间商铺的形象是否适合，设计是否美观的问题，不但要以该商铺设立的时间、地区和顾客对象的喜好为依据，还要根据市场的需求和顾客的购买动机、消费习惯及与同行的比较等因素，要通过详细调查、研究来后再着手设计。总的来说，商场的设计装修要讲究个性、特色，这样才能突出卖点，更能招揽顾客。

Tips 小贴士

门面是给顾客的第一印象

顾客光顾的理由有很多表现为：可以商品定位、经营方式、商业管理、广告、包装……也可能是门面设计上的、装修布置上的。这些理由是顾客需要经过交易接触之后才会慢慢感受到的，但门面的设计却是任何人都可以一眼见到的。所以，顾客对商店的印象是由门面开始的。根据专业调查结果表明：经过专业设计的铺面，能引起顾客的购物冲动，使营业额增加18％～30％。如果门面有吸引力就有可能引起顾客观看或购买的冲动；如果门面令人印象深刻，顾客即使今天不买，当他有能力而又需要的时候，他首先想要光顾的也就是这一间商铺了。

宜 商铺收银台宜设在白虎位

风水上认为，商铺的收银台应设在白虎位（人站在室内往大门方向看去的右边就是白虎位），也就是在不动方，这样才能守住入库的钱财。收银台是钱财主要的进出之地，切不可设在流动性较大的龙边，否则不利财气。其实，这也

是为了符合人们靠右行走的习惯，从里面出来时一般习惯性靠右走，而这边正好是白虎位的付账处。收银台在不动方的地方如果正好是玻璃，则应该把这一面玻璃加以遮盖，也可安装窗帘或用装饰板将其遮掩。

宜 商铺的大门前宜开阔

居家风水一般讲究屋前要开阔，以接纳八方之气。商铺的门前开阔，则能广纳八方来客。商铺选址时要注意，大门前不能有任何的遮挡物，比如围墙、电线杆、广告牌和高大遮眼的树木。商铺门前开阔，不仅可以使视野广阔，也可以使商铺面向四方，让处在较远的顾客和行人都可看到。商铺门前有了顾客，就有了人气和生气。顾客愈多，生气愈旺，其结果就是生意愈来愈好。

宜 商铺的颜色宜明亮

按照风水上的说法，对地面的装饰就是凝聚生气。地面生气的强弱，除决定于地板砖表面的光滑明亮外，还注意地板砖的颜色。颜色对于风水来说，有象征性的意义。首先要保证墙面颜色的明亮，因为明亮的颜色才会给人带来光洁舒适的感觉。风水学认为，明亮就是生气，有了一个光洁舒适的经营环境，就能赢得顾客，更能赢得良好的经营效益。

宜 商铺宜选用吉祥字号

旧时人们采购物品时，大多选择商铺字号的吉利性，甚至会舍近求远，因此，许多商铺就因吉利的字眼而声名远扬，生意日渐兴隆。商铺的字号，除了要突出商铺特色，配合经营者阴阳命理之外，还宜给买卖双方带来兴旺发达、吉祥如意的好兆头。旧时民间商铺字号的用词用字，总在乾、盛、福、利、祥、丰、仁、泰、益、昌等吉利的字眼上选择，意为招财进宝，一本万利，大发鸿财。经营文物、古玩、书刊、典籍、文房用品、医药等业的商铺字号，则多取典雅的字眼。

宜 商铺名称宜依照笔画取名

商铺名称笔画的阴阳之说是选用汉字笔画的单与双，辅以阴阳属性，然后按照阴生阳的定律来选取商铺名的用字。具体做法是，笔画为单数的字为阴，笔画为双数的字为阳。如果选用作为店名的字是一阴一阳，则一个字的笔画为单数，另一个字的笔画为双数。如果这个字是按先单数后双数，即先阴后阳的顺序排列的店名，就是吉利的店名，属于吉利店名的排列还有阴一阴一阳或阴一阳一阳等。反之，不吉利店名的排列是阴一阳或阳一阴一阳。

宜 商业场所的楼梯口宜宽敞

有的商铺开设在二楼或二楼以上，需要通过楼梯才能到达。在设计商业场所时，上下的楼梯口不可狭窄、拥挤，否则容易产生压迫感，使顾客不愿意光顾。理想的楼梯应该宽广、明亮，不仅从视觉上看起来心里舒畅，而且还要兼顾安全。同时，楼梯也是财气进出的通道，楼梯口宽阔，也就意味着财路宽阔。

宜 商铺宜有圆形水池

商业风水

在传统风水学中，水代表"财"，"水"的安排恰当与否，和公司的财富有密切关系。圆形可以藏风聚气，所以商铺前若有喷泉或瀑布等水景，最好将水池设计成圆形，并要向商铺稍微倾斜内抱（圆方朝前）。从风水学的设计角度来讲，水池设计成圆满的形状，圆心微微突起，这样才能够藏风聚气，增加居住空间的清新感和舒适感。同时，圆形也不易有犄角旮旯隐藏污垢，便于日常清洁。

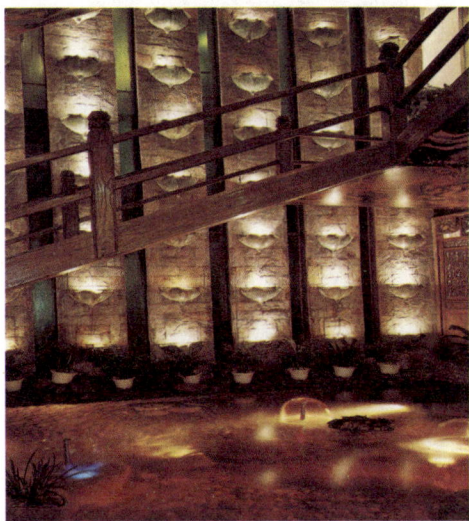

宜 天桥两端的出入口宜开商铺

商业风水

风水学认为道路即为水，天桥口也就是水口。葬书云："登山看水口，入穴看明堂"。一般来说商铺靠近天桥不吉，但是天桥口在当运之星位或在生气进气之位，便为吉论，商铺的生意也会逐渐增长，而且天桥来往的行人较多，人气较旺。

宜 商铺的地面宜平整防滑

商业风水

商铺地板应平坦，不宜有过多的阶梯，也不宜制造高低的分别。有些商铺采用高低层次分区的设计，使得地板的高低有明显的变化，而财运也会因地板的起伏而多有坎坷。还有的设计者会将商铺内的地板凹下去一阶，或将室内某部分的地板加高一阶，以使之看起来有变化，其实这是一种不好风水的表现。风水学认为，不平坦的地板会导致身败名裂。从实际运用的角度来分析，高低不平的地板也容易发生意外，不小心会一脚踩空而跌倒，对经营者和顾客都不利。

商业风水

宜 商铺内宜通风透气

风水上说房屋的纳气，也就是指房屋内部气的流动。商铺是一个人群密集的区域，是一个商品堆积的区域，所以更需要纳入新鲜的空气，也需要厅堂内气体反复的流动。气体流动可以驱走浊气，带来新气，也可以驱走湿气，带来干爽之气。风水中的"纳气"，在一定的意义上，可以理解为通风透气。商铺的通风透气，对商品的保管与交易都是很有好处的。使商铺通风透气，也是商铺装饰时所要考虑的重要原则之一。

宜 武财神宜面向商铺大门摆放

商铺中除了某些神像应该面向大门外，其余的则不需要墨守成规。举例来说，"关帝"以及"地主财神"应该朝向大门，其他则不必如此。"关帝"是武财神，龙眉凤眼，手执青龙偃月刀，不单威武非凡，而且正气凛然，故此一般商铺大多奉为镇店之神。若是正对大门便有看守门户的作用。"地主财神"的全名为"五方五土龙神，前后地主财神"。在传统社会里，"地主财神"供奉在商铺内，与供奉在大门外的"门口土地"，一内一外，作为商铺的守护神。

宜 商铺的店面宜宽敞明亮

宽敞、明亮的商铺的店门，按风水的说法就是宽敞的气口，利于纳气、招财。气的流入较快，商铺内充满生气和人气。狭小的店面，容易造成人流拥挤，令一些顾客见状止步，甚至还会因人流的拥挤而发生一些争论及扒窃事件，最终影响到商铺正常的营业秩序。

小贴士 Tips

风水池的吉凶

阳宅风水中屋前的池塘称为风水池，风水池的形状对住宅的吉凶有着至关重要的影响。池塘在屋前或屋后，其距离形状影响着住宅的吉凶。

风水池的形状不一，如有凹凸，或形为葫芦，或一大一小而又相连，不只主多病灾，且克男主人。判断风水池的吉凶须看风水池能否为住宅所用，若有益于住宅则吉。另外，来水要明，去水则宜暗，这是指钱财应取之明明白白，财源滚滚，又能聚财，是指去水要暗。住宅前面的风水池若为带状的称为玉带，指既能聚财又能升官，富贵双全也。风水池的设置非常讲究，不要为了气派或好看，乱建池塘。

宜 商铺内宜设镜子

镜子可以反射灯光，使商品更鲜亮、更醒目、更具有光泽。有的商铺会运用反射灯光，使得商品更鲜亮、更醒目、更具有光泽；有的商铺则用整面墙作镜子，除了上述的好处之外，还可给人一种空间增大了的假象。所以最好在商铺内光线较暗或微弱处设置一面镜子。镜子又分为凹镜、凸镜和平面镜。一般而论在屋内放平面镜有收聚财气的作用，而朝向窗外或屋外的平面镜则有反射煞气的作用。凸镜有分散的作用，可以将电灯柱、尖形物体、路冲、旗杆冲射、天斩煞、道路指示牌、烟囱这些煞气卸去，故属于"化解煞气"的风水用品。凹镜有更强的"收聚"的力量，当某些方位出现地气逸走或吉利物体远离住宅太远时，可利用凹镜来收聚。

宜 商铺的保险柜宜摆放在财位

商铺的财位放置落地式保险柜，是非常符合风水要求的做法。保险柜里面可放置贵重金饰、珠宝、存折等，但必须秉持"财不露白"的原则，不可买回保险柜就大大方方的往财位一放了事。可以做一些室内设计，将保险柜加以遮掩装饰，使人不知道里面是保险柜，外观应形似一般的橱柜为好。同时金柜口不宜朝向门口，否则容易导致财来财去；商铺保险柜的门也不宜向着顺水流，否则容易导致耗财连连。

宜 天花板高度宜与商铺面积相宜

商铺天花板的高度要根据其营业面积来决定，宽敞的商店应适当高一些，狭窄的商店则应低一些。一般而言，一个10～20平方米的商铺，天花的高度在2.7～3米左右，可以根据行业和环境的不同作适当调整。如果商铺的面积达到300平方米，那么天花板的高度应在3～3.3米左右；1000平方米左右的商店，天花高度应达到3.3～4米。天花太高，上部空间就太大，会使顾客无法感受到亲切的气氛；反之，天花过低，虽然可以给顾客亲切感，但却使店内的顾客带来压抑感。

小贴士 Tips

节节高升

节节高升最大直径约45厘米，精致摆件，经开光道教文化特殊处理。专业设计为"连升三级"，并且是"双福临门"，适合升职政府公务员使用。适合放置在书桌、办公桌、客厅等处。

宜 商铺宜近"三流"

三流指的是水流、车流、人流。风水上讲究阴阳，水流属阳、属柔、属虚，而商铺则属阴、属实、属刚。以商铺迎取来水，便是旺财铺。水流为流动之气，车流、人流亦属于流动之气。故选择商铺，最好选择水流停聚之处，如码头等；选择车流停留之处，如停车场、地铁站、火车站；人流则需看其大规模的来去走向。经商的风水必须收得水流、车流、人流方能旺财，没有三流，生意则难以开展。

宜 商铺的财位宜摆放吉祥物

商铺的财位是旺气凝聚的所在地，若在那里摆放一些寓意吉祥的招财物件，例如金橘盆栽、福禄寿三星或是文、武财神的塑像，则会吉上加吉，有锦上添花的作用。

宜 商铺的财位宜明亮

财位宜明亮，不宜昏暗。财位明亮的商铺会生机勃勃，因此财位如有阳光或灯光照射，对生旺财气大有帮助，如果财位昏暗，则有滞财运，需在此处安装长明灯来化解。安装在财位的灯，一般来说，数目应以1、3、4或9为宜，而光管亦以这些数目为宜。

宜 商铺的财位宜置植物

财位上宜摆放长势茂盛的植物，可令家中的财气持续旺盛，运势更佳。因此在财位摆放常绿植物，尤其是以叶大、叶厚或叶圆的黄金葛、橡胶树、金钱树及巴西铁树等最为适宜。但要留意的是，这些植物宜用泥土来种植，不宜以水来培养。财位不宜种植有刺的仙人掌类植物，因为此类植物是用来化煞的，如不明就里，则会弄巧成拙，反而造成伤害。而藤类植物由于形状过于曲折，也最好不要放在财位上。

小贴士 Tips

黄色可以招财

黄色是代表秋天收获的色调。我们原为农耕民族的后裔，一看见夕阳和一串串成熟的黄色稻穗，就会感到收获的预兆。虽然时代已经改变了，但因长久以来都是这样的生活，所以在记忆里会残留这种感受。关于财运的特性，还有一说，那就是财运会从西方接近目标。请将北方与西方的财运连接起来，在就寝时吸收其能量。财运就会像夜猫子般在暗夜中到处活动而进入你的体内。所以，最好将黄色的花卉、橘子和香蕉等水果或者纸巾盒子一类黄色物品放在西侧。

二、商业风水之忌

前面我们已经介绍了各种与商业场所相关的风水知识，比如选择店址时要注意的问题，内外部装修时的讲究等等。在此，我们需要系统地总结一下商业场所的风水之忌，看看有哪些事情对商业场所的经营是不利的。

忌 商铺忌处偏僻地段

商业风水

按照风水的说法，有人的地方就有生气，人愈多，气愈旺，而生气是生意兴隆不可或缺的条件。如若将商铺开设在偏僻地段，就等于回避顾客，没有人光顾商铺，商铺就会缺少生气。生气少就会阴气生，阴气过盛，则商铺的生意就会不景气。所以如果一个商铺的地段太过偏僻，阴气过盛，不仅经营会亏本，严重的还会损伤店主的元气，致使商铺关门停业。

忌 商铺忌临高速公路

商业风水

随着城市建设的发展，高速公路越来越多。由于快速通车的要求，高速公路边一般有固定的隔离设施，两边无法穿越，公路旁也较少有停车设施。因此，尽管公路旁有单边固定及流动的顾客群，也不宜作为商铺选址的区域。通常人们不会为了一项消费而在高速公路旁违章停车。另外，高速公路的路冲煞比较严重，对附近人的健康也会造成一些不利的风水影响。

忌 商铺忌临隧道出入口

商业风水

隧道口是向下凹去的地方，象征引水走的地方。风水上水为财，所以商铺门口向着隧道，代表不能聚财。商铺向着行人隧道的出入口，不能聚财；若向着汽车进出的隧道，则更加难以聚财。但是，隧道若是通往地铁站则不在此例，因为这种隧道有疏导聚水局之气，商铺接近之，也能受到此气的影响，所以商铺处在通往地铁隧道附近或接近之，则作吉论，经营者旺财。

忌 商铺忌开在坡路上

商业风水

正常情况下，商铺场所的地形应与道路的路面处在一个基本的水平面上，这样比较有利于顾客进出商铺。商铺设在坡路上是不可取的，因为这种格局难以招揽顾客。如果商店不得不设在坡路上的话，就必须考虑在商店与路面之间的适当位置设置入口，以方便顾客进出。商铺大门的路面与商铺的地面高低悬殊较大，也会妨碍顾客的进出而影响商铺的生意。

忌 商铺忌开在商业饱和地段

商业网点已经基本配齐的区域，称为商业饱和地段，这种地区开商铺投资较大，竞争激烈，不宜作为商铺的首选地址，发展前景不是很大。这是因为在缺少流动人口的情况下，有限的固定消费额并不会因为新开的商铺而增加。

忌 商铺忌前门、后门相对

一些大的商铺会在店面的前方和后方各开一扇门，以方便顾客的进出，吸引更多的顾客。这种格局似乎对生意有利，但从风水的角度而言，气流可以通过前门而直通后门。风水理论中最忌气流互通，"气流直通财气流空"，这种格局难以聚财。除了少数的情况之外，"两门相对"会令财气不聚，所以即使有必要开两扇门，也不宜出现两门相对的格局。

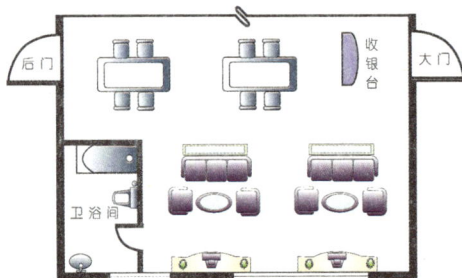

忌 商铺忌临反弓路

"反弓路"呈弯曲型，住宅之门正对此路，易犯"反弓煞"。"反弓煞"即住宅门前有弧状道路向外拱出，主住宅区的人易受血光之灾或破财。当商业大厦或商铺门前同时出现反弓路或怀抱路时，会出现财来财去的状况。一方面经营收入十分丰厚，但商铺中大数目的开支也会使经营者失去预算，正所谓"有钱赚而无钱剩"。如果遇到此种情况，可于门前设一块镜子来化解，具体还需咨询专业人士。

怀抱为吉

反弓为凶

小贴士 Tips

玉带环腰与反弓路的区别

商铺前若有半弧形的道路环绕而过，便是吉利的好路；既可增旺人丁财运，又可引致平安。风水上时常提到的玉带环腰，指的就是这种道路。所谓"宅前水路来环抱，事业顺利富贵好"。相反，如果半弧的内弯向外，而凸显的半圆对着商铺，效应正好与玉带环腰相反，此即为反弓；反弓无情，指的就是这种内弯向外的街道，会招致血光之灾或者破财。

忌 商铺方位忌坐南朝北

商业风水

商铺一般应该坐北朝南，如果商铺朝向北方，冬季来临时会不堪设想。不管是刮东北风，还是西北方，都会向着门户大开的商铺里钻。风水中也视寒气为煞气，寒气过重，对健康不利，进而会影响到经商活动。同时也会使店内物品的流动速度减慢，造成商品的销售量减少。

忌 商铺大门忌有"光煞"

商业风水

如果商铺大门是朝东西方向开的，那么，夏季火辣辣的阳光就会从早晨照射到傍晚，风水上将此视为光煞。光煞对于商铺的经营活动是相当不利的。煞气进入店内首先干扰到的就是店员，而店员在烈日的暴晒之下，会口干舌燥、眼冒金星、全身大汗，很难维持良好的工作情绪。商品在烈日的暴晒之下，也容易变脆发黄，严重的还会影响到商品的质量。另外商铺在烈日的炙烤之下热气逼人，自然难有人会登门拜访，更难说消费。

小贴士 Tips

光煞对商铺的不良风水影响

光煞的光波折射是一种动象，动象能影响吉凶。若光煞照射在商铺的吉方，则影响力不大；若光煞照射在商铺的凶方，则受光煞刺激便会兴风作浪。如果光煞照射在白虎位，"五黄""二黑"凶星之方，轻则使人破财败业，重则容易发生血光之灾，导致碰伤撞瘀，使身体健康受损，尤其是对店中的女性不利。

忌 商铺忌临"孤煞地"

商业风水

阴代表黑暗、深沉、消极的气氛和环境，如寺庙教堂、坟场都是所谓的"孤煞地"。阳代表旺盛、热闹、喧哗，所营造的环境包括戏院、餐厅、酒楼、闹市等。很明显，阴阳环境属于两个极端，对于商业经营来说，人流穿梭，人气就盛，人越拥挤，气氛就越热闹。开店做买卖需要的就是以人气来带旺生意，而"孤煞地"的阴气则与之相反。阴气过重的孤煞之地附近是不适合开设商铺的。

忌 商铺忌临立交桥

商业风水

长长的立交桥就像一把利剑直冲而来，路上的车辆往来穿梭，产生煞气非常重。而立交桥上高速行驶的车辆也会形成强大的噪音和冲击气流，对低层楼内人员的身体和气运都会造成不良影响。立交桥在风水上有聚财的功效，因此，五楼以上的高楼内的商铺临近高架桥，不但可以抵挡煞气，而且也可以起到兴旺财运的作用。总的来说，向着立交桥的商铺，一般风水较差，因为立交桥大多高过商铺，比商铺低的不多，除非是商业大楼。

忌 商铺忌与直路、"Y"字路相冲
商业风水

道路若直且长，而中间又没有红绿灯截气，就有可能产生副作用，出现直路冲射的现象。商铺的前方如果正对一条直路，则为直枪煞，象征商铺内的工作人员健康日渐恶化。"Y"字型的路口往往都是繁华的地段。在此处开店，虽然较繁华，但易受到来自大道的煞气冲击，若不在此开店，又避开了有利于发财的生气。这种的情况可采取以下几种风水"制煞"的方法：

①要求在开设"Y"字型路口的商铺前，加建一个围屏、围障，或将商铺门的入口改由侧进，以挡住或避开迎大路而来的风尘。②在店前栽种树木和花草，以增加店前的生气和消除尘埃。③多在门前洒水消尘，以保持店前空气的清新；勤于清扫店前的卫生和擦洗店面的门窗，以清除沉积的尘土。

忌 商铺忌正对停车场
商业风水

停车场的入口一般弯弯曲曲，有人认为这是聚财之局，其实在风水上，这表示运气受阻塞。商铺面对地下停车场的入口则更为不利，因为地下停车场是气运下降的场所，如果低层住家或商铺的大门靠近入口，势难聚气，更难获得发展。

忌 商铺忌临近垃圾站
商业风水

商铺不宜选在垃圾站、加油站、电力房或锅炉房旁。正所谓"孤阳不生，独阴不长"，大厦的前面有公厕或垃圾站便是犯了"独阴煞"。五楼以下的商铺较容易犯此煞，如果垃圾站紧贴着自己的住房，凶性会加重。如果犯上"独阴煞"，一定要小心家人的身体健康，防止因病而破财。另根据佛教的观点，灵体是喜欢聚集在阴森及有臭味的地方，如森林、垃圾站等。所以如果商铺附近有垃圾站，容易引灵体入屋，致使业主的精神出现问题，运势反复。解决的办法是在门口安装一盏红色的长明灯。

忌 商铺大门忌对窄巷
商业风水

商铺大门不可面对窄巷，否则商铺内的气流易受阻，运势也不顺畅，容易聚积秽气，对经营者健康有不良影响，而且商铺的发展前景也被封死，在事业上象征没有出路，事业发展缓慢。另外，如果窄巷的尽头比入口大，处在其中的妇女都很难怀孕。

忌 商铺大门忌对下行的扶手电梯

商铺的门前若是向着由下层移动上来的自动扶手电梯时，这种状况称为"抽水上堂"，属吉利论，主旺财。反之，商铺门前若是向着通往下一层的扶手电梯的话，情况便有变，主退财，又名"卷帘水"，即是将门前之财水卷走，不为聚财之相。建议在最初设计商铺时，就将店门向着上行的扶手电梯，不宜将店门向着下行的扶手电梯。

忌 商铺门前忌多条道路交汇

有的商铺前方由左右两条道路交汇，而形成三角形，冲射到商铺。这种情况易使经营者因财失义，而且身体也容易多病。若三条或四条道路相交，犹如一把剪刀剪向商铺，则犯剪刀煞，象征破财、损丁、易受意外受伤，非常不宜，交汇的道路越多就越凶。

小贴士 Tips

用眼镜来提高财运

眼镜不仅可以改变一个人的外貌，对个人的财运也有极大的影响。一般来说，圆框的眼镜较佳，因为"圆"有生"金"的力量。买眼镜也最好去吉方位的眼镜店购买，同时要选择幸运色的镜框及眼镜盒。如果同时拥有好几副眼镜，可根据自己的打扮、出席的场所和心情来搭配不同的眼镜。但要注意保持镜片的清洁，否则会影响到个人的财运。

忌 商铺忌临医院

医院是救死扶伤的地方，本身并无是非，但是医院会让人联想到疾病和死亡，给人的心理上笼罩了一层阴影。除非是经营与医院有关的商铺和企业，比如鲜花水果店、保健品店等，这些商店出售住院者需要的物品，适宜在医院附近。至于娱乐场所，更应尽量远离。

小贴士 Tips

医院与风水

老一辈的人，特别避忌医院，其实这是针对那些五行忌金的人而言的。医院为五行属金之地，在医院工作的人，包括医生在内，大多为八字欠金之人。五行忌金的人，最好避免住在医院附近，主要指生于八月八日至十月七日的人，不适宜生活在医院附近。生于春天二月至五月的人，五行上欠金，住在医院附近，则可产生互补。一般来说，住在医院附近，代表受煞，所受是"刀煞"。逢六白或七赤飞到医院，则会形成剑煞，主屋内之人容易开刀、损伤手脚，甚至有交通意外。医院必然有验房或停尸间，易造成阴性磁场，对居家和商业均不利。

忌 商铺大门忌正对电梯口

有的商铺的大门正对着电梯口，称为"虎口"，电梯口一张一合，产生较重的煞气，对商铺的风水影响极不利。在风水学上，电梯门的开合，有如一把镰刀，对商铺里的人造成煞气。化解方法：在电梯口与大门之间设置珠帘屏风，既可阻隔视线，也可增添商铺的美感，但也阻碍了部分顾客的光临。

忌 商铺大门忌对不吉建筑物

风水中所说的不吉的建筑，主要是指一些如烟囱、公厕、牛栏、马厩、殡仪馆、医院等容易使人感到心理不适的建筑。这些建筑，或黑烟滚滚，或臭气熏天，或是哭嚎，或是病吟，都是由不吉祥的建筑带来的气流，风水上视之为凶气。如果让商铺的门朝着不吉的建筑而开，则那些臭气、哭嚎、病吟的煞气就会席卷而来。商铺的工作人员在这样的环境中也会精神不佳、心气不畅，重者还会染病成疾。

忌 商铺忌临公交车总站

商铺不宜临近公交车总站，因为时常会有公交车起动的声音来骚扰。从风水上来讲，这种情况称为声煞，因为这些声音会影响到商铺的经营。另外，临近公交车总站除犯声煞外，还会犯另一个风水问题。公交车在开动时，会产生一定的磁场，令道路上的气流急速转动，这些动象会对商店员工的情绪和健康造成影响。化解方法：把商铺内的窗关闭，以减少噪音的分贝，但关闭窗户后，最好打开空调，否则，空气就会不流通。

忌 商铺店面忌太狭窄

商铺店面狭窄，或者是店面被物体遮挡住了，商店的商品信息就不能有效地传递给顾客，这样势必将商店的商品经营活动局限在小地域和小范围之内。有限的经营空间难有大的经济收益。如果要凭借灵活的经营手段来改变这种状况，就需要经过一个相当长的时间，也就是经商行话所说的"熬码头"。熬码头对于本小利微，或者是要急于见经济效益的经商者来说，是承受不起的。即使是熬出了头，使商品的名声逐渐外传了，也会因商店店面的狭窄而找不到地址，失去一些新顾客。

忌 商铺大门忌与道路斜冲

商业风水

商铺旁如果有道路斜冲向本商铺的大门，则犯斜枪煞，象征容易发生意外、破财。左斜枪伤青龙，主伤男性；右斜枪伤白虎，主伤女性。斜枪煞可用挂珠帘或放置屏风来化解。

忌 商铺大门忌对屋角

商业风水

商铺的大门如果正对附近其它房屋的屋角，在风水上称为"隔角煞"。远看上去像是一块巨大的刀片直画而来，为大凶之兆，主健康不利，财运也不济。以现代的观念来看，从大门看出去，一半是墙壁，一半是天空，在心理上也会有种被切成两半的不佳感觉。而从气场上看，两边的气流被阻隔，完全失衡，则非常之不好。

忌 商铺的神桌忌放祖先牌位

商业风水

有些商铺把自家祖先的牌位照片摆放在神桌上，与观音、关帝、黄大仙等并排，放在一起供奉。其实这并不适宜，因为祖先只是家神，与这些天神自难相提并论，所以应该把祖先放在"天神"之下，那样较为适宜。

忌 商铺的门忌四面相通

商业风水

无论是商铺或居住楼宇，都不宜大门前后相通，更不能四面相通，否则地气会前进后逸或后进前逸。如果屋的大门对着窗门，通常主财运不聚，也就是从大门入来的气会从窗门流走。大门正对窗门，已对风水不利，大门前后相通，后果则更加严重。如果商铺的门前后左右都相通，则经商者的生意时好时坏。客人要求过高，以至生意难做，四面楚歌。化解方法：用"铁马"把门的其中一个方位拦截，或者干脆选择将顾客流量少的门关闭。这样就不会前门通后门，构成了"藏风聚财"的格局。

忌 商铺的骑楼忌住家

商业风水

有些街边建有三、四层楼的旧式房，多数设计为楼下开商铺，楼上住家，这种楼称为骑楼。一楼开店，二楼住家，这在风水上大为不吉，特别是骑楼上方忌做卧室、书房等，最好是做储藏室。中国人最讲究睡觉时要有安稳的磁场，这种卧室的下方是骑楼的房子，因为下方是空的，有气流和人潮流来流去，住的时间长了自然会破坏身上的稳定磁场。同时楼下过往的人气太杂太乱，会驱散财气。

忌 商铺地势忌四周高中间低

商铺的地势如果是四周高而中间低，如邻近街道，则行人的脚像是踩在商铺头顶，一方面是通风和采光不好，另一方面，如果周围的道路明显高于商务中心，那么在道路上只能看到商铺的屋顶。屋顶上布满灰尘的管道和设备，也可能会导致招揽顾客的气场下降。

忌 商铺的财位忌受压

在风水学上来说，商铺的财位受压是绝对不适宜的。倘若将沉重的大柜、书柜或组合柜等压在财位上，那便会影响商铺的财运。

Tips 小贴士

前台的设置

前台在风水学中属于明堂区，也就是聚气纳气之所，是极为重要的方位，布局得当，自然生意兴旺、财源广进；布局不当就会泄气，泄气之所必然不利于求财，严重则会导致企业破产倒闭。因此，要结合业主命理、坐向方位、地理环境以及所从事行业等综合布局设计才是最好的。客人若进入到厅堂有种说不出的亲切感，这样的布局就是成功的。

忌 商铺忌路牌冲大门

在风水学中，指示交通的路牌，有时也会给商铺带来影响。如商铺的大门对面有电灯柱、电线杆或停车路牌正立着，称为"对堂煞"，又叫"穿心煞"。"穿心煞"会导致破财，易招口舌是非及产生生离死别之患，不利经营者。商铺的人犯此煞容易患上心腹等疾病，若再逢上流年正煞或三煞、太岁等飞到，后果则更为严重，建议不要选择这种格局的商铺。

忌 商铺的财位忌无靠

商铺财位的背后最好是用坚固的墙做依靠。背后有靠象征有靠山可倚，可保证无后顾之忧，这样才能藏风聚气。反过来说，倘若财位背后是透明的玻璃窗，这不但难以积聚财富，而且还因为容易泄气，会有破财之虞。

小贴士 Tips

背后有靠的风水

①自己容易拥有权力；②别人容易接受自己提的意见；③容易得到上司的支持、提拔。在城市里无法寻找真山，一般以大楼为山。就是说，在选择一幢大楼时，要在此大楼的背后有其它的大楼支撑，若果背后没有其它的大楼，那就形成孤阳宅了，不吉反凶。

忌 商铺的财位忌水

郭璞的《葬经》有云，生气是"界水则止，遇风则散"，而财位是聚气之所，所以此处忌水。有些人喜欢把鱼缸摆放在财位，其实这是不适宜的，将鱼缸置于财位会造成财气阻滞。财位忌水，故此不宜在那里摆放用水培养的植物，同时也不宜放置饮水机等物品。不过有一种情况例外，如果业主的命里缺水，则可于财位摆放有水的器物。

忌 商铺的鱼缸忌摆放过高

商铺里如果需要摆放鱼缸，则鱼缸的高度应以人站立时膝盖之上到心脏之间为宜。如果鱼缸摆放在座位附近，则鱼缸内水不宜高于坐下后的肩膀，尤其不可高于头顶，否则会形成"淋头水"的局面，对店铺内人士造成压力和伤害。

忌 商铺的财位忌尖角冲射

风水学上最忌尖角冲射，商铺财位附近不宜有尖角，以免影响财运。一般来说，尖角愈接近财位，它的冲射力量便愈大。所以在财位附近，应该尽量避免摆放有尖角的家具杂物。无论是为了风水，或是为了顾客安全，都应该尽可能选用圆角家具。

忌 商铺忌摆放干燥花

木五行属阳，是五行中唯一具有生命的东西，可以生长、繁殖，因此商铺里摆放的植物一定要健康美观，不可出现枯萎的情况。干燥花由真花制成，容易保存，但从风水的观点来看，干燥花并不适合放在办公室或商店内。干燥花会吸收阴气，在风水上是不好的。另外，干燥花是已经死的花，是人工的，虽然这是一种艺术，但它还是无法代替鲜花的。

第四部分

办公室风水

办公室是企业整体形象的重中之重。拥有一个美观的办公环境，不仅能增加客户的信任感，同时也能给员工以心理上的满足，有益于活跃员工的思维，这是提高企业效率的重要手段。

本部分除介绍基本的办公室风水常识外，还着重讲述办公室的外部环境、选址及内部装修等方面的内容，并对办公室的门厅、前台、会议室、财务室等重要隔间作了精要讲解。

第一章
办公室风水概述

　　想要了解办公室风水，首先必须了解一些有关于办公室风水的基础知识，如风水与办公室的关系、如何确定办公室的坐向、办公室风水与工作的关系等，从而帮助自己实现事业上的成功。

一、风水与办公室的关系 ☯

环境对人的影响是无时不在的，营造好风水是创造生财的利器。办公室是生财的重地，想要财运兴旺、生意兴隆，就得找个好环境好风水的办公地点，这样才能因地启运，为公司抢得先机，进而使企业经营成功。

风水古称"堪舆"。"堪"即是天道，"舆"即是地道。由于古人相信气之阳者，从风而行；气之阴者，从水而行。气乘风则散，界水则止。古人聚之使不散，行之使有止，故谓之"风水"，进而"堪舆"就被俗称为"风水"。

风水是风和水的结合，是看风和水的方向及所产生的气流对一个地方的影响。而地方则可以小至写字楼中一个职员的座位、一个房间，或一个商铺、一座大厦、一个区域等，大至一个国家。

风水的主要目的是协调各种自然力量（以风和水为主），营造一个健康舒适、和谐的工作或生活环境，使健康运、人际运和财运皆旺。

风和水所产生的电磁场，称为"气"。运程不好的气，是为"煞气"。一处地方之时空的吉凶，除了要看"气"之外，还有一套风水的推算法则。

风水的基本原理是：动、静、阴、阳。要诀是：藏风、聚气、乘生气、避死气。这些都必须有阴阳天然的配合。

龙脉会在办公室吗？

龙：是山势踊跃、山脊起伏的群山。

脉：是潜伏回转走势的气脉。

穴：是天地之气的凝点。

风水口诀有云："气聚则财聚，气散则财散。"这些气是眼看不到、手摸不到的。因此，想知道办公室是否聚气，就必须从室外环境的山形水势来看，需要以"山的形、龙的势、水的态和大局的形格"来判断。不过，由于它的重点是"动、静、阴、阳的平衡"，要诀是"藏风、聚气、乘生气、避死气"，所以，只要有山峦、楼宇或间墙将办公室包围住，便能使其真气"聚而不散"，就是藏风聚水了。

永增店

二、如何确定办公室的坐向

在风水学上，坐向决定了光和气是从哪一方进来的，即采光和纳气。这个方向非常重要，因为在风水学上全靠这个方向来计算吉凶的位置及如何趋吉避凶，坐向一经定错，其他便全部是错，所以绝对不可轻忽。

有的人以"门口"定坐向，有的以"大厦入口"定坐向，有的则以"窗口"定坐向，但到底哪一种方法才对呢？在风水学上，想要正确量度办公室坐向，就必须考虑实际的情况，并遵守"采光、纳气"及"动静、阴阳"的原则。

1.玻璃幕墙的写字楼

如果是玻璃幕墙的写字楼，就不应以大厦正门或公司单位大门为向，因为全幢大厦或公司单位只有一个正门，如果以此为坐向，岂不是大厦内所有单位或人的运程都相同了？正确的做法是以自己房间的"大门"或座位的"入口"作为"向"的指标，因为自己或其他同事都要经过这门口才进入自己的座位或房间内。而风水学上，气正是由人们进进出出的地方带入，有人进来才会有气进来，所以自己座位或房间的门口就成为入气位，亦即是"向"了。

2.以窗口通气的写字楼

如果不是玻璃幕墙，而是一般从窗口吸入新鲜空气的写字楼，就必须以窗口本身来定坐向。因为坐向是天然的气流入口，窗口入气会带来更多的气。

在风水学上计算吉凶，"门向"或"窗口向"可分为二十四个方向（如表）：

门向正南	(172.5–187.5度)	午位
门向南偏西南	(187.5–202.5度)	丁位
门向西南偏南	(202.5–217.5度)	未位
门向西南	(217.5–232.5度)	坤位
门向西南偏西	(232.5–247.5度)	申位
门向西偏西南	(247.5–262.5度)	庚位
门向正西	(262.5–277.5度)	酉位
门向西偏西北	(277.5–292.5度)	辛位
门向西北偏西	(292.5–307.5度)	戌位
门向西北	(307.5–322.5度)	乾位
门向西北偏北	(322.5–337.5度)	亥位
门向北偏西北	(337.5–352.5度)	壬位
门向正北	(352.5–7.5度)	子位
门向北偏东北	(7.5–22.5度)	癸位
门向东北偏北	(22.5–37.5度)	丑位
门向东北	(37.5–52.5度)	艮位
门向东北偏东	(52.5–67.5度)	寅位
门向东偏东北	(67.5–82.5度)	甲位
门向正东	(82.5–97.5度)	卯位
门向东偏东南	(97.5–112.5度)	乙位
门向东南偏东	(112.5–127.5度)	辰位
门向东南	(127.5–142.5度)	巽位
门向东南偏南	(142.5–157.5度)	巳位
门向南偏东南	(157.5–172.5度)	丙位

三、办公室风水与工作的关系

影响一个人事业成功的关键，除了自身的客观因素外，最重要的就是办公室风水。办公室风水的好坏可以让人成就事业，也可以让人永无出头之日。所以，千万不能轻视办公室风水与工作的密切关系。不妨大家一起来了解一下其中到底有何奥秘吧！

1.增加事业运的办公室风水

人人都想事业一帆风顺，但有时往往事与愿违。是否是办公室环境出了问题？现在给大家提供九大办公室风水摆设方法，以增加大家的事业运。当然，最重要的还是要勤奋工作，升职、加薪才会有希望。

(1)贵人相助风水

风水学上认为背有靠山，代表有贵人相助。所以在办公室里最理想的座位，便是背墙而坐。如果背后有复印机，同事经常开合，会造成很多不必要的干扰，

无形中会降低贵人扶助的能力。改善方法是在坐椅后加添屏风，以此加强效力。若情况不允许，则可退而求其次改用以下两个改善方法，即在椅背（向外的一面）贴上黄色卡纸，喻作山，起阻隔作用。或者在坐椅下面放置八块石头，犹如有座小山作依靠。

(2)生肖风水

在办公室摆放有利的东西，可助长事业运，生肖饰品便是影响事业运的重要因素之一。十二生肖可根据其五行分为四大组别：属水的生肖包括鼠、猴、龙，应摆放金属物品，发挥"金生水"的功效；属火的有虎、马、狗，摆放属木的东西有助催旺火，所以绿色的东西，如花或小盆栽都是不错的选择；猪、羊、兔属木，由于"水生木"，应摆放黑色的东西、水或水种植物；余下的蛇、鸡、牛则属金，因"土旺金"，故应摆放黄色、咖啡色、杏色的东西或土种植物。

(3)开运风水

迎水而不送水：在都市里面不可能有真的河流，汽车、人潮就是水。办公大楼最好靠近大马路。在大楼办公室里面的座位要顺着车和人的方向来坐，也就是迎着水才可以加快赚钱的速度。

面水而不背水：如果没有靠近马路，办公室座位可能靠着楼的后面或里面，这通常是主管或者老板的位置。这时在座位的前面就可以摆一个人工瀑布，大概跟桌子平行，让水往自己的方向流过来，即是迎着水。如果没有个人的办公室，就准备一个装水的杯子，并且在里面放上圆形的玻璃球，每天早上进办公室时添一点水即可，这代表水向自己的方向流，有助于增加事业运。

(4)防小人风水

办公室内处处陷阱，是非多多，正所谓害人之心不可有，防人之心不可无。只要偶有不顺，就会遭小人打小报告，轻则影响同事们对自己的印象，重则使上司觉得自己办事能力差，始终难展拳脚。

当然，最好是先反省一下自己，不要成为别人的小人，才是根本之道。现在提供两个方法来防小人。一是座位背

后放一个书柜或是屏风，书柜要比坐着的人高，感觉后面有靠才可以；二是在屋内的大门上挂风铃，风铃的材质不限。

(5)加薪升职风水

催加薪、升职最好是能够在家里或办公楼内放一个催官局，但催官局应根据家居不同方位去布局，而且不是每一个方位都能布局的。所以可改而采用简单之法，即以流年之吉凶位置去推算布置。

(6)能博取老板欢心的风水

石狮借气：石狮子吸收日月精华，能带给人们好运。怀才不遇的人可以先摸一下石狮子的额头，再摸一下自己的额头，让好的气场附在自己身上。

擦亮额头：额头附近是官禄宫，代表事业发展以及职场运势。如不受上司重视，可能此处气色就会很暗沉。解决方法是常保持额头发亮。

宝石助我：准备7种不同材质、颜色的石头，如水晶、玛瑙、玉石等，放在不限材质的容器当中，安置在自己办公桌的左手边，以帮助自己的工作顺利地进行。

后有靠山：办公室座位后方一定要有墙壁、橱柜等屏障作为依靠，否则会有悬空的感觉。

铜板大顺：同样在办公桌左手边或者最大、最上方的抽屉上放铜板，将会收到改运的效果。66枚铜板表示"顺顺"，88枚铜板表示"发发"，168枚铜板表示"一路发"。

水晶纳气：紫水晶洞是常用的风水道具，因为其凹下去的洞穴，可以带来好运，所以可放在办公桌的左手边，但是切记不要让水晶洞碰到水。

2.改善人际关系的办公室风水

(1)促进人缘的风水

根据男女旺位各不相同，在办公室摆放物品时，女性应在办公桌左上角摆放红色丝带或相架，以加强人缘运，能与同事和睦相处，工作起来自然得心应手，而且也较易得到上司的信任。至于男性则可在办公桌右上角摆放水晶，猪公仔、狗公仔，有助催旺事业运。

(2)舒缓暴躁脾气的风水

电脑是现今办公室不可缺少的工具，电脑属金，如果办公室的电脑数量过多，会令人脾气变得暴躁，思绪紊乱，无法集中专注地工作。化解方法非常简单，即可在电脑桌上摆放一个透明或白色的水杯，并注入六分水。因为水有助泄去金气，所以在此摆放水会令人头脑清晰，舒缓暴躁情绪。为免太刻意，也可用平日饮水的杯子，每次喝剩六分放在此处便可。

(3)创造和谐环境的风水

想要改善工作上升迁或人际关系的问题，只要稍稍动动手，就可以轻松地制造出优质的职场环境。

①植物化煞法

如果自己座位的前方或旁边刚好有厕所，可于座位和厕所之间放一些阔叶类大型盆栽，一来可吸掉来自厕所的秽气，二来可以挡住不好的磁场。

②台灯化煞法

如果座位上方有梁柱的话，就可以在梁柱的正下方放一盏台灯，并时常让灯亮着，以减少上方投射下来的不良之气。

③屏风挡大门煞气

如果座位刚好冲到大门，除非本身的磁场非常强，可以挡住大门的强力能量流。否则，时间一久自己的磁场便会受到干扰，所以建议用屏风来挡煞。

④座位的墙上不宜任意挂图

一些比较阴沉、恐怖或线条激烈的图画不适合挂在办公的地方，因为这些画面均有不良的暗示作用，看久了会影响人潜意识的稳定感。办公室最好以素面或线条柔和、简单的图画来布置，才有利于提高效率。

⑤座位周围不要种藤类植物

室内的植物应以阔叶类为主，因为阔叶类植物的叶子大，既可以挡煞，又可以吸收天地的能量。而叶子小或是会缠绕的线型植物，基本上都属阴，会吸收人的能量，所以不宜摆放。

第二章

办公室外部风水

由于外环境对办公室内局具有重大影响，因此外局如果有冲煞，内局再完美，经营成功的效果也非常有限。城市环境错综复杂，尤其是繁荣地段，高楼大厦鳞次栉比，影响办公室外环境的因素越来越多，选择空间变得非常有限。所以，在选择时必须仔细考虑才行。

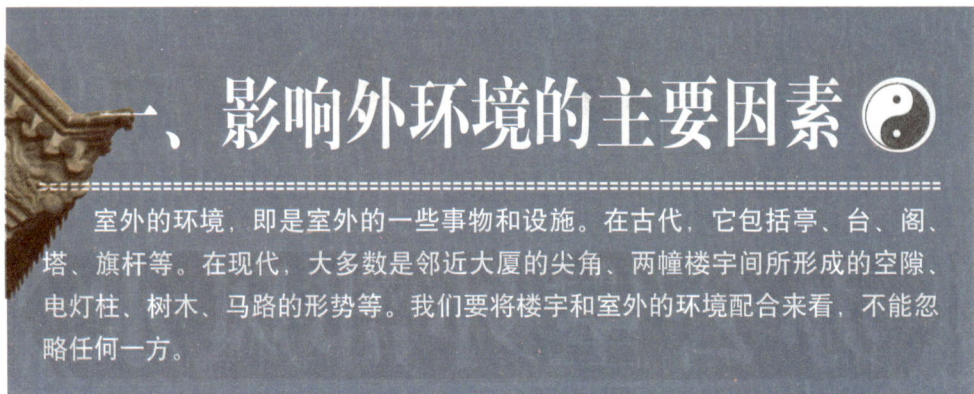

一、影响外环境的主要因素

室外的环境，即是室外的一些事物和设施。在古代，它包括亭、台、阁、塔、旗杆等。在现代，大多数是邻近大厦的尖角、两幢楼宇间所形成的空隙、电灯柱、树木、马路的形势等。我们要将楼宇和室外的环境配合来看，不能忽略任何一方。

办公室最好选在周围视野宽阔、空气清新、光线明亮、清静无噪音的地方。风水中讲究生气、旺气，除此之外，还要注重人气。这里的人气不仅要考虑周围环境的人气，还要考虑这个地域的人气。在一个人烟稀少的地方，再努力也难以创办一个成功的企业。所以选择办公室，首先就要选择周围人口密集、流动快的地理位置为宜。

由于外环境对办公室内局具有重大影响，因此外局如果有冲煞，内局再完美，经营的效果也非常有限。城市环境错综复杂，尤其是繁华地段，高楼大厦鳞次栉比，选择空间有限。所以，造成影响办公楼外环境的因素也变得越来越多，在选择时必须仔细研判才好。

1. 近邻因素

办公室所在的大楼处于何种区域，对工作的影响甚大，所谓"近朱者赤，近墨者黑"，区域对办公大楼的功能及工作效率都大有影响。

2. 污染因素

污染因素是指向办公大楼排放有害物质或产生有害影响的场所、设备和装置。城市和人口密集的居住区是主要的生活污染源，污染物产生于人们的日常生活、商业活动、公共设施之中。污染按所排放的污染物的类型可分为水污染源、大气污染源、固体废物污染源、噪音源等，它们具有移动性、间歇性的排污等特点。

3. 辐射因素

办公大楼附近如果设有变电站或高压电机房、移动电话基地站、卫星雷达等辐射源，那么对办公环境将会造成严重的影响。

4. 建筑因素

城市里高楼大厦林立，在这样的环境中选办公大楼，要注意研判前后左右四方的建筑群布局，以及本大楼在建筑群中所处的地位。

二、办公室的靠山

中国人认为：好风水之地，一定是山环水抱的地方，所谓"山环水抱必有气，必有大发者"。所以，在讲风水时，希望房屋能背山面水，后面有山可靠，生意才会旺，而前面有水，财富便会聚集。

现代都会建筑鳞次栉比，可以互为靠山。选择办公室时，也要注意屋后是否有较高的建筑物可以充作靠山。当然，后面有靠山时，必须是向着当运的旺气，这样公司不但可以稳定，而且业务一定蒸蒸日上、财源滚滚。

如果房屋前面有建筑物高耸，形成"开门见山"的格局，则容易形成前程阻滞、事业发展遇到挫折或瓶颈，除非可以形成"旺气回风"的现象。但是这种情况，通常机会不太多。所以选择作为办公室的房屋，最好是后面有高的建筑物作靠山，前面空旷为明堂，如此方才视野宽广，市场远大。而左右建筑最好能相互平衡，形成左右护衡的格局，此象征公司内员工情绪稳定、互动良好、圆融祥和、彼此团结合作，有利事业发展。

如果左边较高，称为青龙，代表男

小贴士 Tips

个人办公空间的大小

办公室不宜通道闭塞，阻碍重重。办公室的通道正如同人的血脉一般，宜通畅无碍。然而有些办公室却因图方便或疏漏粗心，将一些不该摆进办公室的东西塞得水泄不通，阻碍了整个通道，如此往往造成员工之间沟通不良、行事费力而无绩效等种种问题，严重影响了事业的发展。

列表将各部门的工作人员及其工作分别记载下来，按工作人员数额及其办公所需的空间，设定空间大小。通常办公室的大小因各人工作性质而异。

性，促使男性员工积极上进，工作卖力；男性老板或主管，领导能力强，意志力旺盛，而女性则较温顺乖巧。相反，如果右边白虎高耸，则女性较积极强势，女强人较多，最好多用女主管。

谈到靠山，不仅房屋要有靠山，就是办公室里的座位后面也讲究靠山。意思就是说座位后面最好有一个固定坚实的、不透光的墙壁作为靠山，让人心理感觉安全稳定，在这种情况下办公处事比较有信心，对事业发展会有积极的作用。相反地，如果座位后面没有靠山，一般称之为"坐空"，坐久了会缺乏安全感和自信心，处事容易犹豫不决，久而久之会生挫折感，当然对事业发展会有不良的影响。如果有这种现象，最好能设法补救，如加个固定屏风或改换座位。

另外，座位光线的来源也要注意。光源最好是在前面或左右前方约45度角照射过来，这样不仅光线充足，精神容易集中，而且领导人较有威严。忌讳光线在座位的后方或头顶上，这样无论是生理或心理上都不舒服。在书写时，会在桌面形成一道阴影，妨碍效率。

所以，灯具形状最好是方形、圆形或长方形。如果是条状，则要与坐的人横向平衡排列，不要形成纵向直角相对，有如利箭直射，会造成很多压力，会影响情绪安定和工作效率。

当然，座位后面也忌讳是窗户或透光的墙面，尤其座位背面。如果是窗户或有空隙，而使风从背后吹来，长期下来，则背部容易遭受风寒而罹患酸痛之疾，一定要设法加以改善才好。

从风水上看，房屋"靠山"很重要，从现实社会而言，现在"靠山"的另一个意义已经变成人事背景。

小贴士 Tips

吉祥物龙的摆放

在风水学方面，龙具有生旺气及制煞之效，但是龙切不可随意乱放，否则会产生相反的效应。若想在家中摆放龙形的装饰品，则只宜摆放于近水之处。例如可以把龙的装饰品放在鱼缸的顶部，又或可放在鱼缸两旁，便可收到生旺之效。此外，摆放龙饰物时，龙头适宜面向大海或河流。假若屋内及屋外均无水，则可将龙形装饰品摆放在北方位置，因为北方属水气当旺的方位。对于喜水的龙十分适合。此外，如用龙的图画作为装饰，最好是用金色的镜框来装裱，如能将之挂于北方的位置，则更有锦上添花之妙。龙虽然是吉祥的动物，但由于其庄严威猛，具有相当的克制力对生肖属"狗"的人更为不利。

三、理想办公室的风水选址

传统讲求"天时、地利、人和",其中"天时"主控在天,"人和"要各人自己来创造,唯有"地利"是我们可以选择的,这个地利也就是风水。由于风水是一个环境地点的现实状况,属于无法由我们决定或轻易改变的外在因素,因此事前的审慎选择就显得非常重要。

1.来路纳气

在挑选的时候,首先要看办公室是否能纳来路之气。有一条总的原则是办公大楼以开中门为吉,但很多楼宇的入口是开在前左方或前右方,并且大门向着马路,这种大厦究竟怎么样才算吉相呢?关于这个问题,有以下四点原则:

①办公大楼入口在前方中央朱雀门,就不用理会汽车的行走方向,而且在入口前方有一平地、水池或公园等,这样的格局就是上吉之相,主旺财。

②办公大楼前方,车辆由右白虎方向左青龙方驶去,则办公大楼前方靠左开青龙门纳气为吉。

③办公大楼前方,车辆由左青龙方向右白虎方行驶,则办公大楼于前方靠右开白虎门纳气为吉。

④办公大楼入口前方并非马路,全是平台,便以开前方中门及前左方开门为吉。

2.背后有靠

选择办公大厦时,它的背后要有山,即玄武方要有山,是为有靠山。坐后有靠,有不少好处。

山形千变万化,优劣在于仔细的观察,简单而论,可把山形根据五行分为五类:

金形山——山形圆润饱满,吉;

木形山——山形高瘦秀丽,吉;

水形山——山形波浪连绵,吉;

火形山——山形尖锐嶙峋,凶;

土形山——山形方正稳重,吉。

小贴士 Tips

贵人相助的风水

风水学上认为背后有靠山,代表会有贵人相助。所以,在办公室里最理想的座位,便是背墙而坐。如果背后有复印机,同事经常在此使用,会造成很多不必要的干扰,无形中会减低贵人扶助的能力。改善方法最好是在椅子后加添屏风,以此加强效力。若情况不允许,则可退而求其次,改用以下两个改善方法。即在椅背(向外的一面)贴上黄色卡纸,喻作山,起阻隔作用;或者在座椅下面放置八块石头,犹如有座小山作依靠。

3.坐实向虚

大厦背后有山，属于坐实。如果大厦后方没有山，便要从以下几点进行判断：

①办公楼大厦后方，若有一座楼宇比自身的高大广阔，便属于坐后有靠，亦属于坐实之格局。

②办公楼大厦后方，有几座楼宇高度与自身大厦相同，因为几座楼宇群集在一起，力量亦汇集起来，足够支撑本大厦，亦属于坐后有靠之格局，即属于坐实。

③办公楼大厦后方，有一座小山丘，但高度却很低，自身大厦比它高出了很多。本大厦虽然属于靠山无力之格，但由于此山是天然的，便可以用作靠山。因为天然的环境对风水的影响力很大，所以这座大厦亦属于坐后有靠。

④办公楼大厦后方虽然有楼宇，但如果比办公楼矮了一大截的话，则属于靠山无力之格。如果背后没有其他的大楼依靠，那就形成孤阳办公楼了，不吉反凶。

4.龙强虎弱

办公大楼的左方称为青龙方，右方称为白虎方。在风水学上，最佳的格局是龙强虎弱。由于主有贵人相助，辅弼有力，因此是大吉相。反之，如果虎强龙弱，则不利风水。

龙强虎弱有四种类型：

龙昂虎伏型：办公大楼左方的楼宇较高，而右方的楼宇较低。

龙长虎短型：办公大楼左方的楼宇较为宽阔，右方的楼宇较为狭窄。

龙近虎远型：办公大楼左方的楼宇距离较近，而右方的楼宇距离较远。

龙盛虎衰型：办公大楼左方的楼宇较多，而右方的楼宇却较少。

5.朱雀争鸣

办公大楼的门前最好有明堂或朱雀池，一是有对外扩展空间，表示前途宽广；二是能引入财气。如有水池或喷水池的也比较好，朱雀池的水状要有情，流水或圆形或半圆形地围缠于前方，形成玉带环抱水，这就是象征聚财的朱雀争鸣格，而不是反弓。三角形等是象征主财帛不聚的失运无情水。

四、办公大楼的外形

要选择一个能够使公司营业状况一帆风顺、事业飞黄腾达的办公大楼，就必须重点考虑大楼的外形，因为大楼外在的形体对内部办公格局有很大的影响。一般来说，办公大楼的外形最忌讳L形、U形和回字形，方正是最好的形状。

1.L形

L形的办公大楼因为有个很大的缺角，所以室内采光会不均衡。假设光从上面投射下来，L形的实心部分能受到阳光的照射，但缺角的部分就没有光源了，不利于在此大楼办公的内部人员。

2.U形

U形的办公大楼显得后靠薄弱，背后靠山薄弱，不利风水。

3.回字形

回字形的建筑物在整栋大楼的中间部分完全透空，虽能加强整个大楼的采光，但大楼建筑中心留着大天井，不利于业务推广。

在现在的办公大楼中，回字形的大楼非常多，但气势旺的却不多，主要是因为不懂得补救。若改善得宜，便能使整体业务拓展相对顺畅。

一个住宅或大楼的办公室最好以方正形体的格局为宜，正方形或略长的长方形格局，才是吉相。

4.方形

假如所找的房子形状不正或有其他缺陷，都属不吉，所以最好不要选用，否则会有不好的影响。但一个格局方正的房子用来作为办公室或开店，也必须注意前面有无宽广的明堂（从前面看出去视野非常广阔，必能带给公司好的运势）。

五、办公大楼的21种典型外煞

办公楼的外局不宜对着一些不规则建筑物的尖角，其正前方不宜有各种冲煞，如路冲煞、电杆煞、大树煞、尖角煞等。外煞不但会给公司带来压迫感，而且会破坏办公楼的稳定，产生时好时坏的运势，颠覆原来风水气局本该拥有的优点。

1.刺面煞

办公楼门、窗前有一些小山丘或是悬崖峭壁，上有很多石头突起，给人嶙峋之感。犯此煞，于风水不利。

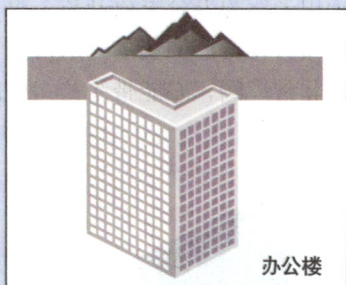

办公楼

3.天刀煞

办公楼门、窗正对一个大招牌，招牌有如菜刀的刀身，故名"天刀煞"。通常在较低的楼层才会犯此煞。

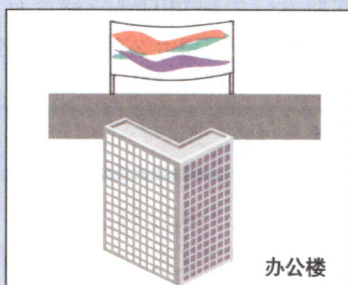

办公楼

2.直枪煞

办公楼前见一直路相冲，则为"直枪煞"，于风水不利。

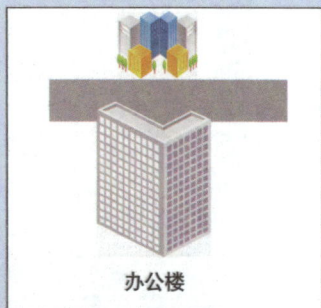

办公楼

4.斜枪煞

办公楼旁有条道路斜冲着本办公楼，主容易发生意外、破财。

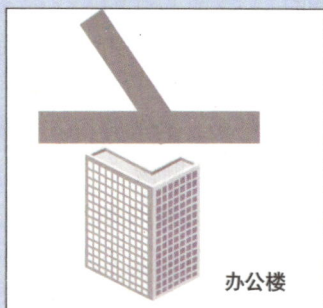

办公楼

5.穿心煞

办公大楼位于"丁"字形路口，大门对着一条笔直的马路，这就是穿心煞。事实上，所有车辆行人都笔直地朝着办公大楼的大门而来，到了门口才向左右转弯，对办公大楼的运道有不良影响。此外，在被路冲的办公大楼中办公的人，性格也易急躁。而门前有桥直冲，或将大桥出入口的两旁作为办公楼，均为不吉。

办公楼　办公楼

6.对窗煞

有些楼宇可能会出现这种情况，即办公楼的窗与其他办公楼的窗相对，而且距离很近。这种情况下两个公司的气都会反复，因为两个办公楼的风水未必好坏一致，所以当内气从窗、门交流时，就会呈现运气反复的现象。简单的化解方法是各在窗位装设窗帘。

办公楼

7.尖射煞

办公楼的窗外如果冲着隔楼的尖角，这就叫"尖射煞"。这种情况好像一把利刃切削过来，会令人在心理上感觉不舒服。若是无法避免，就要装上窗帘遮起来，或是用柜子挡住。

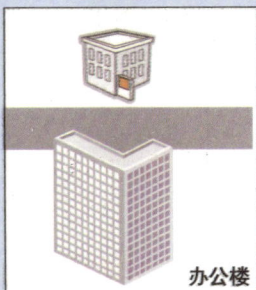

办公楼

8.天斩煞

两座大厦距离非常近，中间只隔一条小空隙，这种情况便称为"天斩煞"。天斩煞不论在大门的前、后、左、右方出现，皆以凶论。经云："地有四势，气从八方。"所以大厦的八方不可犯"天斩煞"。

办公楼

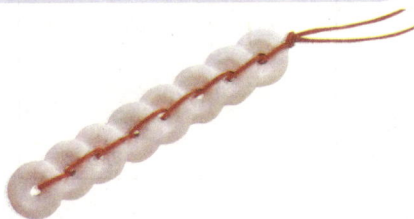

9.镰刀煞

由天桥反弓并如大镰刀般向着办公楼劈来，主运气反复。如办公楼前见反弓路则为犯"镰刀煞"。

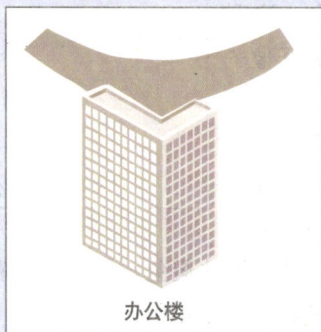

办公楼

10.冲天煞

正对办公大楼门前，有一座大烟囱，是为"冲天煞"。最为恶劣者被称为"香煞"，其三条烟囱并排，意指似插在香炉上的三条香。大厦犯此煞，预示办公楼运气反复。

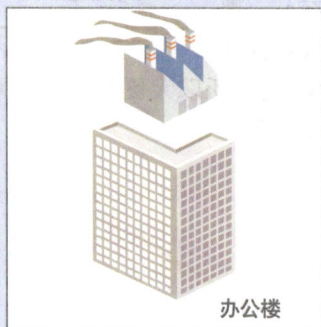

办公楼

11.独阴煞

有些办公大楼太靠近树林，且又多是1～3座，显得很孤单，这便属于"独阴煞"。门前或窗前见到殡仪馆、医院，也为"独阴煞"，代表运气时好时坏。

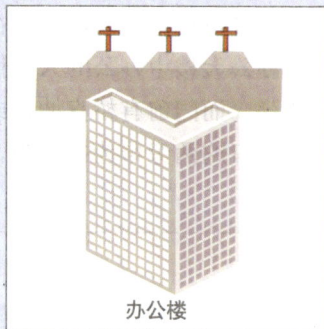

办公楼

12.冲背煞

直路不冲前而冲后者为"冲背煞"，象征被小人缠绕。

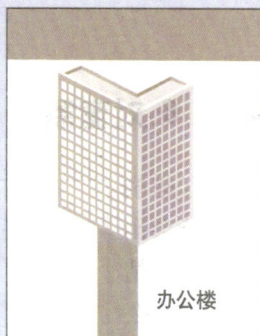

办公楼

小贴士 Tips

关于奇门循甲术

奇门循甲术（字面意思是神奇的门和隐藏起来的时间）是三国时期（公元220～265年）诸葛亮所创。诸葛亮是蜀王刘备的谋士，道教名士。循甲术把八卦和九宫理论结合在一起，对风水发展有着深刻的影响。

13.尖冲煞

办公楼前方由左右两道路交会而成三角形冲射着本办公楼，亦属不利。

办公楼

14.剪刀煞

由三条或四条道路相交而成，如一把剪刀剪向本办公楼，主破财。

办公楼　　办公楼

15.割脚煞

办公楼靠近高速公路，形如办公楼基础被公路所割，主办公楼内员工运气反复。

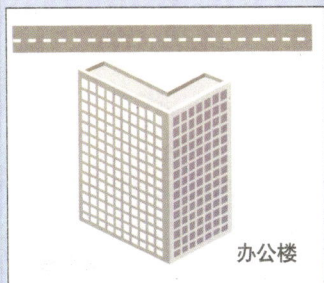

办公楼

16.刀斩煞

马路如刀劈向本办公楼，煞气比之"镰刀煞"较轻。

办公楼

小贴士 Tips

诸葛亮传说

传说，诸葛亮能御气生雾，使刘备的军队得以隐蔽。诸葛亮深谙地气，因此能发现和操纵隐于地下的入口，并能在关键时刻从中将水汽逼出来。通过此法，诸葛亮把军队隐藏起来，直到关键时刻才现身，从而确保胜利。

17.火煞

办公楼附近见电塔、发射塔或尖锐之物，不利。

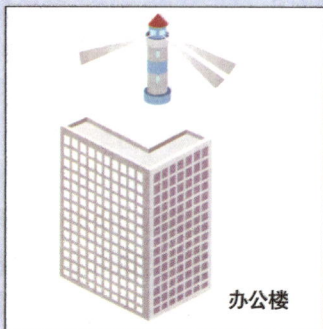

办公楼

18.擎拳煞

办公楼前或窗前见对面大厦一单位凸出，本大楼如同受人当胸重击，不吉。

办公楼

19.井字煞

办公楼四方皆由道路所包围，主办公楼内员工运气反复、财来财去。

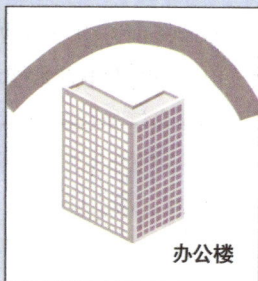

办公楼

20.探头煞

办公楼面前对一座大厦，而该大厦后方有一座更高的大厦，且顶部凸出，亦属不吉。

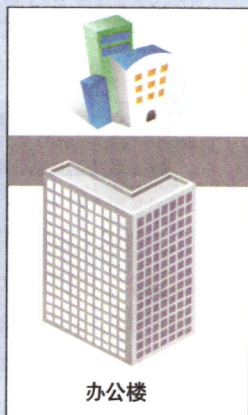

办公楼

21.光煞

办公楼面对霓虹灯招牌，晚上能被照射到，主办公楼内的人精神差。

SALE

办公楼

六、办公楼层的选择

办公室选好一个正在行旺运的坐向之后，还要选好旺财楼层，这也是公司经营发展至关重要的环节。因为楼层与五行密切相关，所以必须与公司的特征一脉相承，并结合五行与五子运的关系进行研判。

1.河图洛书与楼层五行的关系

五行的每一元素不是独立存在的，而是互相依赖、互相制约的，这就是五行相生相克的道理。以下是五行的相生相克：

金生水	水泄金	金克木	金助金
水生木	木泄水	水克火	水助水
木生火	火泄木	木克土	木助木
火生土	土泄火	火克金	火助火
土生金	金泄土	土克水	土助土

根据"河图洛书"的天地生成数口诀得出：

1楼和6楼属于北方，属水。因此，楼层逢1、6即属水，如11楼、21楼、31楼等。

2楼和7楼属于南方，属火。因此，楼层逢2、7即属火，即12楼、22楼、32楼等。

3楼和8楼属于东方，属木。因此，楼层逢3、8即属木，即13楼、23楼、33楼等。

4楼和9楼属于西方，属金。因此，楼层逢4、9即属金，如14楼、24楼、34楼等。

5楼和10楼属于中央，属土。因此，楼层逢5、10即属土，如15楼、20楼、35楼等。

2.六十甲子与五子运

了解楼层的五行后，还要知道办公楼层在什么时期是最兴旺的，这样在选择楼层时，便知道什么行业在什么时期应该选择什么楼层。

先贤教化万民生活，对于生命与大自然环境产生信息的预测，发明了天干、地支组成六十甲子，配合宇宙与人类生活的标志。六十甲子、宇宙的五行与人出生年月日时的五行，是发生互动、生克制化的信息标志。

六十甲子以河图的"一乾甲二坤乙天地定位，三艮丙四兑丁山泽通气，五戊阳土六己阴土，七震庚八巽辛雷风相薄，九离壬十坎癸水火不相射"和洛书九宫八卦、地支日十二时辰的子、丑、寅、卯、辰、巳、午、未、申、酉、戌、亥相配而成，以天干五行配合地球上四季气候变化而组成六十甲子。

根据六十甲子理论，在流年运数内，可分成五子运：

第一个子运，名为甲子运，因为它排第一，所以在这十二年的流年，便属于"水运"。原因是在河图里，一数属于水，其年份为：甲子、乙丑、丙寅、丁卯、戊辰、己巳、庚午、辛未、壬申、癸酉、甲戌、乙亥。

第二个子运，名为丙子运，因为它

排第二，所以在这十二的流年，便属于"火运"。原因是在河图里，二数属于火，其年份为：丙子、丁丑、戊寅、己卯、庚辰、辛巳、壬午、癸未、甲申、乙酉、丙戌、丁亥。

第三个子运，名为戊子运，因为它排第三，所以在这十二的流年，便属于"木运"。原因是在河图里，三数属于木，其年份为：子戌、己丑、庚寅、辛卯、壬辰、癸巳、甲午、乙未、丙申、丁酉、戊戌、己亥。

第四个子运，名为庚子运，因为它排第四，所以在这十二的流年，便属于"金运"。原因是在河图里，四数属于金，其年份为：庚子、辛丑、壬寅、癸卯、甲辰、乙巳、丙午、丁未、戊申、己酉、庚戌、辛亥。

第五个子运，名为壬子运，因为它排第五，所以在这十二的流年，便属于"土运"。原因是在河图里，五数属于土，其年份为：壬子、癸丑、甲寅、乙卯、丙辰、丁巳、戊午、己未、庚申、辛酉、壬戌、癸亥。

小贴士 Tips

办公区域的功能规划

在办公空间的设计中主要应解决好空间使用功能的划分与联系，提供通风、空调、采光、照明、供水、排水、供电、通信等基本设施保障，处理好办公流程和环境布置，创造出满足使用功能，具有鲜明个性特征、舒适、高效的工作环境。

为了避免办公室之间的相互声音干扰，空间分割的隔墙应完全封闭至楼层隔板底部，并应采取隔音性能好的材料作隔墙，或采用隔音工艺进行隔墙安装施工。

3.五子运与五行的关系

以后每隔十二年便互相循环。

1984～1995年	属于水运（甲子运）
1996～2007年	属于火运（丙子运）
2008～2019年	属于木运（戊子运）
2020～2031年	属于金运（庚子运）
2032～2043年	属于土运（壬子运）
2044～2055年	属于水运（甲子运）
2056～2067年	属于火运（丙子运）

五子运的五行生楼层的五行、助楼层的五行，吉；克楼层五行、泄楼层五行，凶。而楼层的五行克运的五行，中等。

例如：从事地产行业，五行属土，则在1996～2007年丙子运属于火运当旺。而如果选择在5、15、25、35、45楼办公则会特别吉利，因为火运的五行火可以生楼层的土，又得楼层之助，可旺本行业。而到2008～2019年，则属于戊子木运，既克行业，又不利楼层五行土。

4.楼层谨防脚下虚空

选择办公楼时一定要注意架空层建筑的设计，因为如果办公楼在架空层的二楼，那么公司下方就是人来人往的过道，气流会很杂乱，气场也常受干扰，并且犯了"脚下虚空"的大忌。因此决不可当作重要的办公场所。

5.上下楼不宜是污秽场所

上下楼如果是污秽场所，办公室夹在不洁之地中，则代表办公风水容易受污，对经营、决策非常不利。

七、办公室的大门 ☯

自古显贵之家被称为"高门"，卑庶之家则被称为"寒门"。办公大门是出入口，影响着公司、企业的兴衰成败。大门是整个办公室空间最直接、突出的标志，在人们心目中，甚至只要观其门便可判断其内。所以，办公室大门被赋予了重要的意义，它展示着办公室的规模、社会地位、财富和权势。

"门第高低""门庭兴旺""光大门楣"等成语就是对大门与屋宅关系的形象比喻，这样也就决定了办公者要对其大门外观的修造投入很大的精力，以显示公司的实力。当然，并非把大门修建得高大豪华就好，出于传统思想的中庸之道以及安全方面的考虑，应避免办公室大门在视觉上过于突兀。《黄帝宅经》以"门大内小"为避讳的"五虚"之一，而"宅大门小"则属"五实"之列。因此，办公室并不应刻意追求徒具其表的"高门大院"之势，而应在大门的尺度适宜、形式优美、做工精细等方面用心，从而可见企业的道德追求和价值取向。

🦁 1.办公楼门位和门向的重要性

"乘气而行，纳气而足"是用来形容调和天、地、人之间的一种抽象概念，因此，"纳气"是相当重要的一个原则。

从两个成语就可以看出大门的重要性，一是"门庭若市"，二是"门可罗雀"。这两个成语都有"门"这个字，前者表示生意兴隆，后者表示生意萧条。大门是任何建筑物的纳气之口，所以大门的方位最为重要。如何使大门纳入生旺的财气呢？那就要看大门的门位和门向了。

一般来说，大门开在一栋房子的正中间才是正常的。但若以通俗风水来讲，左青龙、右白虎，所以大门最好开在左边，也就是人在屋内时向着大门的左方，人在室外时向着大楼的右边。

大门不可面对岔路，也就是说一出门就看到两岔路冲入门内，这种交叉的气场会影响主人的决策和判断，正常情况应面对横过的路。

大门不可面对死巷，否则气流会受阻，不顺畅，容易聚积浊气，对健康有不良影响，且事业上象征没有出路、没有发展。

2.办公室大门与行业的关系

由于大门与行业相关，因此从五行方位来看，有以下的朝向可供选择。

五行属金的行业：

五金首饰、珠宝金行、汽车交通、金融银行、机械挖掘、鉴定开采、司法律师、政府官员、职业经理、体育运动等，宜坐西向东、坐东南向西北、坐东向西、坐西北向东南。

五行属木的行业：

文化出版、报刊杂志、文学艺术、演艺事业、文体用品、辅导教育、花卉种植、蔬菜水果、木材制品、医疗用品、医务人员、宗教人士、纺织制衣、时装设计、文职会计等，宜坐西向东、坐西北向东南、坐东北向西南、坐西南向东北。

五行属水的行业：

保险推销、航海船务、冷冻食品，水产养殖、旅游导购、清洁卫生、马戏魔术、编辑记者、钓鱼器材、灭火消防、贸易运输、餐饮酒楼等，宜坐南向北、坐北向南。

五行属火的行业：

易燃物品、食用油类、热饮熟食、维修技术、电脑电器、电子烟花、光学眼镜、广告摄录、装饰化妆、灯饰炉具、玩具美容等，宜坐北向南、坐东向西、坐东南向西北。

五行属土的行业：

地产建筑、土产畜牧、玉石瓷器、顾问经纪、建筑材料、装饰装修、皮革制品、肉类加工、酒店经营、娱乐场所等，宜坐南向北、坐东北向西南、坐西南向东北。

3.开偏门可以补运

办公楼不走旺运时，如空间允许，

可以开偏门以达到抢运、补运的功效。然而，开偏门要适当，只可开一个，切记不可开太多。因为偏门太多，对财运不利。

4.办公楼大门对面的景观

办公楼大门附近不要对着烟囱，因为烟囱是排废气之物，每天进出大门看到废气，心理上会不舒服。若是风将废气吹进来，被人吸进体内，更会影响身体健康。

办公楼大门旁边不可有寺庙、教堂等宗教建筑，因对方属清气会影响生意。如果办公楼大门正对其他楼房的大门，而自己的又比对方的小，则属不佳格局。解决方法是在自己的办公楼大门前架一个帆布雨篷。

5.办公楼大门入口的三种形态

(1)葫芦口

形如葫芦，外小内大，既可有益吸纳外气，又可确保财气内蓄而不失，适合已经有一定发展基础的公司。

(2)畚斗口

大口展开，形如畚斗，将外气大力扫入，利于突飞猛进，适合刚刚起步创业、希望一蹴而就的公司。

(3)平行口

大门与内部空间平行，适合运势平平、无意开拓的公司。

6.办公楼大门入口四大忌

(1)门冲

公司大门正对着内部办公室的门，是风水上的冲，气流易直冲而进。当然更不可一进大门就正对着厕所的门，这是最坏的格局之一。

(2)电梯吸气

大门如果正对电梯，电梯上上下下，一开一合，将公司之气尽数吸走。同时也容易分散员工的精力，自然也会影响到公司的运势。

(3)穿心剑

大门如果正对走廊或通道，则形如利剑穿心欲入，这样的格局叫穿心剑。如果办公室内部的进深小于走廊的长度，则为祸最大。解决之道是内部装上屏风

以收改门之效，才能得以缓解。

(4)隔角煞

站在办公室大门看出去，外头正面一半是墙壁，一半是天空，像一片刀砍过来，这就是常说的"隔角煞"。从心理上而言，办公室大门有被迎面切成两半的不良感觉；从气场上言，两半气流完全失衡，此格局大凶，对健康、财运都不利。

办公室若是遇到大门正对着对面屋角，最好的改动方法是将大门略为向龙边移动，避开隔角煞。若是无法如此移动，则应该改动一下大门的角度，以避开角煞。

7.办公大楼门的颜色

大门风水首重纳气，而门面的颜色也非常重要。从五行生克制化的角度来研判，办公大门最忌水火两种极端色，即红、蓝、黑色，此三色均象征易招阴、惹祸、退财。而与五行合一的中和色彩，如黄、灰色则最为理想，主吉祥平安，又有利财运。

8.办公楼大门的材料

办公楼的大门要采用厚实的材料，不可用三夹板钉成空心大门。门框若有弯曲要立即更换，否则会影响财运。大门不可有路冲，即常称的"直路空亡"，是指大门正对着一条大路，此表退财。从气场的角度来看，正对着路的大楼易受气场直冲。大门正面的外观不可呈现凹凸不平的设计和装潢，否则会对办公风水产生不良影响。

9.办公楼大门的其他禁忌

大门前面不可有高长旗杆，也不可正对电线杆或交通信号灯杆，因为这会影响人们的脑神经及心脏。大门前方如有巨石，则会加强阴气而使之进入门内，影响大楼内的人。大门前不可有藤缠树，也不可正对着大树或枯树，因为这不仅会阻挡阳气的进入，加重湿气，不利健康和财运，而且雷雨天时易招闪电，所以大门正前方不可有大树。

但大门外两旁可以种树。若要种树就一定要保持枝叶茂盛，不可令其枯黄，也不可有蚁窝，否则对事业大不利。

若大门有冲电线杆、小巷、大树、对面墙角等无法改变的环境时，就必须找专人来变更。要配合大门景物及实际状况，适当安挂八卦镜或凹凸面镜等来挡煞气。

原则上，若是要冲消对方之气，宜挂凸面镜；若是要吸纳对方之气，宜挂凹面镜；若是冲上死巷、深谷、近山、河流、岔路，最好是异地为宜。

大门前不可有臭水沟流过，门口地面也不可有积污水的坑洞。从现代观点而言，大门宛如一个人的颜面，如有污水，既给人肮脏的感觉，又影响形象，自然对财运不利。

有的办公大楼在大门口两旁设有两盏灯，这对风水是有帮助的，但是必须找出最佳位置及高度来设置才好。平常要注意夜间灯泡不可熄灭损坏，若不亮就要即时检修，不可只留一盏灯亮着，因为这在风水学上属不吉。

有些办公大楼为了保持凉爽，常在门墙上种大量爬藤植物，这是不利的象征。

现在办公大楼的大门，流行采用大面玻璃墙，有的是透明玻璃，有的是暗色玻璃。若行业是流通事业，则用透明玻璃较佳，如是汽车展示场，透明玻璃也会带来极佳的广告效果。若是一般的办公室，则不可用透明玻璃，最好是贴上汽车玻璃用的反光纸，或换用暗色玻璃。总之，不要让人在外侧看到室内情形为好。

小贴士 Tips

"风水"一词的来源

传说，"风水"一词是由郭璞（公元276~324）在他所著的《葬经》五一书中首先使用。这本书所写的几乎全部是有关阴宅风水的内容，包含了风水学的大部分基础。人们有时称郭为风水之父，据传他还写了一系列风水经典著作，其中一本名为《九天神女示海角》。郭曾被当时的皇帝召见，为其勘测灵寝。

第三章

办公室内部风水

　　办公楼是工作的地方，是耗费脑力的场所，同时也是运筹帷幄、决胜千里、创造财富的地方。

　　办公空间的内部布局，如通风、采光、纳气、排污等，对办公人员的影响非常直接。布局和谐的办公空间对办公人员的财运、仕途有重要的帮助作用，所以，办公楼的内部风水布局要小心谨慎，万不可马虎大意。

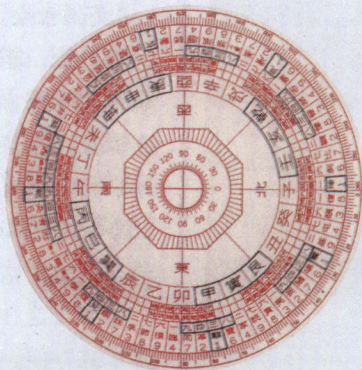

一、办公室的户型与布局

选个好的办公地点，在考察了外围环境之后，接下来要看的就是它的户型。办公楼的户型以及格局影响着这栋办公楼的通风、采光、纳气、排污等，也进而对办公人员的生活、事业以及健康等产生重大影响。

《撼龙经》云："山水广大，出度量宽宏之人；山川狭窄，出胸襟狭隘之人。"办公楼内部的环境其实就如山水，深刻地影响着办公人员的情绪与心性。在格局宽敞明亮的办公楼内工作的人，心胸宽广、思路开阔。相反，在格局怪异的办公楼中工作，会使人变得脾气暴躁、性情怪僻。因此，办公楼的内部格局与事业、财运息息相关，大意不得。

好户型就是要布局合理、清爽宜人、明朗宽敞，能够让人在知觉、视觉、嗅觉等各项感官以及心理感觉上有一个好的体验，在其中办公能有如沐春风的感觉。风水讲究方正，所以四方宽敞、布置协调的格局是选择办公空间的上乘之选。办公楼格局首选是正方形或纵深的长方形，这种格局实用率高，摆放家具也非常方便，并且容易满足通风、采光等要求，居住其中会令人思路明晰，心平气和。而不方正的办公楼则给人一种局促不安的感觉，而且容易引起工作不顺畅，三尖八角的办公楼户型更是不理想。

1.办公室户型十不宜

(1)锯齿形

户型呈锯齿状，前凸后凹，很不规则，这种户型在现实中有很多。从风水角度上来判断，这种户型的办公楼具有凶煞，表示公司运气反复多变、不适宜作为办公的理想场所。

(2)三角形

三角形就是属于三尖八角的户型，内部全为锐角，最不易聚气。

(3)长枪形

办公楼户型如同长枪，直入直出，最不易聚财聚气，也是种凶局。

(4)曲折形

户型反复曲折，奇形怪状，如同迷宫。此户型代表公司财来财去。

(5)走廊形

办公楼户型完全是个大通道，不宽，但很长。此户型代表公司福气薄弱，也不利于公司员工之间的交流。

(6)钻石形

带有许多锐角或钝角的办公楼，名为钻石形，其内部存在许多冲射之处。此户型代表主公司内部不和。

(7)半弧形

这种格局把办公场所切成两半，既不利于员工间协调沟通，又不利于身体健康。

(8)T字形

T字户型如跷跷板，两头重，中间轻，这种户型会令办公者觉得在此环境中工作，容易人心飘荡、凡事不稳。

(9)菜刀形

曲尺形的办公楼户型平面上像一把菜刀，在风水理论中也认为户型有凶相，不宜使用。

(10)回字形

回字形的户型容易导致室内气循环，不能与外界直接交换新鲜空气，就好像与世隔绝一般，致使在工作上孤立无援。

2.影响内部办公环境的三要素

(1)办公家具

人体工程学理论为家具设计提供了科学依据。不仅在家具的尺寸、曲线等方面更符合人体的尺寸与曲线，而且还考虑到家具的造型、材质运用以及色彩处理对人的生理和心理的影响，使办公家具设计更为科学合理。

(2)色彩

家具的色彩与空间界面的关系，常常是物体与背景色的关系。利用家具的色彩来扩大或缩小人们的视觉空间，也是改变空间感的方法之一。如要使空荡荡的房间充满生机，可选择或局部选用一些暖色调的色彩，以造成充实的空间感受；在相对狭小的房间里，可选用浅色、白色或冷色基调的家具，以扩大视觉空间感。

色彩在以不同的形象、位置、面积

出现时，它所起的作用是不同的。一般来说，在设计时应注意避免使用色值相等的、相互排斥的对比色，宜多用对人的生理、心理起平衡稳定作用的调和色，但也可用对比色来活跃气氛。

(3)档案管理系统

档案管理也会成为影响办公环境的一大要素。原因很简单，当工作人员不能够很好地利用空间，将繁杂而多样的各类文件管理好时，势必就会使工作逐步陷入混乱的境地。因此，学会充分利用空间，使空间发挥最大的使用效率，这也是现代家具设计所追求的目标之一，使用文件储藏柜以及各式办公家具是办公档案管理常见的手法。

3.现代办公室布局的三大方向

从办公楼的特征与功能要求来看，现代办公室布局有三大基本方向：

(1)秩序感

办公风水的秩序感，是指形制的反复、节奏、完整和简洁。办公楼设计也正是运用这一基本理论来创造一种安静、平和与整洁的环境。秩序感是办公楼设计的一个基本要素。要达到办公楼设计中秩序的目的，所涉及的面很广，如家具样式与色彩的统一、平面布置的规整性、隔断高低尺寸与色彩材料的统一、天花的平整性与墙面的装饰、合理的室内色调及人流的导向等。这些都与秩序感密切相关，可以说秩序在办公楼设计中起着关键性的作用。

(2)明快感

办公环境明快是指办公环境的色调设置干净、明亮，灯光布置合理，有充足的光线等，这也是由办公楼的功能要求决定的。在装饰明快的色调中工作可以给人一种愉快的心情和洁净之感，同时在白天还会增加室内的采光度。

(3)现代感

现代许多企业的办公楼，为了便于思想交流，加强民主管理，往往采用共享空间设计，这种设计已成为现代新型办公楼的特征，它形成了现代办公楼新空间的概念。

现代办公楼设计还注重于办公环境的营造，比如将自然环境引入室内，塑造一派生机之感，这也是现代办公楼的另一特征。

现代人机学的出现，使办公设备在适合人机学的要求下日益完善，办公的科学化、自动化给人们工作带了极大方便。所以，在设计中充分地利用人机学的知识，按特定的功能与尺寸要求来进行设计，这也是现代办公设计的基本要素。

4.办公室如何安排才理想

通常在一个室内空间中，在分配房间的原则上，应配合龙边和虎边，即是将办公楼内部分成左右两边。属龙的半边宜设董事长办公室、业务部、财务部等，其他部门则设在虎边。

可能会看到有的企业老板（领导人）总是神定气闲、恬淡无为的样子，但是事业仍然蒸蒸日上。这是因为一切事务都能在制度规章正常运作中完成，领导人只要运筹帷幄，便能掌握巨细靡遗，不必事事躬亲。

相反，有一种领导人事必躬亲，每天忙得焦头烂额，但仍然无法将事情处

理得完善，这可能是由于制度不完善、规章不良、行政运作不顺所致。从风水学观点来看，整个办公室空间的安排是否合理，也可能会造成前后两者不同的效果。

从风水的原理来看，宇宙天地是有秩序、有规律的运行的，只要空间的安排适当均衡，便能顺利运作，正如孔子所说："天何言哉，四时行焉！"依据企业机构组织原则，在空间安排上，应将老板（主管）座位安排在最后面的位置，才会有领导的架势和权威，领导能力才能发挥。主管不宜在员工前方，或房屋前方。

5.家居化布局

如果希望让自己的办公室看起来不像工作场所，那么就可以把电脑、传真机、打印机、扫描仪等其他电子设备放

在一个漂亮的壁橱里，或者不使用它们的时候用布罩住，这样办公室才显得干净。为了保持办公室整洁干净，可以购买各色的容器、杯子、篮子、盒子安放纸张和文具，不要零散地到处摆放，还要放置一个档案柜。关上档案柜门，办公室就不会显得混乱，看起来也比较顺眼。还有一种选择是购买有轮子的档案柜，可以在不用的时候把它放在储藏室里。

(1)金属用品尽量少用

现代办公楼大都是使用中央空调系统，办公室用塑料屏风做隔间，也流行使用铁柜、金属办公桌，并配合电脑、传真机、影印机等多种事务机器，使得室内金属制品很多。其实这是极不符合健康的办公室布局，因为金属制品易导电及感应磁场，使室内磁场变得很杂乱，容易干扰脑波，使身体不适，对工作会有影响，家居式办公就应该减少使用金属制品。

从事静态工作都离不开桌椅的配合，所以办公还要注意选择适宜的办公家具。办公室内应该使用木质办公桌，不仅格调高雅，而且有益健康。办公桌上应该有足够的空间安放电脑、电话、文件以及其他个人物品。

(2)办公桌椅的形态

办公桌与工作环境及工作心态息息相关，一张稳定舒适的桌子会带给办公人员信心，而一张混乱的桌子则能导致使用者焦虑和缺乏自信。倘若一个人每天都使用方正的办公桌工作，其处世原则必然刚正不阿。有边柜、中空并且组合严谨的办公桌，能够带动使用者的事业心。应尽量避免使用尖锐棱角的矩形办公桌，椭圆形的办公桌则比较好。

二、办公室装修注意事项

选好了一个当旺的办公地点，接下来就要进行办公室的装修了。在装修时，有很多事项需要注意。在这一节中，我们将介绍一些办公室装修的风水常识，如办公室通道、内部楼梯、茶水间、卫生间应该怎样布置，有哪些宜忌等等。

1.办公通道不宜阻塞

办公楼的通道宜通畅无碍，有些办公人员由于疏漏粗心，常会摆设一些杂物塞得通道水泄不通，此象征公司运势窘困、财源阻塞、沟通不良、行事费力，严重者影响事业的发展。

走廊作为连接办公楼间的通道，作用非常大，但是办公楼的走廊只宜局部，不可贯穿全屋而将其分为两半，否则也是凶相。

2.办公室内部楼梯

作为一种公共的设施，多个层面的办公空间分隔就要靠楼梯来衔接。楼梯具有承上启下的作用，它的方位、形状对内部布局有强烈的影响。首先，楼梯上楼时的走向应与宇宙螺旋场的运行相一致，以顺时针方向为宜，楼梯上下需要大小相同。

楼梯既可发挥通道的功能，是办公楼接气与送气的所在，也是很容易发生事故的地方，如果弄错方位，会给公司带来损害。

楼梯的理想位置是靠墙而立。楼梯一般有三种类型，一种是螺旋梯，一种是斜梯，一种是半途有转弯平台的楼梯。相对于斜梯和半途有转弯平台的楼梯来说，楼梯的第一个台阶位置在房屋中心还无碍，如果到达楼梯尽头的平台后是办公楼中心，就是大凶的格局。

楼梯是快速移气的管道，楼梯的坡度越陡，风水上的负面效果越强，所以楼梯的坡度应以缓和较好。在形状上，以螺旋梯和半途有转弯平台的楼梯为首选。另外要注意的是最好用接气与送气较缓的木制梯级，少用石材与金属制成

的梯级。

楼梯宜隐蔽，不宜一进门就看见楼梯。楼梯口及楼梯角不可正对办公楼的大门，特别是不能正对董事长及财务室的门，否则不利。前低后高是办公风水学上的准则，也就是说办公楼内格局要愈往内愈向上，若是进门便顺着楼梯一路往下走的格局，象征公司业务会走下坡。当客户进入公司后，不可有楼梯直接让他们走到高级领导的办公室，必须将客人留置在进门处，否则会不利公司经营决策。

如果说有可能，应尽量在公司大门外面设公用卫生间。在公司内部的卫生间，一定要装置大功率的排风扇，及时将每次使用后的秽气顺利排出室外，尽量保持卫生间内干燥、干净。卫生间最好不采用玻璃门。

如果办公楼分设有男女卫生间，就要遵循男左女右的布局原理，即在厕所门内的位置上向外望出，男厕在左，女厕在右。此为风水的伦理准则，一定要注意。另外，马桶应该靠墙，如果马桶处在卫生间的正中央，会破坏卫生间的整体和谐，还会带来不便。

3. 茶水间的布置

有些大型办公楼会设一间茶水间，供职员饮食和饮水之用。如果有炉灶，就要注意炉灶的朝向，最好的炉向是朝东或南，才对业务的发展有帮助。但最重要的是厨房和厕所要分开，不可相连。

4. 卫生间的宜忌

公共卫生间是私密性较高的空间，它所拥有的设备有洗手盆、抽水马桶等，并且在卫生器材的贮藏、配置上应给予充分的考虑。从基本原则上来说，卫生间是建筑的附设单元，面积往往较小，其采光、通风的质量也常常被"牺牲"，怎么样才能谋取卫生间布局上的平衡，是现代办公风水学要重点考虑的问题。

卫生间在风水上要求压在凶方，这在处理上是相对比较简单的。但要注意，切不可让楼上的卫生间压在办公室上，不然会产生许多不良后果。

办公楼的中心如同人的心脏至关重要，因此卫生间千万不要设在办公楼的中央，主要领导的办公桌不可冲卫生间。

因为建筑成本的关系，很多设计难以做到十全十美，尤其是对卫生间的布局上。如果办公楼里有较长的走廊，卫生间设在走廊尽头的话，一定要注意处理，不宜冲着走廊开门。

卫生间一定要有窗，最好是阳光充足，空气流通，才能让浊气更容易排出，保持空气的新鲜。因为空间规划的不合理，或者开发商为了追求利润的最大化，一些办公楼的卫生间开不了窗，也就是常说的"黑厕"，是一种不合理的布局。

三、开放式办公楼布置的16项原则

为了适应现代社会对信息流通的要求，不少办公楼的布局也开始强调开放式。在一个开放式的大办公空间里，不但有利于领导对员工工作进行监督，更有利于员工之间的互相交流，便于组织、管理和协调（开放式办公楼是指所有的人都在同一个大空间里工作，或者只有高层管理人员有私人的办公室）。

为了更好地利用空间，在开放式的办公室要遵循以下16项原则：

①选用一间大办公室，其采光、通风、监督、沟通都比选用同样大小的办公室好得多。

②空间宜采用直线对称的布置，避免不对称、弯曲与成角度的排列。工作流程应成直线，避免倒退、交叉与不必要的移动。

③相关的部门应置于相邻的地点，便于联系。

④将有外宾来访的部门置于入口处，若条件不允许，则应规定来客须知，使来客不干扰其他部门。

⑤将洗手池、公告板置于不会造成人员拥挤之处。

⑥主管的座位应位于部属座位的后方，以方便监督。

⑦使全体职员的座位面对同一方向，不可面对面。

⑧自然光应来自桌子的左上方或斜面后上方。

⑨勿使职员面对窗户、太靠近热源或坐在通风线上。

⑩可采用屏风当墙，因其易于架设，且能随意移动。选用平滑或不透明的玻璃屏风，可提供良好的光线及通风。

⑪装设充分的电插座，供办公室设备使用。将需要使用嘈杂设备的部门设于隔音之处，以避免干扰其他部门。

⑫常用的设备与档案应置于使用者附近，切勿将所有的档案置于墙角处。

⑬普通职员使用同样的桌子，既美观，又可使职员相互之间产生平等感。同一区域的档案柜与其他柜子的高度一致，也会凸显美感。

⑭档案柜应背对背放置，还可考虑将档案柜放置于墙角处。

⑮如有可能，应设休息区作为休息、自由交谈及用膳之所，最好能供应便利的休息设备。

⑯对未来的变化应加以预测，使布置随时适应变化。应预留充足的空间，以备大的工作负荷的需要。

第四章

办公室重要隔间风水

  任何事情都有主次、轻重之分，办公室的风水布局也不例外。当今社会的职业种类繁多，每个人的命局组合又不同，办公室风水布局自然也不是千篇一律。本章将主要介绍门厅、前台、办公区域、会议室、经理室、秘书室、公司经营者等办公隔间的风水布局知识。

一、门厅

公司门面是一种实力的表现，但这里所说的表现并非只是指装修的豪华效果，而是指整体感。保留一种完整的风格，是使客户保持一种均衡心态的好办法，这也是设计风格的一种趋势。多数办公室主人最希望办公室给予客户三种感觉：实力、专业、规模。

1.门厅是公司的第二门面

办公室的进门设计，会影响整个办公室的格局，因此必须加以仔细考虑。办公室门口就像一个关卡，其方位、摆设、设计会影响整个办公室的磁场，进而影响财运。进门时的左右墙角，是最显眼的位置，应该加以布置，如摆放艺术品、盆景、花瓶等，既可以美化办公室，又能提高工作效率。

门厅是纳气口的第二道关卡，就如同人的咽喉一般，为进出这个房子的转气口，是迎来与送往的重要部位，必须注重它的气势和气流的转动原理，以利内部的和谐。

门厅位置忌讳摆设凌乱，否则会显得整个公司制度乱无章法。也不宜有镜子往外照射，有的公司设有门厅镜，虽代表明镜高悬，可吸纳吉气，排除煞气，但这也有排斥客人的意味，故镜子不宜对外直照，侧照则无妨。在墙上悬挂吉祥字画，能带给公司祥瑞之象。

一个气派的公司必须设立一个迎客的门厅，用来吸纳旺气，这就如同伸出双手拥抱来者，表示一种热诚。进门的旋转门厅若有逼迫感，则于风水不利，所以必须改成宽敞明亮的门厅空间。

如同住宅一样，办公室的门厅是整个空间的纳气口，它的设计对整个办公室的格局会有决定性的影响，所以必须认真考虑。

2.门厅的整体设计

门厅的整体装修设计可以予人如下感觉：

加强公司的实力。通过设计、用料和规模来体现实力的形象化。

加强公司的团结感。通过优化平面布局，让各个空间既体现独立的一面，又体现团结的一面。

加强公司的正规感。这主要是由大面积的用料来体现，例如：600mm × 600mm的块形天花和地毯，已经成为一种办公室的标志。

加强公司的文化感。这主要是由设计元素的运用来体现公司的形象设计，形成公司独有的设计元素。

加强公司的认同感。这包括客户的认同感和员工的认同感。

加强公司的冲击感。这就是所谓的第一印象，它将在未来很长的时间内影响到生意伙伴对一个公司的认可度，进而影响到合作方的信任感。

3.门厅屏风的用法

想要趋吉避凶、催财旺财，就要将公司大门出入口的位置布在生旺之方。在公司入口处设屏风，亦讲究颇多。

《荀子·大略》云："天子外屏，诸侯内屏，礼也。外屏，不欲外也；内屏，不欲见内也。"顾名思义，屏就是屏蔽，风就是空气的流动，屏风是转换气流的重要家具，其作用形同影壁，可谓是活动式、可拆式的影壁，也是避邪的工具之一。

有些公司在入口处设有固定式屏风及接待员，如果不明就里，则有碍对外发展。如果为隐蔽性的考虑，倒不妨多利用花架屏风，或利用半矮柜种植常青植物，但切忌用人造花。

门在旺位、向旺方时，不要放置屏风，以免阻碍旺气进入。如有必要，可在进门的地方设个回旋式的门厅，作为进门的缓冲区。门厅可设计成低矮的花架屏风，上面放置植物盆栽，这样既美观，又可带来好风水。不过，要注意的是不能让植物枯萎。若玄关不设置服务台，则玄关处最好摆设圆形花瓶，以圆形之物来导气，能助旺气入局。

如果门向不好，就会接纳到不好的煞气，这时最好在门厅处设置一个流动的水景或鱼缸。因为水能转化磁场，将衰气转为旺气，所以流动的水景或鱼缸对公司整体发展有正面的助益。

门在当运旺位时，可放置一个较高的固定式屏风，使门口处形成一个缓冲区，屏风的气口转为旺向，这样便可以接纳到旺气。

小贴士 Tips

办公室的装修材料

人们在办公室装修时讲究美观，对装修带来的室内空气污染问题却未加警惕。装修时所用的材料如密度板、胶合板、刨花板、复合地板、大芯板及新家具等很大部分都是化学合成物品，这些物质会释放出有毒气体，如甲醛、苯、放射性等。

二、前台 ☯

前台服务区既显企业实力，又起着商业礼仪、人际交流、形象战略等作用。很多公司对前台的装饰极为重视，但为什么商业发展的结果却不尽如人意呢？其实，这与前台风水有很大的关系。

1.设置前台的必要性

办公室前门如果正对后门，形成直线通道，则违反了"藏风聚气"的风水法则。

出现这种情况，就应该设置有导气效应的前台，既可吸纳旺气，营造热忱的空间，又可挡煞，确保公司内部私秘性。

2.前台布局要得当

前台在风水学中属于明堂区，也就是聚气纳气之所。布局得当，自然生意兴旺、财源广进；布局不当，必然不利于发展。因此，要结合业主命理、坐向方位、地理环境以及从事行业等综合布局设计，这样布局才是成功的。其中，青龙、白虎、朱雀、玄武四灵布局非常重要。门口位要生旺前台，更重要的是门口位五行不能冲克业主，还有天花、地面、墙壁、梁柱及门外环境风水等都要布局得当，才是最佳的前台风水布局。

前台的位置，最好是面对大门，空间够大的话，就在后方设置公司标志，以显贵气。前台不宜设在入门的侧方，

因为侧方无法挡住外来杂气。气场以迂回为吉，直受之气为煞。公司前台可过滤不必接见的客户，侧置的服务台因为直穿入室的关系表现会较弱。如果门厅没有设服务台，最好在门厅位置摆设一个圆形花瓶，以圆形之体来导气，必能帮助入口处气场的运行。

3.前台的设计风格

前台是体现公司形象的门户所在，客户和生意伙伴的第一印象就从前台开

始，因此前台的装修绝对不能应付。宜将它设置在象征美丽、光明的南方，并尽量用红、紫色来装潢。千万不可用三角形的饰物。

办公室的整体风格可从前台初见端倪，设计前台最重要的是风格的选择，不同风格的前台除设计因素以外，材质的使用影响最大。其中，最主要的是材料在使用上的细腻程度。根据行业和面对客户与生意伙伴需要建立的印象不同，一般有以下几种装修风格。

(1)稳重凝练风格

这种装修风格适合老牌的大型外贸集团公司，目的是让客户和生意伙伴建立信心。从装修特点上来看，较少选择大的色差，造型上比较保守，方方正正，选材考究，强调高雅和尊贵气质。

(2)现代风格

普遍适用于中小企业。造型流畅，运用大量线条，喜欢用植物装点各个角落，通过光和影的应用效果在较小的空间内制造变化，在线条和光影变幻之间寻找对心灵的冲击。

(3)超现实风格

适用于新兴的电脑资讯业、媒体行业。装修设计不拘一格，大量使用几何图案和新式装修材料作为设计元素，明亮度对比强烈，凸显公司新产品的特征和创新科技的氛围。

(4)创意风格

适合艺术、工艺品、品牌公司。造型简洁，用料简单，强调原创的特征，尽量不重复，在造型上具有唯一性。

(5)简洁风格

一般适用于小型公司和办事处。简单进行装修和装饰，强调实用性和个性。

前台不管选择哪种风格，都必须要全面考虑，不能与办公室的整体风格格格不入，不能简单地从引人注目或是朴实入手，而是要寻求一种整体的和谐美。

三、会议室

会议室是能够提高公司向心力、凝聚人气的重要地点，是群策群力进行重大决策和体现公司民主的地方，也是公司里人气最旺的地方，因此，会议室的风水非常重要。

1.会议室的位置

会议室是一间公司里人气最旺的地方。一般来讲，会议室有一个整体的互动关系。很多公司的会议室附带有样品展示的空间，既是会议室，又是样品展示间。所以，从大格局来看，宜把会议室设在公司的前部分。如：从外面来公司开会的人，不需经过公司内部就能进到会议室，这样公司的运作机密也不会有流失的顾虑。外面的经销商来公司谈判时，也能有个很好的谈判空间。

2.八种类型会议室的布置

(1)教室型

这种布置与学校教室一样，在椅子前面有桌子，方便与会者做记录。桌与桌之间前后距离要大些，给与会者留有座位空间。这种布置也要求中间留有走道，每一排的长度取决于会议室的大小及出席会议的人数。这种摆设还让参加者可以做笔记与参加小组练习。一般要求每个座位上放有垫，或者每个座位放置一个水杯。

(2)讨论会型

用两张长桌并列成长方形讨论桌的形式，一般有方形、圆形和椭圆形三种，多用于讨论会，也可用于宴会等。这种布置可以鼓励小组讨论，也能让参与者在活动中扮演主要角色。

会议桌上一般要求有台布，而椅子则应与台布接近。

(3)剧场型

此种形式对于大型团体的演讲以及全体会议较为适合。

(4)马蹄型

此种适合小型聚会，较不拘束的摆设让参加者能做笔记和参与小组讨论，能调动积极性。

(5)交叉型

此种布置能改善坐在会场后面参加者的视觉效果，并使其在训练中更有参与感。与参加会议的工作人员沟通，以确保场地要配合使用的布置。

(6)U形

很多小型的会议倾向于面对面的布置和安排，"U"形是较常见的，即将与会者的桌子与主席台桌子垂直连在两旁。

如果只有外侧安排座位，桌子的宽度可以窄些；如果两旁安排座位，就应考虑提供更大的空间来陈放材料。

(7)方框形

将主席台和与会者桌子连接在一起，形成方形或圆形，中间留有空隙，椅子只安排在桌子外侧。

这种布置通常用于规格较高、与会者身份都重要的国际及讨论会等形式。这种会议人数一般不会很多，而且不具有谈判性质。

(8)圆桌形

这种摆设形式在以与会者地位都平等的会议中使用会有好效果。圆形的自助餐式的桌子布置多用于有关酒会等与饮食结合在一起的会议，在中间的圆桌上可以放上鲜花或其他展示物。

自助餐式还有很多的变化形状，可根据具体场所来安排。

3.会议室基本设施的布置

(1)音响

音响系统是大多数会议室内所有视听设备的一种。音响必须保证声音逼真，所有与会者能听清楚。麦克风架和音箱是会议室最基本的音响设备，高质量的扩音系统是办好会议的关键，可以保证演讲者在使用时不出现声音失真或发出尖鸣等现象。当音响设备和放映设备一起使用时，音响和屏幕应放在同一地点。研究表明：当声音和图像来自同一方向时，容易增加人们的理解程度。

音响必须保证所有观众都能听清楚，要事先检查室内音响系统的质量和可调

性。音响系统通常能够将讲话声音传得足够大，但是有时候音响会出现问题，应提早解决或预防所有可能发生的问题。将一个大厅分隔成若干小间的通风墙通常不太合适，因为这样不能隔音。另外，要检查室内有无死角。

(2)讲台

讲台即演讲人的讲坛，可以放置文件和材料，并配上适当的照明。比较现代化的讲台有供演讲人调节照明和视听装置的控制器。

会议室应配有桌式、立架式和其他一些配有音响系统的优质讲台。讲台面应足以放置水杯和书写文具如笔、纸、粉笔和镭射笔等。走道要有一定的照明，防止演讲者被电缆和其他障碍物绊倒。讲台高度应适中，正面中央一般写有会议的名称，这样在新闻媒介报道尤其是电视转播时便于向社会宣传。

(3)幻灯机

会议室中的幻灯机，除了更换灯泡外，基本不需要其他的维修和服务。备用的灯泡、保险丝和延伸线应齐全。幻灯机可以两台同时使用，有时可用幻灯机配录音带播放，放音的节奏应与幻灯节奏一致。

(4)录像机

录像磁带在培训会议中广泛使用，这是声音与图像的一种新结合体。录像机能将演讲稿、事件等录下声音和图像，然后播放，并且可以重复播放。

(5)多媒体投影仪

多媒体投影仪是一种可与电脑连接，将电脑中的图像或文字资料直接投影到银幕上的仪器。其特点是：

一方面无须将电脑中的资料打印出来制成幻灯、胶片，再使用幻灯机、投影仪放大给会议观众看，从而做到节约成本，减少中间环节，使用也快捷。

另一方面具有动感，可以通过电脑播放DVD/CD-ROM，通过录像机放映录像带等。电脑中资料需要更改时，可使用电脑直接操作，如书写、画图、制表等，观众可以立即在银幕上看见。对于需要强调的部分可通过在电脑上进行局部的字体放大，提示与会观众。再者，多媒体投影仪体积小，搬运、安装、储藏方便。

但是，如果使用多媒体投影仪，则必须要有与之相配的投影银幕和电脑设备。在会议开始前，一定要做好电脑的连接与银幕的距离调试，保证投影效果清晰、不变形。因投影银幕的大小有限，多媒体投影仪不能使用于大型会议。

(6)VCD、LCD、DVD

用于放映光盘，取代录像机。自身体积小，操作方便，所放的光盘小而薄，可压缩进大量图文、声像信息，而且清晰、保真，制作价值也不贵，比录像带好携带。

4.会议室的光线

会议室的光线应较为明亮。除了在使用投影幕的时候需要较暗的光线环境外，其他时候明亮的光线更容易使参加会议者的心态放松。会议桌的设计应根据会议室的大小来搭配选择。一个大小适当并有一定活动空间的会议室，往往容易使客户的心理松懈，有利于洽谈。

5.会议桌的选择

布置好一间会议室能够使会议成功的举行。会议室的大小直接影响会议的气氛，而会议室的大小又取决于会议室的布置。

作为大多数客户必到的会议室，不仅要体现整体形象，而且要采用装修策略来减少对抗，为自己和生意伙伴创造愉快、放松的商务洽谈氛围，为商业洽谈的成功助力。

首先涉及到家具的设计问题。会议室的布置当然以桌椅的布置最为重要。会议桌的设计要尽量避开一种谈判的对峙布局，即便不可避免，也应尽量予以柔化。另一方面，注意为新的谈判元素预留位置，例如：投影幕、音响等，都是提高商业洽谈成功率的一种辅助因素。

会议桌的选择需要仔细考虑。圆形或者椭圆形的会议桌便于达成共识，启发创意和发挥团队精神。椅子的摆设方式能够鼓励合作和促进亲密关系，更能加强领导体系及权威。

如果将尖锐的桌角进行打磨处理的话，矩形或者正方形的桌子也能提高工作效率。U形会议桌让人们很容易看到

其他人，同时能为"U"字顶端的会议陈述人提供很好的聚焦作用。

在会议室的空间布局中，还应该考虑会议桌及座位以外四周的流通空间。根据人体工程学原理，从会议桌边缘到墙面或其他障碍物之间的最小距离应为1220mm，该尺度是与会者进入座位就坐和离开座位通行的必备空间。

除了选好会议桌之外，还要在会议室的角落里放上植物，打开窗户让新鲜的空气和阳光进来，在墙上挂设能启发人的艺术品以及公司取得的成就和相关目标的图表，以营造一个积极向上的氛围。

6.会议室的有关内容

(1)会议的筹划

从公司经营者到秘书，每个人都可能会参与会议的筹划，只不过有人是专职从事这项工作，有的是兼任此职。无论是专职还是兼职，最终结果是使会议顺利完成，他们的工作效率代表着主办单位或公司的工作水平。

会议筹划者的职责和任务是制定计划，确定必须要做的事项以满足会议的需要，并达到会议确定的目标。还要制定会议议程，布置会议场所，检查且比较各项设施安排事宜，制定可行预算或按既定预算安排有关工作。

召开会议是要达到一定的目的和目标，因此会议有各种类型，不同的会议需要不同的环境。

(2)会议目的和目标

确定会议的目的和目标、制定会议议程是会议的重心所在。会议的目标和

目的有以下范畴：培训、通知、教育、探讨问题、做决策、引入新项目或介绍新人员、激励、开发、展示、促进与改善、解决问题、讨论如何赢利和赢利总结等。

(3)会议的七大性质

销售会议：一般是为了宣布开始销售某种产品或销售期限，如季度销售会议或者是对前一个销售期间进行总结和表彰。

年会：可以是公司股东大会，也可是行业协会每年一次的会员大会。

产品发布会：是为了向专业群体和消费者介绍和推广某一新产品的会议。

研讨会：是为了提供信息和讨论该信息而举办的会议。研讨会一般让与会者相互交流并有意见反馈。

专业会议：是就某个领域的问题进行讨论、咨询和交流信息而召开的会议，一般包括主会和讨论问题、解决问题的小组会议。

表彰会议：是为了员工、分销商或客户的出色工作表现进行表彰、奖励的会议。

培训会议：一般要用少则一天，多则几周时间来开展培训活动的会议。这类培训内容高度集中，由某个领域的专业培训人员教授，而且通过培训要实现某些目的和目标。

四、员工办公区域

为了充分发挥个人的能动性及创造性，现代办公对格局"个人化"的需求越来越普遍。针对一些组织形式、工作方式较灵活的机构，办公空间的规划应考虑弹性发展和重组的需要，在工作单元的设计上应采取便于组装、整合、分隔的空间组织形式。

1.根据空间性质营造工作环境

这里所谈的"空间性质"是从人的行为和心理的角度来定义的。一个办公空间通常包容了一系列的行为，其中有个人行为，如阅读、思考、独自休息、等候等；也有群体行为，如会见、谈判、接待、协作等。要使空间充分地发生作用，就需要为不同性质的行为提供不同性质的空间，使空间的形式根据特定行为的需要而成立。人们在办公空间的行为，归纳起来主要涉及到两组性质的行为：流动与静止，离心与向心。

(1)流动空间与静止空间

流动空间与静止空间流动空间的尺度合理、路径便捷、无障碍、组织有序是保证机构办公效率的条件之一。在办公空间中，当各项功能分区明确、组织有序时，人们在办公环境中的流动是自然、流畅、目的明确的。流动与静止是相对而言的，静止空间可以说是流动空间的一个节点，在空间上的动静对比、一张一弛都能丰富空间，增强空间的节奏感，能调节对空间需求的心理平衡。静止空间的设计相对较为复杂，涉及空间界面的设定、空间视觉的独立性、空间布置的稳定感、空间内容的相关性等。

(2)离心空间与向心空间

空间设计中具有聚合力、能促进交往和交流的空间称为向心空间；不适合相互交往、交流，强调个人特性的空间则称为离心空间。

对于这些空间性质的认识，在日常生活中几乎人人都有所体会，例如：公共汽车站是过往客人等候乘车而短暂停留的地点，等车的人们往往互不相识，也不需要更多的交流，候车座位的排列方式和间距都倾向离心的设计；而走进咖啡馆却通常是相识的人们聚在一起，他们娱乐、交谈、结识新朋友，空间的设计必定要考虑向心的功能。

所谓离心与向心都是根据空间环境发生的人与人之间的关系来决定的。当人们不期望在某一空间中发生积极的交往时，空间设计应趋向离心的考虑，以免造成相互的尴尬和被动，如等待区、个人工作空间、资料查阅室等就需要排除他人的干扰。需要营造加强交流、鼓励交往的空间环境，空间设计则应趋向

向心性，如讨论空间、小组协作空间、娱乐空间等都需要积极的交流。从空间处理上来说，空间的闭合程度、稳定和舒适程度等都会影响空间的离心、向心性质，但起决定作用的却是空间布局所造成的人与人之间的位置及距离关系。

在个人办公空间、图书资料室、等候区等场所，人们可以较长时间停留，但不希望他人干扰，就需要一种具有离心性质的空间环境。因此，空间设计中在考虑人的活动尺度、行为方向、心理距离、环境形式等因素时，应从人的心理需求出发，营造一种相对独立、互不冲突、安静宜人的工作环境。

2.明确界定空间区域

所谓"空间区域"是指为特定行为提供的一个区域。空间区域的界定包括三种形式：一是被围合封闭具有独立功能的空间；二是没有围合封闭，但处于不同空间界面，具有明确功能分区的空间区域，如行驶车辆的道路与供人行走的路沿就属于两个不同的领域；三是既没有围合封闭，又处于相同空间界面，功能分区也较模糊，但由于空间设计上的某种暗示，形成了相对独立的空间领域，如大厅中地面图案和对应的天棚造型，就可以确定大厅的视觉中心位置等。

在办公环境中对某一特定空间领域界定的明确程度和界定方式，对引导视线、暗示心理、规范行为具有非常积极的作用。要使人们按设计的意图，进行自然轻松、严谨有序、互不排斥、互不干扰的活动，对不同功能的空间领域做出相应的空间界定，是满足空间行为与

心理的基本保障。

空间领域界定的常用方式，包括以地面的高差、材质、图案变化界定空间，以天棚造型、灯光布置界定空间，以墙立面的凹凸变化及装饰处理界定空间。

以地面界定出空间领域是常用的手法。它可以适当抬升或降低特定功能空间的地面，在材质、色彩、图案处理上有意识地与外界形成区别等。

以天棚界定出空间领域。天棚的造型和灯光设置会造成强烈的视觉效果，特别是灯光较为集中的区域，很容易界定出一个相对应的空间领域。

以墙立面界定出空间领域。在立面处理上为空间领域的界定提供了多种方式，如墙面线性装饰暗示了一个特定"面"的存在，而"面"的完整性取决于装饰元素的距离和延续的程度。这样的空间领域界定方式在心理上形成了界限，但又不影响视觉上的通透性和行动上的延展性。以垂直的两个立面所界定的空间领域，空间的轴线朝向两个开口，使不同的空间维度比形成了不同程度的流动感。L形组合的两个立面，界定出一个以对角线延伸发展的空间领域。U形立面形成半围合的空间领域，具有较强的完整性和稳定性。以四个立面围成一个向心空间领域，与外界完全分离，形成独立、完整的空间领域。

3.开放式办公室的布局之道

开放式办公室意味着所有的人在同一个大房间里工作，有的公司里只有高层管理人员有私人的办公室。在开放式的办公室里，个人没有决定办公桌朝向的权利，因为开放的办公室使用的是放置好的隔断和桌子，而且桌子还是面对面的。在开放式的办公室里要遵循以下原则：

(1)建立保护墙

应该在桌子上通过摆设电脑、灯具、植物和照片等建起一座保护墙来保护个人的空间和隐私。如果办公室很冷清，缺少活力，则应尽量添加些色彩、植物和可爱的形象，把这些东西放在眼前，让它们激励并且保护自己。

(2)细节布置

必须要清除办公室里所有无用的物品，为工作创造前进的动力并且刺激新鲜的感觉。把全新的计划放在红色的活页夹和笔记本里，可加快目标实现的进度。

勤清除杂物，如：擦掉桌面上的灰尘，把文件、办公用具放在合适的位置；定期清理所有的抽屉，把钢笔、铅笔、橡皮、剪子和纸夹有条理地放进抽屉里；及时修理破损的物品，净化箱柜书架和壁橱，只保留手头有用的文件和计划，不经常用到的东西放在办公室之外保存起来；把纸张、记事本和手提电脑整齐地放进公文包里。

4.员工休息区的布局

如果公司条件允许的话，可以在办公楼里留出一块员工休息的地方，增加几把沙发和咖啡桌，创造一个舒适、轻松、自由的休息环境。

休息区的设置也体现了以人为本的企业文化和企业对员工的关怀。员工把公司当作家，公司也要把员工的休息区域布置得舒舒服服，让他们在忙碌的工作之余有个放松心情的地方。

休息区要尽量布置得温馨宜人，可以把绚丽的花朵以及相关的专业书籍放在休息区，但不要把休息室的壁橱或者书架装得满满当当，过度利用反而会使房间显得拥挤。有条件的公司还会专门开辟出一个地方，设计成一个轻松的吧台，作为大家早餐和下午茶的区域，并提供饮品和小点心。就算空间很有限，也不妨在阳台上搁几把有靠背的舒适椅子，给办公空间留一个透气的位置。

需要注意的是，员工休息区要设在相对隐蔽的地方，不要直接面对办公区域，因为休息室的气氛相对来说比较放松，与办公区域严谨的工作状态刚好相反。

5.一般座位布置宜忌

办公室是事业营运的最重要的地方，办公室的布置摆设与气氛关系公司事业发展。有的人每天一进办公室，精神抖擞，心情愉快，工作效率高。有人一上班便萎靡不振，烦躁不安，或抑郁不乐，凡事杂乱无章，理不出头绪。这种现象，除了与个人的工作能力、做事态度或公司经营理念及管理方式等因素有关外，与办公室的风水和布置安排是否理想也有很大关系。

(1)座位周围的环境要整洁

办公场所和居家一样，都必须有一个整洁的环境，良好的环境才能让四周的气场顺畅，才能有好的财运和事业运。所以，如果发现座位四周有堆放杂物、放置垃圾箱或出入的动线不顺畅时，应该将环境整理干净，或者在放置垃圾箱的位置摆一些绿色植物等来转化气场。

(2)座位上方无压梁或吊灯

长期坐在横梁或吊灯的下方，会受到下压气场的干扰，容易造成心神不宁、头昏、工作上出差错，严重者有损健康。因此，办公桌若刚好在横梁或吊灯下则要特别注意，若压头顶则要立即将桌位挪移避开。

(3)座位不可正对大门

大门是一间办公室的进出口，所以气场的对流最旺盛。除前台外，如果座位正好对着大门，就会受到气场的影响，思绪会变得紊乱，情绪也会不稳定。座位正好对着大门者，可以将座位往旁边挪移一些，若不能移动，便可以在座位前用屏风或资料柜遮挡。

(4)座位不宜被电器包围

现代科技发达，各种电器电子产品如空调、电视机、电脑等为工作和生活带来许多便利，但这些电器在使用的过程中会产生强大的电磁波和场波，这对人的身体健康有很大影响。应该尽量避免与之靠得太近，更不能被诸如计算机、复印机、传真机和冷气机等大型电器团团围住。

(5)不宜背门而坐

将办公桌与门正对摆设，人背门而坐，这是办公桌摆设的第一大忌。门是人进入的必经之处，也是办公室的气口，人如果长期背着门而坐，身后又时常有人走动，易在心理上造成不安全感，长此以往就会导致思绪混乱，影响决策，不利事业。

(6)背后要有靠山

办公桌后最好要有墙一类的依靠，因靠山支持力大，行事稳当，后继力足；如坐后空虚，则往往形成心神不定、身体虚弱、人事稳定度不足，甚至严重地影响到在公司的发展空间。座位后面如果不是墙壁，那么应该尽量配置固定不动的桌子、矮柜作为依靠。

(7)座位前方要开阔

办公桌前方正面要开阔，不可逼仄，这样在公司的前途才开阔。如果是面对墙壁，前途也会像被墙壁阻挡一般，运气无法展开。

如果座位前正好是公司人员进出之路，那么这种来往流动的气场，就会干扰到磁场，让人精神不集中，久了会感到心浮气躁。

(8)座位忌大镜子照射

现代建筑经常用玻璃幕墙作为外立面，这很容易产生光污染，也是最厉害的光煞，被照射的办公人员会出现很多不吉之事。如果办公座位被镜子照射，久而久之就会发觉自己经常头晕眼花、思维混乱、睡眠不好等毛病。所以还是避开为妙。

(9)座位正面不对柱

座位的正面如有柱子，也属不利。

(10)座位不宜距门太近

如果座位安置在门边，办公效率会比较低。办公室内职位越高的要离大门越远，普通职员也不宜距大门太近。依照职位高低做相当的调整配置，争取将座位移到后部。

(11)座位不冲门和路

办公桌冲到门或路，在风水属大不利。办公桌的正、侧面最好不要是走道，因为这样的室内路冲也会有不良影响。座位后面也应该无走道，桌后有人走动，会心神不宁，影响工作效率。

(12)办公桌后不宜靠窗

办公室有窗，既可以采光、通风，又可以欣赏美景，但办公桌的摆放要考虑到与窗的关系。办公桌的左边宜有窗，这样的摆设既可以一边欣赏美景，一边工作，又可以有充足的光线，利于工作效率的提高。办公桌的后面不宜有窗，因为窗外的光从人背后照射，得到的是背光，背光有碍视力。而且背窗而坐，得不到坚实屏障的依托。

(13)不宜坐在走道的窗边

如果将办公桌摆设于走道窗下，就等于将办公桌置于煞气之下，不但会纳入来来往往的杂气，还会有行人的脚步声、喧哗声以及其他噪音一类的声煞干扰工作。如果需要研究公司的机密事件，还会担心有闲杂之人窥视，在这种靠近窗口的办公桌上工作，自然会安不下心来做事。

(14)窗外不能冲大楼的墙角

如果在窗外正好能够看见其他大楼尖锐的墙角向自己冲射过来，这就是所谓的角煞。无形中会受到煞气的干扰，造成能量的流失。

(15)座位不对切角

座位不可被不对称的走道及座位切到。如果坐在这个地方办公，会不顺利。

(16)座位不正对着主管

主管象征着权威，员工在面对主管或老板的时候，情绪往往会处在比较紧张的状态，如果长期与主管对桌而坐，一定无法集中精神工作。

(17)座位前方最好无人

如座位前方也有人面对面而坐，同样会没有自己的隐私空间，不仅会造成彼此的视觉冲突，还会因分散注意力而影响工作。遇到此种情况，最好的解决办法是两人之间用盆栽或文件隔开。

(18)出入的动线不宜有阻碍物

座位的出入口代表对外的联络通道，如果出入线摆设太多的大型物品，不仅走路不方便，而且会导致工作和人际关系不顺利。

(19)座位不设水龙头

有水流出来的地方，就会影响气场，因为水本身能聚气，也能扰乱磁场，最好是避开。

(20)座位上方宜光线充足

座位上的光线如果太弱，会造成阴气重，久了会让人怠惰消极，容易悲观。

(21)座位前方不能紧贴墙壁

人的眼睛要捕捉比较多的信息，如果座位太贴近墙面，由于缓冲区不够，就会看不见四周的人、事物，就会造成潜意识的不安。

(22)座位不能正对厕所门

厕所是秽气聚集之地，厕所门就是秽气排出之处。长期坐在厕所门附近，或正对着厕所门的人，会因吸收过多的秽气而生病。如不能避免，便可以在厕所和座位间加装一道屏风或大型阔叶植物，而且厕所门也必须保持关闭。和厕所一样，垃圾桶或杂物堆也是秽气的来源，避之则吉。

6.办公桌上不宜摆设的三类物品

为了使工作更有效率，办公桌上应尽量避免不必要的摆设，应该将不必要的东西收进抽屉内，保持桌面的整洁。

桌上适当地摆设小装饰品可以稳定工作情绪，如摆上几张家人或朋友的照片、有励志小语的纸条或饰品、一个小盆栽等，都有激励人心的作用。但是切忌在桌上摆放以下几种物品。

尖锐的金属饰品：金属的尖锐部分会让人产生很大的压迫感，在不知不觉中让人情绪紧绷，还会使自己消耗掉许多能量。

枯萎的盆栽：植物象征着人的生命力，越是欣欣向荣，人的运势就会越发达。如果植物开始枯萎衰败，就应该立刻丢掉，否则会影响到运势。

藤类植物：室内的植物以阔叶类为主，因为叶子大既可以挡煞，又可以吸收天地的能量，如绿萝等就可助旺风水。而小叶或是会缠绕的藤类植物，基本上都属阴，会吸收能量，最好不要摆设。

7.企划人员宜坐文昌方

一个公司从事企划工作或设计的规划人员，其工作性质都是创造发明、突破现状、开发新产品或创作新作品，随时要有新创意、新点子，这类工作人员的办公室可以安排在文昌方或属于气的

卦位上。

每个办公室都应依照八卦九宫方位的安排，配合房屋的坐向，安排一个文昌方。在阳宅风水学上，文昌方五行属木，为绿色，代表智慧，影响读书升学的运势，也影响名誉、形象等。所以这个位置最忌讳作为厕所，因为厕所的污秽之气对文昌星不利。古人认为污秽文昌，就象征与科举考试无缘；而现代工商企业如果污秽文昌，就可能损害公司的名誉和形象。

一般住家的文昌方最适宜用作书房或小孩房，而办公室则适宜用作企划、设计等具有创造性的空间，有利发挥智

小贴士 Tips

不同功能间的风格设置

办公空间中的办公室、会议室、接待室由于使用功能不同，环境氛围和风格要求也不一样。一般办公室要求简洁、大方、整齐统一；会议室要求严肃、稳重、明快；接待室要求隆重、亲切、宽松。

慧，展现才华。

依据房屋的坐向方位，这里列出适合作为企划等性质的工作位置供参考：

坐北朝南（坎宅）以东北方（艮卦）、西方（兑卦）为宜；

坐南朝北（离宅）以南方（离卦）、东南方（巽卦）；

坐东朝西（震宅）以西北方（乾卦）、西南方（坤卦）；

坐西朝东（兑宅）以西南方（坤卦）、东北方（艮卦）；

坐西北朝东南（乾宅），为东方（震卦）、南方（离卦）；

坐西南朝东北（坤宅），为西方（兑卦）、北方（坎卦）、

南方（离卦）；

坐东南朝西北（巽宅），为近中宫位置及北方（坎卦）；

坐东北朝西南（艮宅），为北方（坎卦）、东方（震卦）、东南方（巽卦）。

当然，这些位置也可以安排作为顾问或咨询、会议等性质的空间使用。

8.业务先锋迎纳旺气

每一个公司、机构经营类别性质不同，对于办公室应依其需要规划隔间，也要依照工作内容等作不同的安排。如老板、主管，最好有独立空间，一方面可保持商业机密，也能有个安静空间，运筹帷幄，思考决策。其他员工可以视情况作适当安排。

一般而言，业务人员是公司推展业务最先锋，直接面对顾客。正如军队的先锋部队，时时要面对肉搏之战，必须随时保持旺盛精力，蓄势待发以备战。

在办公室位置的安排上，便须摆放在最前线位置。

通常业务人员的办公位置，系安排在公司进门口附近位置上，如果公司设有客人接待处所，应规划在一进门口的位置。如开中央门时，即以中央前端接待处，客厅犹如人之颜面，在风水学上称为内明堂，位置对错，有关公司人气衰旺、财源财运。客厅的桌椅安排也是一门学问，原则上椅子或沙发应面对门口，坐下来后可以面对门口进气，最忌讳背向大门。

业务人员既然为先锋部队，其位置便应安排在接近门口或客人接待处相联接的位置，接近顾客较容易。如果需要经常走动出入，也不会影响其他部门。当然需要时，也可以在面临门口或接待处，摆设矮柜台以作区隔，以便工作顺利进行。

一般业务工作性质较属动态，各种宅局不同，可以作不同位置的安排，如：宅局坐北朝南，可以规划设置在接近南方的西南方（坤卦）或东南方（巽卦）。坐南朝北则可设置在西北方（乾卦）或东北方（艮卦），接近东方（震卦）也很理想。坐东朝西的办公室则宜安排在西南方（坤卦）或西北方（乾卦）。坐西南东宅则以东南方（巽卦）或接近中宫的位置为宜。坐东南朝西北则适合安排于北方（坎卦）或西方（兑卦）。坐西南朝东北则宜置东方（震卦）或北方（坎卦），坐东北朝西南，可以安排在西方（兑卦）或南方（离卦）的位置。

通常业务部的人员坐向，应该面对门口方向或迎面为门口的来路，以能迎向入门的顾客为原则。一则表示欢迎之意，二则能迎纳旺气。当然门的位置和方向都是旺运最好，则每天汇集生旺之气，每个人都有旺盛的精力开展业务，自然财源广进了。

9.升职加薪的九大风水秘诀

在竞争激烈的现代办公环境的背景下，想让自己左右逢源、事业亨通，就要掌握办公室的潜规则。正确运用以下九大风水秘诀，就可有效催旺财运，并且获得升迁。

(1)座位在后

办公座位越向后越好，因为后方既可看清别人的一举一动，又可充分保护自己隐私，可以先发制人却不受制于人，是办公场所中最好的风水。这也符合兵法上"进可攻，退可守"的战略。

(2)水晶启运

水晶具有开运作用。它不仅汲取了岩石的精华，而且能够改变光线的方向，折射出多种颜色的气能，可改善运势。如黄晶球有助扩大财运，特别是在股票及地产行业方面；绿幽灵石则有助于积聚正财及遭遇贵人。因此，在桌面上摆放与自己生肖五行相合的水晶制品，有助旺作用。

(3)风扇运气

桌子上摆个小风扇，可以令座位附近的气场更加畅通，气通人心爽，久而久之，人气攀升，很快会受到上级领导的善意回应。

(4)加强龙方

办公台面的左手方向是个人的龙位所在，应该予以加强。把重要的办公用品如电脑等放在左方，让自己的办公桌呈现龙强虎弱之局，才可以在事业上胜人一筹。

(5)催旺桃花运

桃花运代表异性缘和财运。桃花运不旺的人可以在自己的桃花位加强布局，从而催旺异性缘和财运，不正确的摆设则会带来桃花劫。希望旺桃花的人可以在自己的桃花位放一只装满水的花瓶，花瓶里养鲜花，有桃花的季节最好插桃花枝。

生肖属猴、鼠、龙的桃花位在西方；

生肖属虎、马、狗的桃花位在东方；

生肖属猪、兔、羊的桃花位在北方；

生肖属蛇、鸡、牛的桃花位在南方。

(6)玉带缠腰

现代办公桌的款式大多以长方形为主。在办公条件许可的情况下，就应该选择有利于自己风水格局的办公桌款式，如办公桌呈圆弧状，如同腰带缠绕，这就是"玉带缠腰"型的办公桌。这种环抱自己的办公桌不但有利于让吉气得到聚集，而且还能化解煞气。

(7)主命文昌

现在很多公司的职员大部分都有一部属于个人使用的电脑，而这电脑便是用来工作及替公司赚钱的工具，所以从风水角度出发，电脑摆放在何方都会有一定的影响力。

由于每人的命理中除了八宅的生气星以外，还有文昌星及文曲星，其歌诀云："甲岁亥巳曲与昌，乙逢马鼠焕文章。丙戊申寅庚亥巳，六丁鸡兔贵非常。壬遇虎猴癸兔酉，辛宜子上马名扬。"因此，电脑最适宜摆放的位置便是以出生年份来推算的文昌位。当知道自己命中的文昌位后，便可以将电脑放在本命文昌位内，自然能够提高工作效率，获得升迁。

(8)吉祥挂图

办公室的气场一般来说会比较生硬，所以可以摆张柔和的图。不要在工作墙上挂一些诡异的图画，尤其是一些阴森恐怖的图画，因为这些画不利风水，影响情绪。线条较柔和、吉祥富贵的图画，才能起到正面的助益作用。

(9)灯光上照

买个可以往座位上方照的迷你型灯座，既可弥补日光灯的照明死角，又能增加视觉上的温暖效果。

Tips 小贴士

重视办公室的环境气场

吉利的气场方位对人的谋略、胆识、智慧、财运、仕途都有一定的帮助，更有利发挥自己的才能与才华，所以办公室的环境气场就显得非常重要，因为它可以影响到决策的正确、事业的成败和生意的兴衰。

五、经理室 ☯

经理级别的人员是公司政策的执行人，起着承上启下的重要作用。经理执行公司的经营决策，必须具有出色的决断能力和高效的执行力，如果不利的办公风水影响经理的能力，势必给公司造成损失，所以应该为其创造良好的环境，与公司的高级领导形成"君臣配合"的和谐之局。

1.办公环境的伦理秩序

任何事物都有轻重主次之分，办公室风水的布局也不例外，应该重视办公环境的伦理秩序。因此，总裁办公室乃至办公桌的朝向要以大气场来考虑。而无需决断大事，只需将某一具体项目完成的中层级别干部，他们的办公桌则只要以小气场来考虑就够了。

为了发挥部门负责人的积极作用，就要考虑重要部门负责人的办公桌位置。事业由人来做，处于重要位置的负责人，位置亦不可忽视。

2.阴阳线与无形的领导力量

大家都知道地球是个大磁场，会有磁场感应，人也有磁场，也会产生磁场感应。事实上，每一个物体都会有磁场感应（万有引力），这与古人所谓"物物一太极"的看法极为相似。正是因为磁场感应的关系，古人依各人出生的年份不同，产生年命配卦，即依出生年份而分别配得一卦，依照传统八卦形成的关系，自然形成了两个系统，即所谓东四卦（坎、离、震、巽）和西四卦（乾、坤、艮、兑），以致有方位喜忌和吉凶的产生。

就地球磁场来说，地球中央有条赤道，这赤道便是南北磁极的分界线，只要拿磁针来做实验，便会立即发现南北显然有不同的区别。所以，当一艘船经

过赤道的时候，磁针如果是指向北，便会在经过的瞬间回转180度而指向南。如果磁针是指南的，同样地，也会在瞬间180度回转指向北，航海的人一般都会有这种经验。

地球有赤道线而产生此种磁场感应的现象，那么宇宙间其他无数的星球，也一定会有它自己的赤道线。而人体既有磁场，同样也有自己的"赤道线"，不过这条线是太极图上的阴阳线。

(1)界定阴阳线

这里所指的阴阳线，是把罗盘二十四方位。从辰字起到辛字上，分成东西界线，凡在界线的东北方称为阳方，在西南方称为阴方。由图上可以看出，所谓阳方，即后天八卦的乾卦（戌乾亥）、坎卦（壬子癸）、艮卦（丑艮寅）、震卦（甲卯乙），也就是乾统三男之位；而阴方，即是巽卦（辰巽巳）、离卦（丙午丁）、坤卦（未坤申）、兑卦（庚酉辛），也就是坤统三女之位。

这条阴阳线在任何空间方位都会有，因为方位本来是相对的，而非绝对的，同样南北方位处处都在使用。但因位置不同，同一个地方对不同两地而言，便可能南北互异，这种相对性的方位观念，在空间安排上可以应用。

(2)依命卦安排位置

了解了阴阳方之后，公司机构应以老板或主管负责人为主，依工作人员的年命卦安排，凡东四命卦者安排在阳方，西四命卦者安排在阴方，同仁之间也可以依东、西四命相对位置安排座位，如此可以达到彼此磁场感应平衡、沟通良好的格局，才有益于事业的推动和扩展。

主管的位置正确，气旺势强，有利建立领导权威，也有力推动公司业务。因此，最高主管应安排在最旺的方位上，一般应安排在最后面的位置。

至于要依照卦位安排的方位，可以利用罗盘测定，即将罗盘置于老板的座位上，便可以排出与老板的八卦相对位置，乾（戌乾亥）、坎（壬子癸）、艮（丑艮寅）、震（甲卯乙）即为阳方，而巽（辰巽巳）、离（丙午丁）、坤（未坤申）、兑（庚酉辛）即为阴方。再依各人年次命卦来排列位置，即东四命（离、巽、坎、震卦）人排在阳方，西四命（乾、坤、艮、兑）人排在阴方。

3.经理室布局九不宜

①经理室的门不要正对大门。经理

需要冷静思考公司的决策,如果位置正对大门的,会被人来人往的气场冲到,容易分心。

②不要正对老板或会议室的门。经理室的门如果正对冲老板或会议室的门,在风水上属不利。

③窗外不能有角煞。经理室窗外如果能看见对面建筑物的锐角,不仅会形成煞气,而且无形中会消耗更多能量,使精神无法集中,脑波的磁场也会被干扰。

④办公室上方不能梁柱。如果经理室上方有梁柱,则代表工作进行不顺利。

⑤经理室内不可有厕所。有些经理为了显示气派,要求在自己的办公室内设置一个专用的洗手间。这虽然方便,但时间一长会造成不良影响。经理室的门不能直冲厕所门,因为厕所内有秽气,如果直冲,会吸入过多的秽气。

⑥不规则和缺角屋是禁忌。不规则状的房间,因气场分布不均,磁场不稳定,不利风水。

⑦经理座位的背后可以为落地窗,但是窗外不可对着其他建筑的墙边,也就是说墙角呈一直线在眼前划过,不利工作。

⑧经理办公室内不可设有水龙头及洗手台,否则会漏财。

⑨经理室的位置不可在员工最前面,最好的摆设方法是将经理室移到员工桌的后面。一来可以避免员工因长期面对经理所产生的心理焦虑;二来也能达到监视员工的作用,让员工不敢有所懈怠。

4.太师椅格局

办公室的椅子有很多种,一个企业经理的办公桌椅与其事业的发展有很大关系。经理的办公座椅必须有靠背及扶手,形成太师椅的龙虎砂手辅弼格局。绝对不可以用没有靠背及扶手的椅子,否则象征事业没有好的发展,容易得不到助力,而公司下属成员也都无法尽心尽力地工作。

5.辅弼从主局

所谓辅弼,是指左辅右弼,亦即是君主的朝臣及得力助手。办公风水必须严格恪守尊卑有分、上下有别、长幼有序的原则,实现和谐空间的法度和秩序。由于自古就有群臣佐使之分,因此老板必须有辅弼,才合“辅弼从主局”的原则。

总裁室左方及右方的房间便是左辅右弼。左方有房间,右方却没有房间,属于有左辅而缺右弼局,是为有龙无虎,即有辅缺弼;总裁室右方有房间,左方却没有房间,属于有右弼而缺左辅局,谓之有虎无龙或有弼无辅。两种格局中,以后者最为不利,主白虎强刚欺主也。

住宅的居住者,都是家人,自以本人为尊,而公司的职员甚多,如君主须有宰相、将军等方成气候。所以总裁室

左右的房间，必须供仅次其下的高级行政人员采用如集团其他的经理等，才显尊贵。

6.君臣互相配合局

许多公司由低级职员至高级职员的职位、级别差距比较大，在布局时便要特别仔细地进行配合。大型公司当以总裁为最高级，所以他的办公室必须是全公司内面积最大的；其次，便是董事总经理等，他们的办公室应该比总裁的房间略小，又要比其下属的房间略大，如此类推。

凡大型机构的室内格局，房间大小都要依此原则来层层推进，否则便烦事多矣。

7.经理办公桌的设置

(1)办公桌向门主当权

从风水的室内格局角度出发，经理的办公桌最好是向着门。在现代风水中以前方为明堂，宜较空旷，而办公桌向门，便符合前方空旷的道理。不过仍要看该办公桌是否放在吉方，这是理气与格局的配合。

办公桌在财位内而又向着门，自然旺财，同时又可以拥有一定的权力，这便是配合之道。

(2)办公桌不宜背门

办公桌的一个重要摆设原则是不能背门，否则便不好。办公室的门为来气位，亦是风的入口，办公桌背门，则风煞从背后袭来。应该在后方做一个屏风，但也并不十分理想。

(3)办公桌要立旺向

为方便找出各自的办公桌吉位，现以十二生肖属相分类，大家只要依据自己的生肖，便可找出经理办公桌坐向的吉方。

小贴士 Tips

办公室大门的正对问题

办公室的大门不能正冲"虎头"或烟囱。所谓"虎头"是指另一座建筑物的尖角或是特殊的建筑物。如果大门刚巧正对墙角或突出的建筑物，则不利风水。

大门不宜正对着内部办公室的门，这必须在内部隔间时考虑到。当然，更不能一进大门就正对着厕所的门，这也是极差的设计。不仅视觉上不雅观，而且进入屋内就看到厕所，会有好运兆吗？

有些公司的大门正对着楼梯，这是不佳的风水。楼梯更不可直接对着高级主管的办公室，否则公司主管易受不同气场影响，不利决策。原则上室内要有隔间，但国家机关和银行因为要和民众形成良好互动，所以可以不隔间，但私人公司则不可以进门即一览无余，起码主管空间要有屏风。当然最好还要有适当隔间。

鼠

1912年出生宜坐东南向西北
1924年出生宜坐东南向西北
1936年出生宜坐西向东
1948年出生宜坐北向南
1960年出生宜坐东向西
1972年出生宜坐东南向西北
1984年出生宜坐东南向西北

龙

1916年出生宜坐北向南
1928年出生宜坐北向南
1940年出生宜坐东向西
1952年出生宜坐东南向西北
1964年出生宜坐东向西
1976年出生宜坐北向南
1988年出生宜坐北向南

牛

1913年出生宜坐南向北
1925年出生宜坐东南向西北
1937年出生宜坐西向东
1949年出生宜坐北向南
1961年出生宜坐东北向西南
1973年出生宜坐南向北
1985年出生宜坐东南向西北

马

1918年出生宜坐北向南
1930年出生宜坐东向西
1942年出生宜坐南向北
1954年出生宜坐东南向西北
1966年出生宜坐西向东
1978年出生宜坐北向南
1990年出生宜坐东向西

虎

1914年出生宜坐东南向西北
1926年出生宜坐西向东
1938年出生宜坐东向西
1950年出生宜坐东南向西北
1962年出生宜坐西向东
1974年出生宜坐东南向西北
1986年出生宜坐西向东

蛇

1917年出生宜坐西向东
1929年出生宜坐北向南
1941年出生宜坐东南向西北
1953年出生宜坐南向北
1965年出生宜坐东南向西北
1977年出生宜坐西向东
1989年出生宜坐北向南

兔

1915年出生宜坐东南向西北
1927年出生宜坐西南向东北
1939年出生宜坐北向南
1951年出生宜坐东向西
1963年出生宜坐南向北
1975年出生宜坐东南向西北
1987年出生宜坐西南向东北

羊

1919年出生宜坐北向南
1931年出生宜坐南向北
1943年出生宜坐南向北
1955年出生宜坐东南向西北
1967年出生宜坐西北向东南
1979年出生宜坐北向南
1991年出生宜坐南向北

猴

1920年出生宜坐东向西
1932年出生宜坐东南向西北
1944年出生宜坐东南向西北
1956年出生宜坐西向东
1968年出生宜坐北向南
1980年出生宜坐东向西
1992年出生宜坐东南向西北

狗

1922年出生宜坐南向北
1934年出生宜坐东南向西北
1946年出生宜坐西向东
1958年出生宜坐北向南
1970年出生宜坐东南向西北
1982年出生宜坐南向北
1994年出生宜坐南向北

鸡

1921年出生宜坐东南向西北
1933年出生宜坐南向北
1945年出生宜坐东南向西北
1957年出生宜坐西向东
1969年出生宜坐北向南
1981年出生宜坐东南向西北
1993年出生宜坐南向北

猪

1911年出生宜坐东向西
1923年出生宜坐南向北
1935年出生宜坐东南向西北
1947年出生宜坐西北向东南
1959年出生宜坐北向南
1971年出生宜坐东向西
1983年出生宜坐南向北
1995年出生宜坐东南向西北

小贴士 Tips

仓储部宜设在东北方

仓储部是囤积货物的地方。可以把它设在东北方，这个方位宜尽量用黄色、咖啡色来装潢。灯光要保持明亮。在这个方位不宜设置为茶水间，否则不吉。

六、秘书室

秘书是以"为领导服务"为宗旨，以"近身、直接、综合、辅助"为核心内容的重要员工，是领导人的贴心助手。秘书位的风水对领导的事业影响巨大，绝不能轻视。如果能巧妙运用风水布局，让秘书提升自己的运气，在事业上就会如鱼得水、如虎添翼。

1.秘书旺主命

如何运用风水布局，提升秘书的运气呢？首先，应该根据领导办公室的方位找出旺位，如生气位及延年位便是旺位。然后，再把秘书的办公台放在自己的旺位内。由于现在一般的秘书桌多是设在领导的办公室外，所以秘书位置便要以领导的办公室为中心，将秘书安排在领导的旺位之中，这样方能催旺领导的财运，带动公司的业务发展。

2.秘书的办公台

(1)办公台面可摆水种植物

秘书除了按时完成公司领导交办的各项工作外，还要撰写文稿，因此启迪文昌对秘书的作用非常大。在秘书办公台面上可以摆放柔和的水种植物，如水仙、宝贵竹等，既可催动文昌、启迪思维，又让秘书一帆风顺、妙笔生花。

(2)秘书办公台与领导办公台不可背对背

秘书办公台与领导办公台位置不可背对背。此为办公风水的大忌，一定不可掉以轻心。

小贴士 Tips

多功能厅的声音设置

在办公空间的某些场所对声音质量的要求很高，如会议厅、贵宾厅、多功能厅等。对室内音质的优化，除了采用吸音降噪的方法外，通常还可通过空间的体型设计来达到对音质的要求。

一个多功能会议厅的听感效果是由建筑、扩声等因素所决定的。在明确其扩声之功能特点条件下，音质设计应追求逼真兼顾良好的整体效果为目的。一个具有良好听觉条件的会议厅应达到如下要求：观众席能达到足够的响度；声音扩散性好，声音能均匀覆盖整个观众席，无死角；达到足够的清晰度和保真度，不应有明显的回声、延声、反射声、颤动回声、声聚焦和声共振等声学缺陷存在。

(3)秘书座位后面宜靠领导

秘书座位如果能够后靠公司老板，则事业会有强大助力。对老板而言，秘书可为其先锋，阻挡、过滤掉不必要的外来干扰；对于秘书而言，背靠公司最大的靠山，可获得保障，两者可谓相得益彰。

3.电器催旺法

办公电话是现代公司的必需品，也是公司联系顾客的桥梁。作为公司的要员，秘书使用电话的频率很高。从办公风水角度看，秘书可借电话来催旺财运。

利用电话催旺，最好是先找出自己命卦的财位，财位便是生气位及延年位，电话应尽量放在这些财位内。

传统的通讯工具除了电话外，传真机也随时都肩负着重要使命，如报价单、订货表、合约等，经常要利用传真机作为往来媒介。传真机在风水上非常重要，一些公司会使用传真机来接单、签合约，那么其对公司办公风水吉凶衰旺的影响就会更大。传真机的摆放位置，应该是在全公司的财位，如果单属秘书使用的传真机则以个人命卦的财位为主。

Tips 小贴士

办公室的格局选择

有的大楼门面看起来很大，很不错，但一进门才发现室内格局很小不适合当办公室用，此属不利的格局。

四方宽敞明亮、布置协调的格局是选择办公空间的上乘之选。因此，进入一间房子时，要静心感受其形格是否协调。不妨在室内静静地呆上十分钟，感受一下心情如何再做抉择。

七、公司经营者办公室

办公风水中，最为重要的是一把手的办公桌位置及方向，因为一把手的综合状况，决定着企业的整体发展趋势。"企业首脑"象征火车头，带动着企业车身、车尾的运行方向与速度。公司经营者是一个企业的领导核心，他的办公环境至关重要，如办公位置的选择、坐向的选择、办公设备的摆放等等。

1.经营者办公室的位置

公司经营者如一家之主、一国之君，他的办公室位置最重要，而且必须放在室内最重要的方位上，办公室才能完全和自然界的气场相辅相成，事业才有助力。室内最重要的方位就是办公室的财位，坐于旺气的财位，才能加强领导的统驭能力。财位对事业发展有锦上添花的效果，因此办公风水学很讲究财位效应。

一个公司的经营者必须坐在旺气生财的位置，才能具有整体的领导统驭能力，如何来选定使用空间的位置呢？应在配合财位的大原则下，根据九宫飞星的原理，选择公司经营者办公室的理想位置。现在细述如下：

坐北朝南的写字楼，必须以正北方或西南方为公司经营者办公室。

坐南朝北的写字楼，必须以正南方或东北方为公司经营者办公室。

坐东朝西的写字楼，必须以正东方或西北方为公司经营者办公室。

坐西朝东的写字楼，必须以西北方或东南方或正南方为公司经营者办公室。

坐东北朝西南的写字楼，应以西北方或东北方为公司经营者办公室。

坐西南朝东北的写字楼，应以正东方或西南方为公司经营者办公室。

坐西北朝东南的写字楼，应以正西

方或西北方或正北方为公司经营者办公室。

坐东南朝西北的写字楼，应以东南方或西南方为公司经营者办公室。

2.经营者办公室的形状和面积

公司经营者办公室的形状不宜为L形，柱角多、圆形的办公室也不宜采用。

公司经营者房间的面积不宜太大，千万不要以为房间越大越气派，房间过大不易聚气，呈孤寡之局，业务会衰退。当然太小也不宜，代表业务不易拓展，格局发展有限。一般来说，应该在15～30平方米之间，并且最好设在较高楼层。

3.经营者的桌向

公司经营者的房间内，不宜有太多玻璃，宜用帘子装饰。桌位应面向窗户，

或看得见员工。应与员工坐向一致，或与房子的坐向一致，如此方能上下一条心。若公司经营者的坐向与员工的坐向相反，则为背道而驰，不利风水。

4.经营者办公室的布置

带动人气、招进财气，是一家公司业绩能否蒸蒸日上的重要因素。只要站在这家公司进门处，就可以预知此公司能否顺利地拓展业绩。从整个办公室装潢的色彩，办公桌摆设的动线、方位，便可窥知一二，再加上办公室成员人数和座位安排，便可以看出日后能否提升整家公司的业绩。

公司经营者办公室一定要独立，不可敞开办公，因为公司业务有一定的机密性，应加以注意。公司经营者掌管公司的政策，需具有绝佳的决策力和精准的判断力。环境会影响人的情绪和工作效率，为了得到相对良好的工作环境，在公司经营者办公室的布置方面，应注意进入公司经营者房间的路线应顺畅。虽然公司经营者房间大都在后面，但从

大门走到房间的路线也不可弯弯曲曲，不可杂物阻碍，不可曲径幽深，否则财气不易进入房间，反而会使业务发展困难重重。

无论是政府官员还是基层领导，无论是小店老板还是大公司总经理，领导者办公桌的摆放都至关重要。因为办公桌吉祥方位的气场对领导者的胆略、智慧提升都有一定的帮助作用，进而影响到生意的兴衰、事业的成败。公司经营者的办公桌摆放，有两点要重点注意：

一是办公桌不能正面对门。避免将办公桌正对着门，主要是为了使领导者在工作时，不容易受到来自门外噪音的干扰和受到他人的窥视。二是要有明堂。办公桌前应有一个比较宽阔的空间，以形成一个小明堂。明堂亦即办公室正前方的位置，可以说直接涉及到公司经营者的前程吉凶。所以，如果办公室的明堂狭窄闭塞，则象征公司经营者前途有限，阻碍众多，开发艰难。反之，如果办公室的内外明堂均开阔清雅，则象征公司经营者前途似锦。

5.经营者的座位

(1)经营者的座位影响管理能力

一个企业的成败，最重要的在于老板的聪明才智、经营能力和企业理念等因素。从风水立场来看，老板办公室如果安排理想，便可以利用房屋空间无形的自然力量，来提升领导能力，加强管理效果，帮助推进业务，减少不必要的麻烦和挫折。

一个对老板领导有利的办公空间，房舍最好是方正无缺角，尤其最忌讳缺

西北角乾卦部分。乾为天，代表父亲、老板或主管领导人。如果缺了此位，则代表老板地位低落，影响企业的发展。因此，在选择办公房舍时便要注意不能有这种缺陷。老板的小办公室房间，乾方也不能有缺，不要放置不雅或尖锐的东西，否则不利。

一个公司的负责人（老板或董事长）是最高的决策者，其办公室一定要安排在最后面部分，即以整个空间距离门口最远的位置为宜。绝不可以将负责人的办公位摆在员工的前方，如此会形成"宾主不分"或"奴欺主"的现象，象征老板事必躬亲，劳碌疲累。

(2)经营者座位的五大忌讳

公司经营者座位摆设的忌讳，主要是指摆设的方位不适宜，使公司经营者在工作时会产生种种困难。

办公室内有四个气方，即生气方、无气方、养气方、聚气方。公司经营者是主导公司命脉的灵魂人物，其办公室风水坐向的好坏和公司的发展息息相关，所以他的位置应在聚气方。

具体说来，公司经营者座位摆设的

忌讳，主要有五种情况：

①忌坐后有窗

现在很多办公室都有明亮的落地窗，可以俯视群楼，给人一种高高在上的感觉。布置时，就会出现办公桌与窗平行摆放的格局。将座位设于办公桌与落地窗之间，以窗作为靠山，其实这是错误的。如果窗台过矮，还会有不慎跌落的危险。开窗时，风从背后袭来，长此以往，也容易生病。再者，窗外的光线从背后射入，对视力不好。背后有门窗，则内气会从门窗散出，无法聚集。座位后面最好是整面厚墙，才能坐得安稳。

如果办公大楼外立面是用玻璃幕墙装潢，恰好公司经营者座位的背面是玻璃幕墙，可以在背后靠窗处做一排矮柜，上置吉祥盆栽进行缓解，还可以选择一张有高靠背的座椅。

②坐后宜有靠

从风水学的角度来看，好风水的第一大原则是"山环水抱"，也就是说背后有山作依靠来旺人，前面有水环绕来旺财，所以座位背后必须要有靠山才有利于工作者的事业。办公室里的所谓"靠山"，其实就是一堵墙壁，座位要尽量靠着墙壁，二者之间最好不要留太多的空间。

③座位忌横梁压顶

有的人座位头上正好是横梁或低矮的吊顶，这些东西在风水上叫"横梁压顶"。如果一个人长期坐在横梁下，在工作上就会产生压力，身体健康欠佳，运气也受阻。

化解的方法：采用带葫芦的装饰藤缠绕在上面，既美观又能化解横梁压顶的煞气。

④忌坐侧对门

将办公桌摆在办公室进门的右侧，与门呈斜状，就犯了"坐侧对门"的忌讳，这样不仅工作会受到干扰，而且身体健康也会受到影响。

⑤忌被冲射

公司经营者办公桌要注意座位左右是否被离身边很近的柱角冲射。若有此种内煞，必须以大盆景进行化解。

6.经营者办公室的布局细节

公司经营者办公室除了要遵循以上的基本法则之外，还应该注意以下的布局细节：

(1)套间

公司经营者办公室一般都设有单独的套间，并配有洗手间。这时就要注意，办公桌左右不可对着洗手间的门口，也不宜面对洗手间的墙壁。

(2)隔屏

公司经营者办公室如有隔屏，就不宜用夹板全部密封。隔断最好用玻璃装饰，以利于透光，达到监控作用。

(3)前后

为防止是非，并且避免对健康不利，公司经营者的办公桌座位不可压梁，不可在厕所或厨灶、机房的上下方，进门不可有镜子正对门，桌前不可被屏风遮挡，办公桌前不要放酒橱。

公司经营者的座位附近也不可有大型电器设备，如大冰箱、空调、影印机、抽风机、变电器等，这些大型电器产生

的磁场对健康大有影响。

(4)金库

公司经营者室的金库、保险柜宜藏不宜显，应将金库安置在隐密之处，最好是收在靠近自己座位的后方。

(5)桌面

公司经营者的办公室内应该使用木质办公桌。木质办公桌不仅格调高雅，而且有益健康。办公桌面要比员工的大，如果不够大的话，就要在办公桌旁边安置几个柜子，以增加气势。

(6)颜色

公司经营者办公桌的质地一般都以木质的为主，颜色要和命理属相配合。

生肖属猴、鸡，五行属金，办公桌宜金色，如白色、金色、银色。

生肖属虎、兔，五行属木，办公桌宜木色，如绿色、青色、翠色。

生肖属鼠、猪，五行属水，办公桌宜水色，如黑色、蓝色、灰色。

生肖属蛇、马，五行属火，办公桌宜火色，如红色、橙色。

生肖属牛、龙、羊、狗，五行属土，办公桌宜土色：黄色、咖啡色、茶色、褐色。

7.经营者增权力法

老板都希望自己拥有无可置疑的权力，令属下对自己的话言听计从、忠心不二。如果上下抗衡，必定对公司产生不良影响。要增强自己的权力，

一定要借助风水布局。

第一，辅弼从主。公司经营者办公室的左方及右方都要有办公室，老板便仿如有左右护卫保护。

第二，忌坐山穷水尽办公室。山穷水尽者，即是于公司最角落位置的办公室。凡坐于此位者，于风水不利。

第三，运用权力星布局。八宅风水派的星曜以延年星最具权力性，也最利于布置增加权力运的格局。因为延年星的另一个名称是武曲，此星执掌权力。所以，公司经营者办公桌适宜摆放在延年位上。

8.天医位招贵人

许多经营者虽贵为公司之尊，但在致力于公司业务时，事无巨细，经常要亲力亲为，自己独力承担解决许多问题，却没有他人的助力，此之谓为"缺乏贵人命"。

而有贵人命的公司领导者经历往往

会是这样：公司需要资金时，便会出现其他合作者入股或者轻易得到资助如银行贷款等；在需要技术支持时，便出现各种技术人员来应聘；需要职员加班时，职员除了效尽全力外，并无半句怨言。换句话说，自己在需要帮助时，"贵人"便会自动出现。

在八宅风水中，生气星为财星，而知医星却属于贵人星，只要办公室大门开在生气星财位，办公桌在天医星贵人位，则才与贵人兼得。或者将办公电话摆放在自己命卦的天医方位，都可以招贵人来相助。

9.谈判致胜法

公司经营者在办公室中接待商务谈判的客户时，可以巧妙地根据八宅风水派的星曜所指示的方位，将谈判空间切割成若干小气场，调整旺气来路，使自己处于生气、延年、天医的强势位置之中，而令生意对手处于伏位、五鬼、六煞、绝命、祸害的弱势位置中，则接洽谈判尽可从容抢占地利先机，先声夺人。

八、财务室 ☯

财务的职能是对外提供企业经营报表；对内部管理者提供报告和分析，以辅助决策，使企业形成和保持健康的财务状态、管理筹资、投资决策以及资本运营。公司的财务办公室是公司的财神驻地，资金及账务是企业的经济命脉，企业的盈亏与财务状况休戚相关。因此，财务室的位置和装饰有诸多宜忌。

1.财务室的位置

财务室的工作就是与金钱打交道，所以，最好设在财位，并将保险柜设在旺财位置，以确保公司财源广进。

财务室不可太接近电梯间，因为电梯是吸气的重要载体，并且人来人往，干扰极大。

2.财务室的装饰

由于财务室的五行属金，因此在装饰上应该尽量用白、银色，以呈现出招财进宝的特色。以下三方面在装饰时应注意。

(1)财务座位不可犯冲

财务主管、会计、出纳人员的座位不可直对大门。如果犯冲，就会导致事业不顺。而且这些人员座位的后面，绝不可以留出走道，否则不好。

(2)财务室可放盆景

在财务室里摆常青树盆景，象征财源滚滚。最好是选高度超过室内高度一半的大花瓶，盛水养植万年青，或摆铁树、秋海棠、发财树、开运竹等盆景，而且要选叶片圆大的树种，才有利纳财

入局，但不可选针叶树种。

如果财务室靠窗，那么在落地门窗前的阳台上摆一排盆景，或在窗台上做盆景花台，不仅可以接气，而且看起来满室生辉，有助健康和财运。

财务室要放盆景，就一定要天天细心照顾，让它能茂盛成长，一有叶子枯黄，就要尽快剪除，否则宁可不放。当然，不能在财务室放置人造花和代表死亡的干花，因为这些花不会接气，并无益处。

(3)财务室不可放鱼缸

财务室宜静不宜动，所以不可摆流动之物，如有流水的盆景或鱼缸等。如果有需要用水调节的地方，则可以选择摆放开运竹。

3.财务室的保险柜

财务室里设置落地式保险柜时，应该秉承"财不露白"的原则，保险柜应隐蔽，不可让外人看到，以免漏财。并且要注意柜门的开向和朝向不要犯冲。

保险柜勿设于梁下。公司的财务室实为企业的"活财神"，所以财务室存放现金的保险柜要注意勿被大梁压顶，否则对财运不利。

4.财务室的其他禁忌

财务室不可胡乱堆置物品，布满灰尘。财务室里不可放置会发热的电器，如电视、电扇、电炉、电源线等。财务室上方的天花板不可漏水，墙壁或地板油漆不可脱落或瓷砖斑驳。

Tips 小贴士

财务部、会计部宜设在西方

财务部、会计部这些和钱财关系密切的部门，应该放在办公室的西方。这个方位主金，装饰上并尽量用白、银色，且不可太接近电梯间。财务室宜静不宜动。俗话说"财不露白"，所以财务室应设置于财位或紧挨着董事长室而设最为理想，但要注意存放现金的保险柜勿设于梁下。

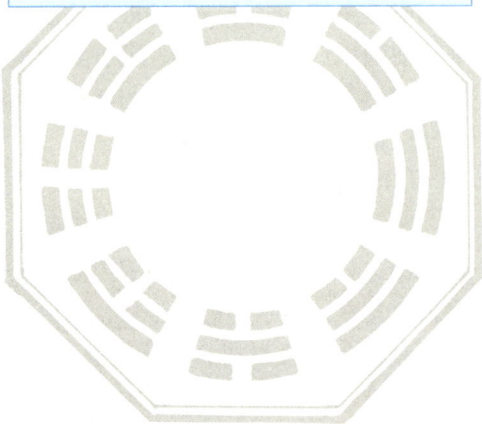

第五章

办公室的颜色与光源

　　在办公空间的环境设计中，采光与色彩质量的好坏会直接影响到工作效率。在空间设计中，主要应从内部格局、工作性质等方面把握采光与色彩的质量，以满足办公空间的各种功能需求。

一、办公室颜色的选择

心理专家认为，颜色与心情的关系非常密切。红色会让人激动，蓝色则让人平静；心情郁闷的人容易从红色当中产生激情，而在蓝色中会更加压抑和寂寞。所以不要小看办公室的色彩搭配，颜色可以影响心情，进一步说，就是会影响工作效率。那么，怎样才能利用办公室的色彩搭配提高工作效率呢？

1. 低矮的办公室宜用浅色

老式的办公楼，每间办公室的面积都不大，但是房子非常高，容易产生空旷、冷清的感觉；而新式办公楼的办公室面积大，但是房子很矮，很多人集中在一间大屋子里工作，容易产生拥挤、压抑的感觉。要调节建筑本身带来的不舒服的感觉，就要善用色彩。

老式办公楼通常都有深棕色的木围墙，深色会使人产生收缩感。另外，深棕色属于镇抑色。而办公室的墙面宜用浅色，地面可以选择用较深的颜色，以避免头重脚轻。

在新式的办公楼里，应该选用比较淡雅的浅颜色，因为浅色可以使人产生扩张感，还可以凸显办公室高大。用浅蓝、浅绿做墙面的颜色都不错，但不要用米黄色，因为米黄色会让人昏昏欲睡。如果有灰尘，还会显得陈旧。

Tips 小贴士

个人办公空间的大小

办公室不宜通道闭塞，阻碍重重。办公室的通道正如同人的血脉一般，宜通畅无碍。然而有些办公室却因图方便或疏漏粗心，将一些不该摆进办公室的东西塞了进去，阻碍了整个通道，在风水上属不利。

2.背阴的办公室宜用暖色

阳光充足的办公室让人心情愉快。而有些办公室背阴，甚至还没有窗户，让人觉得很冷，这样的办公室最好不要用冷色调，砖红、印度红、橘红等颜色都能让人觉得温暖。墙壁一定不要使用反光能力强的颜色，否则会因光线刺激而导致眼部疲劳，没有精神，无形中降低了工作效率。

3.创意人员的办公室宜用亮色

职员的工作性质也是设计色彩时需要考虑的因素。要求工作人员细心、踏实工作的办公室，如科研机构，要使用清淡的颜色；需要工作人员思维活跃，经常互相讨论的办公室，如创意、策划部门，要使用明亮、鲜艳、跳跃的颜色作为点缀，以刺激工作人员的想象力。

4.领导座椅颜色宜深

办公室所使用的色彩不仅要整体一

致，还要考虑通过局部色彩的差异来区分员工不同的等级。比如，某公司的普通员工的办公桌为浅灰色，座椅为暗红色，既是整个冷色调中活泼的点缀，又可以使领导一目了然地看到哪个员工不在座位上。如果中层管理人员和高层管理人员的办公桌用木纹棕色，那么中层管理人员的座椅可设为蓝灰色，而高层管理人员的座椅则设置成黑色，以便显示出庄重和权威。

5.会议室与办公室的风格应不同

很多公司的会议室和办公室几乎一模一样，只不过把办公桌换成了会议桌，让人不能将注意力集中到发言者的身上；还有的公司会议室布置得像领导的办公室，让人觉得缺乏民主气息。其实，会议室的主色调可以和办公室一致，但是桌椅的色彩可以和中层管理人员的桌椅近似，使普通员工感到"往上迈了一层"，而高级管理人员又能俯下身来倾听，给人以上传下达的感觉，使所有参加会议的人都能平等地畅所欲言。

二、办公室光源的设置

办公空间的环境设计中，采光的好坏直接影响工作的效率以及人们生理和心理上的舒适感和安全感。在空间设计时，我们一般从内部格局、工作性质等方面把握采光，从而满足办公空间的各种功能需求。

1.办公室宜采光充足

办公室的光线明暗度与公司事业的成败有绝对的关系。办公室采光充足、明亮宜人，才可以提振士气，使员工们各尽所长、通力合作，公司的业绩方能蒸蒸日上。而幽暗的办公室，则经常会有阻滞与不顺，士气萎靡不振，工作效率低下。

2.采光要接近自然

采光越接近自然，越容易调动人体基因，使其调整为最佳状态。当然，办公楼很难处处都有自然光，即使是四面都有大玻璃窗的办公楼，也不见得人人都能分到靠窗的位置。即使坐在窗边，如果角度不好，阳光从背后照到电脑屏幕上，反而不利于工作，因此，我们可以用一些人工的方法来弥补这方面的不足。

人工补光，以尽可能模拟自然光为好。由于日光灯光度明亮、价格便宜、用电节省，办公楼内多半使用日光灯照明。事实上，日光灯会有肉眼看不见的闪烁，易造成慢性视力损伤。所以，使用日光灯时最好多盏同时使用，以减少对眼睛的伤害。另外，日光灯色调偏冷，可以在桌面放置一盏小台灯，这样既可以弥补日光灯的照明死角，又能增加视觉上的柔和效果。

3.内部格局与采光有关

现在很多办公室采用欧美流行的隔间，同一间办公室中有许多的小隔间，形成每人一个独立的办公空间。这种布局虽然照顾到个人办公的私密性，但是并不适用于所有的办公室。试想，一间大办公室分成许多的小隔间，形成许许多多的小办公室，必然影响整个空间的光线和动线，这两者对办公室来说是很重要的。多数公司讲的是团队合作，一个宽敞明亮的空间才能开创佳绩，如果分隔成一个个小方块，不仅使人与人之间的互动减少，而且容易造成本位主义、固步自封。若是一定要做隔间，则隔板要做得低矮，以免遮挡光线。

4.采光和通风的关系

办公楼的格局宜整齐雅致，布局要紧凑、自然、和谐、温馨，最忌讳闲置、稀松、凌乱。办公楼是一个做重大决策的地方，光线一定要充足，并且应以自然光线为佳。

一般的办公楼已经安装了中央空调，自己不能开窗换气。事实上，人在换气量不够的办公楼里工作，往往会头昏脑胀，很难发挥好的工作状态。

5.防止反光煞

我们知道办公楼风水的优劣主要是由地理环境、采光、通风等因素构成的，因此办公楼防止反光煞非常重要。过去的反光多是建筑外的池塘、河流造成的，当晃动的光影映在室内时，就形成了反光煞。反光煞会给人带来灾难，这是为什么呢？如果是河水的反光入室，则会在室内的天花板上形成这种晃动的光影，必然会使人的精神不够集中，甚至会使人不自觉地产生一种紧张的情绪。

现在都市中有许多建筑采用玻璃幕墙，从而会对近邻的建筑形成反光。这

种玻璃幕墙的反光十分强烈，射进室内的光线非常刺目，这种强烈的光线不但易破坏室内原有的良好气场，还会使人产生烦躁、冲动的情绪。

若是办公室有强烈的反光进入，可使用厚窗帘挡住，也可以用绿色盆景置于窗台，这样既美化了室内环境，又化去了反光煞，一举两得。还可以用一排鱼缸之类的东西，挡一挡冲煞，进而带动出风生水起的好运兆。

6.眼睛健康依赖光源

眼睛健康依赖光源，因此光源最好是从工作者左后上方照射过来。坐位不可对着窗，这是因为整日对着窗，光线强烈，对视力会有不良影响。

7.头顶上方不可有大吊灯

头顶上方最好不要有灯，更不可以有大型吊灯。这样一则会在桌面上产生反光，对眼睛不利；二则万一装修不牢掉下来，会砸到灯下的人。平常头上有灯，也会在潜意识中产生危机感，导致心神不宁。若光线不足，可在桌上加个台灯。

8.办公室光源设置的宜忌

现代大楼都给窗子加装窗帘或百叶窗，然后在室内开灯，这是不正确的做法。因为自然光源总比人工光源要好，所以不宜拉上窗帘再开灯，否则对眼睛害处极大。

大楼办公室的天花板习惯用吸音板间隔装设内嵌式日光灯，尤其是开放式的大楼办公室，通常可以看到成排的天花板日光灯，因此一定会有人坐在日光灯下，这实在不宜。头顶上方最好不要有灯，更不可有大型吊灯，否则会导致心神不宁。若光线不足，可在桌上加个台灯，而且光源最好是从左后上方射过来。

9.办公室的照明设计

办公室的照明灯具宜采用荧光灯。视觉作业的邻近表面以及房间内的装饰宜采用无光泽的装饰材料。

办公室的一般照明宜设计在工作区的两侧，采用荧光灯时宜使用灯具纵轴与水平视线平行，不宜将灯具布置在工作位置的正前方。在难于确定工作位置时，可选用发光面积大、亮度低的双向蝙蝠翼式的配光灯具。

办公室照明要考虑写字台的照明度、会客空间的照明度及必要的电气设备。会议室照明要以会议桌上方的照明为主，使人产生集中的感觉，还可以在周围加设辅助照明。另外，会议为主的礼堂舞台区照明可采用顶灯配以台前安装的辅助照明。

在有计算机终端设备的办公用房，应避免在屏幕上出现人和杂物（如灯具、家具、窗等）的映像。

10.灯具的配置

办公室是工作的场所，应讲究灯光的局部照明效果，灯具的选择不仅应充分考虑到亮度，而且应考虑到外形的色彩和特性，以适合于平静、雅致、高效的工作环境。一般工作和学习的照明可采用局部照明的灯具，以功率较大的白炽灯为好，而且位置不一定在中央，具体位置可根据室内的具体情况来决定。灯具的造型、格调也不宜过分华丽，以典雅、隽秀为好。这样就可以创造出一个供人们阅读、工作时所需要的安静的环境了。

11.台灯的造型

台灯的造型应适应工作的性质，不宜选用有色玻璃漫射式的或砂罩装饰性的工艺台灯。因为工艺台灯较少考虑照明功能，而过多地注重装饰效果。应选用带反射罩、下部开口的直射型台灯，也就是工作台灯或书写台灯，台灯的光源常用白炽灯和荧光灯。白炽灯显色指数比荧光灯高，而荧光灯发光效率比白炽灯高，二者各有优点，可按需要或对灯具造型式样的爱好来选择。而节能的新光源荧光灯不仅兼有白炽灯与荧光灯的优点，并且外形的设计非常新颖，节能效果显著，是台灯的最佳光源。

如果可能的话，应尽量避免坐在日光灯下，而改为选择卤素灯和白炽灯。当然，自然光才是最好的选择。

第六章

办公室的摆设与绿化

　　有了树木，就有了生机，就能调节生态。在工作场合摆设植物、盆栽，不仅可以调整气的平衡、帮助强化活力，还可以减少辐射的危害，让人时刻保持清醒的头脑。营造一个良好的办公环境，绿色植物是必不可少的。对于绿色植物的摆设，有一定的讲究，如摆设的方位、光线及大小比例等。只有放置得当，才能使工作顺利，工作运才会提升。

一、办公家具 ☯

从事脑力工作的人群每天的工作环境大多是在办公室里。因此，无论是行政高官还是办公室职员，无论是集团老总还是大公司经理，办公室的方位和室内的摆设都是至关重要的。

1.办公桌

(1)办公桌的色彩选择

每个人都会有适合其选择的办公桌的色彩，这种选择需要配合自己的五行来进行：

属火的人适合的颜色：红色、紫色；

属土的人适合的颜色：黄色、咖啡色、茶色、褐色；

属金的人适合的颜色：白色、金色、银色；

属水的人适合的颜色：黑色、蓝色、灰色；

属木的人适合的颜色：绿色、青色、翠色。

也就是说，如果是属火的人，可以选择枣红色的办公桌，属水的人可以选择深蓝色的办公桌。

(2)办公桌的摆设宜忌

办公桌的摆设宜忌主要有以下几种情况：

①办公桌品质不宜讲究昂贵、豪华。

②办公桌高度以高为佳，颜色应配合室内光线，深浅协调。

③办公桌不可设于梁下，不可面向外水之顺水流，最好逆水而坐。

④办公桌不可侧面对冲厕所门，也不可背靠厕所门。

⑤办公桌不可面向进门直冲；办公桌右边不可靠墙，左边靠墙为利；办公桌座椅不可太小，宜适中；办公桌桌面不可垫白纸。

⑥会计、财务人员办公桌背后不可有人时常走动。

⑦办公桌上青龙方宜高，白虎方宜低、宜静，桌上电话、灯具宜置青龙方为吉。

⑧主管的办公桌面上应放置致胜、成功的物件，不可随意放置不属于自己生肖的东西（如本身属牛的人，若在桌上放一个属猪的水晶生肖或石雕猪），对自己的风水不利。那么在主管的办公桌上应放置哪些代表成功的小物件呢？文房四宝和代表自己五行的物件都是可以选择的，再放一个属于自己生肖的水晶饰物，上面以红色丝带绑一个小葫芦，有祝福、求好运的征兆。

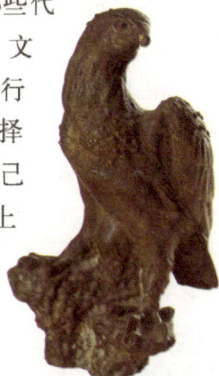

2.电脑

(1)合理摆放电脑

经常坐在电脑前打字、上网、传送文件和图片，或者每天要数小时不断地使用电脑，那么产生的电磁辐射会导致头疼和注意力下降。应尽可能离屏幕远一点，并且在不用的时候把电脑关上。不要坐在电脑荧屏的后方，因为电脑背面辐射最强，其次为左右两侧，屏幕的正面辐射最弱。

调整好电脑显示器和座椅的相对高度，以能看清楚字为准，这样可以减少电磁辐射的伤害。当人的视线与向地心垂线的夹角为115度左右时，人的颈部肌肉最放松。普通的办公桌为人低头书写而设计，作为电脑桌高度就不合适。使用电脑时由于会长时间昂着头，颈椎会劳损。如果不能更换专门的电脑桌，便可以将座椅逐步垫高，直到颈部感觉放松为止。办公人员面部衰老最明显的地方就是双眼，要注意用眼习惯，尽量不要在黑暗中看电脑。

电脑本身具有电磁波，对每天与电脑为伍、长时间从事电脑工作的人来说，其影响力不可小觑。电脑族要注意电脑的放置方向，以及如何阻拦电磁波干扰，以免影响到身体健康。这也是电脑族不可不知的基本常识。

电脑应放在哪里才会有利于风水呢？事实上，电脑应该放在当人站在座位前时面对电脑桌的左边，这对经常依靠电脑工作的人而言，是比较理想的方位。按风水方位学来说，就是"龙怕臭，虎怕动"，左方是吉方，放电脑最恰当。

(2)注意电脑辐射引发的健康问题

电脑是好的生财之器，但是每天坐在电脑前面，久而久之，总会出现腰酸背痛等身体问题。有些人对电脑过度依赖，整天面对电脑不说一句话，好像自闭一般，这绝对不利于身体健康。但有时这又并非个人可以控制，所以，解决的方法是不妨在电脑前放个水晶柱或太极石，来化解电脑辐射所带来的健康威胁。

二、办公饰品 ☯

想要打造一个舒适优雅的办公环境，可以在办公室适当的位置上放一些办公饰品，一来增加美观，二可改善风水。但并不是所有的饰品都能在办公室随意放置的，比如一些金属品、一些与办公无关的饰品，这些都必须要了解的。

1.如何摆设风水物品

为什么要摆设风水物品？古人看屋，都是先择地，后建屋，然后再买家具，即是先选择一处合乎风水法则的旺地，再依地形建造一间完全合乎风水法则的楼宇。门向可以自己决定，间格可以自己决定，家具的布置也可以自己选择。在这种情况下，风水摆设基本上是不需要的。

因此，如果可以的话，最好是在楼宇未装修前看风水，因为这样可以及早知道每个位置的吉凶。因为装修后就很难做出大的更改，只能做轻微的改变，这就说明了装修前看风水是非常重要的。

可是，现代几乎所有的住宅或写字楼都是现楼，其门向当然不是自己可以决定的。因此，风水摆设就成了必需的

东西。例如，室外有尖角等煞气，如果要挡煞，可以放一块凸镜，不能放凹镜。因为凸出来的镜是用作挡，而陷入去的镜是用来吸煞的。所以用风水物品前应先弄清楚，切勿胡乱摆设。

至于可以催旺和化煞的风水物品，最好不要古灵精怪，而应是很自然地与现代写字楼互相配合。这里推荐以下物品来做风水上的催旺和化煞：

催旺财运：

风水池、风水轮、金黄色或透明方解石等。

催旺事业：

水养富贵竹、奖牌、奖杯、奖状、锦旗、绿色山水画、绿晶球、白晶柱、紫龙晶等。

催旺人缘：

桃花、紫晶等。

催旺异性缘：

粉晶、月亮石等。

催旺健康：

海蓝宝（喉、牙、眼、气管）、橄榄石（神经系统）、琥珀（避邪、定惊）、石榴石或红碧玺（内分泌、情绪）。

化除衰气：

铜片、黑曜石、茶晶等。

其他：

紫晶洞（催旺，但不可乱放）、大叶植物或八粒石春或钱箱（聚财）等。

2.挂饰

办公室通常都会有一些吉祥物挂饰，一则增加美观，二则改善风水，以求得趋吉避凶的好风水，但要注意不可乱挂。这是因为各种挂饰有其无形的好坏功能，像虎挂饰图，就不能随意挂。

有人喜爱附庸风雅挂国画，这是又好又简单的室内美化方法，但也要符合自己的身份。如：一般公教人员可挂颜色淡雅的山水画；企业人士则可挂象征富贵吉祥的牡丹花、荷花；军警则适合挂严肃的书法字画。室内字画不宜挂太多，否则会产生反效果。

3.金属制品

现代企业都流行使用铁柜、金属办公桌，并配合电脑、传真机、影印机等，使得室内金属制品很多。其实，这是极不符合健康要求的办公室摆设。因为金属制品易导电及感应磁场，使室内磁场很杂乱，容易干扰脑电波，导致身体不适。因此，办公室最好使用木质办公桌，老板的办公室内最好全部采用木质制品，这样一来不仅格调高雅，而且对健康有利。决策者座位附近也不可有大型电器设备，如大冰箱、冷气机等，这些电器产生的磁场对人体有很大影响。近年有科学家指出，癌细胞益高斯的磁场强度在50～60赫兹频率的环境中，会以5.2倍的速度成长。

4.水晶

水晶乃矿物，是石英之纯粹，呈现六角状结晶体，有并行的断纹，含有有机物质。茶晶呈现褐色，黑晶呈现黑色，黄晶呈褐色或黄色而内含氮的有机化合物，紫晶含锰而色发紫，发晶含纤维状杂质。

水晶能够起到与脑电波频率共振的作用，令人脑中涌现轻松、愉悦的感觉，所以水晶具有增强能量的作用。事实上，各种设施都在不停地轻微振动，如果这些振动作用在水晶柱等风水助运物品上，就能够使水晶振动，产生轻微电流。在财位、贵人位和桃花位上放置水晶，能增强财运、人缘和桃花。可见，水晶对风水中气场会起到增强的作用。不过，水晶要放在正确方位，否则会有相反的效果。

如果想增旺桃花，可用粉水晶（玫瑰晶、经晶、芙蓉晶、粉晶、玫瑰石英

等晶石），它对应着人体七轮中的心轮，可以增强人体气场里的粉红光，增加对异性的吸引力，因此可使感情特别顺利；若想催旺人缘，可用紫水晶，它对应着人体七轮中的眉心轮，有助于人的思考力、记忆力和创作力，提升个人的智慧，拓阔视界，进而使人的紫光气场增强，增进人缘。

可见，水晶除了可用来当作饰物外，亦有增强风水运程的功用。

以自然物理学而言，既然水晶属于结晶体结构，就有增加及扩散同一组合基因的能量，所以过吉时会将吉旺之气的能量增强，过凶时则会将不吉的气运的能量放大，尤其是死气。如果将死气增强，则会大大影响风水。

以水晶催旺风水

水晶颜色	性质	方位	催旺
黄晶	财富	流年正财位	财运
红晶	感情	流年桃花位	桃花
白晶	宁静	流年文昌位	事业
绿晶	学业	流年武曲位	升职
紫晶	创作	流年九紫位	吉庆
蓝晶	健康	流年五黄位二黑位	健康
黑晶	灾难	流年九紫位	吉庆

凡是与能量有关的，应用得不好就会有问题。因此，宜小心运用水晶。事实上，水晶能增强吉利气场，同样亦能增强凶位的气场，如运用水晶开运，一定要用天然的水晶，而且还要放置在吉位上。在购买水晶时，最好是买形状简单的水晶，如水晶球、水晶柱或水晶簇。至于选择水晶时，不一定非得挑选那些通透、巨大或体态完美的水晶，只要将水晶放在手中，能够出现轻微振动的感觉就可以了。

以水晶改善健康

水晶类别	功效	特别适合改善的疾病
白晶	清除烦恼	令头脑清晰胃痛、眼病
黄晶	增强横财运	消化系统、肠胃
金发晶	加强财运	呼吸系统
方解石	增强财运	消化系统、肠胃
绿发晶	增强事业运	肝病、风湿、痛风
紫晶	增强人缘，兼带点横财	偏头痛，增强记忆
紫黄晶	增强人缘，增强横财运	减压，增强记忆
茶晶	吸收负能量	减压，消除抑郁
虎眼石	帮助集中精神	减压，关节痛
蜜蜡	气脉顺畅，宁神安静	头颈痛、风湿
水晶簇	净化磁场	增强水晶能量
紫晶洞	稳定磁场	并非聚财聚气，而且又多尖角，故不宜作为风水物品，更不宜放在自己的背后或面前

其他水晶催旺法

水晶类别	功效	特别适合改善的疾病
芙蓉晶	改善人际关系，增进感情	催旺人缘，又名粉晶、爱情石
金发晶	催旺偏财运	增强权势能量特别强
绿幽灵	既能催旺正财运	也可改善事业运，对考试和升职特别有效
碧茜	主要改善血气，增强健康运	可助治疗风湿、关节炎

5.办公小物件

(1)办公室的垃圾桶要"藏"好

有句话说得好："小地方，大问题"。我们常常会忽略一些小地方，总认为没什么大不了的。办公室的垃圾桶如果放

在显眼的地方，小浊气就会转化成大浊气，如果大浊气再随风散播到整个空间里就是大问题了。

垃圾桶要放在隐密处，而且垃圾桶不要选用红色和复杂的色系，最好用柔和的色系，如乳白色、浅蓝色、浅黄色等，黑色亦可。

(2)不宜在办公室出现的小物件

办公室里要招人气、旺财运，有些小物件是不宜出现的，比如化妆品、修指甲刀、针线、刮胡刀、袖扣等私人用品，这些与工作无关的小物件要收好，忌放在明处。

6.如何养风水鱼

在风水学上，养鱼可以催动旺气、增旺财运。这是因为鱼缸的水和游动的鱼会带动气流，而这些气流会改变室内的气场，令室内人的运程发生转变。鱼缸的功用主要是用来催旺和挡煞，但并不是每个办公室都需要摆设鱼缸，而应该看实际情况而定。注意，鱼缸应该放在财位或吉位，否则会有相反的效果。若鱼缸放在煞位，急速的气流会加强煞的威力，于风水不利。

鱼缸的放置忌接近电器，因水火相冲不利。摆设鱼缸须注意：

● 鱼缸的水要不停地流动，不要成为一潭死水；要有真鱼，不要放置假鱼；

● 鱼缸的外形应有利自己所属的五行；

● 鱼缸不可以放在厕所旁边；

● 鱼缸宜放在流年财位或吉庆位；

● 红色或金黄色的鱼可旺财，黑色的鱼可化煞；

● 鱼的数目一般要配合宅主的命格和屋的坐向，但以1、6、8为吉，忌2、5之数；

● 鱼缸的形状宜是正方形。如是三角形，则要放在墙角位；如是半圆形，可选择放在墙边。

7.如何摆设鱼缸

办公室内放置鱼缸、水车、风水轮的情况非常普遍。风水学认为：水管财，水即是财，财散财聚与水有绝对的关系（其中水包括河川、沟渠、马路、及家中厨厕的水）。下面介绍的是办公室内发财、聚财的鱼缸（水车、风水轮与之相同）应如何摆放。

风水上认为山管丁、水管财，也就是有水才会有财。纵观当今社会，富庶

的地方都是水量丰沛之地；大的都会、城市、大公司绝大部分也都设在有水的海港、湖泊、大河附近。这便是水的重要性最好的证明。

办公室放置鱼缸有两种作用，一是聚气，即聚集旺气，如此便能聚财、旺财；二是挡煞，也就是可以利用水的力量将衰败之气挡住。古人认为：气乘风则散，界水则止。所以水具有止衰气、聚旺气的双重作用。

不过并不是所有的办公室都需要或都可以摆放鱼缸。有的办公室风水值旺运，只要格局安排妥当，就可以财源滚滚；但有的公司先天有缺点，必须依靠风水的改造或加强，才能经营顺利。例如：有的房屋正好路冲、缺角，或正值衰运等，这样就需要利用水的力量来改造其气场，以避免受到伤害。水的力量虽然可以挡煞聚财，但是"水能载舟，亦能覆舟"，并不是办公室内的任何地方都可以摆放水。在风水学上有所谓"旺山旺水"之说，但如果是上山下水，山水错位的话，则于风水不利。所以放置水时要谨慎。

水方位的对错吉凶是根据元运、空间来决定的。元运是古人计算风水周期的基础，以一百八十年为三元（上元、中元、下元）九运，由黄帝轩辕氏出生开始主民数，每元为六十年（含有三运），每运有二十年。例如，值下元运中，举凡鱼缸、水车或厨、厕有水，皆不宜放置于南方离卦，西方兑卦，东北方艮卦，西北方乾卦。这四个方位有水，于风水不利。

房屋空间的方位不同，摆放鱼缸必须选对位置，才能真正发生效力。放置在北方坎卦、东方震卦、东南方巽卦及西南方坤卦等四个方位上，为安全卦位，

小贴士 Tips

鱼缸催财注意事项

"山主贵，水主财"，鱼缸有很强的催财作用。目前的许多餐饮空间，往往在大堂中放置鱼缸，最基本的应该注意三点：

①鱼缸的水面总高度不要超过1.8米；

②鱼缸中要用活水，而且水要从最上面一层向下流动，可加入水泵增氧。

③鱼缸的摆放财位要根据生辰八字，如果八字忌水则不能摆放。

对风水有利。

办公室内的鱼缸最好能置于进门附近，即公司前方明堂位置，接近进门气口。这样不但感应迅速，同时也可作为景观的一部分，令人心旷神怡，有助于提振员工精神，扩展人际关系。

至于四个吉利方位的选择，必须在房屋的正中央依据八卦九宫的空间方位来规划，千万不能有错误。要用罗盘来测定，或请教专业人士。

如果要在办公室内养鱼，最好的选择是红色的鱼，因为红色代表吉利，会给公司带来祥和的气氛。可以用单数，因为单数为阳数。数量也可依公司负责人的命卦来决定：如坎命人，鱼数应为一或六或七；离命人，鱼数应为二或七或九；震命及巽命人，鱼数为三或八或十一；乾命及兑命人，鱼数为四或九或十三；坤命及艮命人，鱼数为五或十或十五。另外，在鱼缸附近最好能植栽一些树木予以美化，也有增强生旺之气的作用。

鱼缸（水）的高度应在人站着时膝盖以上到心脏之间为宜。但是如果摆放在座位附近，则水不宜高于坐下后肩膀的高度，尤其不可高于头顶，会形成淋头水，于风水不利。

如果是第一次养鱼，最好能选择在良辰吉日放水和放鱼，要避免冲到老板的出生年支。吉日可以是黄历上为天德、月德、天月德合日或天喜、天医、凤禄等有吉星的日子。

通常如果鱼缸放置的方位正确，养殖方法得当，所养之鱼都会活泼有生气。如果常死鱼的话，就要研究是否水的温度、水质或鱼的本身有问题，如没有，则可能是方位摆错了，应予以纠正。

8.升职吉祥物品

在中国的习俗中，有很多吉祥物品是可以旺财和助升职的。职员都希望快些升职加薪，那么在办公室该摆些什么吉祥物品呢？

(1)马上封侯

"猴子"与"侯王"的"侯"字谐音，而猴子在马的上方，故有此名。"马上封侯"最利做公务员的人，他们可以佩戴或摆放此等玉器和饰物。

(2)鹿

"鹿"与"禄"字谐音，最适宜摆放在办公室内。

(3)天禄

天禄是一只瑞兽，其造型是腿短、有翼、双角、连须。因为"鹿"与"禄"谐音，在办公室内摆放，主升职快。

Tips 小贴士

马上封侯

"猴"与"侯"同音双关，马上封侯由猴子、骏马组图。猴子骑于马上，"马上"为立刻之意。侯为中国古代五等贵族爵位中的第二等级，这里泛指达官权贵，此图寓意功名指日可待。象征意义：步步高升。

三、植物的摆设

植物与花卉不仅仅有观赏价值，而且有灵性、有生命，它们象征着生命与心灵的繁荣与滋长，并且能够减少压力、提供自然屏障、免受空气与噪音的污染，对人的精神、情绪、身体健康、寿命等均有十分重要的影响。植物产生的气场会产生巨大的作用，它能影响办公室的能量，亦可帮助大气回复平衡状态。

办公室里有些花草，其好处可能出乎人的预料。德国科学家的一项研究指出，办公室绿化不仅能提高空气质量、降低污染物和噪音，还有助于缓解职员头疼、紧张等症状。

科学家得到的数据是：办公室适度的绿化将室内空气质量提高了30%，将噪音和空气污染物降低了15%，通过改善办公环境，可以把职员的病假缺勤率从15%降低到5%。对职员进行的问卷调查表明，他们认为在绿色办公室里办公紧张感比较小，而创造力和活力却提高了许多。

1.绿化的优点

①可清除室内的有毒气体：在24小时内吸收87%的有毒气体，是良好的"空气过滤器"。

②绿化环境能使眼睛得到休息，消除疲劳，预防近视。

③绿化具有隔音、消尘、阻光、降温等功能。

④植物可在潜移默化中解除人的疲劳，舒缓紧张，排除压力，使人心旷神怡。

⑤调和办公环境，使办公室更人性化。

⑥可作为办公室空气品质的指南针。

2.运用小盆栽调整气场

对于风水不好或运势不佳的情形，时下流行利用各种物品（吉祥物）来改运或化解。举例来说，上班族的座位若是背对着门，随时会有人从后方进出，很容易受到惊吓，引起不安，但是一时间又无从改变。这种情况就可以运用盆栽来调整、化解，如：随手拿个水杯插几株黄金葛、万年青，或种2～3株小小的巴西铁树。实际上，植物不但可吐出氧气，帮助强化活力，还可减少辐射的危害。

3.植物可净化空气

人们在办公室装修时大都讲究美观，却对装修带来的室内空气污染问题未有充分警惕。其实室内污染害人不浅，因为装修所用的材料如密度板、胶合板、刨花板、复合地板、大芯板及新家具等很大部分都是化学合成物品，这些物质会放出有毒气体，如甲醛、苯及放射性气体等，这些污染对人的危害是最直接的，它与噪音、辐射等对人的危害相比更为恶劣。

长期工作、生活在空气污染的环境中的人会处于亚健康状态，主要表现有情绪低落、紧张不安、心情烦躁、忧郁焦虑、疲劳困乏、精力分散、胸闷气短、失眠多梦、腰背酸痛等，后果非常严重。事实上，消除污染除了要注意通风之外，最方便的方法就是放置适当的植物。

4.植物与方位、光线的关系

植物是自然界的产物，自然需要阳光（生命三大要素：阳光、空气、水）。社会不断发展，我们却慢慢远离了自然。为了弥补这一缺憾，我们只好借植物来营造自然环境。在人为的环境中栽种植物，最难解决的条件是"阳光"，再加上每种植物所需的光线都不一样，因此，了解植物所需光线的强度，就成了栽种植物的重要课题。

另外，植物在风水学上，其方位也如同光线一样，扮演着重要的角色。如果要拥有健康、美满的家庭，则要将植物摆在东方（木行）。如果要拥有财产、成功，则要将植物摆在东南方（火行）。如果要事业顺利，则建议将植物摆在北方（水行）。然而，因为木行与金行相克，所以应避免将植物放在西南、东北以及中间位置。当然，也要避免放到金行的方位——西方与西北方。

常见植物所需光线强度简表

低强度光（1000lux以下）
黛粉叶、帝王蔓绿绒、黄金葛、蓬莱蕉、心叶蔓绿绒、竹茎椰子、袖珍椰子、观音棕竹、兰草、鹿角蕨

中强度光（1000～2000lux）
琴叶榕、马拉马栗、火鹤花、白鹤芋、椒草、芋类、长春藤、蔓性椒草、黄椰子、酒瓶兰、山苏花、波士顿蕨

强度光（2000～5000lux）
孔雀木、垂榕、鹅掌藤、丽格秋海棠、文竹、象脚玉兰、百香果蒲葵、蛇木

高强度光（5000lux以上）
榕树、变叶木、圣诞红、彩叶草、九重葛、可可椰子、苏铁

5.办公室的五类吉祥植物

办公空间应该摆设一些植物，最好是阔叶木本植物，如铁树、万年青、发财树等。只有叶大才能更多地吸收不好的能量，调节室内的小环境；而叶子小及藤蔓性植物反而会吸收人的能量。在这里值得一提的是，竹树青翠高雅，不但能陶冶性情，还是平安的象征。

办公室内植物摆设应充分发挥人与植物相生之要素，促成人与植物的和谐。以下为办公室内部各部位可摆放的植物品种。

吉祥聚财型：发财树、富贵竹、龙血树、宽叶榕、蓬莱松、罗汉松、七叶莲、散尾葵、棕竹、君子兰、球兰、仙客来、柑橘、虎尾蓝、巢蕨等，这些植物在办公风水中象征吉祥如意、聚财发福。

宁静温和型：百合、吊兰、玫瑰、马蹄莲、晚香王、郁金香等，有宁静致远、平心静气之功效。

壮旺文昌型：文竹、菖蒲、富贵竹、香雪兰、凤尾竹、山竹花等。这些植物可加强人的思维能力，宁神通窍，能够壮旺文昌。

健康清爽型：玫瑰、素馨、康乃馨、米兰、秋海棠、山茶等。这些植物整洁清爽，能够促进身体健康，是办公空间的"健康使者"。

化煞驱邪型：金刺般若、玉麒麟、子孙球、龙骨、盆栽葫芦具有强大的化煞力量，是办公空间的"平安守护神"。

6.办公室的四类首选植物

万年青、铁树、薄荷、龙舌兰、月季、玫瑰、桂花、雏菊等植物，具有吸收空气中有害物质、杀菌除尘的作用，亦是办公室的常用植物。而以下四种植物因为功效强大，容易培养，所以成为办公室首选的风水植物。

百合：多年生草本植物，因为在地下由数十个瓣片紧密抱合，有"百片合成"之意，象征团结，因而得名"百合"。其花色洁白、晶莹剔透、芳香幽雅，加上易控制花期，所以成为世界上最为知名的花。后梁皇帝曾这样赞美百合花："接叶多重，花无异色，含露低垂，从风偃柳。"百合具有清热、解毒、润肺、宁心等特效，能够提振精神，是办公风水植物的上乘之选。

吊兰：又名鸭跖草。虽然不是名贵花卉，但它能够吸收空气中的有毒物质，这在花卉中是首屈一指的。在新装修的办公室或是空调房里摆一盆吊兰，在24小时之内，便会将室内的一氧化碳和其他挥发性气体吸收个精光，并将这些气体输送到根部，经土壤里的微生物分解后成为无害物质，作为养料吸收。

芦荟：大部分植物都是在白天吸收二氧化碳释放氧气，在夜间则相反。但芦荟、龙舌兰、虎尾兰、红景天和吊兰等却是一直吸收二氧化碳释放氧气的，并且能够吸收甲醛等有害物质。更可喜的是，这些植物都非常容易成活。

肉桂：也叫平安树，它能够释放出一种清新的气体，让人精神愉悦。如果想尽快驱除办公室内刺鼻味道的话，可以用灯光照射平安树。平安树一经光的

照射，光合作用就会随之加强，此刻释放出来的氧气比无光照条件下多几倍。

7.办公室的九类不宜植物

夹竹桃：可以分泌出一种乳白色液体，接触时间长了会使人中毒，引起昏昏欲睡、智力下降等症状。

含羞草：其体内的含羞草碱是一种毒性很强的有机物，人体过多接触后会使毛发脱落。

紫荆花：所散发出来的花粉如与人接触过久，会诱发哮喘症或咳嗽。

月季：所散发的浓郁香味会使人胸闷不适、呼吸困难。

天竺葵：所散发的微粒如与人接触，会使人的皮肤过敏，进而引发瘙痒症。

郁金香：花朵含有一种毒碱，接触过久，会加快毛发脱落。

黄花杜鹃：花朵含有一种毒素，一旦误食，轻者会引起中毒，重者会产生休克。

接骨木：松柏类花木的芳香气味对人体的肠胃有刺激作用。经常接触不仅会影响食欲，而且会使人心烦意乱、恶

心呕吐、头晕目眩。

夜来香：在晚上会散发出大量刺激嗅觉的微粒，闻之过久会使高血压和心脏病患者感到头晕目眩、郁闷不适，甚至会导致病情加重。

8.办公室植物布置六要素

适合在办公室中摆设的植物很多，品相方面应该选择枝叶茂盛的植物，颜色以常绿常青为上选，有花朵的亦可。这些植物可使人活力充盈、工作顺心。但是由于办公室内空间有限，因此放置植物不是多多益善的，更不可良莠不分。植物布置应注意六要素：

(1)配置比例

上班族一天有1/3以上的时间待在办公室里，调整出对个人最有利的风水格局是很重要的。花草有灵，放置花草的地方，自然会有灵气产生。树木长得旺的地方，代表气也旺。

办公室内摆放的花草不宜多，绿色可以多一点，占一半即可。只有比例分配适宜，办公室的人运、财运才可发挥到极致。

(2)协调空间

要注意植物与空间的协调性。植物的色彩和姿态必须和空间协调，让人有舒服的观感，并且应使植物与办公的人产生密切关联，进而创造生气勃勃的、高效办公环境。

(3)布置方便

办公空间的绿化应该讲求布置方便，常绿常青，而不必介意所种的植物是否为奇花异草，也不必在意能利用的空间有多大。事实上，办公室内的每个空间都可以进行各种规模的绿化工程，绿化的关键是种些容易生长并且能令视觉愉悦的生旺植物。

(4)位置正确

普遍来说，办公空间的重点在办公室的财位上，即办公大门的对角线位置。在此可以摆放个花盆，种植花期长又具有吉祥意味的植物。摆放的植物在外观上应呈现直上形，以营造出素雅朴实、生机勃勃的办公环境。

有刺的植物如仙人掌、龙骨、玉麒麟等，只适宜放在花槽、露台等室外的地方，并且放在对面存在尖角的物体处为妙（如墙角尖之类的外煞，有化解之用）。这些植物在公司内部则不宜摆放。

大门若对楼梯，可用鱼尾葵、棕竹摆放在相冲处化煞。另外，在卫生间等地方不宜摆放一些爬藤类植物，否则于风水不利。

(5)明辨真假

丝带花、塑胶花也可放于室内，因为这些假花没有生命，对室内风水的影响不大。但要注意的是，如果用假山去衬托植物，千万不要选择嶙峋的假山。因为嶙峋的假山也是煞的一种，放在室内于风水不利。另外，在办公风水里，最好不要使用干花，因为其象征着没落与死亡。

(6)及时打理

办公室内摆放着郁郁葱葱、生机盎然的盆栽，除了可以愉悦感官外，更重要的是盆栽会在这个相对独立的空间里形成一个充满生气的气场，增加欣欣向荣的气氛。这个状态会漫延至整个办公空间，从而促进公司的财运态势，无形

中为公司增旺。

办公植物要小心呵护，切勿以为只要布置了就可以坐收其利。如果发现有花枝枯萎，应尽快修剪、及时打理，否则于风水不利。

总之，植物的功用很大，可以治病防煞、调心养性、旺宅旺人。但是，如果办公室内绿化布局不当，选取植物品种不对，也会给工作（事业）上带来诸多不良后果。所以，只有在合理利用的情况下，植物才能为人类带来各种助益。在公司绿化的设置上，如果能认真参考以上的建议，就会打造了一个高雅美丽、吉祥健康的办公环境。

9.办公室植物的维护

①办公室植物应避免摆置在通风口或空气调节器的风口。

②应优先考虑植物所适合的光线量。

③发现叶子发黄、枯萎或有败坏的叶片，应赶快除去。

④当叶片蒙垢时，可用软海绵沾上温水擦拭。

⑤植物生长容器应定期加以清理。花盆须随时维持干燥，以免孳生病蚊。

⑥浇水最好一次浇透，待其表土呈干燥时再浇水，避免浇水不足。

第七章

办公室风水宜忌

　　无论是老板还是员工，人人都希望获得事业上的成功。既然办公环境关系到事业的成功与否，那么在选择办公地址及规划办公空间时最好能将各种问题考虑进去，多用点心思，对事业的发展就会有很大帮助。本章将详细介绍办公室装修、装饰的宜忌，为大家营造好风水办公室提供最有效的指导。

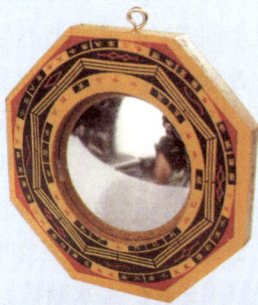

一、办公室风水之宜

前面我们已经介绍了各种与办公室相关的风水知识，比如选择办公地址时要注意的问题，装修时的讲究等等。在此，我们需要系统地总结一下办公室的风水之宜，看看有哪些事情对办公室的风水是有益处的。

宜 办公室宜开偏门

办公室风水

办公环境无法旺运时，如果空间允许，可开偏门来强化办公室气场，从而达到开运、抢运、补运的功效。然而，开偏门要适当，因为旺财的方位只有两个，切忌开太多偏门，否则会因为偏门太多，造成气场混乱，老板和主管意见容易出现分歧，决策难以制定，导致人心涣散、消磨斗志，使得财气不聚，或财进财出，无法创造出应得的财富，也无法凝聚出该有的成果与目标。所以开门前最好找专业人士先看一下为宜。

宜 办公室的楼梯宜靠墙而立

办公室风水

楼梯一般分为螺旋梯、斜梯、折梯三种类型，楼梯一般宜靠墙设立，这样既节省了现今寸金寸土的空间资源，又避免了一些风水问题的产生。楼梯的第一个台阶位置在房屋中心还无大碍，如果楼梯尽头的平台是办公室的中心点，则是大凶的格局。

小贴士 Tips

走廊的方位

面临庭院、房间前面的走廊，通常都是设置在东、东南方。走廊向着西南方，才是吉相，因为这样才能享受到阳光和新鲜的空气，因此，卫生方面也很好。北方位的大门如果有楼梯的话，冬天的风会吹到二楼，这是不利的现象，会影响到二楼的暖气效果。因为寒风的关系，工作人员容易感冒，而支气管、喉咙也会受到影响。呼吸器官的障碍，会影响体力，导致做事没有精神，也可能会患上泌尿系统疾病。

宜 办公室过道宜通畅

办公室风水

办公室的通道畅通，象征公司的运程顺畅。但有些办公人员经常会摆设一些杂物在通道上，给日常生活带来诸多不便。此种情况象征公司运势窘困、财源阻塞、沟通不良、行事费力，严重者会影响事业的发展。走廊作为连接办公楼间的通道，作用也非常大，但是办公楼的走廊只宜局部设置，不可贯穿全屋而将其分为两半，否则也是凶相。

宜 办公室宜格局方正

办公室风水

好的办公室讲究的是方正平稳，方正的格局能更好地利用空间，使公司运程稳定，气场合理，信誉良好，公司的员工为人正直，刚正不阿。长方形格局次之，缺角形、多角形、三角形格局则均为不吉之格局，应尽量避免。

宜 办公空间宜合理运用

办公室风水

公司办公空间一般面积很大，但是经常会有部分空间没有加以利用，出现空闲方位。空闲方位是代表客户群的位置，会造成公司的产品或服务不被市场认可，导致长时间的门庭冷落。在租用或购买空间时一定要适量，并且要合理地安排内部的分配，大而散的公司布局会带来很多隐患。

宜 办公室内宜通风

办公室风水

办公室的布局与家居一样，除了要注意采光外，还应尽可能的创造条件以保障适度的通风，而良好的通风可以帮助保持办公室的整洁舒畅。风水上虽然讲究藏风聚气，但主要是针对一些对人体有危害或风速较大的风，这些都是直冲、直射、直入直出的风煞，需要加以避免。而缓慢的气流在办公室或家居中是必不可少的，可以利用屏风或照壁来阻挡风势，从而积蓄办公室内的气。通风一般是采用自然通风，利用空气的自然流动达到通风换气的目的，较经济实用。现在办公室内一般安装了中央空调，往往自己不能开窗换气；事实上，人在换气量不够的办公室里工作，往往头昏脑胀，很难保持好的工作状态，就更谈不上为公司创造多少利润了。

宜 办公室开窗的方位宜与五行相生

办公室风水

窗的形状、方位与五行相关，运用得当会有助于加强办公室能量的吸收，增加工作人员的活力。现代的五行对应的形状如下：金形—圆、木形—长、水形—曲、火形—尖、土形—方。直长形窗属木形窗，其最适合的方位是住宅的东、南与东南部，它能使办公室的外立面产生一种向上的速度感，亦会对公司产生进步和蓬勃发展的气氛。正方形和长方型窗属土型窗，其最佳的位置是办公室的南、西南、西、西北或东北部，它能使办公室的外立面产生一种较安定稳重的感觉，亦会使公司产生平稳踏实的气氛。圆形或拱形的窗户属金型窗，设置在办公室的西南、西、西北、北与东北最为适用。它能使办公室的外立面产生一定的吸引力，亦会使公司产生团结的气氛。

宜 办公桌宜靠墙摆放

办公室风水

办公桌的摆放要注意后方要有靠，这样才有利于办公人员的事业，办公室里所谓的"靠山"就是一堵墙壁，座位要尽量靠进墙壁，墙壁与座位之间最好不要留太多的空间。如果后方是走道，办公会比较不安稳，使人心神不宁。后方可以是墙壁，或配置桌子、矮柜都可以。坐在办公桌之后的人要有墙一类的凭靠。避免办公桌后有多余的空虚，主要是为了使坐在办公桌办理商务的经商者，减少来自身背后的空虚和不踏实之感，增加可靠性。

小贴士 Tips

办公室光线调整技巧

办公室很难做到处处都有自然光，即使是四面都有大玻璃窗的办公室，也不见得人人都能分到靠窗的位置。我们可以用一些人工的方法来进行弥补。人工补光尽可能模拟自然光。由于日光灯光线明亮、价格便宜，办公室内多半使用日光灯照明。但日光灯会有肉眼看不见的闪烁，易造成慢性视力损伤，所以最好多盏日光灯同时使用，以减少对眼睛的伤害。

宜 办公桌宜远离水龙头

办公室风水

风水上认为水即财，水本身能聚气，也能扰乱磁场。有水出来的地方，就会影响到整个办公室的气场。长期坐在水龙头旁的人，会有神经系统失调或运势反复的现象。办公室的主管、负责人旁边有水龙头的话，公司还会出现财务上的问题，除非其座位后方有牢固的靠山，否则最好是避开。

宜 办公桌大小宜适中

办公室内办公桌的大小宜适中，过小则不够放置常用的办公用品，也没有空余的位置来进行工作。办公桌也不宜过大，要合理利用办公桌上的空间。一些最常用的物品，如电话、文具盒、便笺等，应该放在不必起身就可以拿到的地方。办公桌上应尽可能少放东西，桌上所放的东西应以够用为度。另外，领导的办公桌要比员工大，如此才为正确；如果不够大的话，要在旁边安置几个柜子，来增加气势，如此才能够顺利地指挥员工。

宜 办公桌宜方便、实用

办公桌的品质宜选择实用型，这样会令员工踏实工作，不追求排场。办公桌的品质不必讲究豪华昂贵，否则容易令人起贪恋之心，工作不重实际。办公桌的颜色还应配合室内光线，深浅应调和。

宜 座位前方宜有一定的空间

办公室的座位前方不能紧贴墙壁，宜保留一定的空间与距离，否则办公的时候就会像"面壁思过"一样。人的眼睛长在前面，就是要捕捉比较多的讯息，如果座位太贴近墙面，而看不见四周的人或物，会造成潜意识的不安，导致无法专心工作。墙壁一片空白，会使眼睛的缓冲区不够，也会影响到人的视力。

宜 办公桌上布置宜左高右低

办公室风水

书云："宁可青龙高一丈，不可白虎高一寸"，青龙位（左边）要比白虎位（右边）高是风水学里铁的定律。所以我们在布置办公桌的桌面时，要注意将文件夹、台灯、显示器等放在青龙位（左边），将鼠标、笔筒等小物品放在白虎位（右边）。这种摆放方式既符合风水之道，又方便日常使用。因为鼠标、笔都是要用右手来操作的，放在右边更方便使用。

小贴士 Tips

办公环境的伦理秩序

为了发挥部门负责人的积极作用，就要考虑重要部门负责人的办公桌位置。事业要由人来做，处于重要位置的负责人，其作用亦不可忽视。任何事物都有轻重主次之分，办公室风水的布局也不例外，应该重视办公环境的伦理秩序。比如说总裁办公室乃至办公桌的朝向要以大气场来考虑，无需决断大事而只需将某一具体项目完成的中层干部，他们的办公桌则只要以小气场来考虑就够了。

宜 座位旁边的出入通道宜畅通

办公室座位旁边的出入口代表对外的联络管道，所以座位的出入线不宜摆太多阻碍物。如果在出入线摆设太多大型物品，走路时就常常要左躲右闪，久而久之，心理上会有些不舒服。这种心理煞会导致工作和人际关系不很顺利。

宜 老板办公桌宜比员工办公桌大

一般老板的办公桌要比员工办公桌大，如果老板的办公桌不够大的话，要在旁边安置几个柜子，以增加气势，如此一来才能够更好地领导员工。

宜 总经理办公室的方位宜按朝向设定

办公室风水

对于一个公司来说，总经理是一家之主，如一国之君，他必须制定正确的战略决策才能带领公司在商战中取胜，所以一个公司的总经理必须坐在旺气生财的位置，才能具有整体的领导统御能力。根据办公室的朝向，我们可以总结出总经理办公室适宜的方位。

坐北朝南的房子，必须以正北方及西南方为总经理办公室。

坐南朝北的房子，必须以正南方及东北方为总经理办公室。

坐东朝西的房子，必须以正东方及西北方为总经理办公室。

坐西朝东的房子，必须以西北方、东南方或正南方为总经理办公室。

坐东北朝西南的房子，应以西北方及东北方为总经理办公室。

坐西南朝东北的房子，应以正东方及西南方为总经理办公室。

坐西北朝东南的房子，应以正西方及西北方或正北方为总经理办公室。

坐东南朝西北的房子，应以东南方及西南方为总经理办公室。

宜 进入总经理室的线路宜顺畅

办公室风水

进入总经理办公室的路线应该顺畅，因为总经理的房间大都在办公室的后方，因此从大门走到总经理房间的路线不可弯弯曲曲，也不可有杂物阻碍。这样的布局使得财气不易进入房间，导致公司气运阻滞，也阻碍了旺气的进入，会令公司业务的发展出现困难。

宜 企划人员宜在文昌方办公

办公室风水

在阳宅风水学上，文昌方五行属木，为绿色，代表智慧，影响读书人升学的运势，也影响人的名誉、形象和官运等。公司内从事策划或设计的工作人员，其工作性质一般是创造发明、打破现状、开发新产品等，要求经常有新创意、新点子，这类工作人员的办公室可以安排在文昌方位上。

宜 秘书座位宜近领导办公室

秘书座位如果能够邻近领导的办公室，则事业会有强大助力。对老板而言，秘书可为其先锋，阻挡、过滤掉不必要的外来干扰；而对于秘书而言，背靠公司最大的靠山，可获得保障，两者可谓相得益彰。

宜 办公室金库宜设隐密处

办公室金库是公司藏金聚气之处所，是极为秘密的场地，亦是个人储藏隐私的地方。有的办公室如财务室，每天都会有现金的收入，所以最好将金库安置在隐密之处，这样较不易破财。在靠近金库、保险柜或店面的收银台之处，摆设关帝君、钟馗、达摩或护法金刚等摆件，有挡煞招财的功效。另外，金库的方位应配合工作人员的属相，做最妥当的搭配。

宜 客服部、服务台宜设在南方

客服部、服务台代表着公司的形象，将其设置在象征美丽、光明的南方，可给公司的形象带来好的效应。该部门的装潢颜色应该尽量采用红、紫色，同时为避免员工遭受职业伤害，千万不可用三角形的饰物进行装饰。

宜 人事部宜设在东方

一个公司的人力是非常重要的资源，正所谓"家和万事兴"，一般可将人事部设在象征辅佐的青龙方，也就是东方。装潢颜色应尽量选用青绿、浅紫，也可以在此处放置一些大型盆景来提升办公室的旺气，至于马达或者发电机，则要尽量避免靠近，否则容易造成人事波动。

宜 总经理室旁宜有其他办公室

公司经营者办公室的左方及右方都要有其他办公室，这种布局在风水上称为"辅弼从主"。如此设置，则老板便仿如有左右护卫来保护扶持，会使得事业稳固发展。

宜 储藏室宜设东北方

储藏室是囤积货物的地方，我们可以把它设在东北方。这个方位宜尽量用黄、咖啡色来装潢，此处的灯光要保持明亮，切忌不要把茶水间设置在这儿，否则员工的肠胃会出毛病。

小贴士 Tips

金库五行方位与属相

五行最基本的正冲位置：肖鼠正冲南位；肖牛正冲西南位；肖虎正冲西南西位；肖兔正冲正西位；肖龙正冲西北西位；肖蛇正冲西北北位；肖马正冲正北位；肖羊正冲东北北位；肖猴正冲东北东位；肖鸡正冲正东位；肖狗正冲东南东位；肖猪正冲东南南位。

宜 办公室宜设玄关挡煞

一般的玄关服务台最好是面对大门，不宜设在入门的侧方，因为侧方无法挡住外来的杂气。若玄关处没有设置服务台，最好在玄关之处摆设圆形花瓶，以圆形之物来导气而入，如同一个马达在打水般，能助入口气通行。玄关布置忌太过凌乱，会使得公司杂乱无章法。不要将镜子设置于玄关照射，国家机关设置玄关镜有明镜高悬、吸纳吉气之意，但在公司则有排斥客人之意。

宜 业务部宜设在北方

业务部门需要的就是人气，北方象征流动，可以聚集人气，因此业务部宜设在北方。北方主水，但千万不要以为主水就可以把洗手间设在这儿，否则很容易传出办公室恋情，甚至出现办公室"桃花"。北方五行属水，因此这个方位宜尽量用黑、蓝色来装潢。

宜 总务部宜设在西南方

总务部好比是老板的贤内助，既要有圆滑的为人处事态度，又要忠诚于老板。这个方位应尽量用土黄、咖啡色来装潢。因此把它设在象征母性的西南方最为理想，最好再用方形饰物来装饰。

宜 办公室前台宜吸纳旺气

公司的前台既可以显示企业的实力，又可起到商业礼仪、人际交流、代表公司形象等作用。前台在风水学中属于明堂区，也就是聚气纳气之所，是极为重要的方位。前台的布局若得当，吸纳旺气自然生意兴旺、财源广进；布局若不当则会泄气，泄气之所必然不利于求财，甚至会导致企业破产倒闭。当然，公司前台的布置要结合业主命理、坐向方位、地理环境以及所从事行业等综合布局设计才是最好的。如果客人进到厅堂有种说不出的亲切感，这样的布局就是成功的。在前台处可写上公司名称及公司标语，这样既能激励员工，又可带给来访者信任感。好的前台布局，青龙、白虎、朱雀、玄武等四灵要布局得当，同时门口位五行不能冲克业主，还有天花、地面、墙壁、梁柱风水及门外环境等都要布局得当，这样才是最佳的前台风水布局。

宜 财务室宜设在西方

财务部是和钱财有密切关系的部门，一个公司的财务室具备很重要的地位，应该设置在办公室的西方，这个方位主金，在装饰上应该尽量用白、银色，且不可太接近电梯间。俗话说"财不露白"，财务室宜静不宜动，所以财务室以紧挨着财位或董事长室而设最为理想。

宜 财务室宜摆放盆景

在财务室里宜摆放常青树盆景，象征财源滚滚。最好是选择超过室内高度一半的大花瓶，盛水养植万年青，或摆铁树、秋海棠、发财树、开运竹等盆景。一般要选叶片圆大的树种，这样才有利纳财入局，但不可选择针叶树种。如果财务室靠窗，那么，在落地门窗前的阳台上摆一排盆景，或在窗台上做盆景花台，既可以接气，看起来又能满室生辉，有助于健康和财运。财务室的盆景一定要天天细心照顾，让它能茂盛生长，如有叶子枯黄，就要尽快剪除，否则宁可不放。当然，更不能在财务室放置人造花和代表死亡的干花，因为这些花不会接地气，对公司气运并无益处。

宜 保险柜宜隐蔽

财务室的保险柜宜隐蔽，不可让外人看到，以免漏财。保险柜里放着公司的钱财和重要文件，若暴露在外，容易引起一些有非分之想之人的注意力，难保公司的钱财不受损失。将保险柜加以遮掩装饰，使人不知道里面是保险柜是最理想的做法，同时要注意柜门的开向和朝向不要犯冲。

宜 洗手间宜保持空气流通

洗手间一定要有窗户，最好是能照射到阳光，并且空气流通好，让外边清新的空气容易流入。道理很简单，这样才可以使浊气更容易消散，从而保持空气的新鲜。由于空间规划的不合理，或者开发商为了追求利润的最大化，一些办公室的洗手间根本就没有设置窗户，也就是我们说的"黑厕"。这种洗手间，只有排气扇，并且排气扇也并不是经常能开启。这样的洗手间，秽气积聚很多，长期吸入，对健康是非常不利的。就算使用一些空气清新剂，也只是改变了空气的味道，对空气的质量并无改善。所以，洗手间最好是能够开窗，或者长期开着排气扇。

宜 办公室的颜色宜上轻下重

办公室颜色的布局是有讲究的，一般来说，地板的颜色重于墙壁，而墙壁的颜色重于天花板。如果天花板的颜色比地板深，很容易形成上重下轻、天翻地覆的格局，象征公司上下不和睦，使领导管理困难。天花板的颜色较地板的颜色浅，上轻下重，这才是正常之象。所以办公楼的天花板色调宜选用淡雅的颜色，而地面则应选择较重于天花板的颜色。

小贴士 Tips

办公楼与颜色选择

老式的办公楼通常都有深棕色的木围墙，深色可以使人产生稳重感。墙面宜浅色，而地面一定要用深颜色，以避免头重脚轻。在新式办公楼里，就要选用比较淡雅的浅颜色，因为浅色可以使人产生扩张感，凸显办公室的高大。用浅蓝、浅绿做墙面的颜色都不错，但最好不要用米黄色，因为米黄色易让人感觉到昏昏欲睡，如果有灰尘，还会显得陈旧。

宜 办公室颜色宜按工作性质设计

在办公环境里，颜色的运用会对工作的效率产生很大的影响。办公室职员的工作性质是设计色彩时需要考虑的因素。如果是要求工作人员细心、踏实工作的办公室，如科研机构，要使用清淡的颜色；如果是需要工作人员思维活跃，经常互相讨论的办公室，如创意策划部门，则要使用明亮、鲜艳、跳跃的颜色来作为点缀，以激发工作人员的想象力。

宜 办公桌的颜色宜根据生肖选择

公司经营者办公桌的质地一般都以木质为主，但颜色要与个人的生肖相配合，选择有利于自身属性的办公桌。

生肖属猴、鸡：五行属金，办公桌宜白色、金色、银色。

生肖属虎、兔：五行属木，办公桌宜绿色、青色、翠色。

生肖属鼠、猪：五行属水，办公桌宜黑色、蓝色、灰色。

生肖属蛇、马：五行属火，办公桌宜红色、橙色。

生肖属牛、龙、羊、狗：五行属土，办公桌宜黄色、咖啡色、茶色、褐色。

当然，这主要是针对有条件独立办公的工作人员，如果是在公共区域办公，就没有办法选择了，因为在大厅里办公的人生肖各不相同，不可能将办公桌的颜色弄得五颜六色。

宜 办公室采光宜充足

办公室光线的明暗度，与整体事业的成败都有绝对的关系。办公室宜采光充足、明亮宜人，如此业绩方能蒸蒸日上，使得好人出头、赏罚分明，员工们能发挥所长、负责尽心。反之，阴暗的办公室，则往往会带来阻碍与不顺的运势，使得公司小人当道，员工们士气低落。

宜 办公室宜有"水"

风水学认为办公室临水可以增加赚钱的速度。在都市里面不可能有真的河流，所以汽车人潮就是水。在大楼办公室里面的座位要顺着车和人的方向来坐，如果没有靠近大马路，办公室座位靠着楼的后面或里面的通常都是主管或者老板的位置，这时座位的前面可以挂一幅山水画，让水往自己的方向流过来，就是迎着水。如果在没有别人的办公室，就准备一个装有水的杯子，并且在里面放上有圆圈的玻璃球，每天早上进办公室时添一点水即可，这代表水向自己的方向流，有助于增加事业运。

宜 办公室的生肖饰品宜按五行选择

生肖饰品可以给人带来好运，但是在布置生肖饰品时，一定要根据个人的五行属性来选择。

命中需要金的人，可在办公室内布置蛇（摆东南）、鸡（摆西方）、牛（摆东北）三肖的金局以增吉运；

命中需要木的人，可在办公室内布置猪（摆西北）、兔（摆东方）、羊（摆西南）三肖的木局以增吉运；

命中需要水的人，可在办公室内布置猴（摆西南）、鼠（摆北方）、龙（摆东南）三肖的水局以增吉运；

命中需要火的人，可在办公室内布置虎（摆东北）、马（摆南方）、狗（摆西北）三肖的火局以增吉运；

命中需要土的人，可在办公室内布置龙（摆东南）、狗（摆西北）、牛（摆东北）、羊（摆西南）四肖的土局以增吉运。

宜 竞争性行业办公室宜挂牛角饰物

从事竞争性的行业，如律师的办公室，宜挂牛角的饰物。因为从事律师工作的人士，都是带怀疑眼光看待一切事物，并喜欢钻牛角尖，同时也因为这个行业竞争性大，摆设牛角饰物，象征着斗胜与辟邪。

宜 养鱼数目宜与命卦相合

在办公室内摆放风水鱼可以化煞招财，而鱼缸中鱼的数目应符合风水之道，这主要是根据户主的命卦五行而定。

"河图洛水"的天地生成数口诀云："天一生水，地六成之；地二生火，天七成之；天三生木，地八成之；地四生金，天九成之；天五生土，地十成之。"根据以上推定，只要找出户主的命卦五行，就知道应该养多少条鱼来配合。

大众化的方法是养九条鱼。古代的文人墨客喜作游鱼图，且都是题名为"九如"。诗经有云："天保定尔，以莫不兴，如出如阜，如冈如陵，如川之方至，以莫不增。如月之恒，如日之升，如南山之寿，不下崩，如松柏之茂，无不尔或承。"此诗中共有九个"如"字，且都是吉利语，因如与鱼同音，不少人就画九条鱼，题名为九如，作为吉利挂画。从上可知，养鱼的最佳数目是九条。但由于有的鱼缸过小，养不了九条这么多，则可养三条或六条，取"三三不尽"和"六六无穷"之义。

宜 办公室宜摆"三羊开泰"

"三羊开泰"象征大吉大利、招财开运，可在办公桌上安放"三羊开泰"，其最佳安放位置是正对公司门口和办公桌，头朝外即可。但属鼠、属狗和属牛的人不适合摆放羊的摆件，因鼠与羊是相害，牛与羊是相冲。

宜 偏行行业的办公室宜摆放貔貅

貔貅是一种瑞兽，在风水中一般用来驱邪、挡煞、镇宅，其作用是毋庸置疑的。相传貔貅是龙的第九子，以金银财宝为食，而又没有排泄器官，财宝只进不出，故又可作为招财之物。貔貅在五行风水中带火性，可招来大量的金钱，打开世间财源。在家宅或办公室的适当位置

放置貔貅，可收旺财之效。一般做偏行的人都认为貔貅是可以旺偏财的，所以他们都会在公司或营业地方摆放一只貔貅，属偏行的行业有外汇、股票、金融、赛马、期货等。

宜 办公楼门厅处宜设鱼缸

如果办公楼的门向不好，这种情形下，会接纳到不好的煞气。因此在门口的门厅，最好设置一个流动的水景，或是一个鱼缸。鱼缸在风水学里是"水"的同义词，除了具有观赏价值之外水也能转化磁场，鱼与水共生，使室内更有生机，将衰气转化为旺气，对公司的整体发展也有正面的帮助。公司老板如果生辰八字缺水，则摆放鱼缸在门厅会对运程大有帮助，如果能把鱼缸放在旺财方则更佳，但放在凶方则不吉。

宜 鱼缸宜置吉方

风水中有些吉方物品是不宜放在凶方的，比如鱼缸。办公室可以用鱼缸来催财、催贵人、催官、以及催事业，如果将其放在凶位则会把凶气催起，而招来凶灾，要千万注意。把鱼缸摆放在吉方，可以动起生旺财气之效，又可增加灵气，令家中倍添生机，反之则不宜。生辰八字缺水的人，摆放鱼缸在办公室便会对运程大有帮助；那些忌水的人，若养鱼在办公室中，就很不适宜。

宜 办公人员宜用钱币催运

由于办公室内人来人往，所以不太好布置过于复杂的催官局，用钱币催运是不错的选择。准备好3个古钱、3张20元钞票、3张50元钞票、3张100元钞票，把这些钱聚拢，然后在一张红纸上面写上个人的生肖属相，与钱放在一起，用红纸袋包好，并且在纸袋上写上"招四方财"。如果是从事业务工作的人，则要准备两包，一包放在办公室的桌内，一包随身带在身上，不论是坐飞机，还是坐船、坐火车，都有保平安的效果。

宜 办公室门厅宜挂吉祥字画

在办公室门厅入口的位置，若能在其墙上挂上吉祥字画，必能给楼内的公司带来祥和之气或招财之兆。所挂字画一般以招财进宝、太平有象等风水吉祥画为吉。

小贴士 Tips

办公室旺位催运法

根据男女旺位的各不相同，在办公室摆放物品时，女性应在办公桌左上角摆放红色丝带或相架，以加强人缘运；与同事能和睦相处，工作起来自然得心应手，而且也较易得到上司的信任。至于男性则可在办公桌右上角摆放水晶，或者猪公仔、狗公仔，有助催旺事业运。

宜 办公室宜摆仙人球吸收辐射

电脑、电视以及各种电器的辐射向来是办公室的一大污染源，而仙人球生活在阳光很强的地方，吸收辐射的能力很强。放一盆仙人掌类植物在这些电器附近可以吸收大量的辐射污染，唯一的缺点就是它傲然不可侵犯的尖刺，办公时要小心注意。在风水上，仙人球的功效主要有防小人、增加自我防御能力的效果。注意带刺的仙人球不适合放在家居卧室，因为带尖刺的东西会放射煞气。

小贴士 Tips

仙人球护理常识

仙人球又称"懒人植物"，护理非常简单，只需要约五至十日淋水一次，浇水时不要直接淋在果肉上，每一至两个月施肥一次就可以了。

宜 五行缺木者办公室宜多摆盆景

在办公室内适当地摆放一些叶片大的、绿意浓浓的盆景，能够增加生气、净化空气，还有化煞、挡灾之功效。盆景在五行中属木，如果公司负责人五行缺木的话，则可多放置一些盆景来补充木的能量。哪些是放置盆景的理想位置？一般说来在财位最好摆放一盆万年青或富贵竹，而负责人的办公室也应在天医方位放置水晶或单数的富贵竹，或者在大门口的龙边（左边）放一盆带土的绿色植物。

宜 办公室宜种植的植物

吉祥聚财植物：发财树、富贵竹、龙血树、宽叶榕、蓬莱松、罗汉松、七叶莲、散尾葵、棕竹、君子兰、球兰、仙客来、柑橘、虎尾蓝、巢蕨等，这些植物在办公风水中有吉祥如意、聚财发福的功效。

宁静温和植物：百合、吊兰、玫瑰、马蹄莲、晚香王、郁金香等，有宁静致远、平心静气之功效。

壮旺文昌植物：文竹、菖蒲、富贵竹、香雪兰、凤尾竹、山竹花等，这些植物可加强人的思维能力，宁神通窍，并且能够壮旺文昌。

健康清爽植物：玫瑰、素馨、康乃馨、米兰、秋海棠、山茶等，这些植物整洁清爽，能够促进身体健康，是办公空间的"健康使者"。

化煞驱邪植物：金刺般若、玉麒麟、子孙球、龙骨、盆栽葫芦等具有强大的化煞力量，是办公空间的"平安守护神"。

小贴士 Tips

办公室植物的维护

①办公室植物应避免设置在通风口或空气调节器的风口。

②应优先考虑植物所适合的光线量。

③发现叶子发黄、枯萎或有败坏的叶片，应赶快除去。

④当叶片蒙垢时，可用软海绵沾上温水擦拭。

⑤植物生长容器应定期加以清理，花盆须随时维持干燥，以免生蚊虫。

⑥浇水最好一次浇透，待其表面土层呈干燥时再浇水，避免浇水不足。

宜 办公室植物宜茂盛

办公室风水

办公室摆放着的郁郁葱葱、生机盎然的盆栽，除了可以愉悦感官外，更重要的是，盆栽会在这个相对独立的空间里形成一个充满生气的气场，增加欣欣向荣的气氛。这种状态会蔓延至整个办公空间，从而增强公司的财运，无形中为公司增旺。

对于办公室植物要小心呵护，切勿以为只要布置了就可以坐收其利。因为植物的生长代表整个办公室的运势，如果发现有花枝枯萎，应尽快修剪、及时打理。

小贴士 Tips

办公室可用植物净化空气

长期工作生活在空气污染的环境中的人会处于亚健康状态，主要表现有情绪低落、紧张不安、心情烦躁、忧郁焦虑、疲劳困乏、精力分散、胸闷气短、失眠多梦、腰背酸痛等。事实上，消除污染除了要注意通风之外，最方便实用的方法就是放置适当的植物。

宜 办公桌宜摆设水晶

办公室风水

水晶里含有天然的灵气，是办公室调理风水磁场的最佳物品。在办公桌上摆放一只水晶球，可以催吉催财。水晶能够除火，吸收阳性、负性、阴性能量，启发灵性，帮助开发思想。水晶的化学成分是二氧化硅，天然水晶是无色透明的，晶体里常有絮状物。我们通常看到的玲珑剔透的水晶是人造水晶。水晶的作用主要是储存信息、放大信号、产生共振，所以电子组件中常常用到它。在风水上，水晶可以把负磁场调成正磁场，也就是避免邪气产生。所以，阴气比较重的场所可以放置水晶来调理。

宜 办公室宜挂吊兰

办公室风水

吊兰，又名紫吊兰，虽然不是名贵花卉，但它能够吸收空气中的有害物质，这在花卉中是首屈一指的。一般在新装修的办公室或是空调房里可以摆放一盆吊兰，在24小时之内，它可以非常快地将室内的一氧化碳和其他挥发性气体吸收，并将这些气体输送到根部，经土壤里的微生物分解后成为无害物质，作为养分吸收。吊兰有过滤空气、净化空气的作用，在一个20多平方米的斗室放上2～3盆，比空气滤清器还强得多。

宜 招贵人宜将办公桌摆在天医位

　　许多经营者虽为公司之主，但在致力于公司业务时，却事无巨细，经常要亲力亲为。需要自己独力承担解决许多问题，却没有他人的助力，此之谓为缺乏贵人命。

　　在八宅风水中，生气星为财星，而天医星却属于贵人星，只有办公室的大门开在生气星的财位，办公桌在天医星贵人位，才与贵人兼得，会招致贵人出现来帮助自己；或者将办公电话摆放在自己命卦的天医方位，都可以招贵人来相助。有贵人相助的领导者，在公司需要资金时，便会出现其他合作者入股或者轻易得到资助如银行贷款等；在需要技术支持时，便出现各种技术人员来应聘；需要职员加班时，职员会效尽全力，且无半句怨言。

天医位

宜 电脑旁边宜放水杯

　　在现代社会里，电脑是办公室内不可缺少的工具。由于电脑属金，如果办公室内的电脑数量过多，会令人变得脾气暴躁、思绪紊乱，也无法集中精神专注地工作。化解方法：可以利用五行的相生相克，在电脑桌旁摆设一个透明或白色的水杯，并注入六分水。因为水有助泄去金气，所以在此摆放水会令人头脑清晰，疏解暴躁的情绪。为免太过刻意，也可用平时饮水的杯子，每次喝剩六分放在此处，或者在电脑上摆放白色圆形水晶。

宜 办公桌宜摆设小饰品

　　办公桌上摆设适当的小装饰品可以稳定工作的情绪，如摆上几张家人朋友的照片、有励志小语的纸条或饰品等，都能激励人心，也有开运的功效。闪闪发光的饰品可以招来财运，其中在提高财运方面，以金色为佳，因为金色比银色更有力。耳环和手链以垂吊和缠绕式的设计最佳。贝壳的样式、有蛇盘绕的戒指也能提高财运。风水中曾有一种说法：就是如果你想要钱的话，就要拥有体重的5%的纯金。可以一边存钱一边买齐金饰，因为这并不是为了保值而购买，而是为了提高财运而购买的，所以不用担心有任何损失。

宜 办公桌颜色宜与五行相生

办公室风水

每个人都会有适合其选择的办公桌的色彩,这种选择需要配合自己的五行:

属火的人适合的颜色:红色、紫色。

属土的人适合的颜色:黄色、咖啡色、茶色、褐色。

属金的人适合的颜色:白色、金色、银色。

属水的人适合的颜色:黑色、蓝色、灰色。

属木的人适合的颜色:绿色、青色、翠色。

也就是说,如果是属火的人,可以选择枣红色的办公桌;属水的人可以选择深蓝色的办公桌,以此类推。如果是在公共办公大厅办公,客观条件不方便依据个人的五行来选择,但可以选择与自己五行颜色相生的文具。

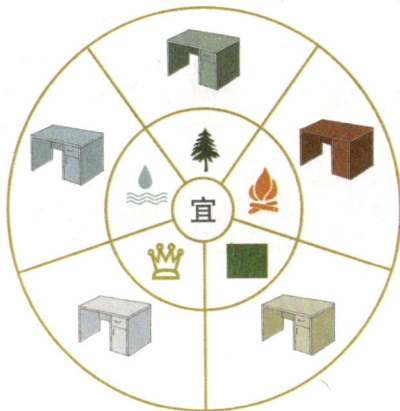

宜 办公室财位宜摆吉祥物

办公室风水

财位有明财位和暗财位之分,其分法是要依房子的坐向来决定。在财位上摆放吉祥物,更能提升财运,依八宅紫白飞星,取生旺方即是。如坎宅(坐北向南),财位在西南方、正北方。离宅(坐南向北),财位在东北方与正南方。震宅(坐东向西),财位在正东方、正北方。兑宅(坐西向东),财位在正南方、西北方、东南方。巽宅(坐东南向西北),财位在西南方、东南方。乾宅(坐西北朝东南),财位在正西方、西北方、正北方。坤宅(坐西南朝东北),财位在正东方、西南方。艮宅(坐东北朝西南),财位在西北方、东北方。如果大门正好是在暗财位,则财源较多。亦可在财位上摆放音响、钢琴、敲动财星,增加财源。

小贴士 Tips

财位可摆放的吉祥物

财位可摆放的吉祥物如花瓶、珍玩、财神、元宝、宝瓶、三羊开泰图、山水图、鹿群向内(进禄)、如意、蟾蜍、金钱豹、麒麟一对向内、水晶、聚宝盆、百字明咒、菠萝、柚子、桔子、古钱、盆栽、花艺、发财树、富贵竹、鸡血石、丰收图、年年如意图。本命三合生肖陶艺品、檀香、水晶阵、福禄寿三仙、土地公等。可依各人喜好摆置。目的不外乎想藉助吉祥物的暗示,来增加福泽。

宜 办公室宜少用金属制品

现代办公楼大都是使用中央空调系统，而办公室内用塑料屏风做隔间，也流行使用铁柜、金属办公桌，并配合电脑、传真机、影印机等多种事务机器，使得室内金属制品很多。其实这种办公室布局很不健康，因为金属制品易导电及感应磁场，使室内磁场变得很杂乱，容易干扰脑波，使身体不适，对工作就会有影响，如是家居式办公就应该尽量减少使用金属制品。

宜 办公室宜摆盆栽柑橘

"桔"与"吉"谐音，象征吉祥。桔果实色泽金红，充满喜庆，盆栽柑橘是南方人新春时节办公空间、商业空间以及居家空间的重要摆设饰品，而橘叶更有疏肝解郁功能，能为家庭带来欢乐。柑橘是一种喜阳植物，一般摆放在室内，不需要太多打理，都能存活。最关键是要保持湿润，一般每天须浇水一次。

宜 业务人员宜坐在办公室的旺位

业务人员是公司拓展事业的先锋，需要直接面对顾客，代表着公司的形象。业务人员就像部队里的先锋，时常要与客户"狭路相逢"，必须要保持旺盛的精力，才能战斗在最前线。通常业务人员的办公位置，应该安排在公司进门口附近的位置上。而业务人员的坐向，则应在面对门口方向或迎面为门口的来路，以能迎向入门的顾客为原则，一方面表示欢迎之意，另一方面也可以迎纳旺气，当然门的位置和方向最好也是旺运，这样每天汇集生气，每个人都有旺盛的精力开展业务，公司自然就财源广进了。

小贴士 Tips

不良办公格局的风水

曲尺形的阳宅易出现贪污、泄财的现象。三角形的办公室，员工易产生意外，口舌是非多。办公室缺角亦不吉，易出现泄财、缺少贵人、员工身体不佳等现象。每一个缺角在风水上都代表一个八卦五行，代表着身体的毛病。

二、办公室风水之忌

前面我们已经介绍了各种与办公室相关的风水知识，比如选择办公地址时要注意的问题，装修时的讲究等等。在此，我们需要系统地总结一下办公室的风水之忌，看看有哪些事情对办公室的风水是不利的。

忌 办公室大门忌正对长廊

办公室风水

办公室大门不宜正对长廊。有许多的办公场所，在出电梯之后，要经过一条长长的走廊，才可以达到自己的办公室。如你所住的办公室正好位于长廊的尽头，大门口正对走廊，千万别以为此屋可以吸纳好的气场。长廊越长越不好，风水上称其为"一箭穿心格"。凡大门口正对长廊，当打开办公室大门时，一条直线的气流从外直冲而入，风水学称之为"一枝枪煞"。凡气流直入，代表无情，对于老板或正对长廊办公的人都不好。一般来说，可以在大门前加设屏风，或摆放矮柜，来阻挡一枝枪煞。公司或住宅在大门口放置屏风，并非完全为了美观，而是要阻挡大门直冲的枪煞。

忌 办公室忌有缺角

办公室风水

有缺角的房子或者内部格局不规则的房子都不适合用来作为办公室。因为这样的房子内部气场不太稳定，在其中办公的人都会受到影响。办公空间的房屋若有缺角，会影响事业的发展。当然，缺角方位的不同，对办公室风水的影响也不一样。

小贴士 Tips

孤阴煞的不良影响和化解

孤阳不长，独阴不生，若大厦的前面有公厕或垃圾站，便犯了独阴煞。五楼以下的居住者较容易犯此煞。垃圾站若临近自己的住所，凶煞性较重，较远者煞气则稍轻。如果犯了独阴煞，则要小心家人身体健康，因病破财，居住者易患下半身的疾病。

化解方法：若是来自外界的独阴煞，则可在家中安放葫芦和五帝古钱可以化解其凶气。若是室内的独阴煞，则可于房内贴近厕所的墙上挂上四串明咒葫芦。

忌 大门忌用透明的玻璃

办公室风水

许多办公大楼的墙面及大门常采用玻璃式的铝门，最好能改成有色的玻璃，绝不要用透明式的，因为从外面就能将里面的活动看得一清二楚，这是不理想的。最重要的是，透明的玻璃里暗藏着安全隐患，有时候人们在匆忙进出的时候，视力不是很好的朋友容易碰到玻璃上，发生流血事件。

忌 办公室忌凸出的格局

办公室风水

凸出的格局与缺角相反，办公室内若是有空间凸出，在风水上也会产生一定的影响力量。在选择办公空间时，应尽量避免空间凹凸。若目前已是这种形状的屋子，在使用空间安排设计时，要设法使之方正，把不完整的部分用作较不重要的用途，最好用来放置物品或做会议室使用。

忌 办公空间的楼梯忌正对大门

办公室风水

大门通常被视为"吞气""吐气"的口子，如果这个纳"气"的口子正对着楼梯，就有碍"气"的流通。楼梯本身是由阶梯组成，如果"气"一进门就先遇见楼梯的话，楼梯会像横着的一条条切线，要么一下子把"气"全割断了，使"气"不顺畅而搅乱气场。由此可见开门即见楼梯，未必见得有多方便，反而会给公司带来不良影响。所以办公场所的楼梯宜隐蔽，不宜一进门就看见楼梯，楼梯口及楼梯角也不可正对办公楼的大门，特别是不能正对董事长办公室和财务室的门，否则代表公司经营方面会出问题。

化解方法：一是把正对着大门的楼梯转一个方向，比如把楼梯的形状设计成弧形，使得楼梯口反转方向背对大门；二是把楼梯隐藏起来，最好就隐藏在墙壁的后面，用两面墙把楼梯夹住，这样不仅没有了"割断气场"之忧，而且倍增工作人员上下楼梯时的安全感；三是用屏风在大门和楼梯之间放置一道屏蔽，使"气"能顺着屏风流进办公室。

忌 办公室前门忌直通后门

与居家格局一样，办公空间的前门也不宜直通后门。风水理论最忌气流互通，"气流直通财气流空"，如果气流形成直线通道，则违反"藏风聚气"的风水法则；容易致使钱财流失，员工容易意见不合。出现这种情况，可以设置一个门厅，并在门厅上标记企业标志，既对外表明公司形象，又起到"回旋"的作用，使得气流曲线流通。

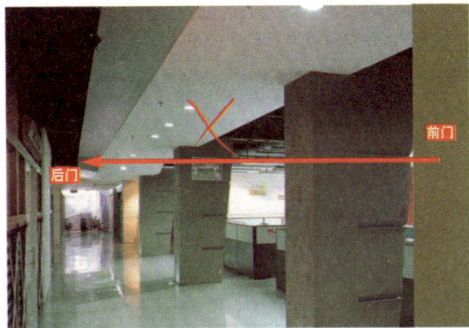

忌 办公室隔间忌成刀状

现代办公室经常会隔出许多小的单元格。有些在设计上为了讲究美观、追求另类，而将隔间组成一把刀的形状，上面宽、下方狭小。殊不知刀形的煞气很重，这种格局的办公室容易造成老板和员工之间的劳资纠纷。如果办公室为此种格局，应立即重新装修，以免出现不利公司经营的因素。

Tips 小贴士

火形煞的不良影响和化解

火形煞的影响很大，主易生急性疾病，如盲肠炎；宅运方面则主易出现火灾。

化解的方法：可用铜貔貅挡煞，或在门下吊铜钱以加强力量，把煞气向四方扩散以作瓦解，也可用兽头克制。

忌 办公位置忌横梁压顶

办公室内有的人头顶上正好是一个横梁，有的人头上则是低矮的吊顶，包括座位和办公桌都位于横梁下。这些东西在风水上叫"横梁压顶"。长此以往，会让人在工作上产生压力，容易心神不宁，头昏脑胀，出现差错；也经常会受到上司的责难，遭到小人的中伤，或者颈椎疼痛，运气阻滞，应该尽量避开。如果客观条件不允许，也有化解的方法：风水里葫芦有化病、收煞的作用，去工艺品店买几根带葫芦的装饰藤缠绕在横梁上面，既美观又化解了横梁压顶的煞气，也可以将整个天花板重做，装修时将横梁封在天花板里面，压梁的不良煞气自然就消失了。

忌 办公室的窗户忌正对其他窗户

有些办公楼之间靠得很近，于是可能会出现这种情况，一栋楼办公室的窗户与其他办公楼的窗户相对，而且距离很近。在这种情况下，首先要考虑两间办公室之间的距离，如果距离不超过十米，便可谓接近了。如果两楼的窗门距离超过这个限定，在风水上则可谓互不相干。两个办公楼的风水未必好坏一致，当内气从窗、门交流时，就会呈现运气反复的现象。出现这种状况的时候，只要在窗位设一窗帘，问题自然解决，但要注意深色的窗帘会影响办公室的采光。

忌 办公室的窗户忌过高

办公室的窗户宜宽敞明亮，高度以适中为好。如果办公室的窗户设计得较高，而且窗户又小，就像牢房的格局，因为牢房窗子都很高。像这种情况当然是搬出此办公室办公为上策，或者是将窗户重新整改。如果长期在此种环境下办公，公司容易惹上官司，或者出现违法现象。

忌 办公室的门窗忌对尖角

办公室的门窗以及商铺的大门，如果刚巧正对着一些不规则建筑物的尖角或突出的建筑物，就好像正对着一把尖刀，会令人在心理上感觉到不舒服，这就叫"尖角煞"。尖角距离越远影响越小，距离越近则影响越大。这种情况十分不利，在无形中会受到煞气的干扰，造成能量的流失。办公室的门窗也不可正对着其他建筑的墙边、墙角，否则对工作也很不利。窗户对尖角或者不洁之物，而且相距甚近，那便应在窗户安装木制百叶窗，防止煞气进入，并且尽量以少打开为宜。

忌 办公桌忌摆在角落处

摆在公司最角落位置的办公桌，就像位于山穷水尽之处。角落是气流停滞的地方，凡坐于此位者，会经常受到领导的批评，办事不顺，难以受到重用，也会导致退财。化解方法：在角落的地方摆放植物，有助于刺激停滞在角落的气流，使气场活跃起来，还可以软化那些因尖角而产生的煞气。

忌 办公桌忌靠近临街的窗边

办公室风水

窗户是办公室的进气口，会纳入生气或者煞气。如果窗外是有行人走动的街道，不但会纳入来来往往的杂气，还会有行人的脚步声、喧哗声，以及其他的噪音一类的声煞干扰自己的工作。将办公桌设于这种临街的窗边，就等于将写字台置于一些形煞之下，如果需要研究公司的机密，自然会担心有一些闲杂之人来窥视，在这种靠近窗口的办公桌上是安不下心来办公的。

忌 办公桌正前方忌为主通道

办公室风水

办公室内的主通道是公司全体人员进出之路。办公桌的正前方如果是主通道，那么一整天都会有人在你的面前进进出出，这种来往流动的气场，会干扰到你的磁场，导致你的精神不集中，时间长了，就会使人心浮气躁，做事易出差错。除非你是前台，否则的话，最好是换位子，或者是在座位前方加设屏风。如果将办公桌摆放在过道旁，人来人往的脚步声、嬉笑声，都会影响到工作人员的工作情绪，进而影响其工作效率。

办公桌
主通道

忌 办公桌忌"两两相对"的格局

办公室风水

有的办公室的布局，是将两个办公桌对拼在一起。这种情况下，两边坐的人是面对面的，会造成一种心理上的煞气，没有个人的隐私空间。这种相对的格局会分散双方工作的注意力，造成彼此疏离。两两相对的话，如果喜欢和对方聊天说笑，则会因而分心影响工作。化解方法：最好是在两人之间用隔板隔开，或用一些文件架、盆栽隔开。

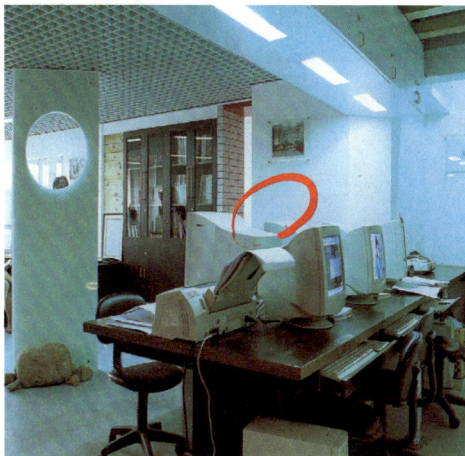

小贴士 Tips

声煞的不良风水影响

喧闹声或震耳欲聋的声音皆为声煞。邻近机场、铁道、地铁站附近的楼宇，以及正在施工的建筑物，多犯声煞。声煞一般使人的精神方面受到影响。声煞是一种不易化解的煞，若是在坤方（西南方）出现，凶性尤强。

化解方法：可以在坤方安放桃木葫芦，以吸收凶气及镇煞。若亦不能消除其煞之声音全部，可尽量关闭窗户，或选用较厚及隔声效能较佳的玻璃。

忌 办公桌忌正对洗手间的门

办公室风水

　　洗手间是秽气聚集之地，而洗手间的门是秽气排出之所。如长期坐在洗手间门附近办公，或正对着洗手间门，会因吸入过多的秽气而生病，也容易导致破财。如客观条件不允许远离，则可以在洗手间和座位之间放置大型阔叶植物或加装一道屏风，这样多少可以挡掉一点秽气，而洗手间的门也必须随时关上。

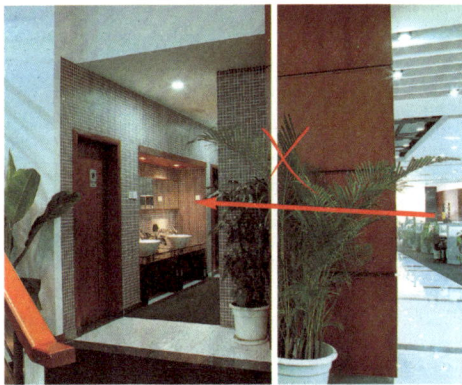

忌 座位忌正对大门

办公室风水

　　一间办公室的进出气口就是大门，所以大门气场的对流最为旺盛。如果你的座位正对着大门，会很容易受到气场的影响，思绪会变得比较紊乱，情绪也会较不稳定。避免办公桌正对着门，主要是为了使领导者在工作时，不容易受到来自门外噪音的干扰或受到他人的窥视。座位也不能直冲大门，由于大门为整个办公室的气流和能量出入口，座位正对着大门，会被入门的气场冲到，容易影响一个人的潜意识、神经系统，易产生脾气火爆或无端生病的情况。

忌 办公桌忌正对柱子

办公室风水

　　柱子从风水角度来说是刀把的意思。如果办公桌正对着柱子，就好像受到当头棒喝，在工作上必然会出大错，导致事业不稳定，平常自身也容易有头痛的毛病，严重的话连工作都难保。此种现象若没有化解，大部分人都会有腰酸的现象。这是会影响身体健康的磁场，不得不慎。如果客观条件不允许的话，可以在桌面的左边摆放绿色植物，或者放置中国结的大彩带，来隔绝此角度磁场的冲射。

小贴士 Tips

洗手间风水小常识

　　洗手间非洁净之地，所以不宜放在吉位，如生气位等。可以将其设在绝命位进行压制，取以毒攻毒之效，这样不凶反吉。洗手间不宜开在西南或东北方，因为洗手间重在来水和去水，水气甚重；倘若将其开在西南或东北两个气当旺的方位，会有"土克水"的毛病发生，因此不吉利，尤其是家人健康会受损。洗手间也不宜开在南方，因南方"火气"重，与"水气"重的洗手间水火不相容，故此不吉利。

忌 办公桌旁忌设垃圾桶

办公室风水

垃圾桶是秽气的来源，应该谨慎的对待。最好将其隐藏起来，因为对于看不见的东西，风水上有"看不见不为煞"的说法，该物件既然不为你所见，便不会形成冲煞。如果不能将其隐藏起来，必须摆在外面，则可以买一个漂亮的垃圾桶，令人远看去分不清那是不是垃圾桶，这是比较有保障的摆设方式。原则上，垃圾桶愈漂亮愈好，代表无论放在何处，也不会带来凶运。

风水上，"辰、戌、丑、未"此四方位称为"墓"，也称为"仓库"，即落叶归根之处，也为所有的垃圾聚集之处。在"辰、戌、丑、未"四方位摆放垃圾桶的话，便不会招来凶运。办公室中的垃圾桶愈少愈好，而且愈小愈好。垃圾要按时清理，不可使之发出臭味。

忌 员工座位忌正对主管办公室的门

办公室风水

公司的主管或者老板，一般来讲是协调与管理上班族的，从风水的角度来讲，就是与上班族相克。除非在你的眼中根本就没有老板和主管，不然最好不要正对他们的房间，因为你会受到他们一举一动的影响，而无法集中精神，久而久之也容易和他们起冲突。因此，如果老板想辞退某个人，只要把他的位子调到门口，过不了多久，他可能就自动离职了。

忌 办公座位忌背对大门

办公室风水

办公桌的摆放第一要注意的，就是办公桌要避免靠近门摆放，座位的后方最好是固定、不动的东西。大门是人进出的必经之处，既是办公室的气口，也是纳气之所。人的后脑为脑波放射区，也是人体感应气场最敏感的部位之一。人如果背着门口而坐，座位后没有依靠，长期如此，坐于此位的办公室人员时常都会处在一种潜意识的紧张状态之中。这种情况下总觉得似乎有人窥视，导致思绪杂乱，决策失误，不能安定的做好每件事，甚至会出现肾功能不好，工作上易遇小人、是非等状况。这种情况在风水上叫"冷风吹背"。

化解方法：调整办公桌的摆放位置，换到不是背门而坐的方位。对于办公室的小职员来说若是不太容易调整办公桌的位置，那么我们就可以选择一张有靠背的椅子来坐，这样背后不但有靠了，还能阻断杂气的冲击。

忌 董事长办公室面积忌太小

如果董事长办公室面积太小，一套大班桌椅就占据了办公室很大的面积。这种过小的办公室，工作起来会碍手碍脚，在经营上易受束缚，难以发展。应尽快调整一间大的办公空间，如果确实因条件受限、无法调整，就必须合理利用空间，尽量不要摆放大件的办公家具。会客的沙发和茶几也要安排合理，尽量靠墙摆放，以便节约空间。

忌 总经理办公室忌"L"形、圆形

总经理办公室的形状不宜为"L"形，因为"L"形的办公室易犯桃花，或者会有暗箱作业的情况发生，在这种办公室办公的总经理也不易与员工、客户进行协调和沟通。同时，柱角多的办公室不宜选择，易产生口角。圆形的办公室也不宜，这样的办公室难以聚财。

忌 经理室内忌设洗手间

有些经理为了凸显气派，要求在自己的办公室内设置一个专用的洗手间，这虽然看上去方便，但时间一长，也会带来不良影响。因为洗手间毕竟是聚集秽气的地方，如果在独立的办公室里设洗手间，离产生秽气地方就很近，办公室的空气易受污染，经理的思维和能力也容易随之下降。另外，洗手间里的水龙头流水，也会令你的钱财如流水一样流走。

忌 总经理办公室面积忌过大

古代的风水理论指出"屋大人少是凶屋"，认为"大房子会吸人气"。因此，即使是皇帝的寝宫，面积也不会超过20平方米。其实，风水中所说的"人气"就是我们后来发现的"人体能量场"。人体是一个能量体，无时无刻不在向外散发能量，就像工作中的空调，房屋面积越大，人体所耗损的能量就越多。因此总经理房间的面积不宜太大，否则容易呈孤寡之象，业务会衰退。当然房间太小也不宜，否则业务不易拓展，格局发展有限。一般来说，应该在15～30平方米之间。如果公司的规模较大，最好将总经理办公室设在较高楼层。

Tips 小贴士

总务部宜设在西南方

总务部好比老板的贤内助，把它设在象征母象的西南方最为贴切。这个方位宜用土黄色、咖啡色来装潢。饰物以方形为佳，切忌放一些瓶瓶罐罐及污秽的物品。

忌 主管座位忌在员工座位前方

主管人员的座位不可在员工座位的前方，否则就产生一种喧宾夺主的感觉，好像是员工监视主管人员的工作。最好的摆设方法是将主管人员的座位移到员工办公桌的后面，一来可以避免员工长期面对主管人员，产生的心理焦虑，二来也能达到领导员工工作的作用。

忌 经理室门忌对会议室门

经理室门不要正对会议室的门，也不要对着董事长办公室的门。经理室的门如果正对董事长办公室的门，会造成经理与董事长彼此的不信任，容易使意见不统一，对公司的事业发展也不利；如果正对会议室的门，则易造成公司内部员工不服从领导的现象。

忌 办公室内部忌门对门

有些公司内有许多小间的办公室设置在走廊的两端，同时会出现好多同级别的部门门对着门的情况，这样极容易使这些部门之间产生意见冲突，出现内耗的状况，长此以往不利于公司长远的发展。调整的办法是，让门对门的部门级别拉开，在靠上位安排级别高的办公室，下位安排级别低的办公室，这样就可以使君臣各安其位。

Tips 小贴士

龙脉与办公室风水

龙，是指山势踊跃、山脊起伏的群山。脉，是指潜伏回转走势的气脉。穴，是天地之气的凝聚点。风水口诀有云："气聚则财聚，气散则财散。"这些气是眼看不到、手触摸不到的。因此，想知道办公室内是否聚气，就必须从室外环境的山形水势来看，需要以"山的形、龙的势、水的态和大局的形格"来判断，比较复杂。不过，由于它的基本重点是"动、静、阴、阳的平衡"，要诀是"藏风、聚气、乘生气、避死气"。所以，只要有山峦、楼宇或间墙将办公室包围住，便能使其真气"聚而不散"，达到"藏风聚气"，这基本上就是好风水了。

忌 总务部忌光线阴暗
办公室风水

光线阴暗象征着性格孤僻、高傲、难以相处。而总务部的工作是要与各公司部门打交道的，如果总务部的人不容易与他人相处，就很难开展工作，公司内部协调都出现矛盾，更谈不上发展了。所以在选择总务部办公室时，应尽量选择采光良好的办公环境。如果条件实在有限，最好在办公室内安装良好的照明灯，来弥补自然光线的不足。还要注意，切忌在总务部堆放一些瓶罐及污秽的物品，也不宜把总务部当成临时仓库。

忌 总经理办公室玻璃忌过多
办公室风水

总经理的办公室，窗户玻璃不宜太多、太大，否则会减低其隐秘性，宜用帘子装饰。办公桌位置应面向窗户，或看得见员工，最好与员工座位一致，或与房子的坐向一致，如此方能上下一条心，亦可以俯天下之背。

忌 董事长办公室忌座后有窗
办公室风水

董事长室或总经理室要注意座位后方是否为窗户，如果办公座位靠窗，旺气被吸散，则会影响董事长的思维，不但会经营失策，还易遭人算计，导致破财。另外，要注意座位的左右是否有柱子矗立两侧，若有此种状况，必须以盆景或中国结的彩带隔绝角度磁场的冲射，此种现象若没有化解，大部分的人都会有腰酸的现象。

忌 前台忌设在大门侧方
办公室风水

公司的接待前台不宜设在大门入口的侧方，因为侧方无法挡住外来的煞气。公司前台的主要作用除了为客户提供咨询外，还可过滤不必接见的客户。气场以迂回为吉，直受之气则为煞气。因为气是直穿入室的关系，所以侧置的服务台表现会较弱。如果门厅没有设置服务台，最好在门厅位置摆设一个圆形花瓶为吉，以圆形之体来导气而入，这样就如同一个马达在打水般，可以帮助入口处气场的运行。

忌 秘书办公位忌与领导办公位背对背

秘书与领导的办公桌位置不可背对背，因为这样不仅会造成两者工作、事业理念上的不统一，也经常使两者产生歧见，从而使公司管理不善。秘书与领导背道而驰为办公风水的大忌，一定要及时调整，不可掉以轻心。

忌 财务人员座位不可犯冲

财务主管、会计、出纳人员的座位不可直对大门，否则容易受到直冲而来的煞气；如果受到冲煞，就会导致公司的事业不顺，工作人员的身体不佳。同时这些财务人员座位的后面绝不可以留出走道，让人在身后来往走动非常影响工作。

忌 财务室忌接近电梯间

财务室的工作就是与金钱打交道，所以最好将其设置在财位，并将保险柜的位置设在旺财位置上，以确保公司财源广进。另外，财务室不可太接近电梯间，因为电梯是吸气的重要载体，并且人来人往，干扰极大，所以财务室应该尽量远离。否则，容易导致财来财去，使得公司耗财连连，自然难以聚财。

忌 保险柜忌放在横梁下

公司的财务办公室实为企业的"活财神"，掌管现金及账务，是企业的经济命脉，因此企业的盈亏与财务状况息息相关。财务室的保险柜不宜放在横梁下，如果财务室的保险柜受横梁压顶，就会对公司的财运不利。

忌 茶水间忌设在办公室的东北方

办公室风水

将茶水间设在办公室的东北方，会影响员工的工作情绪和内部团结，并容易罹患肠胃方面的疾病。

忌 洗手间忌在办公室的中心点

办公室风水

洗手间不宜设在办公室的中心，因为房屋的中部是心脏，极为重要，而洗手间是聚集秽气的地方，心脏部位藏污纳垢，会对整个办公室的运势产生不利的影响。有些开发商不重视户型设计，为了增加建筑面积，将洗手间设在办公室的中央，其实这种做法是十分不科学的。将洗手间设在办公室的中央，供水和排水系统可能均要通过其他房间，维修非常困难，而如果排污管道也通过其他房间，那就更加不好了。

忌 洗手间忌设在过道尽头

办公室风水

在风水中，洗手间在走廊的尽头为大凶。因为洗手间属阴，洗手间设在走廊的尽头，就等于设在一个死胡同里，那里的气是无法流通的死气、污秽之气。死气加阴气，形成一种恶劣的气场，在死角里发散不出去，这种负面的气息存在于住宅里，是消耗生气的黑洞，对办公室里工作人员的健康非常不利。但是因为建筑成本的关系，现在办公室的设计，很难做到十全十美，尤其是对洗手间的布局上。如果办公室的洗手间设在走廊尽头的话，一定要注意不宜冲着走廊开门。

洗手间

忌 办公室天花忌太低

办公室风水

办公室的天花板若是过低，在风水上属于不吉之兆，象征此处的员工备受压迫，难有出头之日，除了易造成压迫感外，由于通风不良，氧气不足，还会降低工作效率，影响到工作人员的身体健康。天花板高，则楼内的空气流通会较为舒畅，对事业的气运也会大有裨益。

忌 办公室采光不足忌用冷色调装饰

办公室风水

阳光充足的办公室会让人心情愉快。但因某些条件的限制，有些办公室采光不足，甚至没有窗户，让进入里面的人会觉得很阴森。像这种的办公室最好不要用冷色调来装修，可以采用大红、印度红、橘红等颜色，让人觉得温暖。注意墙壁一定不要使用反光能力强的颜色，否则会使员工因光线刺激而导致眼睛疲劳，没有精神，无形中降低了工作效率。

忌 办公室忌受夕阳照射

办公室风水

在风水上，西方属金，火克金，夕阳西下时凡受到夕阳照射的办公室，代表金受制，不能发挥其本有的威力，也就是屋内的人不能采纳正常的宇宙磁场，除非所有成员都忌金，才可减低西斜的凶险。从整体而论，西斜屋是很难带来兴旺气运的。日落的太阳，是一天的终结，是由光明转入黑暗的光线与气场，虽然不猛烈但具杀伤力，不能衍生万物。

假如办公室处在西斜屋，又无法搬迁的话，唯一的解决方法就是在西方加装百叶窗帘，尽量减少夕阳的照射，同时要放置生旺金和水五行的风水物，以平衡西斜的影响力。

忌 办公室照明灯光忌直射办公桌

办公室风水

办公室灯光能给工作人员提供照明，为工作带来方便。但是，如果照明灯直射在办公桌上，特别是日光灯，会产生一定的热量，而光线过于强烈，会给视力带来不良影响。从风水的角度来分析，强光直射容易造成员工精力不集中，甚至出现头痛的现象。在安排办公座位的时候，一定要注意选择。

小贴士 Tips

有效催旺财运

在办公室的财位放摧财的用品，可以令整个办公室的财运转旺。财位需要专业人士进行堪测才能定出准确的横财位或者偏财位、正财位。有些摧财的东西不能乱放，比如说饮水机、金鱼缸、冷气机等，但有些摧财的吉祥物，一般人都可以摆放。例如：貔貅、麒麟、龙龟、金蟾都是摧财很快的风水用品。但是在摆放上有区别，前面三者摆放时要头面对门口或者窗口，而金蟾却恰恰相反，它的头要面向房间内，因为貔貅、麒麟、龙龟都是吸四方财回来的，而金蟾却是吐钱的，所以它们的摆放有差异。另外这些摧财物一定要经过开光才有效。

忌 十二生肖饰品忌与工作人员相冲

许多人喜欢在办公室里摆放各种动物造型的工艺品来作为饰物摆设，但应谨记不可与自己的生肖相冲，以免有入门犯冲之虞。十二生肖相冲如下：

生肖属鼠忌马，属马忌鼠；

生肖属牛忌羊，属羊忌牛；

生肖属虎忌猴，属猴忌虎；

生肖属兔忌鸡，属鸡忌兔；

生肖属龙忌狗，属狗忌龙；

生肖属蛇忌猪，属猪忌蛇。

举例来说，你的生肖属鼠，就不宜摆放马的饰物。若户主属牛，便不宜摆放羊的饰物，依此类推。

忌 办公室忌摆放干花

办公室需要安置一些装饰品，不但可减少办公室的严肃气氛，同时还有助运的作用。但在办公室里最好不要使用干花，因为其象征着死亡与没落。干花实际上是已经死掉了的花，它们的气是凝滞不变的，尤其是那些已经褪色的花，不仅不能给房间带来生机，还容易积聚阴气。可以用画有鲜花的画、颜色亮丽的木制品来替代，这些都象征了生机，能刺激办公室中能量的流动。丝带花和塑胶花也可放于办公室内，因为这些假花其实并没有生命，对室内风水的影响不大。但要注意的是，如果用假山去衬托植物，千万不要选择嶙峋的假山，因为凡是嶙峋的假山也是煞的一种，放在室内于风水不利。

Tips 小贴士

马的摆放

马在风水学上有生旺、马到功成、捷足先登、升迁、移民之功效。在风水布局上一般把马放在驿马方，或者放在南方，以及西北方。

一般来说，摆放马匹的数目以二、三、六、八、九匹为宜，而其中尤以六匹最为吉利；因"六"与"禄"同音，六匹马一齐奔驰，便会有"禄马交驰"的好兆头；最忌是摆放五匹马，会有"五马分尸"之忌。若想在短期内对事业及财运有帮助，便要把马摆放在房屋的财位。

忌 属鼠、牛者忌摆羊饰品
办公室风水

羊象征意义健康、和平和祥瑞，有祛病减灾及增加偏财运之功效。将羊饰物摆放在办公桌或工作台上，可消除工作中的不如意或减少小人口舌。因为羊属和平之物，会给人带来和平。但要注意，生肖属鼠和属牛的人不适合摆放羊的摆件，因鼠与羊是相害，牛与羊是相冲，而与羊的最佳组合是属猪和属兔的。

忌 鱼缸摆放忌过高
办公室风水

办公室的鱼缸不宜过大，太大的鱼缸会储存大量的水。从风水的角度来说，水固然重要，但是水太多太深则不宜。鱼缸不宜过高，不宜高于成人站起时的眼睛位置，否则这在风水上称为"淋头水"，会招灾。办公室中的鱼缸也不宜过大过高，尤其是对面积小的办公室更为不宜。

小贴士 Tips

鱼缸摆放与生辰八字
摆放鱼缸可以招徕运势，但也容易招灾。倘若鱼缸的摆放位置或者鱼的数目不对，都无法聚财，而且容易招来是非。那些生辰八字缺水的人，摆放鱼缸在办公室内会对运程大有帮助；而那些忌水的人，若在办公室中养鱼，便绝不适宜。如果不知道自己的生辰八字是否适宜养鱼，最简单的方法便是根据自己过往的经历来验证。若是以往在家中养鱼而家运兴旺的，便应该继续养鱼，即使搬了新屋，亦不能中断。但若是以往家中养鱼而宅运不宁的，应尽快停止养鱼，甚至连与水有关的对象也不要摆放在客厅中。

忌 鱼缸忌摆在财神下
办公室风水

鱼缸和财神都是办公室内适宜摆放的风水物品。但如果将财神摆放在鱼缸上方，则犯了风水学中的"正神下水"之忌，会致破财招灾。倘若把财神摆放在鱼缸附近，这便与"财归财位"的原则矛盾，所以福禄寿三星这类财神便应该摆放在当旺的财位，这样才可锦上添花。

忌 鱼缸忌摆在座位后
办公室风水

办公室的鱼缸切勿摆在座位背后。因为从风水角度来看，以水来做后背的靠山是不妥当的，因为水无常性，倚之作为靠山，难求稳定。因此将鱼缸摆在座位背后，公司员工坐在那里，便会无山可靠，影响公司的安定。而若是把鱼缸放在座位旁边，则对公司风水并无妨碍。

小贴士 Tips

鱼缸忌与炉灶相冲
办公室鱼缸切忌与炉灶相冲。因为鱼缸多水，而厨房的炉灶属火，"水"与"火"相克；故而办公室的鱼缸倘若与炉灶形成一条直线，便犯了水火相冲之忌。鱼缸与炉灶对冲，会对健康有损；水能克火，受害的是属火的炉灶，而使用炉灶煮食的人，也会因而连带受害。办公室中的炉灶虽较少，但微波炉也可算作此例，尤其微波炉有大量辐射，要尽量远离。

忌 办公室忌设大镜子

镜子的主要功能是整容打扮，在风水中用途极大，是一种用来避煞的工具，也有化煞之功效；但是若摆放不当会招引阴邪、促虚耗，使人心神不宁，以致生暗疾、增惊恐、生疑悖。很多的办公室内都设置有一面大的整容镜，一些爱美的人士也爱放张镜子在办公桌上，爱美是人的天性，但如果每天都照着镜子，久而久之就会出现头晕眼花、决策失误、睡眠不好等毛病。城市里的高楼经常会有整片的玻璃幕墙，这就是最严重的光煞，被这种光反射以后会出现很多不吉之事，严重的光煞还会招致血光之灾、是非及破财。所以镜子应放在洗手间内，以应其金水，其余地方不宜设置。

忌 办公室忌挂宗教画

在办公室里，某些有信仰的人会挂些与宗教有关的画。宗教画与山水画一样会产生五行效果。比如有的人喜欢摆阿弥陀佛的佛画，甚至写一个"佛"字。阿弥陀佛代表金水，而佛即是水，阿弥陀佛代表西方，所以忌水的人不宜张挂；家中若摆设有心经，因心经代表火，忌火的人也不宜挂心经。佛画太多，会影响到处事决断的能力。如果对宗教过于狂热，则会影响与客户及同事的关系。所以宗教画还是要点到为止，千万别张挂得太多。至于画框的颜色，亦最好配合五行。譬如五行缺金的话，框边不妨用金色或银色；缺木的话用绿色；缺火用红色、紫色；缺水则用蓝色、灰色等。

忌 办公室忌摆放过多植物

上班族一天中有三分之一以上的时间是待在办公室里的，所以调整出对个人最有利的风水格局是很重要的。花草有灵，放置花草的地方，自然会有灵气产生，树木长得旺盛的地方，代表气运也旺；但是办公室内摆放的花草不宜过多，绿色可以多一点，占一半即可。其他的花色如粉红色系可占15%、灰色系占15%、黄色系占15%。只有比例分配适宜，办公室的人运、财运才可发挥到极致。

忌 办公室植物忌枯萎

无论是居家还是办公室，摆设盆栽都有开运、吸收秽气等作用，摆放的盆景植物一定要健康美观，不可出现枯萎的状况。因为植物象征着人的生命力，植物越是欣欣向荣，人的运势就会跟着发达；相反的，若植物开始枯萎衰败的时候，也象征着人的运势开始走下坡路。此时应该尽力护养，如果已经枯萎，应立刻丢掉，否则会影响整个公司的事业。

忌 办公室忌摆放的植物

夹竹桃：可以分泌出一种乳白色的液体，接触时间长了会使人中毒，引起昏昏欲睡、智力下降等症状。

含羞草：其体内的含羞草碱是一种毒性很强的有机物，人体接触过多会使其毛发脱落。

紫荆花：所散发出来的花粉如与人接触过久，会诱发哮喘症或咳嗽症状。

月季：所散发的浓郁香味，会使人胸闷不适、呼吸困难。

天竺葵：所散发的微粒如与人接触，会使人的皮肤过敏，进而引发瘙痒症。

郁金香：花朵含有一种毒碱，接触过久，会加快毛发脱落。

黄花杜鹃：花朵含有一种毒素，一旦误食，轻者会引起中毒，重者会产生休克。

夜来香：在晚上会散发出大量刺激嗅觉的微粒，闻之过久会使高血压和心脏病患者感到头晕目眩，甚至会导致病情加重。

忌 办公桌右边忌摆太多东西

在办公桌的右手旁不要摆太多东西。一般人都习惯用右手写字，在办公桌的右手边放太多东西，会影响活动的顺畅性，所以茶杯、档案夹、书等最好摆在左边，以免影响办公人员的加薪、升职以及业务量等。从风水的角度来分析，右手的方向是个人的青龙位所在，要是把繁杂的东西都堆在右边，当然不容易拿到钱。所以，为了你的"钱"途，办公桌的右手边一定要收拾得整齐，不要摆放太多的东西。

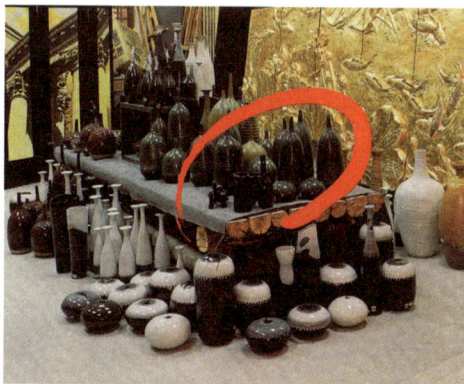

忌 办公桌忌摆尖锐物品

办公桌上最好不要摆尖锐的物品，特别是金属器物，比如：钥匙、刀、剪或炊具等，以免产生"防卫"作用，无形中需要花很多能量来武装自己。金属的尖锐部分还会让人产生很大的压迫感，在不知不觉当中，让人情绪紧绷，导致工作出现状况。另外，尖锐物品还存在安全隐患，所以应该避免。

忌 办公座位周边忌摆放大型电器

随着科技的发达，各种电器电子产品为生活带来许多便利。空调、电视机、印机、变压器、电冰箱、电脑等大型电器早已走进了办公空间，但这些电器同电脑一样在使用的过程中会产生强大的电磁波和声波，这对人的身体健康和思绪都有很大的影响。同时，这些磁场也会干扰人的思维，影响办公效率，甚至令领导人做出错误的决策。所以应尽量避免靠得太近，也不要坐在荧光屏的后方，因为这是电磁波最强的位置。如果因为工作需要不得不坐在附近，可摆设盆栽或水晶来化解辐射。

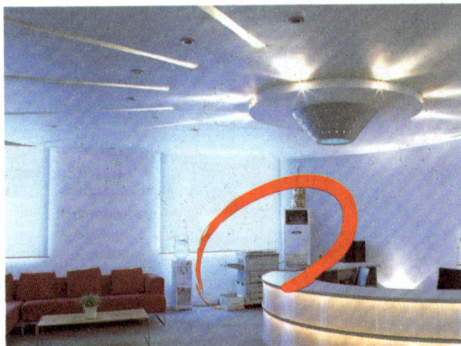

忌 办公桌忌摆攀藤类盆栽

绿箩之类的攀藤类植物，虽然可以有效吸收空气内有害的化学物质，化解装修后残留的气味，但是若要在办公桌上摆设盆栽，还是应以阔叶常青的植物为主，因为攀藤类的植物属于阴性的植物，比较无法提供人们正面的能量，反而有阴湿之气，如果办公室内有人生病，则不易痊愈，应该尽量少用。

忌 办公桌面忌杂乱

办公桌是办公最主要的空间，为了提高工作效率，办公的桌面应尽量避免将公文堆成一堆，这会令人还没开始工作就已经感到疲劳。所以应养成良好的办公习惯，将不必要的东西收进抽屉内，保持桌面的整洁。另外，将文件放在青龙（左）方向，有增强能量的作用。

忌 办公室忌摆放过多的石头

在中国的历史上，曾经活跃着一批玩石、赏石、藏石的社会知识分子。现代许多人也喜欢在办公桌上摆一些装饰的石头，用来欣赏或开运。如果石头体积很小，对于人体并没有什么影响。但石头是属于阴的磁场，如果体积过于庞大，则会在无形中吸取人的能量，导致人精神不振。

化解方法：可以在比较笨重的石头上面作彩绘，以阴代阳，再写上"石来运转"，这样的话就会起到开运的作用。

忌 办公室的灯忌布置成三角形

办公室风水

有些人在装修时喜欢把数盏筒灯或射灯安装在房顶上来照明，这是不错的布置；但如把三盏灯布成三角形，那便会弄巧成拙，形成"三枝倒插香"的局面，对办公风水很不利。倘若将其排列成方形或圆形，则不成问题，因为圆形象征团圆，而方形则象征方正平稳。

忌 办公桌颜色忌与五行相克

办公室风水

在选择办公桌颜色时，忌选择与自己五行相克的颜色。根据五行生克原理，列出五行相克的颜色：

属火的人忌的颜色：白色、金色、银色。

属土的人忌的颜色：黑色、蓝色、灰色。

属金的人忌的颜色：绿色、青色、翠色。

属水的人忌的颜色：红色、紫色。

属木的人忌的颜色：黄色、咖啡色、茶色、褐色。

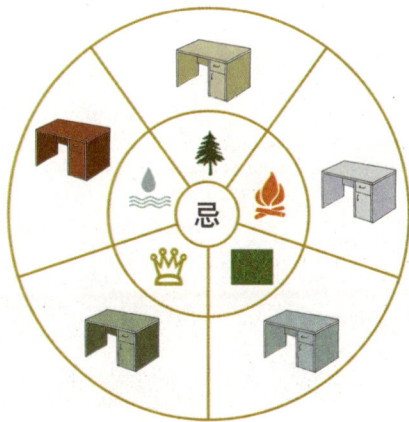

忌 电脑密码忌与使用者五行相克

办公室风水

在现代社会中，特别是根据网络和无纸化办公的日益发展，电脑与风水的关系愈来愈密切，在进入电脑前，我们可以设定密码，这个密码也可以根据五行去设计。在此提供各种号码的选择：

五行缺火的话，可选择3和4，3代表丙火，4代表丁火。

五行缺木的话，可选1和2，1代表甲木，2代表乙木。

五行缺土可选5和6。5为戊土，6为己土。

五行缺金可选7和8。7是庚金，8是辛金。

五行缺水可选9和10。9是壬水，10或0是癸水。

Tips 小贴士

钱包的财运风水

使用期限：越新的钱包，运气越强。一个钱包大约使用三年，运气就差不多被用光了，最好重新买一个新的，才可增加财运。

红色钱包：红色代表赤字的意思，也就是很容易把钱花光无法存到钱。

黄色钱包：黄色代表财气，是最理想的钱包颜色了。

蓝色钱包：蓝色代表水，意思是钱会像水一样流走，也是一种不适合钱包的颜色。

黑色钱包：代表可以守住钱财，不轻易让钱损失。

咖啡色钱包：有和黑色钱包同样的意思，只是力量没有黑色钱包那么强。

附录

风水吉祥物

　　吉祥物有的音吉祥，有的形状吉祥，有的所代表的意义吉祥，它在实际生活中不仅具有提高环境品格、美化居室的作用，还能起到改变运气、运程，改变气场环境的作用。它能让人精神向上、精力充沛，或可使人得到安慰、鼓舞，获得信心和力量。

一、驱邪化煞吉祥物

吉祥物在风水中的功效很多，而"驱邪化煞"是其最重要的功效之一。"煞"是指遇上不良的形状或者阴邪的能量场，会影响到人们的运势，或者会给身体健康带来伤害。一些吉祥物化煞能力极强，但如果摆放不当，则反会伤及自身，需谨慎使用。

八卦平光镜

八卦平面镜有反射作用，可以用来遮挡由户外不良之建筑形状所产生的煞气，是如尖角煞等。在门前、床前可悬挂平面镜，可将火形煞、穿心煞等反射回去。

宜 八卦平光镜宜置屋外

八卦平光镜适宜放在屋外，忌放在室内正对人照射，否则会给人带来伤害。此物只能对外，任何形煞皆可化解。

忌 八卦平光镜忌挂得太多

八卦平光镜不宜挂得太多，一个方位只能挂一个，整个居室不能超过三个，否则会给家运带来不利的影响。

小贴士 ● 八卦镜的来历

故老相传，在距今约七千年前的上古时代，伏羲氏观物取象，始作八卦。镜子则自古以来就是震慑邪气的吉祥之物。传说"帝令王母于王屋，铸镜十二，随月用之，此镜之始也。"古镜由铜铸成，在战国时期就开始盛行，至唐代，无论是形状，还是背纹花样都有了很大的进步。在古代铜镜还拥有驱险、辟邪的神奇作用，明代大医学家李时珍在《本草纲目》中就指出："镜乃金水之精，内明外暗，古镜如古剑若神明，故能辟邪魅忤"，在其中详细阐述了八卦青铜镜的吉祥、防病、调节时空环境的神奇作用。

天机四神兽

四方之神指的是青龙、白虎、朱雀、玄武，源于古代二十八星宿的传说。天机四神兽是我们传统中最为悠久和灵验的四大守护之神，能够镇宅、护家、安定运气，且对主人运气的反复、失眠、神经衰弱有奇特的效果，对婚姻、事业及财运都有一定的促进作用，亦可化解房子形状的怪异。安放时要注意，一般可在住宅的正东放青龙，正西放白虎，正南放朱雀，正北放玄武。

宜　房屋缺少地气宜置"天机四神兽"

一般位于高层的楼房都无法接地气。如果要解决高层楼房不接地气的风水问题，可以在居室内放置天机四神兽。四神兽也可以起到化解房屋缺角的作用。

忌　天机四神兽忌独个摆放

四神兽最忌单个摆放，一般是四个一套，须同时摆放在四个方位。如果只摆白虎则会带来血光之灾，只摆朱雀会带来口舌是非，只有四个全部摆放才能够相互平衡制约，起到化煞、吉祥的作用。

小贴士 ● 四神兽之来历

青龙：东方青龙星宿是二十八星宿中的东方之七星。东方七宿分为角、亢、氐、房、心、尾、箕，古人把它们想象成为龙的形状；因其位于东方，按阴阳五行给五方配色之说，东方为青色，故名"青龙"。

白虎：西方白虎星宿是二十八星宿中的西方之七星。西方七宿分为奎、娄、胃、昴、毕、觜、参，古人把它们想象成为虎的形状，因西方在五行中属金，配色为白色，故名"白虎"。

朱雀：南方朱雀星宿是二十八星宿中的南方之七星。南方七宿分为井、鬼、柳、星、张、翼、轸，古人把它们想象成为鸟的形状，因其位于南方，南方在五行中属火，配色为红色，红又称为朱，故名"朱雀"。

玄武：北方玄武星宿是二十八星宿中的北方之七星。北方七宿分为斗、牛、女、虚、危、室、壁，其形如龟，又像蛇，因其位于北方，北方在五行中属水，配色为黑色，故称玄武，亦称"真武"，俗称"真武大帝"。

台式八卦镜

台式八卦镜的直径约32厘米，由纯桃木所制，是化解房屋缺角的吉祥物之一。八卦镜专为房子缺角设计，可解决房屋缺东北角、西北角、吉祥位缺角等系列风水问题。

宜　房屋缺角宜放置台式镜

房屋若遇到"缺角"，而呈现出凹入的部分，运势则越差。安放台式镜可解决房屋缺东北角、西北角、吉祥位置缺角等风水问题，另外台式镜还可以化解外部环境的各种风水煞。

忌　台式镜摆放忌过高

台式镜的禁忌主要是在摆放高度上不可超过主人身高，太高则起不到预期的作用。另外镜子的摆放也不可悬空，下面必须有承托物做支撑，将其放置于桌面或阳台均可。

小贴士 • 镜子的演变历程

据传说，女娲补天用到一种黑曜石，经打磨后成为石镜，这便是镜子的祖先。从石镜到第二代的金属镜，前后历时三千多年。1956年12月，日本本洲中部冈山市的一个古墓里发现了13面中国古代铜镜，估计有一千八百多年的历史。这些古镜呈圆形，有花纹，都是用青铜制成的。由此可以推测，隋唐时期我国就已经有了金属镜子。据史书载，唐太宗夸奖魏证，意思是说铜镜可以正衣冠，而魏证可以正言行，这句话可以证明当时金属镜子的存在。另据2002年北京延庆县最新发掘考古的13座汉代墓葬证明，墓葬中有许多铜镜，铜镜上刻有"位至三公"的铭文，说明两千年前的汉代已有金属镜子。古时候，除了用青铜制造的镜子以外，还有用银子制造的银镜和用钢制造的钢镜。但是，这些金属镜子一遇到潮湿就会发暗生锈，效果会变得极差，人们为了防止它们的表面同空气和水分接触，就使用玻璃作为原料，最终解决了这个问题。

水晶七星阵

在北京紫禁城里，皇帝玉座上方的天花板上有太极的设计，这个太极是由称为七个水晶所构成的，被称为七星阵。传说如果是昏庸无能的皇帝来管理国家政治，水晶座上的水晶就会从天花板上坠落摔坏；反之，如果是有能力的皇帝坐这个水晶座的话，七星阵就会从头上放射出强烈的能量，给皇帝增添能力。另外，在住宅的中心为了调节事物间的平衡，活化其间的气，可使用水晶，因水晶可以吸收邪气，令人心想事成。水晶七星阵是激活住宅和工作场所建筑物的"中心能量"，是增强运势的传统的风水手法。因为水晶七星阵效果绝佳，数千年来一直传承延续下来。究其原因，是因为在水晶七星阵中包含了铜制、太极、八卦、七星阵、水晶、如意等各种良性能量。

宜	改运宜用水晶七星阵	忌	八字忌水者忌用水晶七星阵

水晶的主要作用是调节气场能量，改运化煞；如果能结合传统文化中的七星阵使用，改运的能量更强。一般建议公司负责人、经理和主任等有职权的人士使用。

纯天然的水晶七星阵能量巨大，八字命理中忌水者不宜使用。水晶在五行中属水，如果八字忌水者使用，会给自身带来不利的运势，建议在专家的指导下使用。

小贴士 ● 水晶七星阵的能量

铜制：铜制是风水手法的基础。自古以来，铜的滚动就与水和气的流动有密切关系。任何物质中的铜金属都会对该物质中存在的能量起调和、增减和牵引的作用，因此，在风水中使用铜制，可以净化和消除负面能量。

太极："易经"的"易"字分别是由代表"日"和"月"的两个字构成。日代表阳，月代表阴，阴气和阳气交杂混合就可以产生出"动"和"静"，动静的变化又使万物成长。总之，万物繁衍起始之基点的能量都是由此集约而成的。

八卦：在风水中经常被使用的"先天八卦图"，传说是四千多年前，古代一个叫"伏羲"的人所制的图形，是可以惊天地泣鬼神的护符。八卦是一种能驱散所有令自己感到不快的事物的能量，因为它有消散邪气和煞气的作用，所以被代代相传，沿用至今。

七星阵：按照天运和地运的法则，最大限度地根据水晶的能量和威力设计而成的七星阵，可以提高运势，避开煞气。七星阵中向上的三角形表示精神力，主静（阴），向下的三角形表示肉体，主动（阳）。

泰山石敢当

"石敢当"，亦名"泰山石敢当""石将军""石神"等，四川人称之为"吞口"，是我国民间常见的一种建筑风俗。通常是在家宅的大门或外墙边，或街道巷口、桥道要冲、城门渡口等处立一块石碑，也有嵌进建筑物的，碑上刻有"石敢当"三个字。旧时人们认为其作用有三：一是辟邪，二是镇鬼，三是祛除不祥之气。在山东一带，还传说这块石碑有"能暮夜至人家医病"的神通，所以又称其为"石大夫"。

宜 房屋缺角宜置泰山石敢当

如果房间出现缺角的现象，使用以朱砂书写的"泰山石敢当"，镇宅、化煞之功效会更佳。安放时要注意，泰山石要用干净的清水清洗，让它自然晾干，并将其摆放在正对着缺角的地方，摆放的时间以早上9点以后为好。

忌 泰山石敢当摆放忌不接地气

在进行室内布局时，有的人喜欢将泰山石放在一张大供桌上以示尊敬，但是石头下面若被架空，则不能接地气，这是必须避免的。一般来说"泰山石敢当"几个字要朝外，同时不宜正对着卧室和厨房门，以免带来不良的冲煞。

小贴士 ● 石敢当的来历

"石敢当"之名大约始于西汉，西汉史游《急就章》有"师猛虎，石敢当，所不侵，龙未央"的辞句。根据宋代王象之《舆地碑目记》载：石敢当，镇百鬼，压灾殃，官利福，百姓康。泰山石经历数十仟年，山石形状如仙如画，吸收了日月之精华，其气场舱量非同一般，曾有许多高人在此修炼静养。到了清代康熙时，石敢当加上"泰山"二字，被称为"泰山石敢当"。旧时，"泰山石敢当"又被尊为"镇宅之宝"，多立于巷里及居宅大门口旁，以镇压不祥之气和形煞的冲射。

兽头

兽头直径约26厘米，纯桃木材料制作，为卫浴间专用的吉祥物系列法器。兽头头顶有两角，怒目圆睁，形象十分威猛，有驱邪、化煞、除污之功效。

宜 卫浴间宜置兽头化煞

兽头是专为卫浴间设计的吉祥物。卫浴间占据吉方位会带来煞气，不利家运，可用兽头化解。将兽头正对卫浴间的门安放，还可化解卫浴间正对大门、卧室门的风水问题。

忌 兽头忌置用餐、休息场所

兽头不可以放置于卧室、厨房、客厅、餐厅等空间。因为兽头属于猛兽，可以驱邪、化煞、除污，如果将其放于人们用餐、休息之地，则会给家人带来不利因素。注意在摆放兽头的下方也不能有金属类物品，以免引起不良风水。

小贴士 ● 兽头在古建筑的运用

在中国古建筑的岔脊上，一般都要装饰一些兽头，这些兽头的排列有着严格的规定，按照建筑等级的高低而有数量上的不同，这在中国的宫殿建筑史上是独一无二的。兽头的运用显示了其至高无上的重要地位，在其他古建筑上最多使用九个兽头，只有"宝殿"(太和殿)才能十样齐全，中和殿、保和殿都是九个兽头，天安门上也是九个小兽，依次排列为鸱吻(龙的九子之一)、狮子、天马、海马、狻猊、狎鱼、獬豸(神羊)、斗牛、行什，其他殿上的小兽按级别递减。

镇宅桃木剑

镇宅桃木剑最长的约98厘米，由纯桃木人工加工而成，做工精致，经过正规的开光处理。本吉祥物采用传统的雕琢工艺，经手工精心雕刻、打磨而成，外型设计上独具匠心，融入传统文化与现代艺术相结合的吉祥图案，配以赏心悦目的色泽，更显其品质高雅、卓而不凡。桃木剑具有收藏价值，也被人们视为馈赠亲友、居家收藏之工艺珍品。

宜　辟邪化煞宜用桃木剑

桃木剑可解决大门正对门、路、墙角等风水问题，另可化解窗户正对烟囱、水塔、大厦、加油站、寺庙等不良建筑物的冲煞。家宅、店铺遇有邪祟之事。发生过血光的房间，离丧葬场所较近或家中有病人长期不愈又诊断不明，适合在大门两边挂桃木剑辟邪，可将其挂在正对大门的客厅墙壁上，或者挂在正对窗户的墙壁上。

忌　桃木剑忌挂在金属物品的下方

桃木剑属于纯木制品，在五行生克中，金克木，故不可与金属类物品齐放，更不可放置于金属类物品的正上方或正下方。另外，桃木剑不可放置于婴幼儿卧室，也不可摆放在床头。

小贴士 ● 桃木辟邪的传说

古代的中国人相信桃木具有神奇的力量，因而在过年的时候，常用桃木削成人形（桃人）、砍桃木为板（桃板）、刻桃木为印（桃印）、用桃枝系成扫帚（桃帚）等，将这些桃木器物悬挂在门旁，用以趋吉避凶，叫做挂"桃符"。相传在东海东少山上住着神荼、郁垒二位神仙，他们各手持桃枝，专司捉妖拿邪；捉住妖邪后，再用手中的桃枝抽打，重则将其击毙，轻则令其现出原形，永世不得超生。久而久之，妖魔鬼怪非常惧怕神荼、郁垒二位神仙，更惧怕他们手中的桃木杖，把桃木杖看做惩罚妖邪的刑具，一见桃木即远远躲避，这就是桃木辟邪的由来。

虎

在中国，白虎是战神、杀伐之神。虎具有辟邪、祛灾、祈福及惩恶扬善、发财致富、喜结良缘等多种神力。虎是四灵之一，象征二十八星宿中的西方七宿奎、娄、胃、昴、毕、觜、参。所以虎是西方的代表，因为西方在五行中属金，代表颜色是白色，所以管它叫白虎。

宜　镇宅辟邪宜置虎饰物

虎为百兽之王，是勇气和胆魄的象征。虎是阳兽，代表着阳刚之气，白虎也象征着秋季和西方，它可以镇祟辟邪，保佑安宁。虎是喜好孤独的动物，习惯独自行动的生活方式，因此虎是会危害人际关系的物品。但是另一方面，在家族群体里，虎又是重情重义的动物。在家庭中的大门、客厅等公共场所放置此物，具有改善父母与子女以及夫妻的关系之功效。

忌　卧室忌置虎饰物

虎具有安定家庭成员关系的作用，还可以平衡龙的能量。但是虎主刑杀，在卧室及个人房间里应避免摆放虎这样的猛兽，否则会带来不良的煞气。

小贴士 ● 老虎额头上"王"字的来历

相传在远古的时候，属相中有狮子而没有老虎。由于狮子太凶残，名声不好，主管封属相的玉皇大帝想把狮子除名，但是又必须补进一只镇管山林的动物。玉帝听说老虎勇猛无比，便下旨传老虎上天。老虎上天之后，地上的飞禽走兽无人镇管，开始胡作非为起来，给人间造成了灾难。玉帝见此情形，便派老虎下凡，以镇管百兽。老虎要求每胜一次，便给他记一功。玉帝只求人间安宁，当然满口答应老虎的要求。

来到凡间，老虎连胜当时最厉害的三种动物——狮子、熊、马，其他动物闻风而逃。回到天上，玉帝给老虎记下三次功劳，便在它的前额刻下了三条横线。后来，老虎又来到凡间，咬死了东海龟怪。玉帝一高兴，又给老虎记一大功，在额头的三横之中又添了一竖。于是一个醒目的"王"字现在老虎前额。从此，老虎便为百兽之王，总管百兽。时至今天，虎额上还可见到威风的"王"字。

朱雀

凤凰在中国，是一种代表幸福的灵物，它的原形有很多种，如锦鸡、孔雀、鹰鹫、鹊、玄鸟（燕子）等，又有说是佛教的大鹏金翅鸟所变。凤凰神话中的凤凰有鸡的脑袋、燕子的下巴、蛇的颈、鱼的尾。凤有五个品种，是以颜色来分的：红是凤、青是鸾鸟、白是天鹅、另有黄和紫的凤凰，可称为朱雀或玄鸟。朱雀是四灵之一，它是出自星宿的，是南方七宿的总称：井、鬼、柳、星、张、翼、轸。朱为赤色，南方属火，所以它有从火里重生的特性，和西方的不死鸟一样，故又叫火凤凰。

宜 朱雀宜置于正南方	忌 朱雀忌单独摆放
若家中口舌是非较多，则可以在正南方安放朱雀来化解，但是必须注意，摆放朱雀的高度不可高过主人的身高。	由于朱雀为四神兽之一，经过开光后，最好是四神兽成套使用，除了正南方，其他方位都不宜单独摆放。

小贴士 ● 朱雀的来历

朱雀为四神之一，是一种灵兽。朱雀代表二十八宿中的南方七宿，是井、鬼、柳、星、张、翼、轸的总称。朱雀为一种红色的鸟，羽毛为五彩颜色，外形有点像锦鸡。朱雀天性高洁，对食物非常挑剔，就连栖息的树也要加以选择。有很多人认为朱雀就是凤凰，但其实两者并不是一样的。凤凰只是百鸟之王，而朱雀则是代表南方的灵兽，比凤凰更胜一筹。

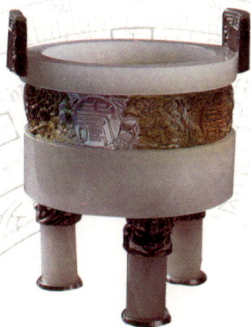

屏风

屏风能阻隔秽气，阻挡不良的气场。屏风最好是选用木质的屏风，从五行来分析，竹屏风和纸屏风都属于木质屏风。塑料和金属材质的屏风效果则比较差，尤其是金属的屏风，其本身的磁场就不稳定，而且也会干扰到人体的磁场，建议少用。

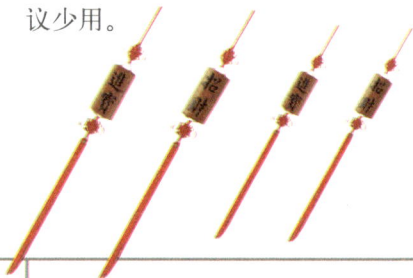

宜　阻隔不良气场宜设屏风

屏风有阻隔秽气、阻挡不良气场、缓解视觉疲劳之功效。安装屏风既不用大幅度改变居家格局，又可化解风水问题。如大门直冲阳台、卫浴间、炉灶或者冲床等，都宜安装屏风来化解。

忌　屏风设置忌过高

屏风的高度不可太高，最好不要超过一般人站立时的高度，以能遮挡人的视线且不高过人的身高为宜。太高的屏风重心不稳，反而容易给人以压迫感，在无形中会造成使用者的心理负担。

小贴士 ● 屏风的来历

屏风作为传统家具的重要组成部分，其历史由来已久。起初我们先祖的家居陈设是非常简洁的，随着社会的发展，人们的物质生活逐渐丰富起来，而审美观念也发生了巨大的变化。于是，家具中的屏风制作也应运而生了。屏风，开始是专门设计于皇帝宝座后面的，以木为框，上裱绛帛，画了斧钺，成为了帝王权力的象征。《史记》中也记载："天子当屏而立"。经过一段漫长时间的发展，屏风开始普及到民间，走进了寻常百姓家，成为古人室内装饰的重要组成部分。屏风一般陈设于室内的显著位置，起到分隔、美化、挡风、协调等作用；它与古典家具相互辉映，相得益彰，浑然一体，成为家居装饰中不可分割的整体，呈现出一种和谐之美、宁静之美。

平安瓶

平安瓶直径约为28厘米，纯桃木所制，是厨房和次卧专用的吉祥物。如果出现事业动荡不安、是非较多、遇事受阻的情况，可用平安瓶化解。平安瓶若使用得当，还有招财、利婚姻、开运之功效。

宜 厨房和次卧室凶位宜放平安瓶

平安瓶专为厨房和次卧室设计，可解决厨房位于凶位、大门正对厨房以及厕所正对厨房所引起的健康问题。另外，如果次卧（主要是老人房或儿童房）位于凶位或者风水不佳，也可用平安瓶为以化解。一般可将其正对厨房或者次卧室门安放。

忌 平安瓶下方忌放金属物

平安瓶为纯桃木制品，五行属木。一般来说平安瓶在摆放时，其下方不可有金属类物品，以免形成金克木的格局，使得平安瓶起不到相应的作用。最好将其放置于厨房，因厨房属火，而"木生火"，可起到吉祥平安的健康功效。

小贴士 ● 中国古代吉祥图案——太平有象

太平，谓时世安宁和平。《汉书·王莽传上》："天下太平，五谷成熟。"温庭筠《长安春晚》诗："四方无事太平年。"又指连年丰收。《汉书·食货志上》："进业曰登，再登曰平……三登曰太平。"象体高约三米，鼻为长筒形，骹蜷曲，门齿发达。象的寿命极长，可达二百余年，被人看作瑞兽。宝瓶指传说中观世音的净水瓶，亦叫观音瓶，内盛圣水，滴洒骹得祥瑞。"太平有象"也叫"太平景象""喜象升平"。

龙

龙是中国古代传说中镇守东、南、西、北四个方位的神兽（青龙、朱雀、白虎、玄武）之一，有辟邪、镇宅之功效。在中国，龙的地位极高，被奉为神物，至高无上，也是皇帝的象征。龙是东方的代表，五行中是属木的，因青色是属木的，故此有左青龙、右白虎的说法。青龙来源于二十八星宿中的东方七宿角、亢、氐、房、心、尾、箕，古人把它们想象成为龙的形象，因其位于东方，按阴阳五行给五方配色之说，东方色青，故名"青龙"。人可以轻松从龙身上获得能量，青龙、金龙、红龙等虽名为龙，但如果收藏不对即名为蛇，甚至比蛇更凶狠，会伤到人，一定要注意。

宜 青龙宜置于左边或东方

风水有言："左青龙、右白虎、前朱雀、后玄武。"青龙是东方之神，所以在安放时，宜设在左方或东方。如将青龙摆放在办公桌的左边，可以令人轻松从龙的身上获得能量，增强工作运。将青龙摆放在客厅的左边，可保家庭平安。

忌 龙忌对卧室摆放

龙是吉祥的动物，摆放在家中可以趋邪化煞，但因其甚为威猛，故此不宜对着卧室摆放。特别是那些张牙舞爪或有红色眼睛的龙，绝对不适宜对着儿童房或是睡床，因为这样不但会令小孩在心理上受惊，而且在风水上也不吉，对生肖属狗的小孩最为不利。

宜 摆放龙饰物数量宜为1、2、9

龙饰物摆设的数量并无什么限制，一般以摆放一条，两条或九条为宜。若是九条龙，则应有一条龙在中央作为主角，否则就成群龙无首的混乱局面，象征家宅不宁，那便大为不妙，故此可免则免。倘若要用有龙的图画来装饰，最理想的是用金色的镜框来镶，若是挂在北方则更有锦上添花之妙。

忌 龙饰物摆放忌缺水

龙遇水则生，倘若将其摆放在干旱的地方，则会有"龙游浅水遭虾戏"之虑。故此若不是将其放在屋内有水之处，便要将其向着屋外的河流或大海。所以若家中有龙形的装饰品，宜摆放在有水之处，比如鱼缸的左右两旁，这样甚为适宜，可收生旺效果。

小贴士 • 龙的起源

以动物为图腾进行崇拜，是原始氏族部落的标志。一些以蛇、鳄鱼、蜥蜴为图腾的氏族部落，在展示本部落图腾标志的过程中，不自觉地创造了原始"龙"的形象。而中国神话中记载的人头蛇身的女娲、人面龙身的雷神、蛇身人首的伏羲等等，皆为龙的前身。

根据考古学的发现，迄今为止，我国发现的年代最久远的"龙"，是出土于辽宁阜新查海原始村落遗址的"龙形堆塑"。查海遗址是"前红山文化"遗存，距今约八千年。由此可见，"龙"的起源应该在新石器时代早期。"龙"的基本形态大约确立于商朝时期。"龙"成形于商朝的一个突出标志是开始有"角"了，此时"龙"开始不同于一般的动物，并被视为君象。居于一国之尊的国君逐渐被喻为"龙"，而秦始皇就被称为"祖龙"。

秦汉以后的人们吸收了许多动物形象中最神奇的部分，比如：鹿角、驼头、兔眼、蛇颈、蜃腹、鲤鳞、鹰爪、虎掌、牛耳等，经过人们的艺术改造后加到了"龙"的身上，使"龙"更具神意。那时的"龙"与今天的"龙"在形象上已没有本质的区别，只有个别形体部分的差异而已。时至今日，世界各地的华人皆称自己为龙的传人，"龙"也成为了中华民族的标志与灵魂。

玄武

玄武是由龟和蛇组合而成的一种灵物。玄武的本意是玄冥，武和冥古音是相通的。武，是黑色的意思；冥，就是阴的意思。玄冥起初是对龟卜的形容，龟背是黑色的，龟卜就是请龟到冥间去询问案带回来，然后以卜兆的形式显示给世人。因此，最早的玄武就是指占卜。以后，玄冥的含义不断地扩大。龟生活在江河湖海（包括海龟），因而玄冥就成了水神；乌龟长寿，玄冥又成了长生不老的象征；最初的冥间在北方，殷商的甲骨占卜即"其卜必北向"，所以玄冥又成了北方神。

宜 玄武宜摆在后方或北方

风水有言："左青龙、右白虎、前朱雀、后玄武。"玄武又称北方之神，所以在安放玄武时，宜设在后方或北方。将其摆放在董事长的桌子后面，可以防御攻击，使人安心工作，事业有成。

忌 玄武忌单独使用

玄武为四神兽之一，经过开光的四神兽可成套使用。除了正北方可以单独摆放玄武，其他方位都不适合安放，宜谨慎使用。

小贴士 ● 玄武的传说

玄武和其他三灵兽一样，是由二十八星宿中的北方七宿斗、牛、女、虚、危、室、壁而来。而古时的人对玄武的解释为"玄武"乃龟蛇。《楚辞·远游》中洪兴祖补注："玄武，谓龟蛇。位在北方，故曰玄。身有鳞甲，故曰武。玄武为蛇合体、龟与蛇交"。

关于真武大帝的身世，后人多说是在隋炀帝时，玉帝将自己的三魂之一，化身投胎为挣乐国皇后，因厌恶尘世，舍位入武当山上修行，成功飞升，镇守北方，号曰"玄武"。玄武被后世的道士们升级做北方大帝"真武大帝"，有别于其他三灵兽。青龙和白虎，只做了山庙的门神，朱雀成了九天玄女，而玄武则成为"真武大帝"。

龙龟

龙龟是瑞兽的一种，象征吉祥，可挡灾化煞。龙龟的用法比较复杂，要恰当地放置在三煞位或水气重的地方才有效。风水学中有"要快发，斗三煞"之说，其原理即在于此。龙龟在位时能化解口舌之争、加强人缘。

宜 龙龟宜放在使用者的左边

风水上左方为"青龙"，右方为"白虎"，其中以青龙为瑞兽，白虎为凶兽，所以龙龟最适宜摆放在左方以招吉贵。而且，青龙向来都是护持着主位的守护神兽，所以在自己的左方放上龙龟，便等于有贵人来守护着自己。

忌 龙龟头忌朝卧房

龙龟有招贵人之功效，应头向外摆放，切勿向着卧房放置。生肖为狗、兔、龙者与龟不合，不宜在家养龟或者放置龟类摆件。

铜双狮

如果说老虎是百兽之王，那么狮子可谓是万兽之尊了。狮子有镇宅化煞的作用，可抵挡任何煞气。狮子除有挡煞的一面，它还能给人带来名誉、地位和权力，很多富商和达官贵人都喜欢把狮子摆放在屋内。

宜 铜双狮宜用朱砂点睛开光

铜双狮象征着权利和地位，可以镇宅、挡煞，给人带来地位和权力。摆放铜双狮一定要注意摆放的方位和朝向，最重要的是在摆放前要用朱砂水点睛开光，这样才会有灵气，然后才会起到作用，如不点睛，就发挥不了作用。

忌 铜双狮狮头忌朝内

铜双狮在摆放时最好将狮头的头朝外，头朝内则不吉利，会带给屋内的人不良影响。

钟馗

钟馗为捉鬼第一大将，民间常以钟馗的画像作为辟邪、驱妖的神物。摆放钟馗象征避开小人、向往安康、驱赶邪气。

宜 驱邪宜用钟馗

历代钟馗的画像大多面目狰狞、可怖，一手持利剑，一手抓按妖怪。钟馗可放在门后，以祛除众鬼，引福临门。

忌 钟馗忌摆放在卧室

钟馗属于驱邪之神物，在用法上讲究比较多。我们在使用上要注意不可将其摆放在卧室，也不可正对卧室门挂放，最好在专业人士的指导下安放。

小贴士● 钟馗的来历

钟馗是中国民间传说中的驱鬼逐邪之神。民间传说他原系唐初终南山人，生得豹头环眼、铁面虬鬓、相貌奇丑，然而却是个才华横溢、满腹学识的风流人物，为人刚直，不惧邪祟。在唐玄宗登基那年，他赴长安应试，奸相卢杞以貌取人，屡进谗言，从而使其落选状元。钟馗一怒之下，头撞殿柱而死，震惊朝野。后来唐玄宗在睡梦中见一小鬼偷了杨贵妃的紫香囊和唐明皇的玉笛，绕殿而奔，一个大鬼捉住小鬼后，把他吃了。大鬼自称是终南山落第进士钟馗，因科举不中，撞死在阶前。他对唐明皇说："誓与陛下除尽天下之妖孽。"唐玄宗惊醒后得病。病愈后下诏画师吴道子按照梦境绘成《钟馗捉鬼图》批告天下，以祛邪魅。吴道子挥笔而就，原来吴道子也做了个同样的梦，所以"恍若有睹"，因而一蹴而就。

民间悬挂钟馗图，原先都是在除夕。然而如今，却是在端午节画钟馗，或赠人、或自挂。这种改变源于乾隆22年，那年因瘟疫死了不少人，在无可奈何的情况下，只好将钟馗请出来施威捉鬼，此后逐年相沿成俗。

二、吉祥长寿吉祥物

吉祥物多种多样，各有不同，然而在实际生活中，这些吉祥物都能起到吉祥的作用。吉祥之意则多用羊来表示，因古时"羊"字与"祥"字通，"吉祥"多写成"吉羊"，所以羊本身也成为吉祥物，取其"三阳开泰"之意。

中国结

中国结象征喜庆、吉祥。传说中国结是由一个和尚在闲暇之余用一根绳编出一个整结，然后串上名贵的佛饰品，再安上编出"王"字的穗，流传至今。当时这位和尚为了体现他一心一意向佛，所以绳结是用一根线编出来的，穗上为了体现他至高无上的信仰故编出"王"字。后来这种串上名贵的饰品，再安上编出"王"字的穗的绳结，逐渐流入社会。

宜 新年宜挂中国结

新年新气象，中国结是一种很好的装饰品，它既精致又美观，最重要的是寓意吉祥。龙的形象在史前时代，是用绳结的变化来体现的。"结"字是一个表示力量、和谐和充满情感的字眼，有结合、结交、结缘、团结、结果，永结同心之意。"结"与"吉"谐音，"吉"有着丰富多彩的内容，福、禄、寿、喜、财、安、康无一不属于吉的范畴。"吉"是人类追求的永恒主题，"结"字则给人一种团圆、亲密、温馨的美感。

忌 搬新房忌用旧的中国结

中国结在使用时有个较重要的忌讳，如果搬了新家新房，则不宜在新房使用旧的中国结。因为旧的中国结会带来旧的气场，所以原来用的中国结最好是不用，换用新的为宜。

揭玉之龙

龙，是中华民族最为古老的图腾，华夏子孙皆是"龙子龙孙"，自称为"龙的传人"。古人把龙分为四类：天龙代表天的更新力量，神龙能够兴云布雨，地龙掌管地上的泉水和水源，护藏龙看守着天下的宝藏。龙是我国古代传说中的神异动物，龙文化在中国文化中占据着极其重要的地位。属龙之人把龙视为自己生命中最重要的吉祥物，拿着玉的龙会给人带来好运。

宜 开运吉祥宜摆放揭玉之龙

揭玉之龙象征着好运长伴、开运吉祥。如果想开运、改运、吉祥，可在办公室、居家空间摆放揭玉之龙。

忌 肖狗、兔者忌摆放揭玉之龙

根据不同生肖的属性冲克，生肖为狗和兔的人，不适合摆放龙类制品，否则会带来不良的运势。

小贴士 ● 中国古代吉祥图案——青龙腾飞图

龙具有招贵人，除去是非小人的功效。挂"青龙腾飞"装饰画时，应注意龙头应该向内而不可向外。向内属朝拜，向外即心向外跑。图的位置应设在客厅的左边，不要放在右。若生肖属狗、兔则不宜挂青龙图。

麒麟

麒麟是四灵兽之一，集龙头、鹿角、狮眼、虎背、熊腰、蛇鳞、马蹄、猪尾于一身，公为麒，母为麟。麒麟是吉祥物之首，能够消灾解难、趋吉避凶、镇宅避煞、催财升官，与龙神、凤神、龟神一起并称为四灵兽。将麒麟摆放在居家或办公场所，有招福、辟邪、利生男丁之功效。

宜　玄关宜摆放麒麟

古人多喜欢摆放麒麟在门口镇守，作为家宅的守护神。现代住宅将这些灵兽摆在门口有诸多不便，退而求其次，将其摆放在玄关也有同样的效应。麒麟具有很强的"镇宅"作用，可以安定周围的气，被广泛应用以消解收入不稳、家庭不和、生意不佳、人际关系不好、夫妻关系不和等问题；也可以平息、镇定日常生活中的琐碎问题。如果将麒麟摆放在屋外，往往会受到诸多限制，但如果将其摆在玄关面向大门之处，则同样可以起到护宅的作用。

忌　麒麟的头忌向屋内摆放

用麒麟催财，可放一对于财位；化解三煞，则可放三只于三煞方，放时头向门外或窗外，其功能更强，宅主财运必佳，男女皆旺。如果将麒麟头向着屋内，则其发挥的能量会降低。

小贴士 ● "麒麟送子"的来历

传说中，麒麟为仁兽，是吉祥的象征，能为人带来子嗣。又相传孔子降生之前，有麒麟吐玉书在他家，上写"水精之子孙，衰周而素王"，意谓他有帝王之德而未居其位。这些虽属为传说，但却是"麒麟送子"之本。在我国民间，对男孩有"麒麟儿""麟儿"的美称。南北朝时，对聪颖可爱的男孩，人们常呼为"吾家麒麟"。民间普遍认为，求拜麒麟可以生育儿子。

持龙珠的龙

龙是我国古代传说中的神异动物，龙文化在中国文化中占据着极其重要的地位。持龙珠的龙象征着力量、祥瑞。龙有喜水、好飞、通天、善变、灵异、征瑞、兆福祸、示威等神性，是中华民族最为古老的图腾，华夏子孙皆以"龙的传人"为荣。古人把龙分为四类：天龙代表天的更新力量，神龙能够兴云布雨，地龙掌管地上的泉水和水源，护藏龙看守着天下的宝物。在中国人的观念中，龙是一种性情良好、温和仁慈的神物，它具有很好的德性。

龙是代表方位的四种动力之一，代表的方位为东方，象征太阳升起的地方。龙是十二生肖中最被人看重的一种，属龙之人把龙视为自己生命中的吉祥物，认为自己有龙气，事业要比别人取得更大的成功。

宜 增强能量宜用持龙珠的龙

龙文化在中国文化中占据着极其重要的地位。传说龙珠有神奇的力量，持龙珠的龙法力无边，人类可以轻松的从龙的身上获得能量。

忌 生肖属狗、兔者忌用持龙珠的龙

从生肖的属性生克来看，在生肖上属狗、属兔者不宜使用龙，其他的一些生肖都可以使用。由于龙怕西方，所以尽量不要把龙摆放在卧室的西方。

小贴士 ● 龙珠的来历

龙珠是与龙有关的珠。《埤雅》言"龙珠在颔"。越人谚云："种千亩木奴，不如一龙珠。"上述说法讲了两个意思：一是龙珠常藏在龙的口腔之中，适当的时候，龙会把它吐出来；二是龙珠的价值很高，用民谚来说，就是得一颗龙珠，胜过种一千亩柑橘。

龙为水中之王，龙珠是水中之宝，风水术有云："山主人丁水主财"。水是影响人们财运的一个重要因素，聚水在风水术中就代表着聚财，双龙戏珠就是聚财强有力的工具。

民间有吞珠化龙的传说：某少年割草(或打水)得一宝珠，将此珠放到米缸涨米，放到钱柜生钱。某财主知道后，带人前来抢珠。少年情急之下将珠放到口里，却一不小心咽了下去，于是口渴求饮，将水缸喝干了，又去喝河水、江水。喝着喝着水，少年头上冒出了角，眼睛朝外凸，身子长出鳞，变化为龙。这样的传说广泛地流传于四川、浙江、广东等地，从中透示出了"珠"的珍贵。

龙凤呈祥

"龙凤呈祥"象征高贵、华丽、祥瑞、喜庆。在中国传统的吉祥图案中，《龙凤呈祥》是很好看的一种。在画面上，龙、凤各居一半，龙是升龙，张口旋身，回首望凤；凤是翔凤，展翅翘尾，举目眺龙，周围瑞云朵朵，一派祥和之气。龙有喜水、好飞、通天、善变、灵异、征瑞、兆祸、示威等神性。凤有喜火、向阳、

秉德、兆瑞、崇高、尚洁、示美、喻情等神性。神性的互补和对应，使龙和凤走到了一起：一个是众兽之君，一个是百鸟之王；一个变化飞腾而灵异，一个高雅美善而祥瑞；两者之间的美好的互助合作关系建立起来，便"龙飞凤舞""龙凤呈祥"了。

宜 增强祥瑞宜置"龙凤呈祥"

"龙凤呈祥"象征高贵、华丽、祥瑞、喜庆。龙和凤都是传说、想象中的动物，它们不仅形象生动、优美，而且被赋予了许多神奇的色彩。龙能降雨，寓意丰收，又象征皇权；凤凰风姿绰约形象高贵，是人们心目中吉祥幸福的化身。

忌 "龙凤呈祥"忌置右方

"龙凤呈祥"在摆放上要注意，不要放在右边。客厅、卧室、书桌的右边都不适宜放置，右白虎左青龙，左边是最理想的放置方位。

小贴士 ● "龙凤呈祥"的来历

传说虞舜即位后，广开视听，唐尧求贤辅政，教民稼穑，推广教育，倡导礼仪，改善风化；又命夔为乐官，谱曲制乐。三年后，天下大治，夔也谱成了《九招》之曲呈献。虞舜大喜，会集百官，亲自演奏。弹至《九招》元时，只见金龙彩凤腾云驾雾而来，翻飞彩翼，回环逶迤。曾辅佐为的老臣苍舒兴奋地说："这是龙凤呈祥呀！龙至则风调雨顺，五谷丰登；凤来则国家安宁，万民有福。自盘古开天辟地以来，龙飞凤舞，少有见闻。但是万象明德，龙凤双呈，还是一头回哩！"从此以后，"龙凤呈祥"便成了祝颂国泰民安的同义语。

寿桃

寿桃象征延年益寿、保健长寿、年年有今日，常被作为贺寿佳礼。传说天上王母娘娘的桃园里种的仙桃，三千年开一次花，三千年结一次果，吃一枚就可延年益寿，因此，人们称此桃为寿桃。

宜　寿桃宜置年长者的居室

寿桃一般可摆放在有年长者的居家空间，有添寿、增福之功效，寿桃也是人们常用的贺寿礼物。

忌　寿桃忌放在儿童房

儿童天真无邪，将寿桃放在儿童房，没有任何意义，年轻人也可以使用；不但会让孩子对成长产生恐惧感，且可能让孩子的心理年龄与实际年龄不符。

小贴士● 寿桃的传说

在中原地区，每当有老人过生日时，做儿女的都要送寿桃给老人，以祝愿老人身体健康、长寿、幸福。旧时人们认为老人吃了寿桃会变得年轻进而长寿，这一习俗可追溯到战国时期。

相传孙膑18岁时离开家乡齐国，到千里之外去学艺，既没回过家，也没给家里写过一封信。有一年的五月初五，孙膑想到自己已经十二年没报答母亲的养育之恩了，于是向师傅请假回家看母亲。鬼谷子于是摘下一个桃，说要送给孙膑的母亲。孙膑回来将师傅送的桃送给母亲，桃还没吃完，母亲的容颜就变了；以前雪白的头发变成了如墨的青丝，脸上的皱纹也不见了，走路也不用拐杖了。人们听说孙膑的母亲吃了桃变年轻了，也想让自己的父母长寿健康，便都效仿孙膑，在父母生日的时候送鲜桃祝寿。因为鲜桃的季节性很强，于是人们就用面粉做成寿桃给父母拜寿。

龟

中国人一直相信龟隐藏着天地间的秘密。龟是一种水生动物，其腹背皆有坚甲，与龙、凤、麒麟并称为"四灵"。龟甲形似凸面镜，又像似描绘出的弧线，被认为具有可以弹击、打散房屋中滋生的不吉之气的能量。龟和鳖都被视为长寿的吉祥物，是人们所崇拜的图腾。龟更是长寿的象征，人们多用"龟龄"喻人之长寿，或与"鹤寿"结合称为"龟龄鹤寿"，祝人长寿。

宜 化解"火性"外煞宜用石龟

龟可以化解多种外煞，如果住宅面对的是火性的外煞，如大烟囱、加油站、红色楼宇等，可摆放属性为水的石龟来化解。

忌 肖狗、兔、龙者忌摆放龟

有几种属相放龟不合适，即狗、兔、龙的属相，这三个生肖都不宜在家养龟或者放置龟类摆件，会带来不好的运势。

牛

老子李耳，乘青牛西游。民间认为牛是一种神物，在神话传说中有关神牛的故事很多。道家谓仙人常骑青牛，老子西游时，就乘着青牛。在中国南方，很多人把牛当作图腾崇拜者。牛象征勤劳、隐忍。

宜 事业发展初期宜置牛饰品

牛象征着春天，因为它在开春后就下地犁田，寄托着丰收的希望。在事业发展初期，可以用牛饰品来促使自己努力工作，为未来的事业打下坚实的基础。在具有竞争性行业的办公室，也可挂牛头来增强竞争力。

忌 肖马、羊、狗者忌置牛饰品

从十二生肖的属性生克来看，肖马、羊、狗者与牛相冲，所以这三个生肖不适合摆放牛饰品。

三羊开泰

三羊开泰象征大吉大利。"三阳"依照字面来分析，可解释为三个太阳，朝阳启明，其台光荧；正阳中天，其台宣朗；夕阳辉照，其台腾射，均含勃勃生机之意。"泰"是卦名，乾上坤下，天地交而万物通也。开泰以"求财"来卜，就是大开财路。

宜　三羊开泰宜放公司门口

"三羊开泰"适合放于公司，主要作用是聚财求财。最佳的安放位置是将其正对公司门口和办公桌，将羊头朝外即可。

忌　属鼠、狗、牛者忌放三羊开泰

"三羊"的意思即招来吉利之谓，可以带来好运。从生肖的冲克来分析，属鼠、狗和牛的人不适合摆放羊的摆件，鼠与羊是相害，牛与羊是相冲；除了这几个属相外，其他的都可以摆放，所以肖鼠、狗、牛者不宜摆放三羊开泰，而与羊最佳相合的是猪和兔。

小贴士 ● "三羊开泰"的典故

三阳开泰之说来自于"易经"。六十四卦之中，古人以"坤"为十月的卦象，"复"为十一月卦象，"临"为十二月卦象。卦爻分阴阳，"坤"卦六爻皆取阴爻，为纯阴之象；"复"卦一阳生于下；"临"卦二阳生于下；而"泰"卦，乾下坤上，阳爻有三。于是，"三阳开泰"成为岁首的吉语。明代杂剧《闹钟馗》剧中演到，逢元旦，三阳真君在三阳阁下排宴庆贺新年——那"三阳真君领三个绵羊太子"，即表明"三羊"象证"三阳"。

寿比南山笔筒

"寿比南山"笔筒最大直径约为20厘米，天然绿檀香木景致雕件，经开光道教文化特殊处理。"寿比南山"笔筒是一款专为老人家设计的天然雕刻品，象征延年益寿、寿比南山，是有益老人的吉祥物品。

宜 寿比南山笔筒宜年长者使用

"福"与"寿"是对老年人最好的祝愿。年长的朋友们，使用"寿比南山"笔筒，可经常得到儿女们对自己的祝福，也有给年长者增寿添福之功效。

忌 寿比南山笔筒忌置金属桌面

"寿比南山"笔筒为绿檀香木景致摆件，从五行上来说是属于木。根据五行生克，金克木，所以该笔筒一般不建议摆放在金属桌面或金属器具内，将其放置于普通的木制书桌上最好。

小贴士 ● "寿比南山"的来历

将"南山"与"寿"联系起来，最早见于《诗经·小雅·天保》。这首诗的最后一节是："如月之恒，如日之升。如南山之寿，不骞不崩。如松柏之茂，无不尔或承。"这几句诗译成白话诗的大意是：犹如上弦的月，好比初升的日。恰似南山之寿，不会崩坍陷落。犹如松柏枝叶生长茂盛。青青相继，永不衰落。诗中的南山，若是泛指，应为秦岭山区；若是实指，则有人说是终南山。"寿比南山"成为后人的祝寿词，源出于此。

寿星笔筒

寿星又称"南极仙翁"，经常以一个慈祥老翁的形象出现。在各种吉祥图案中，南极仙翁身材不高、弯背弓腰，一手拄着龙头拐杖，一手托着仙桃，慈眉悦目，笑逐颜开，白须飘逸，长过腰际，最突出的是他有一个凸长的大脑门儿。寿星为天上的神仙，不属佛、菩萨类。寿星笔筒象征延年益寿、智慧，一般可摆放在办公室、书房。

宜　寿星笔筒宜年长男士使用

寿星代表着生命，人们向他献祭，祈求他赐予健康、长寿。寿星笔筒可以增加智慧，让人思维敏捷，产生良好的工作和学习效果。年长的男士用此笔筒效果更佳，一般可摆放在办公室、书房的书桌或办公桌上。

忌　年轻人忌使用寿星笔筒

寿星笔筒一般不建议年轻人使用，年轻人使用该笔筒容易做事缓慢、不干脆，会对年轻人的性格产生一些不利的影响。

小贴士●"寿星"的传说

寿星又称"南极仙翁"，古时有两种意义：一指二十八宿中的东方角宿（见《尔雅》）；另一个指的是西宫的南极老人星（见《史记》）。秦汉时，寿星就被立祠供奉，初为掌管国运寿命长短的神，有"见则天下理安"之说。东汉以后，历代皇朝将寿星视为掌管人间寿元的神，并列为国家祭典。山西永乐宫壁画中的寿星，可能是存世最古老的寿星形象。奉祀之寿星形象，皆为高脑门，白发白须的老翁。

寿星总是捧桃执杖，身边还有一只梅花鹿，而寿星的脸上都是泛光洁红润的。由于道教养生观念的融入，也使寿星的形象发生了相应的改变，最突出的要数他那硕大无比的脑门儿。寿星的大脑门儿，也与古代养生术中所营造的长寿意象紧密相关。比如丹顶鹤的头部就高高隆起，再如寿桃是王母娘娘蟠桃会上特供的长寿仙果。传说是3000年一开花，3000年一结果，食用后立刻成仙、长生不老。或许就是因为这比长寿意象融合叠加，最终造就了寿星的大脑门儿，而他脑袋上的大包比普通人要高出许多，表示高寿的意思。

紫檀松竹笔筒

"松"象征着长寿，"竹"则是高洁的象征，松竹结合，寓意光明磊落。将此笔筒摆在书桌或办公桌上，有平安、长寿之吉意。

宜 政府工作人员宜置紫檀松竹笔筒

紫檀松竹笔筒象征着正直、清廉、高洁，适宜在政府机关单位工作的人员使用，一般宜摆放在办公室、书房。

忌 紫檀松竹笔筒忌置右边

一般可将紫檀松竹笔筒摆放在左边，因左边属于喜庆吉祥的位置。右边属于虎位，是比较凶的，建议不要放在右边，以免引起不良的冲煞。

绿檀弥勒笔筒

绿檀弥勒笔筒为精致笔筒，经过道教开光。弥勒佛为和合笑佛，会给人带来宽心、常乐、自得的好心情。

宜 保持好心情宜置绿檀弥勒笔筒

绿檀弥勒笔筒象征开心、常乐，将其摆在书桌或办公桌上，可以给人在学习和工作之余带来好的心情。

忌 基督教信徒忌使用绿檀弥勒笔筒

绿檀弥勒笔筒一般摆放在左边，因左边属于喜庆吉祥位置。基督教信徒应尽量避免摆放与佛、菩萨有关的工艺品。

松鹤笔筒

松鹤笔筒象征长寿、文雅、博学。鹤给人的感觉是仙风道骨，被称为"一品鸟"，地位仅次于凤凰。鹤在中国的文化中占有很重要的地位，它跟仙道和人的精神品格有着密切的关系。据说，鹤寿无量，与龟一样被视为长寿之王，后世常以"鹤寿""鹤龄""鹤算"作为常用的祝寿之词。将此笔筒摆放在书桌或办公桌上，可以令人文思泉涌，淡泊名利。

宜 松鹤笔筒宜置书房

松鹤笔筒一般可摆放在办公室或书房内，供年长的文人、作家以及艺术创作者使用，有助于增强创作灵感。

忌 松鹤笔筒忌小孩使用

松鹤笔筒一般不宜摆放在孩子学习的书桌上，不适合孩子使用，会使得小孩思维迟钝，学习退步。

小贴士 ●"松鹤延年"的来历

松树傲霜斗雪、卓尔不凡，因其树龄长久，经冬不凋，故常被用来祝寿考、喻长生。"秩秩斯干，幽幽南山。如竹苞矣，如松茂矣。"松的这种原初的象征意义被道教所接受，遂成为道教神话中长生不死的代表。在道教神话中，松是不死的象征，传说服食松叶、松根便能飞升成仙、长生不死。松除象征长寿之外，一般还作为有志、有节的象征。

鹤也是由道教引入神仙世界，因此鹤被视为出世之物，也就成了高洁、清雅的象征。得道之士一般以鹤为伴，鹤被赋予了高洁的内涵，成为名士志向的象征物。鹤在民间则被视为仙物，据《崔豹古今注》中记载"鹤千年则变成苍，又两千岁则变黑，所谓玄鹤也"。可见古人认为鹤是多么的长寿，而鹤也常被认为是鸟中长寿的代表。两个仙物合在一起即是称其人如松鹤般高洁、长寿。松鹤延年既有传统的吉祥题材，寓意长寿吉祥、延年益寿；也有志向高洁之意，亦有称"松鹤同春"。

八仙过海

八仙过海，各显神通。八仙是由民间传说中道教的八位仙人所组成的群体，他们是铁拐李、汉钟离、张果老、何仙姑、蓝采和、吕洞宾、韩湘子、曹国舅。在这八仙当中，男女老幼、富贵贫贱、文庄粗野，各种角色都有。其中，老则张果老，少则蓝采和，洒如韩湘子，将则汉钟离，书生则吕洞宾，贵则曹国舅，病则铁拐李，妇女为何仙姑。从这八仙中，社会各种各样的人，都可以找到自己的"影子"。八仙均为神仙中的"散仙"，专门惩恶扬善，济世扶贫。民间传说中有许多关于他们的故事，以"八仙庆寿"与"八仙过海"的故事流传最广。

宜 吉祥长寿宜置八仙过海

八仙是一组最佳组合，八仙所用的物件被称为"暗八仙"，亦称"八宝"。此八宝常入于吉祥图案中，有祝颂长寿的吉祥意义。

忌 八仙过海忌置右边

建议将八仙过海摆放在左边，左边属于喜庆吉祥的位置。一般来讲，右边属凶位，如将八仙过海放在此位置，难免会招来不好的煞气。

小贴士 ● 八仙的传说

八仙源于八卦，其中吕洞宾属于乾金之象，乾卦纯阳，故称其为纯阳老祖，所用宝剑亦曰纯阳剑。吕洞宾与何仙姑本为夫妻，依依不舍，这表示乾坤相合之理。何仙姑属于坤土之象，她是八仙中唯一的女性，为柔土，欲与吕洞宾配成夫妇，表示乾坤交泰之象。铁拐李属于兑金之象，以铁拐为足，铁属金，足在下属阴，表示柔金之象，有别于刚金之象。曹国舅属于艮土之象，书中说他兄长地下的灵魂附于其身而为恶，将他本人的灵魂囚禁于地下。地下乃土之位，但为刚土，最后他通过与恶鬼的决斗，战胜邪恶，乃复其灵明，皆属刚之象。张果老属于震木之象。因张果老曾于月宫砍梭椤树，树本为刚木，以别于柔木。蓝采禾属于巽木之象，手拿兰草，草本皆为柔木。韩湘子属于坎水之象。因民间大旱，韩湘子为民众吹箫降雨。汉钟离属于离火之象。汉钟离性情猛悍，他的宝扇一扇则出火，火烧龙宫等皆汉钟离所为。

羊

羊象征健康、和平和祥瑞，有祛病减灾及增加偏财之功效。过去有人将羊头悬在门上，据说能避灾祸、除盗贼；羊还是子女孝顺长辈的标志，因为羊羔吃奶时是跪在母亲跟前的。古时"羊"字与"祥"字通，"吉祥"多写成"吉羊"，因此羊本身也成为吉祥物。古时又有"羊"通"阳"的说法。人们曾从文字上解释羊与阳的关系，认为羊字形阳气在上，举头若高望之状，故通阳；有的还从羊的习性上来解释羊与阳的相通之处，羊能啮草，鸡啄五谷，故悬此二物可助阳气。此外，家中有长期病患者或旧病难除者，可将此物摆放在床头，左右各一只，对健康必有帮助。

宜　办公桌上宜摆放羊

将羊饰物摆放在办公桌或工作台上，可消除工作中的不如意或减少小人口舌。因为羊属和平之物，会给你带来和平。

忌　肖鼠、牛者忌摆放羊

属鼠与属牛者不适合摆放羊的摆件，鼠与羊是相害，牛与羊是相冲；除了这几个属相外，其他的都可以摆放，与羊的最佳组合是属猪和属兔的。

小贴士 ● 羊的传说

《太平御览》引晋代裴渊《广州记》，载有五羊传说。相传，岭南连年灾害，田地荒芜，农业失收，百姓饥荒。有一天，天空出现了五朵祥云，上有五位仙人身穿红橙黄绿紫五色彩衣，分别骑着五只不同颜色的仙羊。仙羊各口衔一棵一茎六穗的稻子，涂涂降落在现在的广州。仙人把稻子赠给百姓，又把这五只羊留下，祝愿这里永无饥荒，然后腾空而去。

从此，广州成了岭南最富庶的地方，也开始有了羊城、五羊城、穗城之称。后来，广州的人们还在惠福西路修建"五仙观"，来纪念这五位造福广州的仙人。今天，五羊已成为广州的城标志。细心的游客会发现，"羊城"这一别称，已渗透到广州生活的各方面：书有《羊城古钞》，刊有《羊城古今》，报有《羊城晚报》，景有"羊城八景"；乃至许多楼宇商标、公司社团、名胜古迹均以"羊城"命名；"五仙观"如今尚存，"仙人拇迹"依然可见；仙湖街、仙邻巷、五仙门等都还粘有一点"仙"气。"五羊仙"的神话，可谓影响深远。

三、平安纳福吉祥物 ☯

所谓"天有不测风云，人有旦夕祸福"，由于命势的不同，有的人会因流年不利而灾祸连连，这时候可通过佩戴观音、佛、生肖贵人，摆放花瓶、福神等吉祥物来保平安，使自己遇难呈祥、逢凶化吉，同时也为自己增添福气。要注意的是，吉祥物必须是经过正规开光的才具功效。

八卦眼球玛瑙

玛瑙据说是距今约2000～2500年的远古时代从天而降的"神仙故石"，是从我国西藏传至世界各地的。眼球玛瑙不但具有最强的防御力，还具有保护主人的作用。从古代开始它就作为防御邪气和邪恶的神石被人们所使用。而八卦眼球玛瑙的形状像睁大了的的眼球一样，象征"神、真理、睿智"，可以看通事物的本质现象。八卦眼球玛瑙里面的"太极八卦"可以保护环境并使其安定。作为风水手法之一，将眼球玛瑙吊在自己最在意的地方，可以防御邪气入侵。有时人们还使用它抚摩身体以吸走身体里的不吉之物，是非常普及的风水手法。

宜 八卦眼球玛瑙宜置车内

八卦眼球玛瑙可以象护身符一样佩戴，或者挂在车内，可以辟邪、保平安，起到防止发生交通事故的功效。

忌 八卦眼球玛瑙颜色忌与使用者八字相克

普通的玛瑙在使用上没有太多的禁忌，而能量比较大的八卦眼球玛瑙在选择颜色上要注意与主人的八字相配合，如选择的颜色与使用者八字的颜色相克，则不宜使用。

如意观音

观音就是观世音菩萨，是人们普遍崇拜的佛。观音从印度传入中国时为男身，后被中国人改造为女身。按照佛教的观点：佛无所谓男身还是女身，由男变女，正体现了佛无处不在的真谛。佛教认为观世音菩萨大慈大悲，以各种化身救苦救难，有求必应。一般可将其用于催财、转运及保平安，适合家庭或从事复杂人事机构的人士使用。

宜　保平安宜摆放如意观音

观音为菩萨中最具灵感力的菩萨，大慈大悲、救苦救难，保世人平安、万事顺心。如意观音适于摆放在客厅，可以避开一切不如意的事物。

忌　如意观音忌置污秽之地

如意观音不可常放于卫生间等污秽之地，放置之处也要及时清理，保持良好的卫生，以免亵渎神物。

小贴士 ● 观音的来历

关于观音菩萨的来历，佛教中的说法各异。有的说观音原是转轮王的儿子，名叫不眴。他和父亲、弟弟一起跟随释迦牟尼出家，修得正果，转轮王成为阿弥陀佛，不眴和弟弟分别成为观世音菩萨和大势至菩萨。有的说观音原是妙庄王的女儿，名叫妙英。父亲为她亲许婚事，但她不愿出嫁，逃婚到荒山，结庐修行。后来为了替父王治病，不惜割下自己的臂肉，挖出自己的眼睛，终于使妙庄王病愈，这片孝心感动了佛主，佛主就助她修成无上菩提。有的佛典，如《千手千眼大悲心陀罗尼经》则记载：观世音菩萨实乃过去古佛，早在无量劫前已成正觉，号为"正法明如来"，又称"正法光明如来"。这些佛典认为，观世音出道之早，是西方世界许多佛所望尘莫及的。《观音三昧经》中记载，释迦牟尼佛说过："观音在我前成佛，名'正法明如来'。我为苦行弟子。"按此说法，观音可谓是最为久远的佛了。

开光护身符金卡

开光护身符的最大高度约8厘米，与信用卡的大小差不多，镀金双面，经佛家高僧的开光处理。此符可随身佩戴，经正确开光后，佛祖会随身守护以保平安健康。使用时可将其放置于钱包、手提包内，与银行卡同放。

宜 护身符宜开光使用

开光，又称"开光明""开眼""开明""开眼供养"。也就是说新佛像、佛画完成后要置于佛殿、佛室，举行替佛开眼的仪式。在佛教中，只有经过开光后，佛像才不再是原来的木雕石塑，而是具有宗教意义上的神圣性以及法力，受到佛教徒的顶礼膜拜。随身佩戴的护身符，一定要正确开光后，才能保平安、护健康。

忌 护身符忌置污秽之地

开光物品具有一定的灵性，不可浸水，也不可以放于卫浴间等污秽之地。在不佩戴的时候要放在有阳光的地方，不可以放进抽屉等没有阳光的地方。

小贴士 ● 开光的来历

关于开光法会仪式的最早记载，出现于北宋太平兴国五年（公元980），北印度乌填囊国的传法大师施护所译的《佛说一切如来安像三昧仪轨经》。唐代的神秀禅师说过："身是菩提树，心如明镜台，时时勤拂拭，勿使惹尘埃。"佛教认为，我们众生从出生以来，就一直受到无明尘垢的污染，而不能见到诸法的真理，所以需要开发我们内在具备的智慧。在举行开光的仪式中，行使主法的人要拿起毛巾向佛像作拂尘的动作，这是表示要拂去众生心地上的垢尘；用镜子一照，就表示垢除净显，明心见性，真正见到诸法的本来面目；用朱砂笔点向佛眼，是因为眼睛代表了智慧，所以点开了佛眼，就开发了众生的内在智慧。如果众生没有智慧，对诸法不加分别，就如同眼睛有病，见到虚幻的东西，还以为是实际的存在，所以需要去除眼病，发掘出原有的般若智慧。

西方三圣佛

西方三圣佛为佛教中的南无阿弥陀佛、南无观世音菩萨和南无大势至菩萨。南无阿弥陀佛位居三圣的中间，主要迎接有功德之人去西天极乐世界；南无观世音菩萨救苦救难；南无大势至菩萨主管教化众人积德行善，惩奸除恶。

宜　健康聪明宜置西方三圣佛

西方三圣佛都有无量的法力，贡奉者能得智慧、避劫难，一般可以将其摆放在书房和客厅。读书的儿童或者是办公室的上班族使用都有不错的效果。

忌　西方三圣佛摆放忌过低

西方三圣佛在摆放的高度上，至少要超过人的头顶。不可将其摆放得太低，以高过主人的身高为好。

紫金葫芦

紫金葫芦的最大直径约为8厘米，经桃木人工加工制成，由熏黑技术处理，正规开光加持。招财、纳福、辟邪葫芦，可保出入平安，一帆风顺，是司机朋友们的必备物品。一般可将其挂于汽车上，以辟邪保平安。

宜　汽车内宜挂紫金葫芦

现代的交通日益发达，拥有车的朋友也越来越多，交通安全逐渐成为大家所关注的焦点。紫金葫芦有辟邪保平安之功效，司机朋友们一般将其挂在车内，可增强安全行车之系数。

忌 紫金葫芦忌与金属类摆件同时使用

紫金葫芦在使用时要注意，不可与其他金属类的车挂饰同时使用。五行属性中金克木，而紫金葫芦是木制品，如果与金属类挂件同时使用，会受其克制，其先天功能和开光后的各种作用均不能得到正常发挥。

小贴士 ● 葫芦化煞的来历

葫芦一般为藤本植物，藤蔓绵延，果实累累，籽粒繁多；中国人多将其视作象征子孙繁盛的吉祥植物。枝"蔓"与万谐音，寓意万代绵长。现代科学测试证明，葫芦有隔绝气场的功能，民谚有"不知葫芦里卖的什么药"一句，意即难以穿透葫芦探测到内中物品。从风水气场分析，葫芦的曲线外形状有"S"形的太极阴阳分界线的神奇功能，因此常在风水化煞中应用。民俗传统认为葫芦吉祥而辟邪气，端午节就有在门上插桃枝挂葫芦的习俗。民间传说，在某一年的五月初一，药王爷见到人间毒虫横行，瘟病四起，他就把自己装神药的葫芦挂在凡人的家门口，灭虫避瘟，普救众生，从而留下了这一习俗。

招福吊坠饰品

在具有中国文化特色的各种各样提升运气的物品中，首当其冲的就是吊坠。在观叶植物、招财进宝树以及中国开运竹上吊招福吊坠都可以招来好运。树枝的形状可以依自己的喜好来设计，单单只是看着招福吊坠就可以感觉到幸运在不断地涌进来。

宜 招福吊坠数量宜有"3"

吊坠的数量是有讲究的，"3"这个数字在风水中表示"咸卦"，"咸"指阴阳相互感应并相互吸收的意思，表示万事均可顺利进行。在插有铁线的漂亮的树枝上吊31个银柳吊坠，再插入四神花瓶，就叫做"招福树31吊坠"。

忌 招福吊坠忌挂金属物品上

根据五行生克，金克木，所以木质的招福吊坠不可挂在铁门铁窗铁挂钩上。一般以将招福吊坠挂在植物上或木制品家具上为佳。

风水花瓶

装饰有风水四神图案的花瓶，只需用来装饰房间，就可以起到招徕幸福的作用，不失为一种行之有效而又简单易行的风水手法。

宜　保平安宜用风水花瓶

花瓶的放置方面，如果是在商业场所，应将其放在顾客目所能及的地方；如果是在家里，应将其放在家族成员聚集的休息场所。

忌　风水花瓶忌置房间凶位

风水花瓶有四神图案，在摆放时要求比较多，应该按照要求正确安放，切不可将其安放于房间的凶位，以免引起不良的风水问题。

白玉观音

玉文化中的观音是经过几千年来劳动人民的提炼，以佛教中的观音大士与道教中的王母娘娘形象相融合，形成现在我们所见到的女身形态。白玉观音最大直径约为4厘米，由白玉雕琢而成，经开光道教文化特殊处理。男子随身佩戴，可随身护佑，父母为儿子请的令其健康成长。白玉观音还能除病消灾，保佑平安吉祥、好运常伴。

宜　白玉观音宜男性佩戴

古时候经商、赶考的都是男子，常年出门在外，最要紧的就是平安。观音可保平安，同时人们也希望在其保护之下，生活顺利、事业顺心、身体健康、万事如意。

忌 白玉观音忌女士使用

男戴观音女戴佛，是取其阴阳调和、两性平衡之意。如果使用不当，不但发挥不了效果，而且还会导致阴阳不调，给身体带来不利因素。

小贴士 ● "男戴观音女戴佛"的缘由

现如今佛像的佩戴习惯一般都是男戴观音女戴佛。身为女子，受世事烦扰，难免愁肠百结，佛的宽容、大度、静默正可化解种种愁绪；因此，女子佩戴佛，可促使自己平心静气，豁达心胸，静观世事起伏，笑看风起云涌。观音是中国数千年来慈善与救赎的化身，是真善美的代名词。观音心性柔和，仪态端庄，可以救助世上一切的痛苦和厄运。观音菩萨敢急人所急，难人所难，随时解救困厄的人。观音可以现出三十三分身，敢把人渡注幸福的彼岸。由男士来佩戴，可消弥暴戾、远离是非还能够永保平安、消灾解难、远离祸害。总的来说，男戴观音女戴佛也就是男女互补的意思，男人可以吸取一些女性的优点来弥补男性的缺点，而女性则可以吸取男性的一些优点来弥补自己的不足。

红玉佛与观音

红玉佛与观音的最大直径约为4厘米，天然红玉精致制品，经开光道教文化特殊处理。男戴观音女戴佛，红玉佛与观音结合灵气更强，一般可为自己请或者为朋友请。

宜 常出差人士宜戴红玉佛与观音

出门在外求的就是平安，经常出差的朋友适宜佩戴红玉佛与观音，可挡灾、保平安。身体健康状况较差的朋友也可佩戴红玉佛与观音，有祛病、挡灾、保平安之功效。

忌 红玉佛与观音忌置污秽之地

观音与佛皆为圣洁之物，不可常放于厕所等污秽之地，有些经过开光的还不可以携带洗澡或沐浴，以免亵渎神物。

花瓶

花瓶的"瓶"与平安的"平"同音，象征平安。取其花瓶的"瓶"字与平安的"平"字同音，家中或公司均适合摆放。在家中摆放花瓶可保家人平安，聚集富贵。

宜　花瓶宜置房屋吉位

花瓶可以摆放在房屋的吉位上，或者摆放在客厅的东北角，西北角均可，主要寓意为吉祥平安。

忌　花瓶忌放桃花位

在家中摆放花瓶代表家人平安，在公司摆放花瓶则代表员工健康。但切记不可将花瓶摆放在桃花位上，否则花瓶会变成招惹桃花的物品。

铜铃

铜铃为圆形，形状圆润、坚固。铜铃是最常用的吉祥用品，一般适合挂在门、窗和汽车内。将铜铃挂在门的把手上，可防止家人意外碰撞、摔伤，或被硬器刺伤，特别针对有小孩的家庭。

宜　保平安宜挂铜铃

铜铃挂在汽车驾驶室内，象征趋吉避凶，容易避开意外事故的发生。一般将其挂在室内或者汽车驾驶室，可化解意外之伤和手术等血光之灾。

忌　铜铃忌置门口或卧室

在风水学上有些位置是不适合放铜铃的，虽然铜铃的吉祥作用很大，但是在正规的使用上还是要注意的。一般来说，铜铃忌置于门口或卧室，会带来不良的气场。

玉佩

玉为佩饰的一种，在我国古代，佩饰主要是指悬挂在腰带上的饰品。玉佩既有一定的装饰效果，又有辟邪、保平安的作用。

宜 护身辟邪宜戴玉佩

佩戴一款与自己生肖吉祥物相匹配的玉佩，可起到护身、辟邪的作用。一般来说鼠牛相配，虎猪相配，兔狗相配，龙鸡相配，蛇猴相配，马羊相配，如果能结合自己的贵人生肖相配则最佳，但因各人的出生年份不同，其贵人生肖也不相同。

忌 佩戴玉佩忌与自己属相相冲

在选择、佩戴玉佩饰物时要注意不可以随意佩戴生肖。生肖要按照六合来分，根据上面所述的生肖相配，不可乱配。

六字真言大葫芦

六字真言大葫芦最大直径约为13厘米，由桃木人工加工所制，经正规开光加持。

宜 求行车平安宜挂六字真言大葫芦

六字真言大葫芦可为行车辟邪，保出入平安，一帆风顺，是司机朋友们的必备物品，一般只要将其挂于汽车内部即可。

忌 六字真言大葫芦忌与金属一起摆放

六字真言大葫芦的主要作用表现在"护禄"上，所以比较怕刀，不要和刀剑类金属品同时摆放，另外也不适合放于金属器具内。

滴水观音

观音像的种类有很多种，其中滴水观音可洒福气于人间。观音左手有宝球，右手持宝瓶，喻为"有求必应"，可将福洒向人间，故为大众供奉最多的菩萨像。

宜　滴水观音宜置公共空间

滴水观音象征避灾解难，有求必应，平安吉祥、如意，可以摆放在客厅、办公室、大堂内等公共空间。

忌　观音忌置于污秽之地

观音为佛教道教圣洁的神物，应注意清洁，不可放于厕所及厨房等污秽之地，以免亵渎神物，发挥不了应有的功效。

心中有福

"心中有福"的造型是两个蝙蝠中间有一个可以转的轮，代表双福临门。

宜　保平安宜戴"心中有福"

小孩子随身佩戴最灵，可避免病、灾，保平安，佩戴之人能身体健康，平安多福。

忌　"心中有福"忌放污秽之地

"心中有福"为吉祥之物，不可常放于厕所等污秽之地，有些经过开光的还不可以携带洗澡或沐浴，以免亵渎神物。

四、招财开运吉祥物 ☯

　　现代社会是一个商业社会，人们每天都要与金钱打交道。无论是经商人士，还是普通的上班族，甚至家庭主妇，都希望能够求得好的财运。以下介绍了一些常见招财、开运、改运的风水吉祥物，希望能给您带来好的财运，招来好的运气。

金蟾

　　金蟾象征招财、旺财、聚财、财禄满贯。此款摆件雕刻得非常细致，三条腿的蟾蜍趴在金钱币上，口中也含着金币。特别是金蟾的眼睛经朱砂开光，活灵活现，栩栩如生，仿佛金蟾有了生命力，颇具功力。"三脚金蟾"寓意财源滚滚，事事如意。

宜　商铺、收银台宜置金蟾

　　金蟾最大的功能就是招财，一般摆放在办公桌、收银台、商铺最佳，令生意兴隆，财源滚滚而来。

忌　金蟾头忌向门外

　　在商铺摆放蟾蜍，要头向商铺内，不宜向商铺门，否则所招的钱财会流向屋外，同时也不宜头向窗户。

小贴士 ● 蟾蜍的传说

　　蟾蜍的寿命很长，可以活到三千岁。古代神话传说里月中有蟾蜍，而这只蟾蜍是由嫦娥所变。原来，嫦娥的丈夫后羿是一个射日英雄，他从西王母那里请回不死药，准备与夫妇同吃，而嫦娥却偷偷地把药吃掉，奔月而去。谁知她一到月宫就变成了蟾蜍，所以，直到现在还有人称月为蟾、蟾宫等。还有传说为仙人刘海镇伏一妖，现原形后即为三脚蟾蜍，后来这只三脚蟾蜍改邪归正，跟随刘海伏妖助人，用金钱布施穷人。

桃木中国结

桃木一直含有吉祥之意。逢年过节，都要取桃枝挂在门边，用来镇宅纳福，取节日祥和之意。桃木中国结的直径约为29厘米，由纯桃木制作而成，将其雕刻成元宝形状，意味着招财进宝。再加上中国结，更具有中国特色。

宜　辟邪招财宜用桃木中国结

桃木辟邪传说在我国民间有着深厚的基础，是中国传统的文化风俗。桃木还可以提升运气，是化解不规则户型的专用吉祥物，可解决房子朝向不是正南正北，形状怪异，房屋缺角等引起的运气反复问题。一般将桃木中国结正对大门放置在客厅为好，还可增加财气。

忌　厕所忌挂桃木中国结

桃木中国结不适合挂在厕所的墙上，也不适合正对厕所门挂放。桃木类的中国结经过开光后再挂在一个固定位置后，就不要轻易去移动。

小贴士 ● 中国结的涵义

中国结是中国特有的民间手工装饰品，始于上古先民的结绳记事；而它作为一种装饰艺术则始于唐宋时期。到了明清时期，人们开始给结命名，为它赋予了丰富的内涵，如：如意结代表吉祥如意；双鱼结代表吉庆有余等，结艺在那时达到鼎盛。

到了现代社会，"结"字是一个表示力量、和谐，充满情感的字眼，代表结合、结交、结缘、团结、结果、永结同心。"结"给人一种团圆、亲密、温馨的美感。"结"与"吉"谐音，"吉"又有着丰富多彩的内容，"福、禄、寿、喜、财、安、康"无一不属于吉的范畴。"吉"是人类永恒的追求主题，而"绳结"这种具有生命力的民间技艺也就作为中国传统文化的精髓，流传至今。

八白玉

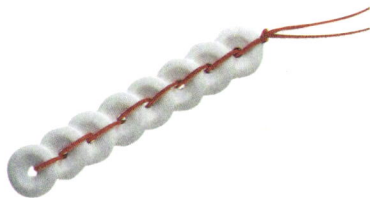

白玉象征吉祥、正气。八白玉是由八块白玉组成，所谓"八白共发"，有助于增添财运、事业运和人际关系运。当家道衰退或公司运气不济时将八白玉装饰在大门或入口处，有利于运气上升。当人际关系不好或身体状况差时，须经常将其佩戴在身上。八白玉为非常吉祥之相，八白齐发、洁净无瑕，可随身携带，又可放置在家中作摆设。

宜　居家改运宜用八白玉

如果家居不洁，将一串八白玉挂在大门后，可消除污秽，因八白玉有正气浩然之意，所以能够转化衰气。将八白玉佩戴在身上，夜归人士自会百事吉祥，也可作为婴儿定惊之物。许多人当运时大富大贵，失运时一落千丈。失运时的化解方法之一即在旺气位安放八白玉，但旺气位每年有变，所以要留意改变八白玉的位置。

忌　八白玉忌与使用者八字相冲

八白玉的正确摆放要根据风水原则来做，一般情况下要在专业人士的具体指导下依据自身的八字及生肖属性来选用八白玉，不可与八字相冲。

小贴士 ● 玉器详解

玉器在中国有八千年左右的历史，在明清时期，人们所说的白玉，仅指新疆和田白玉。现在，人们常看到的白色玉除了新疆和田玉外，还有白色的新山玉、密玉、独山玉、青海白玉以及韩国、俄罗斯白玉等。我们现在所指的白玉是藏玉。相传西藏是如来佛和观世音菩萨传授无上密咒大法之圣地，四周地形组成吉祥的图案，是吉祥盛德之处所，故以"吉祥盛德之地"为其命名"白玉"。玉不琢不成器，每件玉器均有它的形状。在选择时，应注意其形状像不像，完全不完全，有无艺术品位。越是好的玉料，它的器型越细，价值也就越高。

五帝钱

五帝钱指的是清朝五代盛世皇帝（顺治、康熙、雍正、乾隆、嘉庆）时期所铸造的铜币，此时期的铜币在五行中属金性，具有招财开运、辟邪、保平安等作用。在国势强盛时期所铸之钱，再加上几百年的使用，灵气特别旺，带在身边可消灾解难，加强财运。而五帝钱又是化解五黄煞和二黑病星的最佳法器之一，将六个五帝钱与风铃一齐挂于家宅五黄位或二黑病星位可保家宅平安。将五帝钱放于家庭保险柜或抽屉内具有招聚财气之功效；随身佩戴能增强五行金运，流年不利可改运，增强健康旺气，利于恢复健康。

宜 车辆宜挂五帝钱

新装修的住房、办公室、店铺等场所宜挂五帝钱，既有招财进宝之功效，又能驱赶不良气场。如果是新购买的车，挂上五帝钱，则有逢凶化吉之功效，特别是购买的二手车要使用五帝钱。

忌 五帝钱忌挂木火方

因为五帝钱五行属金，而金克木、火克金，所以五帝钱在悬挂时要注意尽量别挂在正东，东南，正南等方位。因为这些方位在五行上属于木火类，与金属都有冲突，最好在专业人士的指导下使用。

小贴士 ● 五帝钱的来历

五帝钱是指清朝顺治、康熙、雍正、乾隆、嘉庆五个皇帝的铜钱，可挡煞、辟邪。把五帝钱放在门槛内，可挡尖角冲射、飞刃煞、枪煞、反弓煞、开口煞，放在身上可以辟邪，不被邪灵骚扰，或用红包装着。将五帝钱用绳穿着挂在颈上，可增加自己的运气，串绳可用喜庆的颜色。

绿檀辟邪

辟邪相传为龙的儿子。龙生九子，其中麒麟、青龙、辟邪为最有出息的三个儿子，所到之处百恶消散，被后人敬为四大吉兽之首。相传辟邪喜食金银财宝，只吃不拉，故有招财、聚财、辟邪、恶小人是非的功效。绿檀辟邪则象征吉祥、辟邪、如意、财源滚滚。

宜 招揽客户宜置绿檀辟邪

绿檀辟邪一般可摆放在店铺的门旁，以招揽更多的客户。摆在收银台上可增加营业额。辟邪也适合摆放于客厅，可保家宅平安，财源滚滚。

忌 绿檀辟邪忌摆放在卧室

绿檀辟邪招财能力很强，但是最好不要摆放在卧室或儿童房内。因为辟邪是向外招财的，对内则会造成财气散失，也会产生一定的煞气。

小贴士 ● 绿檀的功效

绿檀有天然的檀木香味，密度在檀木里居中。将檀木放置在水中，紫檀在最下面，绿檀在中间，檀香原木则在水面漂浮。绿檀质地紧密坚硬，侵蚀不朽，拥有自然漂亮的木纹，手感滑润细腻，香气芬芳永恒，色彩绚丽多变，在阳光下呈黄褐色，在光线暗淡处变幻成绿色，湿度和温度升高变幻成深蓝色、紫色。檀在梵语中是布施的意思，因其木质坚硬，香气宜人，色彩绚丽多样且能辟邪，又能治病，故又称为圣檀。檀木的种类有沉檀、檀香、绿檀、紫檀、黑檀、红檀等几种，而且数量极其有限，非常珍贵。绿檀质地紧密坚硬，永久焕发芬芳香气，色彩丰富，百毒不侵。古有传说绿檀可辟邪治病，所以人们常常把它作为吉祥物，以保平安吉祥。绿檀木上可见极具装饰性的天然纹路，一圈圈犹如久远的车轮，散发着远古的天然气息和梦幻般的迷离光泽。绿檀的纹理似竹子，其香味似橄榄香，长期佩戴可提神醒脑，对身体有益无害。

六道木天然念珠

六道木天然念珠的珠子最大直径约25毫米，由五台山天然六道木所制，经佛家高僧开光处理。

宜 保平安宜戴天然念珠	忌 天然念珠忌用右手拿
六道木念珠只有五台山才出产，每颗念珠上都有天然形成的六道印，颜色赭红，色泽深沉，花纹别致，为佛教圣地特产，可保平安、纳福气。	念珠的禁忌主要反映在使用和摆放上，在使用时不可用右手拿，平时在不用的时候也要恭敬一些，以免亵渎神物。使用时也不宜戴在右手，只能戴在左手上。

天竺菩提念珠

天竺菩提念珠最大直径约34毫米，是来自印度的天然天竺菩提子，经佛家高僧开光处理。佩戴时间越长，就越有灵气，长期佩戴可转运、辟邪、保平安。

宜 保平安宜戴天竺菩提

天竺菩提为佛教圣地印度特产，由手工串连加工而成。使用时不宜藏于右手而仅用于左手，具体结合各种手印使用。

忌 天竺菩提忌用右手拿

念珠的禁忌主要反应在使用和摆放上，在使用时不可用右手拿，因为右手要做各种结手印，平时不用的时候也要恭敬一些，以免亵渎神物。

福袋

福袋的最大高度约4厘米，为信用卡的二分之一大小，经佛家高僧开光处理。福袋内装有经文、宝石、檀香粒、古钱、粗盐等，象征智慧，驱邪、招财、结缘等。

宜 保健康、平安宜使用福袋

福袋可随身携带，也可放置于车内。将其挂在床头，可保健康、平安。如果小孩使用，可令小孩健康成长。

忌 肖鼠者忌使用福袋

福袋的使用禁忌主要表现在生肖上，因福袋与鼠相克，所以属鼠者不宜使用。

小金万珠招财佛

小金万珠站立招财佛最大直径约9厘米，由金万珠陶瓷精心烤制而成，经佛家高僧开光处理，有招财等功效。

宜 上班族或生意人宜置招财佛

上班族或公务员将其放置在办公桌上，做生意的人将其摆放在收银台上，可招财进宝，保佑平安健康、升职加薪、事事如意。但不可正对厨房、厕所摆放。

忌 武财神附近忌置招财佛

招财佛象征平安如意，招财进宝。切不可与关公、赵公明等主生杀的财神放置在一起，否则会引起不良的风水效果。

蓝色水晶球

蓝色水晶球最大直径约10厘米，为合成水晶，含有相当份量的水晶成分，经开光道教文化特殊处理。

宜　开运、助运宜用蓝色水晶球

蓝色水晶球为"助运之晶"，能助你的生活、事业更上一层楼，令你生意红火，家庭幸福。蓝色水晶珠内蕴含着巨大能量，尤其是事业、家庭及有一定经济基础和实力的人士应用最佳。蓝色水晶球一般可安放在居家公共空间内或者办公桌上。

忌　蓝色水晶球忌置西方

蓝色水晶球在安放上要注意方位问题，最好不要将其摆放在家庭的西边或西北方，若安放于东方、东南方将会非常有利。

水胆玛瑙

水胆玛瑙最大直径约5厘米，为天然水胆玛瑙，经开光道教文化特殊处理。水胆玛瑙是随身改运、助运的宝石。玛瑙内含有一定的水分，非常难得和珍贵，对于改善运程、调节运气、保平安、促进婚姻都有很好作用，也是一款非常罕见和漂亮的随身饰品。

宜　改运宜用水胆玛瑙

水胆玛瑙对于改善运程、调节运气、保平安以及促进婚姻都有很好作用。一般可随身携带或放置在公文包、手提包内，女士使用效果极佳。

忌　水胆玛瑙忌暴露于外

水胆玛瑙是非常难得的珍贵吉祥物，它喜阴不喜阳，尽量不要将其暴露在外面，应该放在包里、盒子里收藏起来。

五福圆盘

五福圆盘是由五只蝙蝠相连而成，通常被称为"五福临门"。它意味着人生的五种福（五福：长寿、富贵、康宁、善终）也是所有的福都聚集到自己的门口，象征招财纳福。

宜　化煞求福宜置五福圆盘

五福是中国人所追求的幸福境界。蝙蝠不仅具有求福的作用，而且还有其他值得期待的效果，它有强大的化煞能力。例如，当天花板上有横梁突出时，为了化解房梁上的压迫感，可以在房梁上吊一两个蝙蝠吊坠，注意，此时便可不用五福圆盘。

忌　五福圆盘蝙蝠头忌朝房外

在蝙蝠的摆放上应该注意，蝙蝠的头一定要朝向自己家，也就是说蝙蝠是往自己家里飞，而不是从自己家飞到外边去，取其招福吉祥之意。

小贴士 • "五福"的涵义

"五福"这个词，缘出于《书经》和《洪范》，现在已成为家喻户晓的辞句了。几乎大部分的人都知道"五福临门"这个成语，可是很少有人知道"五福"所指的是哪五种福。

①第一福是长寿；我们现代人的正常寿命约为70岁，不到70岁都不能称为长寿，如果有修福，寿命就会超过70岁。

②第二福是富贵；需要用钱时就有钱可以用，即为富；而同时能得到周围人们的尊敬，即为贵。为富不仁就不能叫做富贵。

③第三福是康宁；不但身体健康还要心里安宁。

④第四福是好德；经常做好事而不让人知道叫积阴德。不只自己喜欢做好事，看见别人做好事也能生出欢喜、赞叹之心，则可称为好德。

⑤第五福是善终；指的是无病无痛，安详的离开人世。

佛手笔筒

佛手笔筒最大直径约18厘米，为精致摆件，助运笔筒，经开光道教文化特殊处理。佛手原本是一种形状奇怪的果实，其形如拳如掌，犹如张开的手指，所以俗称"佛手"。初时人们将这种果实摆放在家中作为装饰，它能发出一种香味，持久不散。吉祥图案中喜画"一盆水仙加一只佛手"，象征"学仙学佛"，现今很多的玉器都雕成这个形状，随身佩戴，借此代表"佛陀"保护。

宜　佛教信仰者宜用佛手笔筒

佛手笔筒能够给人带来良好的人际关系。一般可将其安放在办公桌、书桌上，适合佛教徒、佛教信仰人士使用。

忌　佛手笔筒忌置右边

宗教信仰类笔筒，如佛手笔筒，在摆放上主要是看方位。右边为白虎位，佛手笔筒不可放在右边，以免带来不良的冲煞。

小贴士 ● "佛手"的文化渊源

佛手与其他花果一样，是一种自然之物。佛手进入到人们的视野，进入到人的社会生活，于是有了佛手文化。佛手文化虽不敢与梅、兰、菊、竹相比，却也有其久远、深厚的文化历史。

历代文人将佛手入诗入画，成为文学的描写对象和美术的描绘对象。在文学作品和美术作品中，佛手有时表现得高雅，有时融入民间风俗，便成为雅俗共赏的珍品。古代乡土诗人雪樵写道："苍烟罨丘塾，绿桔种百千。黄柑成佳丽，伸指或握拳。清香扑我鼻，直欲吐龙涎。"这首诗对佛手的色、香、形都作了生动描绘，并进行了高度评价。清代曹雪芹在《红楼梦》中描写探春房中摆设时，将佛手与唐代大书法家颜真卿的书法同列，可见在曹雪芹的眼中，佛手是一种高雅的观赏果品。

佛手音谐"福寿"，就其一个"佛"字也给人一种吉祥之感。因此，佛手融入民俗文化之中，被当成吉祥之物加以描绘。一九九九年一月由上海书店出版社出版的《中国吉祥图像解说》中一幅"和气生财"，就是将佛手与桃子画在一处，象征"福寿"，以示吉祥。除此之外，在民间的一些房屋的梁、栋柱上也雕有佛手图饰。由上可知，佛手除了是一种高雅的观赏果品，也是一种象征"福寿"的吉祥之物。

天然白水晶球

水晶是一种有灵性的矿物，它能给人们带来好运，镇宅辟邪，提升灵性，去除病气，也能帮助人们解除厄运。天然白水晶球的最大直径约9厘米，为天然白水晶制成，经开光道教文化特殊处理。天然白水晶球就产量来说，堪称"改运之晶""水晶之王"。天然的水晶能量稳定，可镇宅化煞，净化身体负能量，促进健康，是趋吉改运的最佳晶石，适合运气不佳、运程反复者使用。

宜 商业空间宜置白水晶球

商店收银台：可以摆放白水晶球，白水晶能使人头脑清醒，减少金额计算的错误及损失。

商店柜台：可以摆放紫晶球或粉晶球，紫晶球能与人广结善缘，而粉晶球则能召集人气而带动商机。

商用电话：商用电话上可以贴上一颗白水晶坠子，会使人头脑清晰而增加电话谈判的能力，把握住商机。在电话上贴上粉晶坠子，还可以增加爱情缘。

忌 白色水晶球忌置右边

白色水晶球在摆放上要放在吉祥的位置，也就是摆放在房屋的吉方位上，或者就放在左边，因左边为青龙方，主喜庆。不宜将其放置于右边白虎方，否则容易带来不好的煞气。

小贴士 ● 水晶详解

水晶是一种人们颇为喜爱的宝石。在古代，人们称之为"水精"，即水的精华，此外还可称之为"水玉""白附""玉晶""千年冰""菩萨石""放光石"等。水晶通常为无色透明，但含铁族元素时可具有不后的颜色，如紫色、黄色、烟灰色等。当水晶中含有沿一定方向排列的纤维或针状矿物时，就可将其加工成"水晶猫眼""星光水晶""发晶"等，若含有水的包裹体时，即可骸成为"水胆水晶"。我国江苏的东海水晶产量占全国的二分之一，素有"水晶之乡"的美称。长期以来，水晶以其晶莹透明、温润素净而被人们视为圣洁之物，并相信佩戴水晶骸"御邪魔，驱鬼神"，是吉祥的象征。

福禄寿三星

俗话说："人间福禄寿，天上三吉星。"三星的形象和蔼慈祥，所以使人觉得可亲可近，民间百姓都亲切地称他们为"三星老儿"，赋予他们非凡的神性和独特的人格魅力。"福星"手抱小儿，象征有子万事足的福气；"禄星"身穿华贵朝服，手抱玉如意，象征加官进爵，增财添禄；"寿星"手捧寿桃，面露幸福祥和的笑容，象征安康长寿。

宜　添福添寿宜置福禄寿三星

福禄寿三星是数千年来黎民百姓心目中最喜爱的神仙，也唯有受到福禄寿三星的照耀，人间才能有喜悦祥瑞的气息。象征意义：多福避难、吉星高照、福大财多、寿命长。用途：一般将其放置在客厅，可增添福气、财运、寿元。

忌　福禄寿三星忌低于人的头顶

福禄寿三星也属于天神，在摆放时要高过人的头顶，不可低于人的头顶。

小贴士 ● 福禄寿三星的来历

福星的来历：据《新唐书》载，唐朝时期，道州每年需要把身材矮小的人作为贡品，送到宫中做太监，满足皇帝荒唐的需求。阳城任道州刺史后，冒死上书给当朝皇帝，拒绝上贡太监，为当地百姓免除了灾祸。这个真实的故事后来被大诗人白居易写进《道州民》诗中，于是，当地人开始把阳城当作福星供奉。

禄星的来历：禄星是主管功名利禄的星官，他身份复杂，有人认为他就是保佑考生金榜题名的文昌星，也有人认为他原本是身怀绝技的道士，禄星身上寄托了人们生活理想的方方面面。进入隋唐以后，科举制度的兴起让禄星开始走红。科举考试使平民百姓有机会靠读书做官来改变自己的命运，然而这是一条太过狭窄的独木桥，难以求之，就会寻求神灵的帮助。

寿星的来历：寿星即"老人星"，亦称"南极老人"。由于道教养生观念的融入，也使寿星形象发生相应的改变，最突出的要数他硕大无比的脑门儿。宋、元时代，寿星已成为高寿者的代称，"老寿星""寿星""寿星老儿"等称呼，既充满对高寿者的敬意，同时也寄寓着人们对长寿者的祝愿。

聚财小双龙

小双龙直径约为35厘米，纯桃木所制，为公司聚财专用的吉祥物系列法器。为公司、店铺聚财专门设计。

宜 公司招财宜置小双龙

小双龙可解决公司付出多劳动多而收入少不稳定等问题。适宜将其安放在总负责人的办公室，正对总负责人的坐位。

忌 小双龙忌置其他部门

一般来说小双龙要放于总负责人的办公室，或公司大门口正对大门，放于其他部门均无招财、改运的效果。

小贴士 ● 龙的挂图风水

龙是吉祥物，这毋庸置疑。在道教里，龙代表人之本性。另外，龙又是帝王的象证，尊贵无比。龙又分为青龙、金龙和红龙等，在是挂龙的图画时应注意以下几点：

A.龙头向内，不可向外。向内属朝拜，向外属外奔之兆，即心向外跑。

B.龙的位置不可放在虎的旁边。若放在虎的旁边则主龙虎斗不完，家中大吵小闹不断。

C.龙的图案应是挂在客厅或神厅佛堂之青龙方。

D.龙的图案不可以卷起来收藏，应挂出来为吉。

E.龙的头部及尾部应该用小圆红纸贴着，时间宜选在三、六、九日的上午七点至九点，以贴红纸为佳。

开 运 竹

开运竹又叫"富贵竹",象征开运、平安。主材为百合科、龙血树属的富贵竹,可取富贵竹的茎秆为主材。将开运竹剪切成不等长的茎段,然后将这些茎段按内长外短、逐层递减的方式排列,捆扎成三、五、七层宝塔状而成开运竹。它造型玲珑,既富有竹韵,又充满生机,并有富贵吉祥的寓义。

宜 开运宜置开运竹

上班族在文昌的位置用净水养一盆开运竹,有助于步步高升,对参加高考或升学考试者也有很好的催运作用。养的植物要绿叶繁茂,生命力旺盛,才会有利,否则会造成负面影响。

忌 家中忌有枯萎富贵竹

富贵竹不管是在家里、还是在公司摆放都非常吉祥,但是有些已经枯萎或死掉的富贵竹不要摆放,要及时扔掉,否则会给运程带来不良的影响。

小贴士 ● 开运竹的护理方法

一般开运竹的培养液中不宜加入营养成分,以防茎节腐烂。瓶插用水以隔夜的自来水或凉开水为好,可每隔10天至15天更换一次,夏天每5天至7天就要更换一次,但每次只需倒出一半,加入新的一半,不宜全部换掉,否则根系会不适应。如果要让水养的开运竹继续生长,则可在培养液中,加入少量的尿素和磷酸二氢钾,浓度可控制在0.1%左右,每到半月更换一次,也可将肥液喷施于叶面上。

开运竹在运输过程中,处于干燥状态,一般不会出芽或生长。开运竹(富贵塔)是将富贵竹的叶片去除,选取中间大小比较均匀的一段经过人工捆扎做成的一层层宝塔。在选购时,应选取芽苞整齐、造型美观的作品。如果所选材料的大小和生理状况一致,一般能整齐出芽,其生长速度基本一致。如果出芽不齐,可采用修剪的方法适当加以控制。如果要使开运竹的新出芽生长更迅速一些,可采用营养液代替自来水培养。当新长出的富贵竹芽太长时,可重新剪切。当其生长出较多的新芽时,应及早剪去病叶、染虫芽,否则会对整盆开运竹带来损害。对瘦弱芽、过旺芽等,在不影响开运竹的整体造型和观赏的前提下,应给予适当的修剪。

五、求学升职吉祥物

在风水上，文昌星主宰着学业与功名，它能使人变得更聪明，同时也能使人拥有地位、权力，甚至名利双收。将"节节高笔筒""文昌塔"等风水吉祥物置于文昌位，对于年轻人的升学考试以及成年人的工作事业都很有帮助。而一些有象征意义的吉祥物，如"步步高升"，对于升职加薪也具有一定的帮助。

吉祥猴

古时人们普遍认为猴为吉祥物。由于"猴"与"侯"谐音，在许多图画中，猴的形象有着"封侯"的意思。如一只猴子爬在枫树上挂印，取"封侯挂印"之意；一只猴子骑在马背上，取"马上封侯"之意；两只猴子坐在一棵松树上，或一只猴子骑在另一只猴的背上，取"辈辈封侯"之意。

宜 催官运宜置吉祥猴

吉祥猴象征吉祥、高升，将吉祥猴摆在适当的位置，能带来吉祥和运气。同时，齐天大圣亦为猴圣，有斩妖、除魔之神效。

忌 生肖猪、虎、蛇者忌置猴饰品

从生肖的属性生克来看，生肖为猪、虎、蛇的人与猴相冲，所以这三个生肖者不适合摆放猴饰品。

鲤鱼跳龙门

明代李时珍的《本草纲目》里记载："鲤为诸鱼之长。形状可爱，能神变，常飞跃江湖"。因此，鲤鱼跳龙门，常作为古时平民通过科举而高升的比喻，被视为幸运的象征。跳龙门寓意事业有成和梦想的实现，"鱼"还有吉庆有余、年年有余的蕴涵。

宜 催功名宜置鲤鱼跳龙门

鲤鱼跳龙门象征金榜题名，衣锦还乡。可摆放在学生以及想当官、想晋升的人的书房或办公桌，有利学业、催功名之功效。

忌 鲤鱼跳龙门忌年长者使用

鲤鱼跳龙门为利学业、催功名的吉祥物。年长者最好是安享晚年，不要再为功名所累，如果整天对着鲤鱼跳龙门这类吉祥物，会产生心理上的压力，使人整天闷闷不乐。

小贴士 ● 鲤鱼跳龙门的传说

传说很早以前，居住在黄河的鲤鱼听说龙门山南边的风光很好，都想前去观光。它们从孟津的黄河里出发，通过洛河，又顺伊河来到龙门山的北山脚下，但龙门山并无水路上去，它们只好聚集在一起想办法。

一条大红鲤鱼对大家说："我有个主意，咱们跳过这龙门山怎样？""那么高，怎么跳啊？跳不好会摔死的！"，伙伴们七嘴八舌拿不定主意。大红鲤鱼便自告奋勇地说："我先跳，试一试。"于是它使出全身力量，像离弦的箭一般，纵身一跃，一下子跳到半空中，带动着云和雨往前飞去。

忽然一团天火从身后追来，烧掉了它的尾巴。它忍住疼痛，继续朝前飞跃，终于越过龙门山，落到山南的湖水中，一眨眼就变成了一条巨龙。其他鲤鱼们看到后，深受鼓舞，开始一个接一个跳向龙门山。可是除了个别的跳过去化为龙以外，大多数都过不去。凡是跳不过去，从空中摔下来的，额头上就留下一个黑疤。直到今天，这个黑疤还长在黄河鲤鱼的额头上。后来的唐朝大诗人李白，就根据这个传说写了一首诗："黄河三尺鲤，本在孟津居，点额不成龙，归来伴凡鱼。"

十八罗汉

十八罗汉神态各异，各自都有不凡的来历，一般用于求福、祈福，象征吃苦耐劳、终成正果。

宜 十八罗汉宜置书房

十八罗汉适宜放置于书房，能够使人安心学习，若放置于客厅做装饰用，则比较漂亮美观。

忌 十八罗汉忌置卧室

一般不建议在卧室内摆放十八罗汉，因其摆放在卧室的效果不太好，对佛也不恭敬。

小贴士 ● 传说中的十八罗汉

现在流传的十八罗汉有数个版本，其来历身世也各不相同。根据明清官窑瓷绘画中所用的十八罗汉图来看，基本有如下成员：

降龙罗汉：庆友尊者，传说曾降伏恶龙，因此得名。

坐鹿罗汉：宾罗跋罗多尊者，曾乘鹿入皇宫劝喻国王学佛修行。

举钵罗汉：迦诺迦跋厘隋阁，是一位托钵化缘的行者。

过江罗汉：跋陀罗尊者，过江似蜻蜓点水。

伏虎罗汉：宾头卢尊者，传说曾降伏过猛虎，因此得名。

静坐罗汉：诺距罗尊者，又为大力罗汉，因过去乃武士出身，故力大无穷。

长眉罗汉：阿氏多尊者，传说自出生时就有两条长眉。

布袋罗汉：因揭陀尊者，常背一布袋，笑口常开。

看门罗汉：注荼半托迦尊者，为人尽忠职守。

探手罗汉：半托迦尊者，因打完坐常将一只手举起伸懒腰，因而得此名。

沉思罗汉：罗怙罗尊者，在佛陀的十大弟子中，以密行居首位。

骑象罗汉：迦理迦尊者，本是一名驯象师。

欢喜罗汉：迦诺伐蹉尊者，原是古印度的一位雄辩家。

笑狮罗汉：罗弗多尊者，原为猎人，因学佛不再杀生，狮子来谢，因此得名。

开心罗汉：戍博迦尊者，曾袒露其心，使人从心中感悟到佛理。

托塔罗汉：苏频陀，是佛陀所收的最后一名弟子，他因怀念佛陀而常手托佛塔。

芭蕉罗汉：伐那婆斯尊者，出家后常在芭蕉树下修行用功。

挖耳罗汉：那迦犀那尊者，以"耳根清净"闻名，故称挖耳罗汉。

紫檀骆驼

骆驼背上有山峰，似笔架，背藏养分和水分，可以多天不吃不喝精力充沛，能经受艰苦环境的考验。紫檀骆驼象征精力充沛，不怕困难、拼搏向上、走向成功。

宜　创业阶段的公司和学生宜置紫檀骆驼

紫檀骆驼最宜处在创业阶段的企业和学生使用，一般可摆放在书房、学生卧室、办公室内。

忌　年长者忌使用紫檀骆驼

专业人士建议年长者不要使用紫檀骆驼，因为骆驼会令老人感到心力疲备。在摆放时也要注意，要摆放在左边，左边属于喜庆吉祥位置。

小贴士 ● 调整风水，保住工作

在经济好的时候，工作机会浪多，人人都想跳槽换更好的工作；经济不好的时候，各公司纷纷裁员，人人都想尽力保住工作。要想保住工作，首先要旺人缘；而旺人缘之法是要于每年之流年桃花位放一杯水加一个音乐盒，用音乐盒发出的金属之声去震荡水，使水气散发出来，从而催旺桃花；桃花旺了以后，老板看你也会顺眼一些，自然你被"炒鱿鱼"的机会也会相对减小。其次，背后要自制靠山，即在自己的坐位之后放一块大圆石或八颗细石春。如无位置可放石头，因石头及咖啡色皆属土，则可在椅背后挂一件咖啡色的衣服作为靠山，以代替石头。自制靠山有利人缘，亦利于人事稳定，被炒之机会自然更低。最后，还可以于流年之财位放置一杯水来催旺财星，这样就更加有效了。当然，这些作法只能起到辅助作用，如果要想稳定工作，升职加薪，还需要自己不懈努力与付出才行。

苏武牧羊

苏武奉汉武帝之命出使匈奴被扣，坚贞不屈，曾被放逐到冰天雪地的北海，因其坚持不懈的精神而受到世人的尊敬。

宜 提升意志力宜置苏武牧羊

苏武牧羊宜放置于办公室或商业场所内，象征坚贞不屈，可以提升办事人员的意志力，坚持不懈，获得成功。

忌 苏武牧羊忌置右边

建议将苏武牧羊摆放在左边，因左边属于喜庆吉祥的位置。右边是比较凶的，不要放在右边，以免引起不良的冲煞。

小贴士 ● 苏武牧羊的故事

苏武为西汉时期代郡太守苏建之子。公元前100年，匈奴政权新单于即位，汉朝皇帝为了表示友好，派遣苏武率领一百多人出使匈奴。不料，匈奴发生内乱，苏武一行受到牵连，被扣留下来，并被要求背叛汉朝，臣服单于。无论是软的，还是硬的手段，都不能劝服苏武，单于很敬重苏武的气节，不忍心杀苏武，又不想让他返回自己的国家，于是把苏武流放到西伯利亚的贝加尔湖一带，让他去牧羊。在贝加尔湖，苏武牧羊达十九年之久。十九年来，当初下命令囚禁他的匈奴单于已经去逝了，就是在苏武的国家，老皇帝也死了，老皇帝的儿子继任皇位。这时候，新单于执行与汉朝和好的政策，汉朝皇帝立即派使臣把苏武接了回来。苏武在京城受到热烈的欢迎，从皇帝到平民百姓，都向这位富有民族气节的英雄表达敬意。两千多年过去了，苏武崇高的气节成为中国人伦理人格的榜样，成为一种民族文化的象征。

九龙笔筒

九龙笔筒最大高度约16厘米，为玉石底座精致摆件，助运笔筒，经开光道教文化特殊处理。但生肖为狗、兔者不适合使用摆放龙的吉祥物，以免引起不良的冲克。

宜　求升职宜置九龙笔筒

九龙笔筒宜安放在办公桌或者书桌上，主要是针对文化法律类行政部门、政府部门，以升职为主要工作目的的职业使用最灵。

忌　九龙笔筒忌摆公用

邮局、银行、收银台等公共区域不宜选用九龙笔筒。如果使用的人太多，龙的吉祥效应无法发挥，便会影响到每个人。

节节高笔筒

节节高笔筒最大高度约16厘米，为精致摆件，助运笔筒，经开光道教文化特殊处理。

宜　求升职宜置节节高笔筒

节节高笔筒适用于以升职为主要工作目的，或者希望能有升职机会的人群使用。专业设计为"连升三级"，并且是"双福临门"，适合升职政府公务员使用。安放在办公桌或者书桌上，所有的"非老板"工作人员都可以适用。

忌　节节高笔筒忌置右边

一般建议将节节高笔筒摆放在左边，左边属于喜庆吉祥的位置，右边是比较凶的，不要放在右边，以免引起不良的冲煞。

一路荣华

芙蓉花亦称"木芙蓉"，蓉与荣同音，花与华古时通用，鹭为白鹭，与路同音。本吉祥物一朵芙蓉与鹭一起，意为"一路荣华"。

宜 求富贵宜置"一路荣华"

"一路荣华"象征永远荣华、富贵，适合摆放在办公场所或经营店铺内。"一路荣华"寓意行人此去将交上好运，荣华富贵享之不尽。

忌 "一路荣华"忌与金属放在一起

一路荣华最好与陶瓷、木制品放在一起，不适合与金属类物品放在一起，并且不适合与红色物品一起使用。

一帆风顺

一帆风顺最大高度约19厘米，为精致摆件，经开光道教文化特殊处理。适宜安放在办公桌或者书桌、接待室、会议室等处，比较美观大方。

宜 流通类公司宜置一帆风顺

一帆风顺主要用于交通运输及航海航空等部门和行业，适宜以流通为主要目的的职业。专业人士强力推荐流通类单位公司放置于会议室，尤其是接待室摆放最为适宜。

忌 一帆风顺忌置右边

建议将一帆风顺摆放在左边，左边属于喜庆吉祥位置，右边是比较凶的，不要放在右边，会有不利的冲煞。

文昌塔

古代中国的道教寺院在建九层文昌塔前都要先选定好文昌方位，而诸多的文人墨客都要在塔里学习研究、著书立撰。文昌方位是精神集中的地方，是专为做学问而设立的方位。如果实在难以将书房设在文昌方位的话，可以在自己的桌子上放一座风水文昌塔以提高注意力，开发想象力，提高工作效率。

宜 加强文昌运宜置文昌塔

文昌塔可增添学习氛围，提高学习和工作效率。一般摆放在办公室区域或书桌上，象征意义：步步高升、聪明智慧。所谓文昌是指支配文人命运的方位，叫做"文曲星"的星宿，自家大门的方位不同，文曲星的方位也就不同，这个方位就叫"文昌方位"。文昌塔的能量可以给做计划、创造等研究工作的人给予强力支持，所以建议想成为董事长、总经理、创业家以及从事技术开发、文学、艺术等创造性工作的人们使用文昌塔；另外接受种种考试的学生们为了提高考试成绩，也可将其放在自己的书桌上和水晶龙一起使用，效果会更加明显。

房间入口与文昌方位对照表

入口方位	文昌方位
西南	北
西	西北
北	南
东	西南
东北	西
南	东北
东南	东
西北	东南

忌 文昌塔忌置右边

建议将文昌塔摆放在左边，左边属于喜庆吉祥位置，右边是比较凶的，不要放在右边，以免引起不好的煞气。

六、富贵婚恋吉祥物 ☯

"富贵"在"五福"中排在第二位，对于一般家庭来说，"富贵"是指衣食无忧、丰衣足食。婚姻、爱情是组建家庭的基本因素，对于未婚的青年男女来说，可以通过"龙凤配""心连心"等风水吉祥物来增添桃花运，提升爱情运势。而对于已婚的夫妇来说，适当地运用"天长地久"等吉祥物，可增进夫妻感情，促进家庭和睦。利用"桃花斩"等吉祥物，还可以防止第三者的出现。

天长地久

鸳鸯戏水、仙鹤同舞于莲花池中。《禽经》载："鸳鸯，朝倚而暮偶，爱其类。"鸳鸯为水鸟名，其羽毛颜色美丽，形状像凫，但比凫小，雄鸟翼上有扇状羽饰，雌雄常在一起，旧时文艺作品中常用来比喻夫妻恩爱。

宜　助姻缘宜置"天长地久"

据说鸳鸯白天成对游弋，夜晚雌雄翼相合、颈相交，若其偶死，则永不再配。莲实、莲子，比喻连生贵子，一般可摆放在主卧室，洞房摆放最佳，可增进夫妻感情。

忌　"天长地久"忌置公共场所

"天长地久"这类吉祥物品多用于增进夫妻感情，属私人使用，不宜摆放在办公、商业场所。建议将天长地久摆放在卧室的左边。

绿檀百鸟朝凤

绿檀又称"圣檀"，绿檀木放置的时间越久颜色越绿，木质会散发出独特的檀香味。"凤"是指凤凰，古代传说中的鸟王。百鸟朝凤是一个祥和盛世的美好境界，令人向往，在古时候喻指君主圣明而天下依附，后也比喻德高望重众望所归者。"百鸟朝凤"后来常被用于刺绣、挂画、菜名中。

宜 摆放在家庭的公共区域

百鸟朝凤一般摆放在家庭的公共区域，可化解家庭矛盾，促进家庭和睦。

忌 属狗、兔、鸡生肖者忌戴百鸟朝凤

百鸟朝凤这款吉祥物需要注意的是，在生肖搭配上，属狗、属兔、属鸡生肖者摆放佩戴皆不利，其余各生肖都比较合适。

小贴士 ● 百鸟朝凤的传说

很久很久以前，凤凰只是一只很不起眼的小鸟，羽毛也很平常，丝毫不象传说中的那般光彩夺目。但它有一个优点：它很勤劳，不像别的鸟那样吃饱了就只知道玩，而是从早到晚忙个不停，将别的鸟扔掉的果实都一颗一颗捡起来，收藏在洞里。有一年，森林大旱，鸟儿们觅不到食物，都饿得头昏眼花，快支撑不下去了。这时，凤凰急忙打开山洞，把自己多年积存下来的干果和草籽拿出来分给大家，和大家共渡难关。旱灾过后，为了感谢凤凰的救命之恩，鸟儿们都从自己身上选了一根最漂亮的羽毛拔下来，制成了一件光彩耀眼的百鸟衣献给凤凰，并一致推举它为鸟王。以后，每逢凤凰生日之时，四面八方的鸟儿都会飞来向凤凰表示祝贺，这就是百鸟朝凤。

八卦龙凤镜

青铜八卦龙凤镜直径约30厘米，纯桃木所制，为夫妻感情专用的吉祥物系列法器。龙凤镜可维持夫妻感情，使之合好如初，适合放于主卧室床头。

宜 维持夫妻感情宜置龙凤镜

龙凤镜专为夫妻感情设计，可防止家庭感情出现危机、婚外情，也可确保家庭和睦，不被第三者打扰。

忌 龙凤镜忌置污秽之地

青铜八卦龙凤镜只适合挂于主卧室，挂于其他地方则不太好，尤其不宜挂于厕所等污秽之地。

小贴士● 铜镜的历史

铜镜是古代人们用来照面的用具。就目前的考古发现来看，齐家文化的三面铜镜是我国最早的铜镜。一面在甘肃省广河县齐家坪出土，直径约六厘米，镜背平素无纹饰，纽细小；一面在青海省贵南县尕马台出土，直径九厘米，镜背铸出七角星纹，纽小而呈圆形；另一面系早年甘肃临夏出土，直径十四点三厘米，镜背于两道弦纹之间，各饰三角纹，构成十六角星图案和十三角星图案，拱起半环形纽。从齐家文化经商代、西周到春秋时期，我国铜镜多形体小、制作粗陋、规格不一、铸造量也小，处于铜鉴原始状态。

春秋战国之交，铜镜铸造业迅速发达起来，镜纽多为小形桥纽，且出现了纽座。战国中期以后，铜镜形体增大，镜背花纹精致。汉代开始钢镜上出现铭文，西汉中叶铭文增多。到了汉武帝时期随着国家的安定、政治的统一，此时铜镜的形制、花纹在全国范围内趋于统一。中唐以后，铜镜形制除圆的以外，多有方形、葵花、菱花、荷花形等，有柄铜镜开始出现。中国的铜镜在形制上产生了很大变化。宋代称铜镜为"铜鉴"或"照子"，此时有柄镜大增，多无花纹，只铸出长方形印章，标出铸者名号等。元明以后，我国铜镜铸造业便渐趋衰落了。至明清，铜镜逐渐被玻璃镜取代，直到近代铜镜才完全消失。

砗磲龙凤配

砗磲龙凤配的最大直径约4厘米，为天然砗磲精致项链，经开光道教文化特殊处理。砗磲被佛教认为是世界上最洁白的贝壳，同时也被认为是世界上最坚硬的贝壳，象征爱情的纯洁和牢靠，洁白无暇，永固感情是难得的珍贵贝壳之一。

宜 巩固爱情宜戴砗磲龙凤配

砗磲龙凤配宜男女分开佩戴，是专为情侣夫妻设计的吉祥物，护佑情意永久相亲相爱，可随身佩戴。强力推荐情侣、夫妻购买，最好女方送男方。

忌 砗磲龙凤配忌男女反戴

在佩戴吉祥物时讲究男戴龙，女戴凤，千万不要戴错了，否则毫无效用，甚至会引起不良效果。

心连心

心连心最大直径约3厘米，为天然玉精致项链，经开光道教文化特殊处理。

宜 表达爱意宜赠心连心

心连心是一款情侣扣，心连心，心中有心，也是表达爱意和真心相连的标志，可随身佩戴。适于情侣佩戴，推荐赠送给对方。

忌 学生忌戴心连心

心连心不适合学生孩子佩戴，只适合情侣、夫妻佩戴，学生佩戴会导致早恋，精力不集中，学习成绩下降。

粉红宝鼎

粉红宝鼎最大直径约为24厘米，为合成水晶，含有相当分量的水晶成分，经开光道教文化特殊处理。

宜　卧室宜置粉红宝鼎

粉红宝鼎主要是放于卧室桃花位，作催桃花之用，并且能够改善人际关系。单身青年男女或者感情、婚姻不顺利者都可以摆放。

忌　学生忌用粉红宝鼎

粉红宝鼎有强力的催桃花效果，双球成鼎，能量倍增，极具爱情能量，能够为个人带来很好的异性缘，并且对于女士的美容养颜有很好作用，是一款专门为催桃花设计的吉祥物。学生不宜使用，以免出现早恋现象。

芙蓉玉手镯

芙蓉玉手镯最大直径约12厘米，为粉红色天然芙蓉玉，经开光道教文化特殊处理。

宜　美容宜戴芙蓉玉手镯

芙蓉玉手镯适于女子佩戴，天然成分中有美容保颜之功效，美观大方，世代相传，越戴越灵。可随身佩戴，少年女子使用效果极佳。

忌　芙蓉玉手镯忌戴右手

芙蓉玉手镯适合戴左手，不适合戴右手，因右边白虎方，会带来不好的煞气。

如意玉瓶

如意玉瓶最大高度约25厘米，为汉白玉瓶体、桃木底座、精致摆件，经开光道教文化特殊处理。如意玉瓶是专门为家庭设计的维系家庭和睦、夫妻感情的专用吉祥法器。

宜 如意玉瓶宜置客厅、卧室

如意玉瓶家庭使用为好，可使合家欢乐，情意融融，主要是协助夫妻感情使用。在卧室床头摆放如意玉瓶，会增进夫妻感情，在客厅摆放如意玉瓶，能促进家庭和睦，吉祥如意。

忌 如意玉瓶忌办公、商业空间

如意玉瓶是维系家庭和睦、夫妻感情的专用吉祥法器，不宜摆放在办公空间；商业空间也不宜摆放，最好是摆放在左边。

桃花斩

桃花斩最大长度约88厘米，纯桃木人工加工，做工精细，经正规开光处理。桃花斩专斩第三者，夫妻中有外遇者必用，与桃木八卦龙凤镜配合使用效果更佳。

宜　化解桃花劫宜置桃花斩

如果家庭出现第三者破坏夫妻感情，就适合将桃花斩挂在有外遇者床头的墙上，一般正对其头部，既能斩除第三者，也不会伤害到本人的运程。

忌　桃花斩忌置容器内

桃花斩最好是挂在墙上，不要放进容器内，也不宜太靠近金属类物品，否则会影响其作用的发挥。

小贴士 ● "桃花运"的由来

男女情事颇多谓之走桃花运或交桃花运。"命理"中的"桃花运"是根据"生辰八字"的五行所处"长生，沐浴，冠带，临官，帝旺，衰、病、死、墓、绝、胎、养"的位置而言。如大运和流年行运到"沐浴"阶段的时候就叫"行桃花运"。

在十二地支中的"子午卯酉"便是桃花，人生的"八字"也是由十天干与十二地支的组合而得来的，所以每个人都会有碰到"子午卯酉"的时候。如果这"子午卯酉"出现在人生的"八字"内，便叫桃花入命。

人生的运程（算命术语里叫"大运"）每十年便行一个干支。人生的岁数与运程（算命术语叫"流年"），这两个结合起来便叫"运"。（也是人们常说的运气好坏便在这里面）在人生的"运"上遇到"桃花"（子午卯酉）的，这就叫"桃花运"，但"桃花"也是有好与不好的区别。桃花可分两种，一种叫做桃花运，一种叫做桃花劫。桃花运能够使你增加异性缘，或者动婚(不管实动还是虚动)，但它不会带给你不好的运气。桃花劫虽然也同样是遇见异性，但最终的结局是会带给你不好的运气，造成精神或是肉体上的伤害。劫就是运，运就是劫，劫是应运而生，只是看的角度不同。命中注定将遇到异性称为桃花运，你可以躲开。但注定无法躲开的异性又会给你带来不良后果的就是桃花劫了。

牡丹

牡丹是百花之王，一般不宜男士使用。最宜有领导职务的女士摆放，有一人之下，万人之上的高贵气势。

宜　女性领导人士宜置牡丹

牡丹高贵，适合女性领导人士使用，一般可摆放在客厅、书房和办公室里，象征富贵、出人头地。

忌　牡丹忌置男士卧室

一般来说牡丹不适合在男士卧室或办公室里摆放，在夫妻房间内摆放也不太合适。

金鸡

因金鸡食虫和报晓，所以常被人作为驱邪的吉祥物，还能避免偏桃花，防桃花劫。

宜　化解桃花劫宜置金鸡

针对坏的异性或令你讨厌的性骚扰对象。此法器宜放在大门对冲之处，例如屏风可摆设于架上，以禁绝外来桃花的影响。若夫妻感情不太和睦，可将之放在配偶的衣柜内，一般用一对，在衣柜暗角左右各置一个。

忌　肖狗、兔者忌置金鸡

根据生肖的相生相克，肖狗、兔者与鸡属相相克，所以这两个生肖不宜置鸡的吉祥物。

花开富贵

牡丹乃花中皇后，极有富贵之相，是富贵的象征。凤凰则寓意着吉祥和太平。花开富贵象征富贵、吉祥、万事如意、水到渠成。

宜 客厅宜摆放花开富贵

花开富贵适宜摆在客厅，可显得主人的气度不凡、家庭吉祥如意，也可摆放在办公室、商业空间等公共空间。

忌 忌与金属物品一起摆放

花开富贵为木质品，在五行生克中，木与金是相克的，所以不宜将其摆放在金属物品旁边；更不宜放在金属桌面上，否则起不到作用，甚至会带来不利的影响。

鸳鸯

鸳鸯象征恩爱、幸福、美满。鸳鸯是形影不离的，雄左雌右，传说此鸟若然丧偶，配偶者终身不再匹配。所以古人称其为匹鸟。鸳鸯是祝福夫妻和谐幸福的最好的吉祥物。

宜 新婚宜置鸳鸯

从古到今，鸳鸯都是爱情美满的象征。鸳鸯一般摆放在主卧室、新婚洞房里，能增进感情、令夫妻恩爱，很多人都送鸳鸯吉祥物给新婚夫妇。

忌 鸳鸯忌单个摆放

雌雄鸳鸯是形影不离的，一般出现在吉祥图画或饰品里，多成对出现，忌单个独立摆放。

久久百合笔筒

久久百合笔筒最大直径约18厘米，为精致摆件，助运笔筒，经开光道教文化特殊处理。

宜　求姻缘宜置久久百合笔筒

久久百合笔筒针对夫妻感情设计，有合好如初、百年好合之意，笔筒内放置两人的合影照片，效果更佳。可将其安放于办公桌、书桌、床柜上。一般推荐女士送男士，安放男士办公桌使用为佳。

忌　久久百合笔筒忌学生使用

求姻缘是成年人的事，学生的职责就是读书、学习，如果使用此款笔筒，易出现早恋现象，不利学习。专业人士建议将久久百合笔筒摆放在左边，不要放在右边，以免引起不好的煞气。

花好月圆

花好月圆最大直径约30厘米，为桃木底座精致摆件，经开光道教文化特殊处理。

宜　新婚者宜置花好月圆

花好月圆代表夫妻甜甜美美、团团圆圆，最适合新婚者摆放在新房。可安放于书桌、客桌、梳妆台等处。

忌　花好月圆忌置右边

建议将花好月圆摆放在左边，左边属于喜庆吉祥位置。右边是比较凶的，不要放在右边，以免引起不好的煞气。

天然粉水晶球

天然粉水晶球最大的直径约9厘米，为粉色天然水晶，经开光道教文化特殊处理。

宜 增强爱情运宜置天然粉水晶球

水晶球为"爱情之晶""异性缘之石"。粉色是姻缘色，主爱情，也称爱情石。粉对晶极具爱的神力，它能改善您的爱情运气，可促进婚姻美满，使得能量更强力量更大。婚姻不顺者、单身者、无恋人者都可摆放天然粉水晶球。

忌 天然粉水晶球忌已婚者用

天然粉水晶球忌讳已经结婚者和有固定情侣者使用，不适合将其摆放在桃花位。一般可将其摆放在进门或者床的左边，作为改善人际关系之用。

绿幽灵手链

绿幽灵情侣手链每颗最大直径约10毫米，为天然绿幽灵水晶，经开光道教文化特殊处理。

宜 事业型情侣宜戴绿幽灵手链

事业型情侣或夫妻佩戴绿幽灵手链最佳，夫妻同时佩戴同一种晶体会使得效果倍增，夫妻同心同德、天长地久，还可扩展事业，主招正财，即因辛勤努力而累积的财富。对于个人事业，不论是攻或守，皆有极大帮助，财富自然积聚起来。

忌 孩子忌戴绿幽灵手链

绿幽灵手链可促进异性缘，为催桃花、催财运的手链，不适合孩子佩戴。

金发晶手链

金发晶手链每颗最大直径约10毫米，天然金发晶水晶，经开光道教文化特殊处理。

宜 招偏财宜戴金发晶手链

金发晶手链适于偏财运的人士佩戴，主要适于从事娱乐、休闲等工作机动性较大、工作时间较自由的非坐班人员；可帮助缺乏行动力、优柔寡断的人提高勇气，耳根软的人士佩戴可坚定立场。特别适合夜间工作并出入各种杂气、病气场所的人士使用，对胃、肠、肝、胆、皮肤都有益。

忌 学生忌戴金发晶手链

金发晶手链为可招偏财、催桃花的手链，不适合学生来佩戴，容易导致分心、精神不集中、学习成绩下降。

紫黄晶手链

紫黄晶女士手链每颗最大直径约10毫米，为天然紫黄晶，经开光道教文化特殊处理，可令人脑筋灵活、增强创意、加强财运。

宜 调和关系宜戴紫黄晶手链

紫黄晶手链是最佳的调和石，颜色高贵，代表浪漫、姻缘。本手链结合了浪漫的紫色宇宙光与富贵吉祥的金黄色财运光，最适合调和婆媳、夫妻、朋友、同事、上下级之间的摩擦。

忌 紫黄晶手链忌戴右手

紫黄晶手链适合戴左手，不适合戴右手，因右边属于白虎方，会带来不好的煞气。

红纹石手链

红纹石手链每颗最大直径约9毫米，为天然红纹石，经开光道教文化特殊处理。红纹石手链护肝养颜，拥有最精纯的粉红能量，可增进异性缘，对心肺、免疫淋巴系统、胸腺功能都有一定帮助。

宜 提升个人气质宜戴红纹石手链

红纹石手链象征坚强的爱情，可激发人的深层内在美，提升个人气质，突显动人美貌，令爱情甜蜜、家庭幸福、美满，适合于已有对象的人佩戴，可增加其信心。

忌 学生忌戴红纹石手链

红纹石手链可促进异性缘，为催桃花的手链，不适合学生佩戴，容易导致分心、精神不集中、学习成绩下降。

月光石手链

月光石手链最大直径约9毫米，为天然月光石，经开光道教文化特殊处理。

宜 减肥宜戴月光石手链

月光石手链可减肥瘦身，使人青春靓丽，相应人体七轮中的顶轮，可使人心灵平静，和谐纯洁。具有集中精神、提高注意力的功效，可将体内之病气从脚底排出，使人头脑清醒，精神爽朗，并可攻破不良的气流，净化全身，使人体恢复健康，促进减肥瘦身。

忌 未成年人忌戴月光石手链

未成年人处在长身体的时期，不宜戴月光石手链，否则影响正常的成长发育。

和合二仙

和合二仙的外形为一仙手持一枝荷花，一仙手捧一只竹盒。"荷盒"即为合作的意思。

宜 促进合作宜置和合二仙

和合二仙可用于促进婚姻，增强夫妻感情，还可以令工作、事业上的合作更加顺利、愉快。和合二仙可摆放在主卧室，也可摆放在办公室。

忌 单身男女卧室忌置和合二仙

在单身男女的卧室摆放和合二仙不太合适，不但起不到什么作用，还会带来不好的运势。

小贴士 ● 和合二仙的传说

"和合二仙"是中国民间神话中的和美团圆之神。传说唐代时，有僧人寒山与拾得同拜一个师傅学道。师傅仙逝前，为了考察两个弟子是不是真心和睦，遂给了寒山一枝荷花，给了拾得一只竹盒，又私下里分别传给他们各自半部经书，留下话说："参透此经，即可得道。"寒山拾得各自参道，皆无所得，苦思不得其解。好在两人都不是小气之人，彼此切磋时，便将各自半部经书拿出来一起参悟，终于得道。两人也由此悟出师傅传道的真意：即是"和合"（荷盒）才能成仙，这便是"和合二仙"的由来。

七、十二生肖吉祥物

五行之间存在生克，而十二生肖对应于五行，属木的为虎兔，属火的为马蛇，属水的为鼠猪，属金的为猴鸡，属土的为牛龙羊狗。所以十二生肖不同属相之间相生相克，生肖相合者为生肖贵人，能对自身运势产生积极影响，从而得相生之助力；生肖相克者为凶，会给自身带来不良之冲煞。

十二生肖的来历

我国古籍中记载，我国古代的中原地区，最初使用的是"干支纪年法"。即用十个天干符号甲、乙、丙、丁、戊、己、庚、辛、壬、癸，和十二个地支符号子、丑、寅、卯、辰、巳、午、未、申、酉、戌、亥相配合来纪年。在我国西北地区的少数游牧民族则以动物来纪年。《唐书》中记载："黠戛斯国以十二物纪年，如岁在寅，则曰虎年。"另外，《宋史·吐蕃传》中也记载说，吐蕃首领在叙事时，以物纪年，所谓"道旧事则数十二辰属日，兔年如此，马年如此。"以后，在中原同少数民族的交往中，两种纪年法相互融合而形成现在的十二生肖。正像清代赵翼在《陔余丛考》中指出的那样，"盖北俗初无所谓子丑寅卯之十二辰，但以鼠牛虎兔之类分纪岁时，浸寻流传于中国，遂相沿不废耳。"这种关于12生肖来历的解释，已经被许多人认可。

叶世杰在《草木子》中，把12生肖的来历解释为："术家以12肖配12辰，每肖各有不足之形焉，如鼠无牙、牛无齿、虎无脾、兔无唇、龙无耳、蛇无足、马无胆、羊无瞳、猴无臀、鸡无肾、犬无胃、猪无筋、人则无不足。"其它的说法还有种种。诸如：黄帝要选拔12种动物，在天上按时值班。通过竞赛，选中了鼠、牛、虎等12种动物；12生肖来源于原始社会一些氏族的图腾崇拜；12生肖可能是从天竺引进的；或28个星宿分布周天，以值12个时辰等。尽管人们不能确定12生肖的确切来历，但因为它通俗、方便又具有趣味性，所以一直沿用至今，成为古人留给我们的一种仍有实用价值的宝贵遗产。

鼠

宜　肖鼠者宜使用龙、猴、牛吉祥物

生肖为鼠的人，他的三合及六合瑞物为龙、猴、牛，所以在佩戴方面，宜选用以这三种动物造型为主的吉祥物。

忌　肖鼠者忌使用马吉祥物

生肖属鼠的人，他的相冲凶物为马，所以不宜使用、佩戴这种动物造型的吉祥物。

牛

宜　生肖属牛者宜戴蛇、鸡、鼠

生肖属牛的人，他的三合及六合瑞物为蛇、鸡及老鼠，所以在佩戴方面，宜选用以这三种动物造型为主的吉祥物。

忌　生肖属牛者忌戴羊

生肖属牛的人，他的相冲凶物为羊，所以不宜使用、佩戴这种动物造型的吉祥物。

虎

宜 生肖属虎者宜戴马、狗、猪

生肖属虎的人，他的三合及六合瑞物为马、狗及猪，所以在佩戴方面，宜选用以这三种动物造型为主的吉祥物。

忌 生肖属虎者忌戴猴

生肖属虎的人，他的相冲凶物为猴，所以不宜使用、佩戴这种动物造型的吉祥物。

兔

宜 生肖属兔者宜戴猪、狗、羊

生肖属兔的人，他的三合及六合瑞物为猪、羊及狗，所以在佩戴方面，宜选用以这三种动物造型为主的吉祥物。

忌 生肖属兔者忌戴鸡

生肖属兔的人，他的相冲凶物为鸡，所以不宜使用、佩戴这种动物造型的吉祥物。

龙

宜 | 生肖属龙者宜戴鼠、猴、牛

生肖属龙的人，他的三合及六合瑞物为鼠、猴、牛，所以在佩戴方面，宜选用以这三种动物造型为主的吉祥物。

忌 | 生肖属龙者忌戴狗

生肖属龙的人，他的相冲凶物为狗，所以不宜使用、佩戴这种动物造型的吉祥物。

蛇

宜 | 生肖属蛇者宜戴鸡、牛

生肖属蛇的人，他的三合及六合瑞物为鸡、牛，所以在佩戴方面宜选用以这三种动物造型为主的吉祥物。

忌 | 生肖属蛇者忌戴猪

生肖属蛇的人，他的相冲凶物为猪，所以不宜使用、佩戴这种动物造型的吉祥物。

马

宜 生肖属马者宜戴虎、狗、羊

生肖属马的人，他的三合及六合瑞物为虎、狗、羊。所以在佩戴方面，五轮金牌抑或玉佩应都以这几种动物造型为主。

忌 生肖属马者忌戴鼠

生肖属马的人，他的相冲凶物为老鼠，所以不宜使用、佩戴这种动物造型的吉祥物。

羊

宜 生肖属羊者宜戴兔、马、猪

生肖属羊的人，他的三合及六合瑞物为兔、马、猪，所以在佩戴方面，宜选用以这三种动物造型为主的吉祥物。

忌 生肖属羊者忌戴牛

生肖属羊的人，他的相冲凶物为牛，所以不宜使用、佩戴这种动物造型的吉祥物。

猴

宜 生肖属猴者宜戴鼠、龙、蛇

生肖属猴的人，他的三合及六合瑞物为鼠、龙及蛇，所以在佩戴方面，宜选用以这三种动物造型为主的吉祥物。

忌 生肖属猴者忌戴虎

生肖属猴的人，他的相冲凶物为老虎，所以不宜使用、佩戴这种动物造型的吉祥物。

鸡

宜 生肖属鸡者宜戴蛇、龙、牛

生肖属鸡的人，他的三合及六合瑞物为蛇、牛、龙，所以在佩戴方面，宜选用以这三种动物造型为主的吉祥物。

忌 生肖属鸡者忌戴兔

生肖属鸡的人，他的相冲凶物为兔子，所以不宜使用、佩戴这种动物造型的吉祥物。

狗

宜 生肖属狗者宜戴虎、马、兔

生肖属狗的人，他的三合及六合瑞物为老虎、马及兔，所以在佩戴方面，宜选用以这三种动物造型为主的吉祥物。

忌 生肖属狗者忌戴龙

生肖属狗的人，他的相冲凶物为龙，所以不宜使用、佩戴这种动物造型的吉祥物。

猪

宜 生肖属猪者宜戴兔、虎、羊

生肖属猪的人，他的三合及六合瑞物为兔、羊及虎，所以在佩戴方面，宜选用以这三种动物造型为主的吉祥物。

忌 生肖属猪者忌戴蛇

生肖属猪的人，他的相冲凶物为蛇，所以不宜使用、佩戴这种动物造型的吉祥物。

现代职场风水

崔江 主编

山东电子音像出版社 出版发行

（同名电子制品配套出版）

（地址：济南市经九路胜利大街39号 邮编：250001）

深圳市鹰达印刷包装有限公司 印刷

711×1016毫米 1/16 开本 26 印张

2008年6月第1版 2008年6月第1次印刷

ISBN 978-7-89481-138-7

（碟+书）定价：39.80元

装帧设计：闵智玺

责任编辑：东 方